경성제국대학과 동양학 연구

이 저서는 2008년 정부(교육과학기술부)의 재원으로 한국연구재단의 지원을 받아 수행
된 연구임(NRF-2008-361-A00005).
This work was supported by National Research Foundation of Korea Grant funded by the
Korean Government(NRF-2008-361-A00005).

경성제국대학과 동양학 연구

초판 1쇄 발행   2018년 8월 16일

기획 ｜ 한양대학교 비교역사문화연구소 기획
편자 ｜ 윤해동, 정준영
지은이 ｜ 윤해동, 정준영, 허지향, 이용범, 정상우, 신주백, 장신, 조정우
발행인 ｜ 윤관백
발행처 ｜ 豚출판 선인

등록 ｜ 제5-77호(1998.11.4)
주소 ｜ 서울시 마포구 마포동 324-1 곳마루 B/D 1층
전화 ｜ 02)718-6252 / 6257   팩스 ｜ 02)718-6253
E-mail ｜ sunin72@chol.com

정가   33,000원
ISBN   979-11-6068-197-0   93910

· 잘못된 책은 바꿔 드립니다.

RICH 트랜스내셔널 인문학 총서 19

경성제국대학과 동양학 연구

Keijo Imperial University and the study of 'Orientalism'

한양대학교 비교역사문화연구소 기획

윤해동, 정준영 편

'동양학'과 근대학문의 제도화

경성제국대학의 초대 총장으로 취임한 '동양철학자' 핫토리 우노키치(服部宇之吉)는 1926년 4월 경성제국대학 시업식(始業式)에서 식민지 '제국대학'의 출발을 알리는 유명한 연설을 하였다. 국가주의 이념을 특별히 강조하는 훈사(訓辭)에서, 그는 경성제국대학의 사명이 '각 방면에서 조선 연구를 행하여 동양문화 연구의 권위가 되는 것'이라는 점을 강조했다.

이 연설은 식민지기의 '조선학' 연구 곧 조선의 역사와 철학, 문학 그리고 제반 사회현상에 관한 연구와 관련해서는, 적어도 다음과 같은 의미 있는 맥락을 환기시키고 있다. "경성제대에서 동양학이라는 이름으로 제도화한 조선학!" 이 단순한 사실에 대한 지적이 환기하는 문제의식은, 하지만 그리 단순하지 않다. 우선 '경성제대'도 '동양학'이라는 각각의 대상도 그 이름이 환기하는 것 이상으로 복합적인 맥락 속에 놓여있을 뿐더러, 경성제대와 동양학이 하나의 시공간 위에 놓이게 되면서 더욱 다양한 의미를 생산하게 될 것이기 때문이다.

먼저 제국대학에 대한 것이다. 제국대학은 일본에서 만들어진 근대대학의 모듈과 같은 것으로서, 20세기 들어 일본 내지에서뿐만 아니라 동아시아 지역으로 그 전형이 전파되었다. 하지만 제국대학이 식민지에 들어오게 되면 어떻게 될 것인가? 식민지대학으로 설립된 제국대학은 식민지에서 어떤 역할을 수행할 것인가? 여기에 동양학이라는 딜레마가 또 하나 얹혀지게 된 것은 더욱 예사롭지 않다. 잘 알다시피, 19세기 서구 제국이 전지구로 확장되면서, 정치학, 경제학, 사회학이라는 사회과학의 3분과 학문이 정립됨과 아울러 인류학 혹은 동양학이라는 또 하나의 분과가 제국을 지탱하기 위하여 추가되었다. 여기서 동양학이란 말 그대로 동양을 연구하는 학문이지만, 동양은 인류학의 탐구대상으로부터 제외된 지역일 따름이었다. 인류학과 동양학의 연구대상이 되는 지역에 사회과학의 3분과학문이 적용될 수는 없었다.

그렇다면 식민지대학으로서의 경성제국대학에서 영위하는 동양학 연구란 무엇인가? 제국 일본은 사회과학의 3분과 학문이 탐구할 수 있는 '문명지역'이지만, 야만의 식민지에서는 동양학이나 인류학만이 성립할 수 있을 뿐 사회과학의 3분과학문은 성립 불가능한 것은 아닌가? 과연 그렇다면, 즉 식민지 경성제국대학의 법문학부에 설치된 학과들은 어떻게 설명되어야 하는 것인가? 또 조선학이나 중국학이라는 이름으로 추구되는 동양학은 과연 무엇인가? 조선이나 중국과 일본은 전혀 무관한 대상인가? 제국 일본과 식민지 조선은 과연 어떤 관련을 가지는 것인가?

경성제국대학에 법문학부가 설립되면서, 조선에서의 근대학문은 조선학이라는 이름으로 태동하기 시작하였다. 이렇게 제도화되기 시작한 조선학은 경성제국대학 주변에서 형성되고 있던 '학계'라는 이름의 장(場)을 중심으로 흥성하였다. 하지만 조선학은 동양학이라는 이름으로 제국대학에서 출발하여 제도화한 것이 아니던가? 이런 딜레마를 제쳐두고 한국의 근대학문은 운위될 수 없다. 이제 경성제국대학, 동양학, 조선학이라는 대상을 직시할 때가 되었다. 우리의 목표는 소박하게나마 이를 감히 시작해보는 것이었다.

한양대 비교역사문화연구소 '식민주의역사학' 연구팀에서는 2013년부터 진행해온 '식민주의 역사학' 연구의 네 번째 기획으로 '경성제국대학과 동양학 연구'를 테마로 설정하고 2016년 이래 연구를 진행해왔다. '식민주의 역사학' 연구의 문제의식을 '동양학' 일반으로 확장하되 대상을 경성제국대학과 관련한 분야로 한정하여 고민을 심화시키는 방법을 모색하였다. 경성제국대학 주변에서 진행된 동양학 연구의 식민주의적 측면에 초점을 맞추었던 것이다.

이 책은 전체 4개의 부, 8편의 논문으로 구성되어 있다. 우선 제1부 〈'제국대학'과 동아시아〉에는 조선의 경성제국대학과 만주의 건국대학을 대상으로 하는 두 편의 논문을 실었다. 이 두 논문은 일본의 '제국대학'을 모듈로 삼아 그것이 전파되고 변용됨으로써 동아시아지역의 근대대학이 구축되었던 것으로 간주하고 있는 것처럼 보인다. 「한국 고등교육의 기원과 '식민지대학 체제'의 형성」이라는 논문에서 윤해동은 경성제국대학을 중심으로 조선에서 식민지대학 체제가 형성되는 과정 및 그 성격을 다루고 있다. 경성제국대학은 일본의 제국대학이 변형된 '식민지대학'이었고, 이는 본국의 제국대학에 식민지적 차별이 덧붙여져서 만들어진 것이었다. 경성제국대학은 개성적인 조선연구 혹은 대륙연구를 표방하고 있었지만, 이는 그 본질에서 식민지적 차별 위에 구축된 '대륙침략을 위한 동양학 연구'였을 뿐이다. 다시 말하면 식민지에서의 동양학 연구는 경성제국대학을 중심으로 구축된 중층적 차별구조 즉 식민지대학 체제 속에서 제도화된 침략주의적이고 식민주의적인 학문제계였다는 점을 새삼스레 강조하고 있다.

이어 정준영은 「육당 최남선의 만주행과 만주국 '건국대학'의 실험」이라는 논문에서, '만주국의 육당'이라는 '신화'를 실마리로 삼아 건국대학의 본질적 모습을 예리하게 분석해내고 있다. 이시와라 칸지의 '아시아대학' 구상이 건국대학으로 실현되는 과정에서, '민족협화'는 만주국의 일본인을 중심으로 하는 '오족협화'로 의미가 축소되었고 그 중심에는 '황도주의'가 굳

건히 자리 잡았다. 군사주의 엘리트 양성에 중점을 둔 6년의 교과과정으로 구성된 건국대학은, 본국의 제국대학과 달랐음에도 또 하나의 외지 관학이라는 점에서는 그다지 차이가 없었다. 만주 건국대학에 '쇼케이스'의 일환으로 교수로 임용된 최남선은, 이 자리가 건국대학이라는 '관학 아카데미즘'에 일종의 보상으로 주어진 것으로 간주하였다. 하지만 '민족대표 교수'로서 자처하던 최남선이 현실에서 직면한 것은 이상이 좌절된 건국대학의 상황이었고, 그의 퇴임을 스스로는 일본인으로부터 '구축'당했다고 '이해'하고 있었다. 이는 만주 건국대학의 좌절과도 궤를 같이하는 것일 터이다.

이어 2부 〈동양학으로서의 철학과 문학〉에는 경성제국대학에서의 철학과 문학 연구를 분석한 두 편의 논문이 게재되어 있다. 허지향은 「다이쇼 교양주의와 경성제국대학 '철학, 철학사 제1강좌'-아베 요시시게(阿倍能成)를 중심으로」라는 논문에서, 다이쇼(大正)시기 교양철학자로 저명했던 아베 요시시게를 실마리로 삼아 경성제국대학에서 교양주의가 가지는 함의를 검토한다. 잘 알려져 있듯이, 일본의 교양주의는 다이쇼 데모크라시의 영향 하에서 구제(舊制) 고등학교와 제국대학을 근거로 형성, 정착했지만, 1920년대 중반을 거치면서 이들 학력 엘리트들 사이에는 '맑스주의'가 교양주의의 자리를 대체하기 시작했다. 이른바 '맑스주의적 교양주의'의 등장이었다. 다이쇼 교양주의가 맑스주의적 교양주의로 급격히 변화해가던 시기에 경성제국대학에 부임한 아베와 그의 교양철학은, 제국과 식민지 사이에 존재했던 시차 위에 서있는 미묘한 존재였다. 식민지의 지식인들에게 그는 식민모국의 새로운 사상적 경향을 상징했지만, 정작 식민모국에서 그의 교양주의란 지나간 시간을 대변할 뿐이기 때문이다. 하지만 그럼에도 그는 교양주의의 문화적 권위를 빌어 식민지의 대학이 고대 그리스의 밀레토스가 될 수 있음을 과감히 선포했다. 아베를 통하여 읽을 수 있는 다이쇼 교양주의의 '식민지 판본'이야말로, 경성제국대학에서 동양학이 제도적으로 정착할 수 있는 또 하나의 바탕이 될 수 있었던 것이다.

「김태준 초기이력의 재구성과 '조선학'의 새로운 맥락들」이라는 글에서 이용범은, 경성제국대학 지나문학과 출신의 연구자 김태준의 초기이력을 재구성함으로써 그 시기 조선학의 맥락을 새로이 편성하려 한다. 이용범은 1931년 김태준의 북경행을 정밀하게 분석하여 그것이 어떻게 중국 및 일본 학계와의 교류 및 네트워크 속에 위치하고 있었는지를 포착해내었다. 나아가 경성제국대학 지나문학과 및 조선어문학회의 여러 조선인들과의 관계를 추가로 분석하여 김태준 연구에 새로운 지평을 열었다. 이러한 작업은 조선학의 형성과정에서 지금까지 암묵적으로 인정해왔던 제국학지의 영향력보다는, 강렬한 민족의식과 그를 표현하기 위한 조선인들의 열망이 더 중시되어야 함을 증명한다. 경성제국대학의 '동양학' 연구가, 이를 주도하던 일본인들의 의도와 영향력만이 아니라 보다 광범위한 동아시아 지성사의 맥락에서 재검토될 필요가 있음이 여기에서 확인된다.

3부 〈조선사 연구와 동양학〉에는 정상우의 「식민지기 일본인 연구자들의 한국사에 대한 통사적 접근 - 쓰에마스, 이나바, 나카무라의 시도를 중심으로」, 신주백의 「쓰에마스 야스카즈(末松保和)의 學術史와 식민주의 역사학 - 그 反射鏡인 韓國史 學界에서의 엇박자의 원인을 찾아서」, 이 두 편의 논문이 담겨있다. 이들 논문은 경성제국대학에서 조선사강좌를 맡았던 쓰에마스 야스카즈라는 인물을 다루고 있다는 점에서 약간의 중복이 있다. 먼저 정상우는 1930년대 중반 쓰에마스 야스카즈와 이나바 이와키치(稻葉 岩吉), 나카무라 히데다카(中村榮孝)가 시도한 세 차례의 조선사 통사 서술의 사례를 통해, 일본인 역사학자들의 조선사에 대한 공통의 인식지반 내지 연구의 경향을 식민주의 역사학이라는 렌즈를 통해 살펴보고 있다. 이 시기 일본인 연구자들의 통사 서술에는 제국일본의 대륙 침략이 시대적 배경으로 자리하고 있었다. 따라서 조선사 내부의 혼란 및 조선사회의 정체와 타락을 강조하는 공통점이 통사의 배후에 드러난다. 또 조선사를 통해 동북아시아사의 다양한 맥락을 드러내는 시도를 보이기도 하는데, 이는 이른바 '만선사관'의 시각과 매우 유사한 것이었다. 요컨대 외세에 대한 의존성과 정치적 혼란, 경제적 정체로 대표되는 조선사상(朝鮮史像)은 더욱 높아진 일본사의 위상과 극적으로 대비되는 것이었다.

신주백은 ― 논문의 제목에서도 잘 드러나는 대로 ― 쓰에마스 야스카즈에 대한 한국역사학계 내부의 '엇박자'를 실마리로 삼아, 쓰에마스의 조선사 연구와 그 학술사적 의의를 용의주도하게 전개하고 있다. 경성제대 교수로서 쓰에마스는 지식권력을 장악한 식민주의 이데올로그로 활동하였으나, 자신의 역사인식을 연구결과에 직설적이거나 노골적으로 드러내지는 않았다. 식민지 지배를 옹호하거나 침략전쟁을 정당화하는 등의 정치적 발언을 가능한 삼갔으며, 그런 발언이 불가피한 경우에는 정치(精緻)한 실증력(實證力)에 바탕을 두고 논리를 전개하였다. 여기에 곧 한국역사학계에서 엇박자를 낸 이유가 존재하고 있었다. 신주백은 실증 대 실증의 방법으로 식민주의 역사인식을 극복하려는 시도는, 실증 뒤에 숨은 인식론의 진실을 드러낼 수 없다고 본다. 어쩌면 이런 시도가 식민주의 역사학의 뛰어남을 증명하는 '위대한 역설'에 빠질 수밖에 없을 것이라는 저자의 지적에 귀 기울일 필요가 있을 것이다.

마지막으로 제4부에서는 〈법학 연구와 경성제대〉라는 주제 아래, 법학 연구를 다룬 두 편의 논문을 실었다. 먼저 장신은 「식민지 조선에서 법학의 위상과 경성제국대학」이라는 글에서, 조선에서의 법학이라는 학문을 교육과 연구의 두 측면으로 나누어 살펴보고 있다. 근대법학은 우선적으로 실무관료를 양성하기 위한 실용학문으로 수용되었으며, 조선총독부의 법학교육 정책은 하급 행정관료와 사무원을 배출하는 데에 중점이 놓여 있었다. 경성제대 법문학부의 신설은 법학교육에서 새로운 환경을 열었는데, 법학교육이 고등문관시험 응시를 중심으로 개편되었던 것이 이를 방증한다. 경성법학전문학교나 보성전문학교의 법학교육은 이에 미달하는 것이었다. 한편 경성제대의 창립을 계기로 법학 연구도 진전되었는데, 학문의 재생산과 학계의 구축이 크게 진전되었던 것이다.

이어 조정우는 「통제경제 속의 주식회사법 - 경성제대 니시하라 간이치의 상법학이 처한 딜레마」이라는 논문에서, 경성제대 법문학부 상법학 담당 교수 니시하라 간이치(西原寬一)의 상법 연구가 처한 딜레마를 다룬다. 경성제대 안에서의 법학 연구의 구체적 면모를 상법 연구를 통해 조명하고 있는 글이다. 1920년대 미국에서 발흥한 '조직혁명'은 미국식 주식회사-법인기업을 통해 수행되었는데, 기업은 거래비용을 내부화하고 조직을 고도화함으로써 개별기업의 이윤을 극대화하는 데에 성공하였다. 그럼에도 대기업으로서의 주식회사의 출현은 자본주의 경제의 거시경제적 불안정성 즉 불황과 공황의 가능성과 위험성을 더욱 높이는 것이었다. 자유주의 상법학자로서 니시하라는 법적 절차를 통해 주식회사의 폭주를 적절하게 차단하려는 노력을 경주하였다. 그러나 결국은 제국 일본의 전시통제경제 구축에 따라 주식회사의 위험성을 국가의 비상조치를 통해 차단하는 것을 인정할 수밖에 없었다. 식민지에서 활동하면서도 그는 철저하게 분과학문의 보편적인 주제에만 천착하였고, 식민지의 구체적인 경험과는 조우하지 않으려 하였다. 니시하라의 태도가 비지대학(飛地大學)으로서의 경성제국대학에 근무하는 일본인 연구자 일반의 태도에서 크게 벗어나 있는 것이 아니라는 사실을 우리는 지금까지 충분히 확인해온 바 있다.

이 단행본은 2017년 9월 22일, 한양대 비교역사문화연구소에서 진행한 〈경성제국대학과 동양학 연구〉라는 학술회의 발표를 바탕으로 한 것이다. 이 학술회의에서는 경성제국대학의 제도와 학문편성을 통하여 분과학문의 특성을 살펴보고, 또 경성제국대학에 교수로 취임한 연구자 혹은 그 대학에서 성장한 연구자를 대상으로 그 대학의 동양학 연구가 가진 지향성을 살펴보려 하였다. 경성제국대학이라는 제도 그리고 그 속에서 펼쳐진 동양학이라는 학문적 지향과 관련한 분석이 식민주의 역사학 나아가 식민주의 일반의 연구에 새로운 빛을 조명해줄 것이라고 기대하였다.

이 책은 식민주의역사학 연구팀의 네 번째 기획이자, 세 번째 단행본이다. 첫 번째 세미나의 성과는 『식민주의 역사학과 제국』(윤해동·이성시 편, 책과함께, 2016)으로, 세 번째 세미나의 성과는 『제국일본의 역사학과 조선』(윤해동·장신 편, 소명출판사, 2018)이라는 이름의 단행본으로 출간되었다. 동북아역사재단의 지원으로 진행한 두 번째 세미나 '만선사관 연구'의 성과는 출판되지 못했으나, 이 단행본의 행간에 그 성과가 깊이 축적되어 있을 것이라 믿는다.

2018년 8월 말을 마지막으로 10년 동안 진행되어온 비교역사문화연구소의 인문한국 어젠다 연구는 끝을 맺는다. 그 동안 꾸준히 지원해준 한국연구재단 그리고 한양대학 및 비교역사문화연구소의 여러 관련자들께 깊은 사의를 표하는 바이다. 이 연구가 인문학 나아가 근대학문의 위기의 시대에, 한 줄기 빛을 밝히는 등대가 되기를 기원해본다.

2018. 7. 15

필자를 대신하여 윤해동, 정준영

┃목차┃

4부_ 법학 연구와 경성제대

1부
'제국대학'과 동아시아

한국 근대 고등교육의 기원과 '식민지대학 체제'의 형성

윤 해 동

I. 머리말

한국학계 나아가 한국사회에서 성찰적이고 자각적인 '대학론'의 부재 혹은 '대학사'에 대한 무관심은 매우 심각하고, 또 생각하기에 따라서는 대단히 기이한 현상으로 보이기도 한다. 그 부재와 무관심이 '교육공학적 교육이론'의 무성함과 대비될 때, 그 기이함은 더욱 증폭하는 것처럼 보인다. 이런 대학 관련 논의의 뚜렷한 대비는 여러 시각에서 해석할 수 있겠으나, 1990년대 이후 이른바 '대학의 폭발' 그리고 이를 뒷받침한 대학입학 열풍과도 무관하지 않을 것이다. 한국사회를 휘몰아친 대학 입학 열풍 및 고공비행을 계속하고 있는 학령인구 대비 대학진학 비율 등의 현상은, 정작 대학의 교육내용이나 대학 자체에 대한 관심이나 비판의 부재와 기이한 대비를 이루는 것이다. 한국인들의 대학에 대한 열망은 정확히 입학에 대한 것이고, 이는 대학의 교육내용에 대한 무관심과 반비례의 쌍을 이루고 있다. 이를 두고 가히 '대학에 대한 인식론적 기형성'이라고 부를 수 있을 것이다.

대학입학에 대한 열망이 대학교육에 대한 무관심으로 사그라들 때, 정작 대학은 교육공학적 교육이론의 대상이 되어 자의식을 가진 대학론이 설 자리를 박탈해버렸던 것이리라! 현재 근대대학이 안팎으로 존재론적 위기에 봉착해있는바, 다양한 차원에서 다채롭게 전개되는 대학론이 대학에 숨통을 열어주는 역할을 할 것이라고 기대할 수 있을까? 우선은 개방적이고 비판적인 '한국대학사'가 필요한 것으로 보인다. 한국대학사가 대학론이 설 자리를 만들어주는 토대로서의 역할을 수행할 수 있을 것이라는 기대가 있고, 또 이런 기대가 전혀 무망한 것은 아닐 것으로 보이기 때문이다.

한국의 대학사는 아직 그 설립의 기원과 내력조차 많은 부분이 불분명한 채로 남아있다. 게다가 근대대학이 설립되는 과정 및 그 제도와 운영의 주요 부분 역시 장막 뒤 비밀의 영역에 봉쇄되어 있거나, 새로 '만들어진 진실' 속에 갇혀 있는 것처럼 보인다. 한국대학사가 새로 밝혀줄 '진실'이 위기에 처한 대학의 존재근거와 대학이 나아가야할 방향을 밝히는 데 도움을 줄 수 있을 것이라고 기대해 본다.

한국 근대 고등교육의 기원 혹은 초기 대학사를 기술하는 데서 두 가지 사항을 먼저 해명해둘 필요가 있겠다. 대학과 고등교육의 관련에 대한 문제가 하나이고, 다른 하나는 초기 대학사 이해를 위해 〈식민지대학〉이라는 개념을 설정하는 문제이다. 먼저 대학(university)과 고등교육(higher education)의 관련 혹은 구분에 관한 것이다. 송대 '주자학'이 성립한 이후 '대학'은 이른바 '사서(四書)'의 하나로서, 중화문화권을 통틀어 경학(經學)의 핵심을 이루는 통치학 혹은 '제왕학'으로 정착해나갔다고 할 수 있다. 이처럼 중화문화권에서 대학은 소학(小學)에 대비되는 학문으로서 정착하였던 것이다. 또 중국을 중심으로 한 중화문화권에서는 한대 이후에 태학(太學, 혹은 대학)으로 지칭되는 고등교육기관이 설치되어 운영되고 있었다. 특히 당대 이후 과거제가 관료제 구축의 중요한 토대가 된 이후에 대학은 핵심적인 고등교육기관으로서의 역할을 수행하고 있었다.

하지만 근대 구미의 고등교육 제도의 핵심적 제도로 자리잡은 유니버시티(University)가 동아시아 사회에서 '대학'(혹은 대학교)으로 번역되면서 개념의 착종이 시작된 것으로 보인다. 고등교육이라는 용어는 서구 근대의 산물로서 초등-중등교육이 전제되는 교육 단계 개념이다. 특히 동아시아사회에서 대학은 소학과의 선명한 대비를 통해, 일종의 고등교육을 대표하는 제도로서 일찍부터 뿌리깊게 자리잡았고 거의 동등하게 사용되었다. 일본에서는 일찍이 1862년 university와 academy의 번역어로 대학이 사용된 바 있으나, 중앙의 관리양성기관이었던 대학료(大學寮)가 폐지되고 난 뒤에야 본격적으로 번역어로서의 대학 개념이 정착하게 되었다. 한국에서도 1889년 집필된 유길준의『서유견문』에서 '대학교'라는 용어가 소개되고 있으나, 정착하기까지에는 많은 시간이 필요하였다.[1] 이 글에서는 고등교육과 그 하위 개념인 대학을 그 상황과 맥락에 맞추어 적절하게 혼용할 예정이다. 대학이라는 용어는 식민지시기 초기에는 후기 중등교육의 일부를 포함하는 개념으로 사용하게 될 것이다.

'식민지대학(colonial university)'이라는 개념 사용의 타당성을 검토하는 것이 이 글의 또 다른 주요한 목표이다. 식민지대학은 근대 유럽에서 확립된 대학을 식민통치의 목적을 위해 식민지인들의 교육에 도입한 것을 지칭한다. 19세기 이후 영국, 프랑스, 일본 등의 식민지에서 설립되기 시작한 식민지대학은 근대대학을 모델로 삼았다는 점에 특징이 있다. 아시아지역에서 오랫동안 유지되어온 전통 고등교육기관을 대신해서 새로운 고등교육 기관을 설립하는 것은 식민지에서의 문화적 통치이념을 구현하기 위한 중요한 방편이 되었다.[2] 또 식민지대학이 중심이 되어 식민지에서 새로 구성된 고등교육 시스템을 '식민지대학 체제(colonial university system)'이라고 부를 수 있을 것이다.

---

1) 박광현, 「대학교'의 번역과 수용 - 한일 양국 사이의 수용과 대항의 관점에서」, 『한국문연구』27집, 2004.
2) 정준영, 「식민통치와 지식/권력 : 日本型 식민대학의 비교사회학」, 『한림일본학』 제18집, 2011 참조.

식민지기 조선에 존재했던 '서구근대적' 고등교육기관은 1926년 설립된 '경성제국대학'뿐이었다고 해도 과언이 아니다. 하지만 경성제국대학은 조선인에게는 매우 불공정하였으며 너무나 '좁은 문'만이 열려 있었다. 게다가 조선인의 고등교육에 대한 요구는 일본 내지 혹은 중국이나 만주 나아가 미국이나 유럽을 통해서도 충족될 수 있었다. 근대한국의 고등교육(대학) 연구에서 유학(留學)이 차지하는 위상을 무시할 수 없는 이유는 여기에 있다. 게다가 후기 중등교육 정도에 해당하는 국내의 관공립 및 사립 전문학교도 '(준)고등교육기관'으로 간주하여 분석할 필요가 있다. 여기에 민립대학설립운동으로 드러나는 조선인들의 고등교육에 대한 열망도 아울러 살펴보아야 한다.

이 글의 목표는 주로 제2차 문헌을 바탕으로 식민지대학의 기원과 시스템에 관한 새로운 구성을 시도해보는 것이다. 다행스럽게도 십수년 사이에 성균관과 경성제국대학 그리고 관공사립 전문학교에 대한 체계적이고 탁월한 연구가 많이 제출되어 왔다. 이와 관련한 주요 연구 대부분이 이 글의 바탕을 이루고 있으므로, 별도의 연구사정리를 시도하지는 않을 것임을 밝혀둔다. 독자들의 혜량을 바란다.

Ⅱ. 식민지대학의 두 기원

근대 유럽의 대학은 13세기에 이탈리아의 볼로냐대학을 출발점으로 삼아 파리와 옥스퍼드 등으로 전파된 것으로 간주되어 왔다. 유럽의 대학 설립을 촉발한 것은 아랍지역의 이슬람 교육기관 마드라사였다. 마드라사는 고전시기부터 이슬람 고등교육의 산실로서, 무슬림세계를 사실상 견인한 주역이었다.[3] 유럽의 대학은 마드라사의 언어와 제도를 바탕으로, 아랍어 텍스트를 주요 교재로 삼아 대학을 운영하였다. 아랍어 텍스트는 주로 안

달루시아 지방에서 온 것이었다. 이른바 '아라비아 르네상스'를 꽃피운 곳
은 리베리아반도의 남단 안달루시아 지방이었고 그 중심도시는 코르도바
였다. 이슬람은 당시의 보편어인 아랍어를 바탕으로 서유라시아의 지식과
문화를 서쪽으로 전파하였다. 문화를 전파하는 중심은 수많은 공공도서관
과 학교 곧 마드라사였다. 13세기 전후 안달루시아 지방에는 70여개의 도
서관과 30여개에 달하는 마드라사가 있었다고 한다.[4]

　앞서 본바와 같이 중화문화권에서는 한대에 이미 '고등교육'의 지위를 가
진 태학이 설립되어 있었고, 또 일찍이 한반도에도 태학에 준하는 교육기
관은 수입되어 정착해있었다. 게다가 10세기 이후 송대에는 서원문화가 꽃
을 피웠으며, 이는 조선에도 수입되어 성행하고 있었다. 성균관과 서원은
조선 왕조를 대표하는 고등교육 기관이었다.[5]

　하지만 19세기 구미의 대학은 이미 서아시아의 마드라사와는 완전히 다
른 교육기관이 되어 있었다. 19세기 후반 구미의 대학은 베를린대학과 존
스홉킨스대학에서 드러나듯이, 중세대학의 교육기능에 근대적 연구기능을
덧붙인 연구중심대학으로 거듭나고 있었다. 게다가 19세기 후반 프랑스를
필두로 초등교육이 무상의 필수교육으로 정착하면서, 차츰 학교교육의 체
제는 3단계 혹은 4단계 학제로 수렴해가고 있었다. 구미의 대학은 '근대사
회적' 특성을 오롯이 반영한 고등교육 기관으로 거듭나고 있었고, 이들 대
학에서는 '과학'에 기반을 둔 '근대적 학문'을 통하여 유럽중심주의적 인식
체계를 재생산하고 있었다.

---

3) 김종도, 박현도, 「근대 이전 마드라사(Madrasa) 연구 : 발전과 역할」, 『아랍어와
　아랍문학』 제21집 2호, 2017.
4) 이병한, 『유라시아견문 2』, 서해문집, 2018, 543~556쪽.
5) 어쩌면 '근대대학'은 중국과 서아시아를 돌아 먼 길을 왔을지도 모른다. 근래에
　활발하게 진행되고 있는 유라시아 대륙의 문화교류사에 대한 심층적인 연구에
　주목할 필요가 있을 것이다. 조너선 라이언스, 김한영 역, 『지혜의 집, 이슬람은
　어떻게 유럽 문명을 바꾸었는가』, 책과함께, 2013 등 참조.

　그렇다면 대학 혹은 고등교육의 기준을 어떻게 설정할 것인가? 개항기 동아시아의 고등교육은 이전의 소학-대학에 대응하는 초등-고등교육의 분류기준으로는 해석할 수 없는 단계로 진입했다고 할 수 있다. 동아시아의 고등교육에는 이제 두 가지의 선택만이 남아 있었다. 하나는 전통적 고등교육 기관을 변용하여 새로운 구미형 대학 혹은 그와 유사한 기관을 만드는 것, 다른 하나는 구미의 대학을 모델로 삼아 새로운 대학을 이식하는 것이었다. 식민지대학에게는 오직 이 두 가지 기원만이 남아있었다. 아래에서는 이를 각기 살펴보도록 하겠다.

　대학모델의 전파를 중심으로 한국 근대대학의 성립과 전개를 다루고 있는 우마코시 토오루(馬越徹)는, 구한말 한국의 대학 유형을 19세기 대학의 이식메커니즘 3가지 가운데 이른바 '반강제형'에 해당하는 것으로 간주한다. 첫 번째 이식메커니즘은 '자유선택형'으로서 일본이나 태국처럼 주체적으로 복수의 모델을 선택하고 있는 경우이고, '종주국 강제형'이 두 번째 이식 메커니즘인데 이는 종주국의 단일모델이 식민지에 강요되는 경우를 말한다. 반강제형은 자유선택형과 종주국 강제형이 병존하는 모델인데, 19세기 후반의 한국이나 중국이 이에 해당한다는 것이다. 또 반강제형 이식메커니즘을 가진 조선에는 세 가지 대학모델이 있었는데, 미국모델(미국 칼리지 모델), 일본모델(제국대학), 토착모델(민립대학)이 이에 해당하는 것이다.[6] 대학모델의 전파를 기준으로 이런 유형을 설정하였는데, 여기에는 몇 가지 의문이 따른다. 유럽과 다른 미국모델이 따로 존재하는 것인가, 유럽과 미국대학을 종합적으로 모방한 일본대학을 독자적인 모델로 볼 수 있을까, 심지어는 성립하지도 않은 민립대학은 어떤 측면에서 토착모델이라고 볼 수 있는 것인가? 등등.

---

　6) 馬越徹, 한용진 역, 『한국 근대 대학의 성립과 전개』, 교육과학사, 2012, 19~32쪽.

1. 성균관과 서원

개화기 즉 19세기 후반부터 20세기 초반 식민지 이전까지 시기의 고등교육을 바라보는 학계의 시각에는 크게 네 가지 입장이 존재하는 것으로 해석되어 왔다. 첫째 개화기 고등교육기관을 성균관에 국한하는 입장, 둘째 개화기에 설립되어 나중에 고등교육기관으로 발전한 학교를 근대 고등교육기관의 초기형태에 포함시킬 수 있다는 견해, 셋째 설립 후 고등교육기관으로 성장한 근대학교만이 아니라 중등교육기관으로서 대학과나 대학부 등을 두고 전문적인 교육과정을 시도했던 학교를 초기 고등교육기관에 포함시킬 수 있다는 입장, 넷째 교육내용의 전문성 여부에 따라 초중등교육과 고등교육으로 분리하여 보는 입장 등으로 분류된다.[7]

한용진은 전통적인 소학(7,8세 입학)-대학(15,16세 이상)의 연령급별(年齡級別) 구분방식과 교육내용의 전문성에 따른 수준급별(水準級別) 구분방식을 적용하여 이 시기 고등교육 기관을 분석하고 있다. 이에 따라 전통적 고등교육 기관으로 성균관의 개혁을 다루고 있으며, 근대적 고등교육은 '근대적 고등교육기관'과 '근대적 고등전문교육기관'으로 나누고 있다. 또 근대적 고등교육기관으로는 동문학과 육영공원, 기독교계 학교, 연무공원, 관립외국어학교 등을 들고 있으며, 근대적 고등전문교육기관으로는 한성사범학교, 법관양성소, 경성학당, 제중원의학교와 관립의학교 등을 들고 있다.[8] 한용진의 구분은 위 네 번째 입장과 유사한 것으로 보이지만, 이미 연령급별 구분을 적용하기 어려운 시대가 되어버린 사정을 감안하지 않고 있어 이 견해는 수용하기 어렵다. 게다가 어느 기관이든 고등교육기관으로 변화하지 못한 채 시기를 마감해버린 것이므로, 이를 고등교육기관으로 분류해

---

7) 이길상, 「고등교육」, 안귀덕 외, 『한국 근현대 교육사』, 한국정신문화연구원, 1995, 315쪽 참조.
8) 한용진, 『근대한국 고등교육 연구』, 고려대학교 민족문화연구원, 2012 참조.

서는 안 될 것이다. 조선왕조에서는 19세기 후반까지도 7,8세에 입학하는 '초등교육'과 15,16세 이상의 학생을 대상으로 하는 '고등교육'의 2단계 학제가 유지되었다.[9] 하지만 2단계 학제가 유지되었다고 해서 이를 초등-고등교육으로 분류하는 것이 타당한지에 대해서는 의문이 있을 수 있다. 개항기 한국의 교육은 이미 구미의 학제를 모델로 새로운 변화를 모색하고 있던 시기였고, 따라서 적어도 고등교육에 한정하더라도 구미형의 대학을 모델로 삼아 고등교육의 유형을 설정할 필요가 있을 것이다.

한편 조선왕조 시기의 교육에 연령급별 구분방식을 적용한다면, 성균관과 서원을 '고등교육'으로 분류할 수 있을 것이다. 이 시기의 고등교육은 '대학' 즉 통치학 교육이 상징하듯이, 압도적으로 과거 교육과 결부되어 있었다. 서울의 4학과 지방 군현의 향교는 성균관의 하부 관학이었으나, 조선후기 서원의 발흥으로 크게 위축되었다.[10] 조선후기 서원보급운동에 따라 서원이 급속히 보급되었으며, 18세기 이후 문중 중심으로 서원 설립이 확대되면서 남설(濫設) 논의가 제기되는 배경이 되기도 하였다.[11]

이처럼 이 시기의 고등교육은 '대학'을 포함한 성리학 학습을 바탕으로, 과거 합격을 목표로 한 교육 즉 관료제와의 긴밀한 연계에 바탕을 둔 사대부(士大夫)를 위한 교육이었다는 사실을 염두에 둘 필요가 있다. 전통적으로 중국과 조선의 과거제도는 관학의 학교 교육에 기초를 두고 있었고, 이런 원칙은 되풀이해서 강조되었다.[12] 이로 볼 때도 성균관의 근대적 개혁이 1871년 서원철폐 작업에서 출발한다는 지적은 지극히 타당하다. 서원철폐를 통해 관료 선발 기능을 성균관을 중심으로 한 관학에 집중할 필요

---

9) 한용진, 위의 책, 27~121쪽 참조.
10) 윤희면, 『조선시대 전남의 향교 연구』, 전남대학교출판부, 2015 참조.
11) 이수환, 『조선후기 서원연구』, 일조각, 2001; 이해준, 『조선후기 문중서원 연구』, 경인문화사, 2008 참조.
12) 김경용, 「조선 중기 과거제도 정비과정과 그 교육적 의미」, 『교육사학연구』 20권 1호, 2010; 박현순, 『조선 후기의 과거』, 소명출판, 2014 참조.

가 있었을 것이다.[13]

이후 1880년대 조선왕조의 교육정책은 소학부터 대학에 이르는 전통적인 교육기관을 체계적으로 정비하고 확대하는 한편으로, 인재 양성을 목표로 하는 '대학'단계의 신학제가 시도되었다. 예컨대 종래의 교육기관을 강학(講學) 기능을 중심으로 계열화하여 이른바 '경학원체제(經學院體制)'로 정비하고, 다른 한편으로 당면한 시무에 능한 인재를 양성하기 위한 육영공원을 신설하기도 하였다.[14] 하지만 1894년 갑오개혁 이후 과거제가 폐지되고 신학제가 채택됨으로써 전통적인 '고등교육'제도는 심각한 타격을 입게 되었다. 또 시급한 과제인 고등 인재의 양성은 외국 '유학'을 통하여 해결하기로 함으로써, 성균관의 부담은 이중으로 겹쳐지게 되었다.[15]

강명숙은 1895년부터 1910년까지의 성균관을 4시기로 나누어 세밀하게 분석하고 있다. 제1기(1895년 관제 개정 이후 1899년 5차개정 이전)는 신식 고등교육기관으로의 개편이 추구된 시기였으며, 제2기(1899년부터 1905년 6차개정까지)는 개혁이 후퇴하고 종래의 관행이 부활한 시기로 보았다. 이어 제3기(1905년 이후 1908년 8차개정 이전)에는 근대적 대학으로 위상을 재정립하려는 시도가 있었으나 실패하였으며, 제4기(1908년 이후 1910년까지)에는 신식 중등(혹은 고등교육기관)으로 재정립되었다고 분석하고 있다.[16] 성균관은 수업연한 3년의 경학과를 핵심제도로 삼아, 경학 및 약간의 근대적 교과를 교육하였다.[17] 박사제도 등을 만들어 경학과 졸업생들을 대상으로 관료로 임용하려는 시도도 있었지만, 썩 잘 작동하고 있었다고 보기에는 어려움이 있다.[18] 입학절차, 대학제도와 교육내용, 교육목표 등

---

13) 한용진, 앞의 책, 95~119쪽 참조.
14) 구희진, 「갑오개혁 전후 전통교육제도에 대한 정책」, 『역사교육』 제100집, 2006.
15) 구희진, 위의 글.
16) 강명숙, 「갑오개혁 이후 성균관의 변화」, 『교육사학연구』 10권, 2000.
17) 강명숙, 위의 글; 성숙경, 「갑오개혁 이후 성균관의 근대적 재편」, 『한국근현대사연구』 39권, 2006.
18) 강명숙, 위의 글; 정일균, 「일제의 무단통치와 경학원」, 『사회와역사』 76호, 2007;

을 따져보더라도, 성균관을 근대적 고등교육기관 혹은 대학이라고 평가하기에는 어려움이 있다.

이처럼 성균관은 여러 차례의 제도개혁을 거치면서 부침을 거듭하였으나, 결국은 유학 교육의 최고기관이라는 역할마저 수행할 수 없는 처지에 놓이고 말았다. 병합이 되면 드디어 성균관은 수업연한 3년의 '고등수준의 학교'로 최종 낙착되고 말았다.[19] 이것이 근대대학으로 변신하지 못한 성균관의 마지막 모습이었다. 그 다음은 경학원으로 자신의 생명을 이어갈 운명에 처했던 것이다.

대한제국 시기 한국에 고등교육에 대한 관심이나 정책이 제대로 자리잡고 있었던가에 대해서조차 의문이 있다. 1899년 '중학교관제'가 발포되었는데, 조선의 중학교는 입학연령이 17세로 일본이나 중국보다 훨씬 높았다. 이는 거의 고등교육에 해당하는 것으로서, 조선에서는 중학교가 관료로 나가는 최종학교의 역할 곧 대학의 역할을 대신하고 있었다. 따라서 성균관은 1899년의 '흥학조칙'에 드러나듯이, 유교 중심의 전통적 고등교육을 바탕으로 관료제를 보완하는 역할을 할 것이 기대되는 수준의 학교였다고 할 수 있다.[20] 이처럼 성균관의 운영은 매우 흐릿하였고, 전망은 암울한 것이었다. 마치 대한제국의 그림자를 보는 것 같았다.

김경용, 「경장기 조선, 관리등용제도 개혁과 성균관 경학과」, 『한국교육사학』 31권 2호, 2009; 김경용, 「갑오경장 이후 성균관경학과와 經義問對 연구」, 『교육사학연구』 21-1, 2011; 김경용, 「대한제국기 성균관 司業試選 연구」, 『교육사학연구』 21-2, 2011.

19) 강명숙, 『사립학교의 기원』, 학이시습, 2015, 23쪽.

20) 한용진, 조문숙, 「근대 '학교' 개념의 수용에 관한 개념사적 고찰 – 대한제국기 중학교 개념을 중심으로」, 『한국교육사학』 39권 2호, 2017.

2. 구미와 일본의 대학

이제 한국 대학의 두 개의 기원 가운데 두 번째를 살펴볼 차례이다. 구미의 대학을 모델로 삼는 두 번째 기원은 다시 두 가지로 나누어볼 수 있다. 하나는 미국모델의 이식인데, 이는 미국의 대학 그 중에서도 칼리지 모델이 미국인 선교사들을 중심으로 한국의 고등교육 기관에 이식되는 과정이었다. 주로 기독교계 사립 전문학교가 여기에 해당한다. 다른 하나는 유럽모델의 이식인데, 이는 유럽모델이 일본을 통해서 특히 제국대학이라는 형태로 이식되는 과정을 말한다. 하지만 제국대학은 단순히 유럽모델을 복제한 것은 아니었고, 유럽대학의 제도와 동아시아 대학의 이념을 절충한 것으로 볼 수도 있다. 따라서 여기서 기술하는 대상은 서로 다르다. 전자 곧 미국모델의 이식은 조선 내에서의 설립에 대해 주로 살펴볼 것이고, 후자 곧 유럽모델과 동아시아 대학이념의 혼합과정은 일본 내에서 제국대학 체제가 형성되는 과정을 중심으로 살펴볼 것이다.

먼저 첫 번째 흐름 곧 미국모델의 이식에 대해 살펴보자. 1880년대 후반부터 급속히 성장하고 있던 기독교계 사학 이른바 미션 스쿨은, 중등학교 수준을 넘어 대학을 설립하려는 의도를 1890년대부터 드러내기 시작하였다. 감리교 소속의 배재학당에는 1895년에 '대학부'가 설치되어 칼리지 과정(a regular collage course)이 운영되었다. 이는 조선에 처음으로 설치된 서구적 대학과정으로서, 미국의 '기독교칼리지'21)를 모델로 한 것이었다. 이

---

21) 우마코시는 '미국 컬리지 모델'이라는 용어를 사용하고 있다. 馬越徹, 앞의 책, 59~88쪽. 하지만 미국 칼리지에도 여러 종류가 있으므로, 이를 구분해 사용할 필요가 있겠다. 정준영은 평양의 숭실학교와 '서울칼리지'를 비교하면서, 전자의 모델은 소규모 종파칼리지(small denominational collage)였고 후자의 모델은 자유교양칼리지(liberal arts collage)여서 차이가 있다는 점을 밝히고 있다. 정준영은 양자를 아우르는 범주로 '기독교 칼리지'라는 용어를 사용하고 있다. 정준영, 「경성제국대학과 식민지 헤게모니」, 서울대 박사학위논문, 2009, 68~86쪽 참조. 어떤 흐름이든 모두 기독교계 사학에서 주도하고 있었다는 점에서, 미국 칼리지보다

어 장로교가 운영하던 평양의 숭실학당에서도 1904년 '대학부'가 신설되었으며, 장로회 선교부로부터 정식으로 대학설립 허가를 받았다. 이어 1906년 장로교와 감리교의 연합으로 1906년 연합숭실대학(union Christian college)이 설립되었고, 1908년 대한제국 정부 학부로부터 인가를 받아 한국 최초의 대학인 숭실대학이 되었다. 한편 감리교 선교회가 설립한 여자교육기관인 이화학당에도, 1910년 '대학과'가 설치되어 최초의 여자 대학교육이 시작되었다.

경신학교를 설립한 장로교 선교사 언더우드가 1906년부터 서울 지역에 대학을 설립할 계획을 세웠는데, 1908년 미국의 선교본부도 한국에 대학을 설립한다는 방침을 결정하였다. 그러나 대학 설립문제는 여러 가지 현실적 문제로 지체되다가 1917년이 되어서야 연희전문학교로 설립허가를 받았다. 왕립병원으로 설립된 광혜원은 1894년 장로교 선교회에 관리와 운영권한이 위임되었는데, 1899년 선교사 에비슨은 여기에 정규의학교(제중원의학교)를 설치하였다. 이는 1909년 세브란스의학교로 이름을 바꾸어 전문적인 근대의학 교육기관으로 자리잡았다.[22]

이렇게 본다면, 초기 기독교칼리지 설립운동에는 두 가지 흐름이 존재하고 있었다. 하나는 평양의 숭실대학으로 대표되는 흐름으로 미국의 서부개척기에 중요한 역할을 수행한 교파칼리지를 모델로 한 것이었다. 이는 기독교대학을 표방하는 흐름이었다. 다른 하나는 1910년대에 들어 본격화하는, 언더우드가 주도하던 기독교연합칼리지 곧 서울칼리지 설립운동으로서, 이는 새로 부상하고 있는 미국의 중산층을 대상으로 하는 자유교양칼리지를 모델로 한 것이었다.[23] 이는 비교독교계의 흐름도 포괄하는 고등교

는 기독교칼리지라는 용어가 더 타당할 것으로 보인다. 정선이, 「1910년대 기독교계 고등교육의 특성 : 숭실과 연희전문을 중심으로」, 『교육사학연구』 제19집 제2호, 2009 참조.

22) 馬越徹, 앞의 책, 59~88쪽.
23) 정준영, 앞의 글, 68~86쪽.

육기관을 표방하고 있었다. 후자의 흐름은 조선에서 기독교계 전문학교의
형태로 정착하게 되었다. 기독교계 전문학교의 설치는, 19세기 후반 교육
과 연구의 결합을 표방하며 새로 부상하고 있던 미국의 연구중심대학을 수
용할 수 있는 바탕을 마련하는 것이기도 했다. 그리고 이런 흐름은 일본의
제국대학을 모델로 한 조선총독부의 대학설립 정책에 대하여 강력한 헤게
모니적 경쟁구도를 형성하게 되었다.

　다음으로 두 번째 흐름 곧 유럽모델의 일본으로의 이식과 제국대학을 중
심으로 한 일본대학 체제의 형성에 대해 살펴보자. 일본에서는 1872년 새
로운 학제가 발표되었으며, 1877년 동경대학이 성립하고 이를 바탕으로
1886년에는 제국대학령이 선포됨으로써 초등-중등-고등교육의 3단계로 이
루어진 단계별 학교제도가 확립되었다. 1870년대 초창기 서양학문의 이식
을 목표로 한 교육기관 설치를 주도한 것은 관립 전문학교였다. 고부대학
교(工部大學校), 도쿄법학교(東京法學校), 삿포로농학교(札幌農學校), 고마
바농학교(駒場農學校), 이치가야(市ヶ谷)육군사관학교, 쓰키지(築地)해군사
관학교가 1870년대에 설립된 전문학교였는데, 모두 관료와 장교를 양성하
기 위한 기관이었다. 이 시기 전문학교는 메이지유신 이후 직업을 잃은 사
족(士族)의 가난한 자제들을 대상으로, 국가와 산업건설에 필요한 인재를
속성으로 양성하기 위해서 만들어진 것이었다.[24]

　그런데 관립전문학교에는 분야에 따라 학문상의 '종주국'이 명확히 정해
져있었다. 사법성의 법률교육은 프랑스를 모델로 했고, 삿포로농학교의 모
델은 미국이었다. 고부대학교의 공학교육은 영국 그 중에서도 스코틀랜드
가 모델이었는데, 글래스고우 대학 혹은 에든버러 대학 출신의 20대 청년
들 다수가 일본으로 와서 공학교수가 되었다. 스코틀랜드 공학자들과 일본
의 인연은 1872년 이와쿠라(岩倉)사절단의 일원으로 파견된 이토 히로부미

---

24) 요시미 순야(吉見俊哉), 서재길 역, 『대학이란 무엇인가』, 글항아리, 2014, 147~151쪽.

와 글래스고우 대학 공학교수들 사이에서 비롯된 것이었다. 영국 제국의 공업을 주변에서 떠받치고 있던 스코틀랜드의 기술력이 메이지시대 일본 공학의 미래를 짊어지게 되었다.[25]

1880년대까지 이어지던 관립전문학교를 중심으로 한 고등교육 체계는 제국대학령 발포로 일변하였다. 제국대학은 "국가의 수요에 따른 학술기예를 교수"(제국대학령 제1조)하기 위한 기관으로, 모든 '학술기예'를 국가를 위해 통합하는 장이 바로 제국대학이어야 했다. 1877년 탄생한 도쿄대학을 바탕으로, 각 분야의 관립전문학교가 제국대학으로 통합되어 단과대학으로 편제되었다. 제국대학은 모든 분야의 국가엘리트를 양성하는 중추기관으로 만들어진 것으로, 제국대학의 졸업생에게는 국가시험을 면제하는 특혜가 주어졌다. 제국대학은 국가 전체의 엘리트를 양성하는 기관으로, 이른바 '천황의 대학'으로 규정되었다. 제국대학령을 주도한 모리 아리노리(森有禮)가 의도했던 것은 천황제와 프로테스탄티즘의 결합이었다. 제국헌법도 제국도 존재하지 않는 상태에서 만들어진 '제국대학'은 서구제국의 학문을 모델로 삼았으며, 제국은 서구화의 귀결점이자 목적지로 예정되어 있었다.[26]

1880년대부터 다시 관공립과 사립의 수많은 전문학교가 설립됨으로써 제국대학을 포위하는 형국이 형성되었다. 이어 1897년 제2의 제국대학으로 교토제국대학이 설립되었는데, 이 대학은 기존의 제국대학보다 훨씬 더 자유롭게 대학을 운영할 수 있는 시스템을 도입하였다. 교토제국대학의 이런 시도는 연구중심의 훔볼트형 대학에 가까운 대학을 실현하려는 의도와 관련되어 있었다. 이후 대학의 예과나 고등학교 그리고 제국대학에서 만개하는 교양문화는 이런 시도와 관련되어 있었다.[27]

---

25) 요시미 순야, 위의 책, 151~157쪽; 天野郁夫, 『大學の誕生(上)』, 中公新書, 2009, 11~88쪽.
26) 요시미 순야, 위의 책, 158~180쪽; 天野郁夫, 위의 책, 89~164쪽.

그럼에도 1890년대부터 1920년대까지 도쿄제국대학을 지배한 것은 법학 계열이었다. 초기에는 고등문관시험이 면제되었지만, 1894년 이후에는 제국대학 졸업자에게도 본시험이 부과되었다. 사립대학 출신자들은 예비시험을 치러야 했기 때문인지, 고등문관시험 합격률은 제국대학 졸업생이 사립대학 졸업생을 압도하였다. 제국대학 법과대학은 제국의 엘리트 관료를 가장 많이 배출하는 곳이 되었다.

이후 식민지 조선과 대만을 포함하여 모두 9개의 제국대학이 설립되었는데, 다음과 같은 특성이 형성되었다. 중핵을 이루는 도쿄제국대학에서는 법과 계열의 제너럴리스트가 중심이 되었으며, 주변부의 다른 제국대학에서는 이공계 기술관료 양성 시스템이 발달하였고, 식민지 제국대학에서는 두 요소를 겸비하는 중층구조가 형성되었다.[28]

일본에서는 1918년 '대학령'이 공포될 때까지 제국대학 이외의 대학은 설립이 허용되지 않았다. 그때까지는 제국대학만이 대학이었던 것인데, 이후 관공립과 사립대학의 설립이 인정되었다. 제국대학 설립 이후 대학령 발포까지의 대학 체제는 제국대학-전문학교라는 두 단계의 위계로 구성되어 있었다. 이에 비해 대학령 발포 이후 대학 체제는 제국대학-(관공사립) 대학-전문학교라는 3단계의 위계로 중층화되었다. 여기에 고등학교와 예과 등의 대학 예비제도 그리고 선과제도 등 대학의 보완과정을 더하면, 1920년대 이후 일본의 고등교육은 복선구조를 가진 복합적인 체제를 형성하고 있었다고 할 수 있다.

전전 일본에는 모두 48개의 대학이 설립되었는데, 그 가운데 관립대학이 19개였고 또 그 중에서 제국대학은 7개뿐이었다. 또 제국대학만이 복수학부를 가진 종합대학이었고, 다른 관립대학은 모두 단과대학이었다. 전전

---

27) 요시미 슌야, 위의 책, 158~180쪽; 天野郁夫, 『大學の誕生(下)』, 中公新書, 2009, 3~62쪽; 아마노 이쿠오, 박광현, 정종현 역, 『제국대학』, 산처럼, 2017, 24~69쪽 참조.
28) 요시미 슌야, 위의 책, 158~180쪽; 아마노 이쿠오, 위의 책, 24~69쪽 참조.

일본의 대학은 제국대학이 중심이 되는 시스템을 유지하고 있었다.[29] 대학 이외에도 일본의 고등교육 시스템 속에는 다양한 학교가 소속되어 있었다. 대학 예비교육을 담당하는 고등학교와 대학 예과가 64곳, 그리고 전문학교와 실업전문학교가 193곳, 중등학교 교원을 양성하는 고등사범학교 4곳이 여기에 속하는 것이었다. 대학을 포함하여 모두 308개의 고등교육 기관이 존재하고 있었다.[30]

제국대학을 중심으로 3단계의 위계구조를 가진 일본의 대학시스템 가운데 가장 핵심적인 것은 역시 제국대학이었다. 제국대학은 고등학교와 예과 등의 대학 예비제도 그리고 강좌제를 중심으로 구성되어 있었다.[31] 먼저 대학 예비제도는 개방적인 시험제도에 입각해 있었는데, 이는 메리토크라시에 바탕을 둔 근대 관료제 구축과 깊은 연관을 가지고 있었다. 따라서 이 제도를 동아시아의 '대학'과 과거제라는 오래된 전통과 무관한 것으로 보기는 어려울 것이다. 다음으로 강좌제는 유럽 특히 독일의 연구중심 대학의 제도를 모방한 것이었다. 제국대학은 교육과 아울러 연구에도 상당히 큰 무게를 둔 제도였다. 전자가 동아시아적 전통으로부터 유래한 것이라면, 후자는 유럽의 대학모델에서 온 것이었다. 따라서 유능하고 투명한 관료제도를 구축하기 위해서는 국가엘리트 양성을 위해 만들어진 제국대학과 여타 고등교육기관 사이의 위계를 분명히 하는 것은 오히려 적극적으로 장려해야 할 사항이 되었다.

하지만 이런 대학 체제에서는 사립대학의 과도한 성장을 막을 수 있는 장치가 거의 없었다. 과도한 재원이 투입되어야 하는 제국대학 혹은 종합대학을 사회의 성장에 맞추어 계속 설립할 수는 없는 상황이었으므로, 늘

---

29) 아마노 이쿠오, 위의 책, 7~23쪽; 天野郁夫, 앞의 『大學の誕生(下)』, 363~414쪽.
30) 아마노 이쿠오, 위의 책, 7~23쪽.
31) 요시미 순야, 앞의 책, 137~205쪽; 아마노 이쿠오, 위의 책; 정준영, 「경성제국대학과 식민지 헤게모니」, 서울대 박사학위논문, 2009, 30~53쪽 참조.

어나는 대학생의 수요를 충족시킬 수 있는 방법은 사립대학의 설립밖에 없었던 것이다. 제국대학 중심의 대학 체제가 갖는 가장 큰 문제 중의 하나가 바로 사립대학의 과도한 성장이 아니었을까 싶다. 이런 대학 체제가 식민지에 들어오면 어떻게 될까? 과연 궁금하지 아니한가?

Ⅲ. 제국대학의 이식과 굴절 : 식민지대학 체제의 형성

1920년대 조선에는 제국대학이 설립되었는데, 이를 계기로 조선에는 대학예비교육(혹은 후기 중등교육) 수준의 관공립-사립의 전문학교 체제와 제국대학이 공존하는 중층적 위계의 고등교육 체계가 형성되었다. 이 장에서는 이를 구체적으로 살펴보려 한다.

통감부시기 한국의 학제는 보통학교와 그 졸업자가 진학할 수 있는 그밖의 학교로 구성된 2단계 구분에 머물러있었다. 그 이전에 3단계 학제가 성립한 적도 있었지만, 정착하지는 못한 것으로 보인다. 특히 통감부시기에는 학제의 단계성이 강하지 않았고, 개별학교도 특정단계의 학교로 분절되지 않았다. 병합 후 1911년 제1차 조선교육령이 발포되면서 학교제도는 좀 더 체계화되었다. 이 시기 교육의 대본은 보통교육, 실업교육, 전문교육으로 구분되었는데, 사범교육이 제외된 대신에 보통교육과 실업교육으로 나누어지는 복선형 학교제도가 도입되었다. 또 전문교육 영역을 설정하여 보통교육-고등보통교육-전문교육으로 구성되는 3단계 학교제도가 도입되었다. 학교교육 체계에서 고등교육은 제외되었으며, 고등학교가 도입되는 대신에 고등보통학교가 되면서 이것은 중등단계의 학교가 되었다.[32]

조선에는 1903년 제정된 일본의 '전문학교령'을 적용하지 않고, 1915년

---

32) 강명숙, 앞의 책, 15~55쪽.

'전문학교규칙'을 제정하여 시행하였다. 이 규정은 일본의 전문학교령과 차이가 있었는데, 전문학교의 입학자격과 졸업자에게 부여하는 자격에서의 차이가 특히 두드러졌다. 일본의 전문학교는 소학교 6년, 중학교 5년으로 총 11년의 수업연한을 이수해야 하는 반면, 조선에서는 보통학교 4년과 고등보통학교 4년으로 총 8년의 연한만 이수하면 가능하도록 되어 있었다. 조선총독부는 수업연한에 3년의 차이가 있었으므로, 양자가 동일하지 않다는 것을 강조하고 있었다. 또 조선의 전문학교 졸업자에게는 본국의 졸업자에게 부여되는 대부분의 자격이 주어지지 않았다. 판임관 임용자격이나 고등시험 예비시험 면제 등의 자격이 주어지지 않았고, 일본 제국 내에서 통용되는 의사면허도 수여받지 못했다.[33]

1910년대에 인가, 승격 혹은 설립된 관립전문학교는 4개교였다. 경성전수학교(1916년, 1922년 경성법학전문학교)[34], 경성의학전문학교(1916년)[35], 경성공업전문학교(1916년, 1922년 경성고등공업학교)[36], 수원농림전문학교(1916년, 1922년 수원고등농림학교)가 그것이다. 여기에 사립의 연희전문학교와 세브란스의학전문학교가 1917년에 설립되었다. 1910년대 조선에는 관립과 사립을 합쳐 모두 6개의 전문학교만이 존재하고 있었고, 본국에 비해 심한 차별을 받고 있었다.[37]

---

33) 김자중, 「일제 식민지기 조선의 고등교육체제의 성격」, 『한국교육사학』 제38권 제3호, 2016.
34) 김호연, 「일제하 경성법학전문학교의 교육과 학생」, 석사학위논문 한양대학교 대학원, 2011.
35) 신규환, 「일제시기 '의전체제'로의 전환과 의학교육, 1916~1945 : 세브란스의전과 경성의전을 중심으로」, 『연세의사학』 제20권 제1호, 2017.
36) 정인경, 「일제하 경성고등공업학교의 설립과 운영」, 『한국과학사학회지』 16-1, 1994; 안창모, 「日帝下 京城高等工業學校와 建築敎育」, 『大韓建築學會論文集 計劃系』 116, 1998; 서문석, 「근대적 면방직공장의 등장과 기술인력 양성제도의 형성」, 『동양학』 제50집, 2011.
37) 조은진, 「1910~20년대 조선의 관립전문학교 학제 형성과 운영」, 서울대학교 대학원 석사학위논문, 2015; 김태웅, 「일제하 관립전문학교의 운영기조와 위상변화 -

1922년 제2차 조선교육령이 발포되면서, 조선의 학교제도는 더욱 체계적으로 재편되었다. 개정 조선교육령은 내지연장주의에 입각하여 일본과 동일한 학교제도를 조선에 도입하는 것을 핵심적인 내용으로 담고 있었다. 사범교육과 대학교육을 새로 포함하였으며, 초등-중등-고등의 3단계 학제를 편성하였고, 보통교육 기관의 수업연한을 연장하여 일본과 동일하게 만들었다. 이런 개편을 통하여 상급학교 및 일본 내지 학교와의 연결성을 강화하려 하였으나, 보통교육에서 일선공학이 실시되지 않고 학교명칭도 민족에 따라 구분되는 등 실질적인 내용에서는 상당한 차별을 담고 있는 것이었다.[38] 대학과 관련해서는 전문교육은 전문학교령, 대학교육과 그 예비교육은 대학령에 의하는 것으로 만들어, 본국의 고등교육 관계법령을 식민지에도 그대로 적용하도록 개정했다.

조선총독부는 일본의 대학령을 적용하여, 1924년 경성제국대학 예과 그리고 1926년에 본과를 설립하였다. 이는 본국의 제국대학을 식민지 조선에 이식하는 과정이었지만, 여러 차원에서 다른 점도 많았다. 경성제국대학을 살펴보는 작업은 두 가지 차원에서 수행될 필요가 있다. 하나는 본국의 제국대학과 식민지의 제국대학이 갖는 차이 혹은 차별을 구명하고, 그를 통해 식민지 제국대학이 갖는 특성을 세밀하게 파악하는 일이다. 다른 하나는 식민지에 제국대학이 설립됨으로써 초래된 고등교육 시스템의 정착 혹은 그 내용의 변화에 관한 것이다. 식민지 조선에는 어떤 대학 체제가 형성되었고 그 성격은 어떤 것이었던가를 제국대학을 중심으로 이해할 필요가 있는 것이다.

먼저 경성제국대학 자체의 특성을 이해하는 작업이 필요할 것이다. 근래

제1차·제2차 조선교육령 시기 '서울대학교 前身學校'를 중심으로」, 『연희전문학교의 학문과 동아시아대학』, 혜안, 2016.
38) 강명숙, 「일제시대 학교제도의 체계화: 제2차 조선교육령 개정을 중심으로」, 『한국교육사학』 32권 1호, 2010.

박광현[39)]과 정준영[40)] 등의 체계적이고 계발적인 연구에 의하여 경성제국
대학은 그 베일을 벗고 있는 중이다. 또 이들의 연구에 의해 민립대학설립
운동과 경성제국대학의 설립을 단순한 대립도식으로 이해하는 방식은 수
정되었다. 여기에서는 이와 관련한 내용을 모두 할애한다. 한편 제국대학
의 대학으로서의 특성을 가장 잘 드러내는 두 가지 요소는 대개 예비학교
제도와 강좌제를 든다. 경성제국대학 역시 예비학교 제도로서 예과제와 아
울러 교육과 연구의 기본 단위로 강좌제를 도입하였다.

먼저 경성제대의 예과제 도입에 대해 살펴보자. 본국에서의 대학 예비학
교제도가 고등학교였던 데 비해, 1918년 홋카이도제국대학은 설립과 아울
러 처음으로 예과제도를 도입한 바 있다. 이는 홋카이도 주민들이 본국의
대학으로 진학하는 것을 막기 위한 조처였는데, 홋카이도의 주변부적 특성
에서 기인하는 것이었다. 마찬가지로 경성제국대학에 예과제도를 도입한
것 역시 조선의 주변부적 특성 때문이었는데, 형식적으로는 모국과의 연결
을 강조하면서도 실질적으로는 장벽을 설치하려는 식민주의적 의도가 반

---

39) 박광현, 「경성제국대학 안의 '동양사학' : 학문제도·문화사적 측면에서」, 『한국사
상과 문화』 제31집, 2005; 박광현, 「'재조선' 일본인 지식 사회 연구 : 1930년대의
인문학계를 중심으로」, 『일본학연구』 제19집. 2006; 박광현, 「다카하시 도오루와
경성제대 '조선문학' 강좌 : '조선문학' 연구자로서의 자기동일화 과정을 중심으로」,
『한국문화』 제40집, 2007; 박광현, 「식민지 '제국대학'의 설립을 둘러싼 경합의 양
상과 교수진의 유형」, 『일본학』 제28집, 2009 등 참조.

40) 정준영, 앞의 책, 「경성제국대학과 식민지 헤게모니」; 정준영, 「식민지 의학교육
과 헤게모니 경쟁 : 경성제대 의학부의 설립과정과 제도적 특징을 중심으로」,
『사회와역사』 85호, 2010; 정준영, 「경성제국대학의 유산 : 일본의 식민교육체제
와 한국의 고등교육」, 『일본연구논총』, 제34호, 2011; 정준영, 「식민지 제국대학
의 존재방식 : 경성제대와 식민지의 '대학자치론'」, 『역사문제연구』 26호, 2011;
정준영, 「피의 인종주의와 식민지의학 : 경성제대 법의학교실의 혈액형인류학」,
『의사학』 제21권 제3호, 2012; 정준영, 「군기(軍旗)와 과학 : 만주사변 이후 경성
제국대학의 방향전환」, 『만주연구』 제20집, 2015; 정준영, 「'공업조선'의 환상과
'학문 봉공'의 현실 : 경성제대 이공학부의 탄생」, 『한국과학사학회지』 제37권 제1
호, 2015 등 참조.

영되어 있었다. 또 예과의 선발방식에서 드러나는 민족차별에 의해 예과의 편향적 성격은 여실히 드러나게 되었다.[41] 게다가 초기 경성제대 예과는 2년과정이었다가, 1934년이 되어서야 홋카이도대학과 마찬가지로 3년제로 확충되었다.

다음으로 대학의 교육과 연구의 기본조직으로 활용되었던 강좌제에 대해 살펴보자. 경성제대는 법문학부와 의학부 그리고 1941년 설치된 이공학부를 합쳐 3개의 학부로 구성되었다. 이는 다시 법학과, 문학과, 의학과 그리고 이공학부 소속의 8개 학과를 합쳐 11개의 학과로 나뉘어 있었다. 하지만 연구와 교육이 일상적으로 이루어지는 단위는 강좌였는데, 이는 교수와 조교수, 강사, 조수를 포함하는 교원 및 학생으로 구성되었다. 학부는 학과가 아니라 강좌가 중심이 되어 운영되었으며, 정체성과 대학문화의 기반도 강좌를 기반으로 하고 있었다.

강좌제는 훔볼트대학에서 보이는 독일식 연구중심 대학의 기반이 되는 단위였는데, 제국대학의 강좌제 역시 교육과 아울러 연구를 중시하는 풍토를 조성하기 위해 도입한 것이었다. 또 강좌제는 교수를 중심으로 한 대학자치의 기반이 되었으며, 학생들이 중심이 된 교양주의의 온상이 되었다.[42] 여기에서 경성제국대학 역시 예외가 아니었다. 경성제대의 강좌구성은 실증성을 핵심으로 하는 근대적 과학관에 입각하여, 식민지 조선이라는 연구대상에 수렴되는 양상을 보이고 있었다. 이는 식민지에서 지식생산을 독점하고 학문적 권위를 확립하는 데 유리하게 작용하고 있었다. 하지만

---

41) 정준영, 앞의 「경성제국대학과 식민지 헤게모니」, 121~141쪽. 경성제대의 예과설치는 1928년 타이베이 제국대학이 설립될 때 대학 예비학교로 고등학교가 설립된 대만의 경우와도 달랐다. 이는 조선과 대만의 중등교육 상황의 차이를 반영한 측면이 있다. 鄒雨靜, 「일제 강점기의 경성제국대학과 대북제국대학에 대한 비교연구」, 한국학중앙연구원 한국학대학원 석사학위논문, 2013.
42) 아마노 이쿠오, 앞의 책; 馬越徹, 앞의 책, 119~161쪽; 정선이, 『경성제국대학연구』, 문음사, 2002 참조.

강좌의 재생산은 철저하게 식민지사회와는 단절되어 있었으며, 대학은 지식생산 과정의 파편화와 식민화를 제도적 수준에서 정착시키는 역할을 하고 있었다.[43] 이처럼 경성제대의 예과제와 강좌제는 식민지 조선에 설치된 제국대학으로서 그 역할을 극대화하기 위한 방책에서 도입된 것이었고, 이 두 제도는 그 사명을 잘 수행하고 있었다고 할 것이다.

다음으로 경성제대의 설립으로 인한 초래된 고등교육 시스템의 구성과 내용에 대해 살펴볼 필요가 있다. 먼저 조선에 제국대학을 설치한 이유는 무엇일까? 1918년 대학령이 공포됨으로서 제국대학이 아닌 공사립의 대학이 설립되기 시작한 상황에서 식민지에 제국대학을 설립하려 했던 의도를 살피는 것은, 일본제국과 조선의 고등교육 체제를 이해하는 데서 긴요한 일이 된다. 정준영은 대학설립에서 '내지준거주의' 곧 본국과의 '제도적 동형화'에 입각하여 제국대학을 직접적인 모델로 설정한 것은, 1차적으로 식민통치의 헤게모니 확보와 관련되어 있었다고 본다. 1910년대 서양인 선교사들이 중심이 된 대학설립운동은 식민통치에서 위협요소로 인식되고 있었으며, 조선인들의 고등교육 부재에 대한 불만도 완화할 필요가 있었다. 대안적 고등교육을 모색하는 식민지 사회와의 헤게모니 경쟁과 제국의 표준적 기준을 마련하려는 본국 정부의 의도를 조정하여 탄생한 것이 관립 제국대학의 설립이라는 것이다.[44]

다시 말하면 경성제대의 설립은 당시의 '시대정신'이었던 민족자결주의와 각종의 문화주의로부터 다대한 영향을 받고 있었다. 따라서 식민지의 '개성적인' '문화'를 연구하는 조건을 제국대학을 통하여 마련할 필요가 있었다. 경성제대에 식민지 "조선의 연구를 행하여 동양문화의 권위"가 될 것

---

43) 정준영, 앞의 「경성제국대학과 식민지 헤게모니」, 142~174쪽; 윤대석, 「경성제대의 교양주의와 일본어」, 『대동문화연구』 제59집, 2007; 簡井淸忠, 『日本型'敎養'의 運命』, 岩波書店, 2009 참조.

44) 정준영, 앞의 「경성제국대학과 식민지 헤게모니」, 87~120쪽.

이 기대되고 있었던 것은 이런 이유 때문이다.[45] 경성제대 설립 초기에 법문학부와 의학부의 두 개 학부로 출발한 것은 조선의 문화연구가 가능한 조건을 조성하기 위한 것이었다.

앞서 식민지 제국대학에는 법과 계통의 제너럴리스트와 이공계 기술관료 양성시스템이 공존하고 있었다는 요시미 슌야의 평가를 거론한 바 있다. 경성제대의 경우 1941년 이공학부 설치 이후에야 이런 평가가 가능하게 될 것이다. 그럼에도 불구하고 차별적이고 위계적인 고등교육체제의 정점에 위치한 경성제대에서는 1930년대 들어 법문학부를 중심으로 '제도로서의 학문'이 성립하였고, 이를 바탕으로 식민지 학계와 사회 내에서 학문권력·지식권력으로 군림하게 되었다. 특히 조선어문학과 조선사 분야에 각기 두 개의 강좌가 개설된 것은 조선에서 이와 관련하여 여러모로 심대한 영향을 미쳤다.[46]

일반적으로 조선에 제국대학이 설립됨으로서 만들어진 고등교육체제는 제국대학-전문학교의 양자간 위계구도로 설정되었다. 이를 '식민지대학 체제'로 지칭해도 좋을 것이다. 지금까지 이런 양자간 위계구도를 가진 식민지대학 체제는, 제국대학-일반대학-전문학교의 3단계 위계로 구성되는 본국의 고등교육체제에 비해 하위의 열등한 체제로 간주되어 왔다.[47] 하지만 이는 1918년 대학령 발포 이전 본국의 대학시스템과 동일한 것으로서, 이

---

45) 정준영, 앞의 「경성제국대학과 식민지 헤게모니」, 87~120쪽.
46) 신주백, 「식민지 조선의 고등교육체계와 문·사·철의 제도화, 그리고 식민지 공공성」, 『한국교육사학』 제34권 제4호, 2012; 신주백, 「식민지기 새로운 지식체계로서 '조선사'·'조선문학'·'동양철학'의 형성과 고등교육」, 『동방학지』 제160집, 2012; 신주백, 『한국 역사학의 기원』, 휴머니스트, 2016; 이준식, 「일제 강점기의 대학 제도와 학문 체계 : 경성제대의 '조선어문학과'를 중심으로」, 『사회와역사』 61집, 2002; 장신, 「경성제국대학 사학과의 자장(磁場)」, 『역사문제연구』 26호, 2011 참조.
47) 김자중, 앞의 「일제 식민지기 조선의 고등교육체제의 성격」; 신주백, 앞의 「식민지 조선의 고등교육체계와 문·사·철의 제도화, 그리고 식민지 공공성」 등 참조.

를 모방한 것 혹은 그와 유사한 시스템으로 볼 수 있을 것이다.[48] 이는 공간을 시간의 차이로 전위시키는 것으로서 제국 지배의 전형적인 방식이었다.

하지만 식민지형 대학 체제하의 경성제국대학은 본국의 제국대학과도 다른 특성을 가지고 있었다. 이는 앞서 경성제대 강좌의 재생산이 철저하게 식민지사회와 단절되어 있었다는 정준영의 지적과도 관련을 가진 것인데, 식민지의 제국대학은 일종의 비지적(飛地的, exclave) 특성을 동반하고 있었던 것이다. 1930년대 만주침략과 만주국 성립 이후 경성제국대학이 만몽-대륙 문화연구에 중점을 주는 방식으로 방향전환을 한 이후, 학리(學理)와 과학을 지향하는 대학의 연구는 국체(國體)와 군기(軍旗)에 묻혀버렸다. 게다가 이공학부 설치과정은 이런 단절을 더욱 확연하게 보여주고 있었다. 법제상의 감독기관인 조선총독부는 별다른 역할을 수행하지 못했다.[49] 이는 재조선일본인 사회가 조선사회와 관련을 맺는 방식과 유사한 것이었다. 경성제국대학이 가진 베일에 가려진 듯 신성하고 비밀스런 분위기는 대학 내 일본인들의 특권을 은폐하는 역할을 수행하고 있었으며, 학문적 권위의 맥락과 원천도 대부분 본국의 대학과 학계로부터 연원하고 보완되는 것이었다.

제국대학의 이런 특성에 더하여, 식민지대학 체제에는 또 하나의 위계가 더해지게 되는데 그것은 관(공)립전문학교 체제 성립에 따른 것이었다. 요컨대 전문학교 체제 내에 관립-사립이라는 또 다른 위계구조가 성립하면서 중층적 차별구조가 등장하게 되었던 것이다. 이에 대해 부연해보자. 조선총독부는 경성제국대학 외에 조선에 여타 관립 고등교육 기관을 설립하는

---

48) 1918년 대학령 발포 이전에도 일본 내지에서는 1903년 전문학교령에 의한 대학 명칭의 사용을 인정하고 있었다는 점에서 조선과 차이가 있다. 이런 차이를 인정하더라도, 대학 자체가 인정되지 않았다는 점에서 공통점이 크다고 할 수 있을 것이다.
49) 정준영, 앞의「군기(軍旗)와 과학 : 만주사변 이후 경성제국대학의 방향전환」; 정준영, 앞의「'공업조선'의 환상과 '학문 봉공'의 현실 : 경성제대 이공학부의 탄생」.

데에는 매우 소극적이었다. 1922년 기존 사립경성고등상업학교를 관립으로 만드는 외에는, 1920년대에 관공립 전문학교는 일절 설립하지 않았다. 음악, 미술, 수의, 수산 등의 관립 전문학교 설립을 고려했지만 전혀 실현되지 않았다.[50] 이리하여 1910년대에 설립된 관립전문학교 4개교에 경성고등상업학교가 더해져서, 모두 5개교의 관립전문학교를 중심으로 한 '관립전문학교 체제'가 성립하였던 것이다.

대신 1922년 기존 '전문학교규칙'을 폐지하고 '공사립전문학교규정'을 만들어 사립전문학교 설립을 제한적으로 허용하는 정책을 취했다. 1920년 이후 인가, 승격 혹은 설립된 사립전문학교는 모두 10개교에 지나지 않았다. 보성전문학교(1922년), 숭실전문학교(1925년 인가, 1939년 폐교), 이화여자전문학교(1925년), 경성치과의학전문학교(1929년)[51], 경성약학전문학교(1929년), 중앙불교전문학교(1930년, 1939년 혜화전문학교)[52], 경성여자의학전문학교(1938년)[53], 대동공업전문학교(1938년), 숙명여자전문학교(1939년)[54], 명륜전문학교(1942년)[55] 등이 그것이다. 여기에 1917년에 설립된 세브란스

50) 김자중, 「1920-1945년간 식민지 조선의 '전문정도' 사립각종학교에 관한 연구 : 설립의 배경, 현황, 역사적 의의를 중심으로」, 『교육사학연구』 제26집 제2호, 2016.
51) 이한수, 이병태, 신재의, 김평일, 「경성치과의학교 및 경성치과의학전문학교의 재정과 국유임야 대부 및 조림에 관한 연구」, 『대한치과의사학회지』 제27권 제1호, 2008.
52) 김혜련, 「식민지 고등교육정책과 불교계 근대고등교육기관의 위상 : 중앙불교전문학교를 중심으로」, 『불교학보』 제45집, 2006; 고영섭, 「영호(石顚) 정호(漢永)와 중앙불교전문학교 : 한국의 '윌리엄스 칼리지' 혹은 '엠허스트 칼리지'」, 『한국불교학』 제70집, 2014 참조.
53) 백운기, 김상덕, 「김종익의 유언과 경성여자의학전문학교 설립과정」, 『연세의사학』 제14권 제1호, 2011.
54) 강혜경, 「일제시기 여성의 고등교육과 숙명여자전문학교의 설립」, 『숭실사학』 제34집, 2015.
55) 류미나, 「식민지기 조선의 명륜학원 : 조선총독부의 유교지식인 정책과 조선인의 대응」, 『교육사학연구』 제17집 제1호, 2007; 박영미, 「일제 강점기 한문고등교육기관 설립에 관한 소고」, 『한국한문학연구』 제59집, 2015.

연합의학전문학교56)와 연희전문학교57)를 합치면, 일제시기 사립전문학교
는 모두 12개가 설립된 데에 지나지 않았다.

그러나 관립전문학교 중심의 전문학교 체제는 1930년대 이후 꾸준히 강
화되었다. 1920년대 2차교육령 하에서 정립된 5개 관립전문학교에, 대구의
학전문학교와 평양의학전문학교 등 두 개의 공립의학전문학교가 추가된
것이 1933년의 일이었다.58) 여기에 1938년 제3차 조선교육령 아래서 경성
광산전문학교(1939년)와 부산고등수산학교(1941년)가 보태졌다. 1943년 제4
차 조선교육령 하에서는 더 많은 관공립 전문학교가 급속히 설치되었는데,
이는 시급한 전쟁 수요를 감당하기 위한 것이었을 터이다. 1943년 경성사
범학교가 전문학교로 승격되었으며, 1944년에는 평양공업전문학교, 대구농
업전문학교, 광주의학전문학교, 함흥의학전문학교 등 4개교 관공립 학교가
신설되었다. 1944년 경성제대에 부설된 이과교원양성소를 포함하면, 식민지
지배 전기간 동안 설립된 바 있는 관공립 전문학교는 모두 15개교였다.59)

전문학교 체제는 철저하게 관공립 전문학교가 사립전문학교의 상위에
위치하는 위계가 설정되었다. 관공립 전문학교 졸업자에게 주어지는 전문
직 취업의 자격이 주어지지 않았으므로, 이를 획득하기 위한 사학의 노력
이 지속적으로 이어졌던 것이다.60) 그럼에도 사립전문학교의 비중은 꾸준
히 증대하였는데, 1930년대 중반이 되면 전체 고등교육 기관 재학자 가운

---

56) 신규환, 앞의 글.
57) 연세대 국학연구원, 『근대 학문의 형성과 연희전문』, 연세대학교 출판부, 2005;
   연세학풍사업단, 『연희전문학교의 학문과 동아시아 대학』, 혜안, 2016 참조.
58) 이현일, 「일제하 公立醫學專門學校의 설립과 운영」, 『한국독립운동사연구』 제42
   집, 2012.
59) 강명숙, 「미군정기 고등교육 연구」, 서울대 대학원 박사학위논문, 2002; 정준영,
   「국대안 파동과 해방직후 대학공간」, 제59회 전국역사학대회 발표문, 2016.
60) 전문직 취업 자격 이외에도 상급학교 진학이나 각종 시험자격 등에서 상당한 차
   별이 존재하고 있었다. 이에 대해서는 김자중, 앞의 「일제 식민지기 조선의 고등
   교육체제의 성격」 등의 논문 참조.

데 사립전문학교의 비중이 거의 절반을 차지하게 된다.

관공립 전문학교가 주로 전문 기술 계통의 학교였던 데 비해, 사립전문학교는 다양한 구성을 가지고 있었다. 사립전문학교 가운데 특히 주목할 필요가 있는 것은 기독교계 사립전문학교이다. 1920년대 들어 세브란스연합의전, 연희전문, 보성전문, 숭실전문, 이화여전 등 5개 사립전문학교는 수차례 대학으로 승격을 도모하게 되는데, 그 가운데 4개가 기독교계 전문학교였다. 앞서 본 바와 같이 기독교계 전문학교는 대개 미국의 자유교양 칼리지를 모델로 한 것이었고, 따라서 대학 예비학교 수준의 교양교육에 중점을 둔 것이었다. 연희전문에서 문과와 수물과를 설치하고 여기에 교육의 중점을 둔 것을 대표적인 사례로 들 수 있을 것이다.[61]

여기에서 식민지기 성균관의 변화에 대해 언급해둘 필요가 있겠다. 식민지 초기인 1911년 성균관은 총독 직속의 경학원이라는 기구로 개편되었다. 경학원은 경학(經學)을 강구하며, 풍교(風教)와 덕화(德化)를 보유하는 교화기관으로 성격이 전환되었고, 주로 석전제(釋奠祭) 거행, 강연회 개최, 잡지 발행, 향교 감독 등의 기능을 수행하게 되었다.[62] 이처럼 경학원은 교육기능이 완전히 폐지되었는데, 교육기능을 가진 명륜학원이 설치된 것은 1930년의 일이었다. 여기에는 유교대동회 등 유림집단의 사립 한문전문학교 설립 기획과 경성제국대학 내에 별도의 유교 관련 교육기구를 설치하려는 일부 유림의 의도 등이 배경이 되었다. 명륜학원은 한문 전문 교육을 목적으로 하는 기관이었으나, 처음에는 전문학교로 인정받지 못하다가 1942년이 되어서야 전문학교로 승격되었다.[63] 식민지대학 체제 안에서 전통

---

61) 전찬미, 「식민지시기 연희전문학교 수물과의 설립과 과학 교육」, 『한국과학사학회지』 제32권 제1호, 2010.

62) 정일균, 앞의 글; 류미나, 「식민지권력에의 '협력'과 좌절 - 經學院과 향교 및 문묘와의 관계를 중심으로」, 『한국문화』 36, 2005; 정욱재, 「1910~1920년대 경학원의 인적 구성과 역할 : 사성과 구사를 중심으로」, 『정신문화연구』 제30권 제1호(통권 106호), 2007 참조.

'대학'을 대표하는 성균관은 이처럼 스러져갔다. 해방 후 성균관이 국립대
학이 되거나 그 속으로 편입되지 못한 것 역시 식민지 지배의 아이러니 중
하나라고 해도 좋을 것이다.

이리하여 '식민지대학 체제'의 제국대학-전문학교라는 위계체제 내에는
전문학교 체제라는 서브시스템이 또 하나의 하위체계로 자리잡게 되었다.
전문학교 체제는 관공립 전문학교-사립 전문학교라는 위계를 가진 것이었
다.[64] 따라서 식민지대학 체제는 위계체제가 중층적으로 구성된 복합적인
체제였다고 할 수 있을 것이다.

종합적으로 식민지기 전체를 통틀어 설립된 고등교육기관은 다음과 같
다. 제국대학 1개교, 대학예과1개교, 관공립전문학교 15개교, 사립전문학교
12개교였다. 일본 본국의 수자와 비교하면 초라하기 짝이 없는 것이었다.
제국대학 7개교, 관립대학 12개교, 공사립대학 29개교, 고등학교와 대학예
과 64개교, 공사립 전문학교와 실업전문학교 193개교, 고등사범학교 4개교
라는 대비였다.

식민지 조선에서 고등교육 재학생 수는 어느 정도 되었던 것일까? 한 연
구자가 정리한 바에 따르면, 연도에 따라 다르지만 예과를 포함한 경성제
대 학생 수는 전문학교 학생 수의 약 10-20% 정도를 차지하고 있다. 제국대
학과 전문학교를 합친 학생 수는 1926년 1,347명이었는데, 지속적으로 많아
져서 1930년 2천명을 넘어섰으며, 1941년이 되면 4천명을 상회하게 된다.[65]
여기에는 일본인 학생도 포함되어 있으므로 조선인 재학생을 알 수 있는

---

63) 류미나, 앞의「식민지기 조선의 명륜학원 : 조선총독부의 유교지식인 정책과 조선
   인의 대응」; 박영미, 앞의 글.
64) 중앙불교전문학교에는 불교에 대한 종교 차별도 반영되어 있었다. 김혜련, 앞의
   글 참조.
65) 후루카와 노리코(古川宣子), 「일제시대의 중고등교육」, 『교육사학연구』 6・7권,
   1996; 이혜영, 윤종혁, 류방란, 『한국 근대 학교교육 100년사 연구(Ⅱ)』, 한국교육
   개발원, 1997.

별도의 추계가 필요한 상황이다.

제국 본국 대학의 하위체제로 성립한 식민지대학 체제는, 본국의 그것과
마찬가지로 제국대학을 중심으로 하되 수많은 전문학교를 하위 위계로 지
배하는 시스템이었다. 이리하여 대학 예비학교 수준의 전문학교가 고등교
육 재학생의 90% 정도를 차지하게 되었으며, 전문정도 사립각종학교를 포
함하여 수많은 사립학교를 양산하게 되었던 것이다. 이로 인하여 대학교육
의 공공성은 심하게 손상되었으며, 대학교육은 사사화하고 그에 따라 전문
학교 내의 경쟁구도는 더욱 강화되었다.

Ⅳ. '대안적 고등교육'의 활성화

조선에 형성된 '식민지대학 체제'는 중층적 위계질서로 이루어진 차별적
구조를 특징으로 하고 있었다. 그것은 제국대학을 핵심으로 하는 제국대학
-전문학교라는 상위의 위계질서 아래, 관(공)립전문학교-사립전문학교라는
위계를 그 하위에 포진한 중층적 위계질서였다. 또 사립전문학교 아래에는
'전문정도 사립각종학교'가 다시 그 하위에 포진되어 있었다. 요컨대 조선
의 식민지대학 체제는 다양한 수준의 위계와 그를 통한 차별을 포함하는
고등교육체제였다.

이런 식민지대학 체제 아래서는 다양하고 열렬한 식민지민들의 고등교
육에 대한 욕구가 충족될 수는 없었다. 이에 '대안적 고등교육'을 반드시 살
펴보아야 할 이유가 드러나게 되는 것이다. 식민지대학 체제는 여러 형태
의 대안을 모색하게 하는 결여의 체제였던 까닭이다. 이제 그 대안적 고등
교육을 세 개의 유형을 통해 살펴보려 한다. 첫째 민립대학설립운동, 둘째
전문정도 사립각종학교, 셋째, 일본과 미국 대학으로의 유학이라는 세 가
지가 식민지대학 체제아래에서 대안으로 추구되었던 고등교육이라고 보아

도 좋을 것이다.

먼저 민립대학설립운동에 대해 살펴보자. 두루 알다시피, 제1차 민립대학설립안(운동)은 개화기의 국채보상운동에 의해 촉발되었다. 황성신문과 대한매일신보를 중심으로 전국적인 '애국운동' 차원에서 전개된 국채보상운동은 결실을 맺지 못하고 좌절하였다. 이 과정에서 6백만환 전후의 기금이 조성되었으므로, 1910년 이를 바탕으로 민립대학 설립을 추진하는 민립대학기성회가 발기되었다. 이를 제1차 민립대학설립안이라고 할 수 있는데, 이 시기의 대학설립운동은 조선총독부의 고등교육 억제정책으로 인하여 중단되고 말았다.[66]

1920년 조선교육회가 설립되어 조선인의 교육진흥을 호소하였다. 이 단체는 1922년 조선교육협회로 총독부로부터 인가를 받았으며, 11월부터 민립대학 설립을 위한 기성준비회 조직에 착수하였다. 1923년 3월 조선민립대학기성회가 발기됨으로서 운동은 본격화하였는데, 백개 이상의 지방부가 조직되어 운동은 전국으로 전파되었다. 민립대학 발기취지서에서는 "유능유위(有能有爲)의 인물을 양성하기 위한 최고학부" 즉 대학을 둘 필요성을 강조하고 있다. 또 조선 독자의 대학은 문화민족의 일원으로서 새로운 문화를 창조하고 인류문화에 공헌하기 위해서 반드시 필요한 기구임을 천명하고 있다. '민립대학설립계획서'에는 제1기에 법과, 문과, 경제과, 이과, 대학예과를, 제2기에 공과를 그리고 제3기에 의과와 농과를 설치할 계획을 수립하고 있다. 민립대학은 대규모의 종합대학으로 구상되었던 것이다. 그러나 대학에 대한 구체적인 계획은 거의 진행되지 못한 채, 운동은 마감하고 말았다.[67]

---

66) 馬越徹, 앞의 책, 89~118쪽.
67) 馬越徹, 앞의 책, 89~118쪽; 이명화, 「민립대학 설립운동의 배경과 성격」, 『한국독립운동사연구』 제5집, 1991; 우윤중, 「민립대학 설립운동의 주체와 성격」, 『사림』 제58호, 2016 참조.

1차대전 이후 하층으로 침투하고 있던 초등교육에 대한 교육열과 아울러, 조선인들의 대학에 대한 열망도 함께 끓어올랐다. 이런 환경에서 전개된 민립대학 설립운동은 전국적으로 확산된 지방부의 활동을 통하여 대학(설립) 혹은 고등교육의 필요성을 중산 이상의 조선인들에게 환기하는 데에 크게 기여하였다. 대학은 민족의 상징으로 출발하였으나 곧 근대의 상징으로 전환하였다. 이리하여 조선인들 사이에서 제국대학에 대한 반감은 축소되었으며, 대학진학은 '교양'의 상징으로 표상되었다.

우마코시 토오루는 민립대학 설립운동의 범주를 조금 더 확장하여 사립전문학교의 대학승격운동 그 중에서 보성전문학교의 발전과정을 여기에 포함시킬 것을 제안하고 있다.[68] 보성전문학교는 1905년 이용익에 의해 설립되었다. 궁내부 내장원경 이용익은 일본에 체류하면서 1903년에 발포된 일본의 '전문학교령'에서 힌트를 얻었고, 또 게이오기주쿠(慶應義塾)로부터 많은 영향을 받은 것으로 알려져 있다. 보성전문학교는 1910년 대한제국 정부에 대학 승격신청을 하였으나 거부되었다.[69] 1915년 사립보성법률상업학교로 명맥을 유지하였으며, 1922년이 되어서야 전문학교로 인정을 받았다.

우마코시는 민립대학기성회의 회비보관위원이었던 김성수의 행보에 주목한다. 김성수는 일찍이 한양전문학교 설립계획을 갖고 있었다. 재단법인 중앙학원을 설립한 뒤, 고등교육기관 설립 준비를 겸한 장기간의 구미여행을 감행한다. 이어 보성전문을 인수한 뒤 대학에 준하는 대규모 캠퍼스를 조성하고, 연구기능을 중시하는 방식으로 조직을 개편하였으며, 대규모 교수진을 보강하여 교육과 연구에 충실을 기했다. 이어 연구 중심의 학술지도 발간하였다. 이를 두고 보성전문은 스스로 제2의 민립대학운동이라고 칭했다. 그리고 우마코시는 민립대학 설립운동이 대학모델 형성의 총론이

68) 馬越徹, 앞의 책, 89~118쪽.
69) 馬越徹, 앞의 책, 89~118쪽; 배항섭, 「고종과 보성전문학교의 창립 및 초기운영」, 『사총』 제59집, 2004 참조.

라면, 보성전문학교의 역사는 각론이라고 평가했다.[70] 당시에 이른바 사립의 6대 전문학교를 대상으로 '종합민립대학'을 창립하자는 운동이 이어지고 있었음을 감안하면, 완전히 어긋난 평가라고 하기는 어려울 것이다.[71] 6대 전문학교를 합쳐 '조선민립대학'이라는 이름의 종합대학을 만들고, 6개 전문학교는 단과대학으로 승격시키자는 제안 혹은 운동이 일어나고 있었다.

이제 두 번째 대안적 고등교육으로 전문정도 사립각종학교를 살펴볼 차례이다. 1920년대 이후 조선에서는 '전문정도' 사립각종학교가 다수 설립되는데, 이는 설립부담이 큰 사립전문학교를 처음부터 만들기가 어려웠던 사정에서 기인하는 것이었다. 전문정도 사립각종학교는 조선교육령에서 규정한 정규 고등교육기관은 아니었지만, 실제로는 전문학교에 준하는 '비정규'의 고등교육기관을 지칭하는 것이다. 법제적으로 각종학교는 각종 법령에 포함된 학교 즉 '규제(制規)의 학교'가 아니라 그 학제 밖에 위치하는 비정규학교라는 의미를 담고 있는 것이었다. 또 조선총독부에서는 중등학교 졸업 이상의 입학자격을 요구하는 각종학교를 전문정도 각종학교로 규정하고 있었다.[72]

1922년 사립전문학교 설립 제한을 상대적으로 완화하는 정책을 도입했음에도, 재단 설립의 의무, 유자격 교사 채용, 각종 시설 정비 등을 규정하는 등 적지 않은 장애가 남아있었다. 이에 대한 대안으로 등장한 것이 바로 전문정도 각종사립학교였다. 여기에는 조선인들의 고등교육기관 진학에 대한 높은 열망이 배경으로 자리잡고 있었다. 이 열망을 반증하는 것은 고등교육기관 입학경쟁률과 외지 유학이었다.

우선 입학경쟁부터 살펴보자. 식민지 교육을 규정하는 가장 중요한 특징

---

70) 馬越徹, 앞의 책, 89~118쪽.
71) 김동환, 「민족적 문화사업의 통제에 대한 건의서」, 『삼천리』제5권 4호, 1933. 6대 전문학교는 보성전문학교, 세부란스의학전문학교, 연희전문학교, 불교전문학교, 이화여자전문학교, 숭실전문학교를 지칭하는 것이었다.
72) 김자중, 앞의「1920-1945년간 식민지 조선의 '전문정도' 사립각종학교에 관한 연구」.

중의 하나는 식민지민들의 단계별 학교 입학에 대한 수요를 만족시킬 만한 학교가 충분히 '공급'되지 않았다는 점일 것이다. 조선인들의 교육열이 높아질수록 입학경쟁은 더욱 치열해졌다. 1920년대 이후 치열한 입학경쟁은 가히 '입시지옥'을 조선에 현현하였던 것인데, 지옥을 탈출하려는 노력은 입시 준비교육(과외, 가정교사 등)과 그를 위한 사설학원이나 강습소 등의 입학준비기관의 등장으로 나타났다.[73]

초등학교 설립에 대한 지역민들의 요구가 각종 지역운동 혹은 '시민운동'의 이름으로 분출되었다는 것은 대개 잘 알고 있는 사실이다. 보통교육에 대한 수요가 어느 정도 충족되고 난 뒤, 1930년대가 되면 중등학교의 수요도 급속하게 증가하게 된다. 조선총독부는 1920년대까지의 소극적 억제정책에서 벗어나 1930년대에는 중등학교를 확충하는 정책으로 전환하였다. 단 실업교육을 강화하되 사립 중등학교의 설립은 억제하는 절반의 확충정책이었다. 이것은 다시 1930년대 총동원정책의 도입 이후 적극적 확충정책으로 바뀌었는데, 인문계 중등학교도 설립하였거니와 사립중등학교의 설립도 허가하였으며 이에 맞추어 조선인들의 학교 설립활동도 활성화되었다. 1935년 이후 1943년까지 중등학교의 수자와 입학생수는 거의 2배 내외로 증가하였다.[74] 중등학교의 확충은 다시 고등교육기관의 입학경쟁을 가중시키는 효과를 발생시켰다. 외지(혹은 외국) 유학은 그 부산물 중의 하나였던 것이다. 유학은 아래에서 좀더 구체적으로 살펴볼 것이다.

전문정도 사립각종학교의 특성상 그 전체 수와 모습을 가려내는 일은 간단치 않다. 한 연구에 따르면, 1920년 이후 전체 23개의 사립각종학교를 추려낼 수 있는데, 그것은 법상계 2개교, 문리과계 2개교, 의학계 3개교, 보육계 6개교, 신학계 4개교, 공업·기술계 2개교로 구성되어 있었다고 한다.[75]

---

73) 김동환, 「일제강점기 진학준비교육과 정책적 대응의 성격」, 『교육사회학연구』12권 3호, 2002.
74) 주익종, 「1930년대 중엽 이후 조선인 중등학교의 확충」, 『경제사학』24, 1998.

이 학교의 입학경쟁률은 제국대학이나 관공립 전문학교에 비해서는 훨씬 낮았으나, 사립전문학교와는 비슷하거나 조금 낮았다. 또 상당수의 직원이 겸임교원에 의존하고 있거나, 시설이나 재정 등의 측면에서도 사립전문학교보다 열등한 위치에 놓여있었다. 전문정도 사립각종학교는 조선인들의 고등교육 진학열을 부분적으로 충족시키는 역할을 수행하고 있었다.

23개교 가운데 8개교가 식민지기에 사립전문학교로 승격되었고, 해방 후에 대학의 모체가 된 학교가 6개였다. 전체 23개 가운데 14개교 즉 60% 정도의 학교가 전문학교 혹은 대학으로 승격되었으니, 전문정도 사립각종학교의 위상을 짐작하기에 어렵지 않다.76)

세 번째로 해외유학을 대안적 고등교육의 일환으로 살펴보겠다. 갑오개혁 이후 인재양성을 위한 근대적 고등교육 시스템을 급속히 구축하려는 노력이 갑오개혁 정부에 의해 시도되었음은 잘 알려져 있다. 하지만 그런 노력은 성공하지 못했고, 이후 조선정부는 유학으로 이 문제를 해결하려 하였다. 이 시기 고등교육 재정규모를 추계한 한 연구에 따르면, 대한제국 전기(1896년-1904년) 고등교육 재정은 학부 총 세출예산의 16%를 차지하였는데 이 가운데 유학비가 약 47%를 차지하여 의학교나 성균관 예산보다 훨씬 높은 비중을 갖고 있었다. 근대 이후 고등교육의 기원을 따질 때, 유학문제를 한 부분으로 다루어야 할 이유는 여기에서도 확인된다.77)

식민지기 조선의 학교교육은 일본 내지의 고등교육기관을 정점으로 하

---

75) 전문정도 사립각종학교의 사례로는 다음 논문 참조. 김성은, 「1930년대 임영신의 여성교육관과 중앙보육학교」, 『한국민족운동사연구』 71권, 2012; 노동은, 「경성음악전문학원은 어떤 학교이었나?」, 『음악과 민족』 19호, 2000; 박명수, 「경성성서학원의 초기 역사(1907-1921)」, 『한국기독교와 역사』 12권, 2000.

76) 김자중, 앞의 「1920-1945년간 식민지 조선의 '전문정도' 사립각종학교에 관한 연구」; 권녕배, 「일제하 사립각종학교의 지정학교 승격에 관한 일연구」, 『조선사연구』 13집, 2004.

77) 정덕희, 「대한제국 전기 고등교육 재정규모 추정」, 『한국교육사학』 39권 3호, 2017.

는 교육피라미드 체제로 구성된 것으로 이해할 수 있을 것이다. 일본 내지의 고등교육기관에 유학한 학생을 정점에 두고, 조선의 고등교육과정과 중등교육과정, 초등교육과정이 차례로 하나의 피라미드를 구성하고 있다는 인식이다.[78] 조선내 고등교육과정에 재학하는 학생수는 1920년대에는 일본유학생보다 적었다. 1929년의 경우 조선내 고등교육 기관 재학생 수는 남학생 1,411명, 여학생 138명이었던 데 비해, 일본 유학생은 남학생 2,153명, 여학생 158명이었다. 1930년대 이후 이 숫자는 역전된 것으로 보이는데, 1936년의 사례를 보면 일본유학생은 3,067명, 조선내 고등교육과정 재학생 수는 4,808명이었다. 전체 유학생 수는 1920년대 이후 꾸준히 증가하여 1938년에 1만명을 상회하였으며, 1943년에는 3만명에 육박하는 수준에 이르렀다. 관비 유학생은 백명을 넘지 못하는 수준에 머물렀으므로, 대부분의 유학생은 자비 유학생이었다.[79]

식민지기 조선의 경우 대학의 기원과 마찬가지로, 상당히 편향적이기는 하지만 일본뿐만이 아니라 미국에도 상당한 숫자의 유학생이 건너감으로써 복수의 유학생 모델을 채택하고 있었다. 식민지기 10년 단위의 미국유학생 숫자(하와이 포함)를 살펴보면, 1910년대에는 27명, 1920년대에는 356명, 1930년대 7년 동안(1930년-1936년)에는 102명이었다.[80] 1920년대에 유학생이 많이 증가하였으나, 1937년 중일전쟁 개전 이후 미국 유학생의 수도

---

78) 朝鮮總督府, 『朝鮮諸學校一覽』, 1936; 박선미, 『근대여성, 제국을 거쳐 조선으로 회유하다』, 창비, 2007, 38~60쪽; 정선이, 「일제강점기 고등교육 졸업자의 사회적 진출 양상과 특성」, 『사회와역사』 77집, 2008.
79) 박선미, 위의 책, 38~60쪽. 교토제국대학과 도쿄제국대학의 구체적 사례에 대해서는 다음 글 참조. 鄭鍾賢, 水野直樹, 「日本帝國大學의 朝鮮留學生 硏究 - 京都帝國大學 조선유학생의 현황, 사회경제적 출신 배경, 졸업 후 경력을 중심으로」, 『대동문화연구』 제80집. 2012; 정종현, 「동경제국대학의 조선유학생 연구」, 『한국학연구』 제42집, 2016.
80) 중국과 유럽으로 간 유학생 통계에는 매우 불확실한 측면이 많고, 또 의미 있는 추계에 입각한 연구도 없는 상황이다. 추후 연구의 진전을 기대해본다.

급속하게 줄어들었다. 유학생은 주로 경제 등의 사회과학과 신학, 의학 분야에 치중되어 있었다.[81] 통계가 파악되는 26년 동안 485명으로 많은 수는 아니었지만, 미국 유학생들은 한국사회에서 상대적으로 커다란 영향력을 가지고 있었다. 기독교계 전문학교가 미국 유학생들에게 피더 스쿨(Feeder school)의 역할을 수행하고 있었다.[82]

다시 말하면 식민지 본국에서의 유학생만이 아니라 일정한 수의 미국 유학생도 배출됨으로써 학문 혹은 담론상의 헤게모니 경쟁을 완전히 상실하지 않았던 것이다. 이는 상당히 중요한 점인데, 해방 후 대학모델에서 식민지 본국을 일방적으로 추종하거나 헤게모니 국가에 종속적인 방식으로 대학이 편제되지 않을 수 있었던 일정한 근거를 제공하고 있었기 때문이다.

여기에서 살펴본 세 가지의 대안적 고등교육은 기본적으로 식민지대학 체제 내에서 충족시킬 수 없는 고등교육에 대한 열망과 미래를 위한 교육 수요를 채우려는 필요에서 나온 것이었다. 첫 번째 민립대학설립운동은 조선 내에 독자적인 종합대학을 설립하려는 시도였고, 두 번째 전문정도 사립각종학교 설립은 쉬이 설립하기 어려운 사립전문학교 대신에 상대적으로 접근이 쉬운 각종학교를 만든 뒤에 전문학교로의 승격을 목표로 한 시도였다. 이 두 가지가 민족적이고 집단적인 힘으로 대학을 새로 설립하거나, 그에 못 미치지만 장기적 전망 아래 대학에 준하는 학교를 설립하려는 시도였던 데 비해, 세 번째 해외유학은 개인적인 차원에서 고등교육에 대한 욕구를 충족시키려 했다는 점에서 차이가 있다. 하지만 미국과 일본의 '선진적인' 대학과 학문의 흐름을 학습하고 도입하는 측면에서 더 효율적인 측면이 없는 것도 아니었다.

---

81) 홍선표, 「일제하 미국유학연구」, 『국사관논총』 제96집, 2001.

82) 정준영, 앞의 「경성제국대학과 식민지 헤게모니」, 68~86쪽; 정병준, 「일제하 한국 여성의 미국유학과 근대경험」, 『이화사학연구』 제39집, 2009; 김성보, 「연희전문 학교 졸업생들의 사회 진출 기초 연구 : 기독교계 사립 전문학교로서의 특징과 관련하여」, 『동방학지』 제173집, 2016 참조.

VI. 맺음말

이 글에서는 식민지대학의 두 기원을 동아시아의 전통 고등교육기관인 '대학'과 구미의 '근대대학'에서 확인할 수 있을 것으로 보았다. 먼저 중화문화권에서 '대학'이라는 개념은 통치학 혹은 고등교육의 최고학부를 상징하고 있었으며, 또 과거제도를 통해 대학은 관료제와 깊이 결합해 있었다. 대학이 관료제로 입문하는 지름길의 역할을 했던 것은, 이후 근대대학 설립 과정에서 간과하기 어려운 그림자를 드리우고 되었다. 조선의 최고 교육기관(대학)이었던 성균관은 폐지되었다가 나중에야 전문학교로 명맥을 이어갔다. 한편 구미의 근대대학은 조선에 두 가지 경로로 수입되고 있었다. 하나는 미국의 선교사를 통한 기독교계 칼리지 모델의 도입이었고, 다른 하나는 일본의 제국대학 모델의 이식이었다. 일본에서 처음 설립된 근대대학인 제국대학은 구미의 대학과 동아시아의 관료제적 질서 혹은 과거제의 잔재와 결합하여 나타난 산물이었다. 그럼에도 제국대학은 명백히 구미에 기원을 두는 근대대학이라고 해야 할 것이다.

조선과 대만에서 설립되었던 '제국대학'은 일본 제국대학이 변형된 모습을 띠고 있었다. 이를 식민지대학이라고 할 수 있을 것이다. 식민지대학은 본국의 제국대학에 식민지적 차별의 구조가 더해서 만들어진 것이었다. 조선의 경성제국대학은 '동양학' 연구를 표방함으로써 개성적인 조선 연구 혹은 대륙연구를 겨냥하고 있었으며, 대만의 타이베이제국대학 역시 남지·남양연구를 슬로건으로 내걸고 있었다. 두 개의 식민지대학이 각기 대륙과 남방 침략을 위한 연구를 표방하고 있었다는 점을 간과해서는 안 될 것이다. 이로 말미암아 식민지대학을 중심으로 구성되는 고등교육체제인 '식민지대학 체제'는 중층적 차별의 구조를 갖게 되었다. 먼저 본국 대학 체제와의 차별 곧 제국대학 대 전문학교의 위계구조가 형성되었으며, 두 번째로 전문학교 내에서도 관공립 전문학교 대 사립전문학교의 위계가 더해지게 되었다. 여기에 전문학교가 되지 못한 전문정도 사립각종학교에 대한 차별도 언급해둘 필요가 있다. 요컨대 식민지대학 체제는 중층적 위계구조를 가진 차별적 시스템이라고 할 수 있을 것이다.

해방 후 구제국이 사멸하고 '신제국' 미국이 제도적으로 압도하는 가운데, 식민지대학 체제는 변형되어 새로운 대학 체제를 수립하는 토대로 기능하게 되었다. 제국대학과 서울 소재 관공립 전문학교는 국립 서울대학교로 대부분 수렴되었다. 사립 전문학교 그 중에서도 기독교계 사립전문학교와 민립대학계열(보성전문 포함) 전문학교가 사립대학으로 승격하여 대학 체제 내 주도세력으로 부상하였다. 식민지대학 체제 내 상위 위계를 이루고 있던 제국대학과 관공립전문학교는 국립대학(서울대학)으로 이어졌고, 하위 위계를 구성하고 있던 사립전문학교는 주요 사립대학으로 계승되었다. 복선화되어 있던 고등교육 시스템은 미군정하에서 단선화되었으며, 국립대학과 사립대학을 중심으로 재구성되어갔던 것이다. 일본 제국대학의 잔재와 미국식 자유교양대학의 유산이 함께 새로운 대학 체제의 기반을 이루게 되었다.

참고문헌

김동환, 「민족적 문화사업의 통제에 대한 건의서」, 『삼천리』제5권 4호, 1933.

朝鮮總督府, 『朝鮮諸學校一覽』, 1936.

강명숙, 「갑오개혁 이후 성균관의 변화」, 『교육사학연구』10권, 2000.

강명숙, 「미군정기 고등교육 연구」, 서울대대학원 박사학위논문, 2002.

강명숙, 「일제시대 제2차 조선교육령 개정과정 연구」, 『교육사상연구』 제23권 3호, 2009.

강명숙, 『사립학교의 기원』, 학이시습, 2015.

강혜경, 「일제시기 여성의 고등교육과 숙명여자전문학교의 설립」, 『숭실사학』 제34집, 2015.

고영섭, 「영호(石顚) 정호(漢永)와 중앙불교전문학교 : 한국의 '윌리엄스 칼리지' 혹은 '엠허스트 칼리지'」, 『한국불교학』 제70집, 2014.

구희진, 「갑오개혁 전후 전통교육제도에 대한 정책」, 『역사교육』 제100집, 2006.

권녕배, 「일제하 사립각종학교의 지정학교 승격에 관한 일연구」, 『조선사연구』 13집, 2004.

김경용, 「경장기 조선, 관리등용제도 개혁과 성균관 경학과」, 『한국교육사학』 31권 2호, 2009.

김경용, 「조선 중기 과거제도 정비과정과 그 교육적 의미」, 『교육사학연구』 20권 1호, 2010.

김경용, 「갑오경장 이후 성균관경학과와 經義問對 연구」, 『교육사학연구』 21-1, 2011.

김경용, 「대한제국기 성균관 司業試選 연구」, 『교육사학연구』 21-2, 2011.

김동환, 「일제강점기 진학준비교육과 정책적 대응의 성격」, 『교육사회학연구』 12권 3호, 2002.

김성보, 「연희전문학교 졸업생들의 사회 진출 기초 연구 : 기독교계 사립 전문학교로서의 특징과 관련하여」, 『동방학지』 제173집, 2016.

김성은, 「1930년대 임영신의 여성교육관과 중앙보육학교」, 『한국민족운동사연구』 71권, 2012.

김자중, 「1920-1945년간 식민지 조선의 '전문정도' 사립각종학교에 관한 연구 : 설립의 배경, 현황, 역사적 의의를 중심으로」, 『교육사학연구』 제26집 제2호, 2016.

김자중, 「일제 식민지기 조선의 고등교육체제의 성격」, 『한국교육사학』 제38권 제3호, 2016.

김종도, 박현도, 「근대 이전 마드라사(Madrasa) 연구 : 발전과 역할」, 『아랍어와 아랍문학』 제21집 2호, 2017.

김종철, 『한국고등교육연구』, 배영사, 1979.

김태웅, 「일제하 관립전문학교의 운영기조와 위상변화 – 제1차·제2차 조선교육령 시기 '서울대학교 前身學校'를 중심으로」, 『연희전문학교의 학문과 동아시아대학』, 혜안, 2016.

김혜련, 「식민지 고등교육정책과 불교계 근대고등교육기관의 위상 : 중앙불교전문학교를 중심으로」, 『불교학보』 제45집, 2006.

김호연, 「일제하 경성법학전문학교의 교육과 학생」, 석사학위논문 한양대학교 대학원, 2011.

노동은, 「경성음악전문학원은 어떤 학교이었나?」, 『음악과 민족』 19호, 2000.

류미나, 「식민지권력에의 '협력'과 좌절 ― 經學院과 향교 및 문묘와의 관계를 중심으로」, 『한국문화』 36, 2005.

류미나, 「식민지기 조선의 명륜학원 : 조선총독부의 유교지식인 정책과 조선인의 대응」, 『교육사학연구』 제17집 제1호, 2007.

馬越徹, 한용진 역, 『한국 근대 대학의 성립과 전개』, 교육과학사, 2012(馬越徹, 『韓國近代大學の成立と展開』, 東京, 原出版社, 1997)

박명수, 「경성성서학원의 초기 역사(1907-1921)」, 『한국기독교와 역사』 12권, 2000.

박광현, 「'대학교'의 번역과 수용 - 한일 양국 사이의 수용과 대항의 관점에서」, 『한국문연구』 27집, 2004.

박광현, 「경성제국대학 안의 '동양사학' : 학문제도·문화사적 측면에서」, 『한국사상과 문화』 제31집, 2005.

박광현, 「'재조선' 일본인 지식 사회 연구 : 1930년대의 인문학계를 중심으로」, 『일본학연구』 제19집. 2006.

박광현, 「다카하시 도오루와 경성제대 '조선문학' 강좌 : '조선문학' 연구자로서의 자기동일화 과정을 중심으로」, 『한국문화』 제40집, 2007.

박광현, 「식민지 '제국대학'의 설립을 둘러싼 경합의 양상과 교수진의 유형」, 『일본학』 제28집, 2009.

박선미, 『근대여성, 제국을 거쳐 조선으로 회유하다』, 창비, 2007.

박영미, 「일제 강점기 한문고등교육기관 설립에 관한 소고」, 『한국한문학연구』 제59집, 2015.

박찬승, 「1920年代 渡日留學生과 그 사상적 동향」, 『한국근현대사연구』 제30집, 2004.

배항섭, 「고종과 보성전문학교의 창립 및 초기운영」, 『사총』 제59집, 2004.

박현순, 『조선 후기의 과거』, 소명출판, 2014.

백운기, 김상덕, 「김종익의 유언과 경성여자의학전문학교 설립과정」, 『연세의사학』 제14권 제1호, 2011.

서문석, 「근대적 면방직공장의 등장과 기술인력 양성제도의 형성」, 『동양학』 제50집, 2011.

성숙경, 「갑오개혁 이후 성균관의 근대적 재편」, 『한국근현대사연구』 39권, 2006.

신규환, 「일제시기 '의전체제'로의 전환과 의학교육, 1916~1945 : 세브란스의전과 경성의전을 중심으로」, 『연세의사학』 제20권 제1호, 2017.

신주백, 「식민지 조선의 고등교육체계와 문·사·철의 제도화, 그리고 식민지 공공성」, 『한국교육사학』 제34권 제4호, 2012.

신주백, 「식민지기 새로운 지식체계로서 '조선사'·'조선문학'·'동양철학'의 형성과 고등교육」, 『동방학지』 제160집, 2012.

신주백, 『한국 역사학의 기원』, 휴머니스트, 2016.

아마노 이쿠오(天野郁夫), 박광현, 정종현 역, 『제국대학』, 산처럼, 2017(天野郁夫, 『帝國大學: 近代日本のエリト育成裝置』, 中公新書, 2017)

안창모, 「日帝下 京城高等工業學校와 建築敎育」, 『大韓建築學會論文集 計劃系』 116, 998.

연세학풍사업단, 『연희전문학교의 학문과 동아시아 대학』, 혜안, 2016.

연세대 국학연구원, 『근대 학문의 형성과 연희전문』, 연세대학교 출판부, 2005.

요시미 순야(吉見俊哉), 서재길 역, 『대학이란 무엇인가』, 글항아리, 2014(吉見俊哉, 『大學とはなにか』, 岩波出版社, 2011)

우윤중, 「민립대학 설립운동의 주체와 성격」, 『사림』 제58호, 2016.

윤대석, 「경성제대의 교양주의와 일본어」, 『대동문화연구』 제59집, 2007

윤희면, 『조선시대 전남의 향교 연구』, 전남대학교출판부, 2015.

이길상, 「고등교육」, 안귀덕 외, 『한국 근현대 교육사』, 한국정신문화연구원, 1995.

이명화, 「민립대학 설립운동의 배경과 성격」, 『한국독립운동사연구』 제5집, 1991.

이병한, 『유라시아견문 2』, 서해문집, 2018.

이수환, 『조선후기서원연구』, 일조각, 2001.

이준식, 「일제 강점기의 대학 제도와 학문 체계 : 경성제대의 '조선어문학과'를 중심으로」, 『사회와역사』 61집, 2002.

이한수, 이병태, 신재의, 김평일, 「경성치과의학교 및 경성치과의학전문학교의 재정과 국유임야 대부 및 조림에 관한 연구」, 『대한치과의사학회지』 제27권 제1호, 2008.

이해준, 『조선후기 문중서원 연구』, 경인문화사, 2008.

이현일, 「일제하 公立醫學專門學校의 설립과 운영」, 『한국독립운동사연구』 제42집, 2012.

이혜영, 윤종혁, 류방란, 『한국 근대 학교교육 100년사 연구(II)』, 한국교육개발원, 1997.

장신, 「경성제국대학 사학과의 자장(磁場)」, 『역사문제연구』 26호, 2011.

전찬미, 「식민지시기 연희전문학교 수물과의 설립과 과학 교육」, 『한국과학사학회지』 제32권 제1호, 2010.

정덕희, 「대한제국 전기 고등교육 재정규모 추정」, 『한국교육사학』 39권 3호, 2017.

정병준, 「일제하 한국여성의 미국유학과 근대경험」, 『이화사학연구』 제39집, 2009.

정선이, 『경성제국대학연구』, 문음사, 2002.

정선이, 「일제강점기 고등교육 졸업자의 사회적 진출 양상과 특성」, 『사회와역사』 77집, 2008.

정선이, 「1910년대 기독교계 고등교육의 특성 : 숭실과 연희전문을 중심으로」, 『교육사학연구』 제19집 제2호, 2009.

정욱재, 「1910~1920년대 경학원의 인적 구성과 역할 : 사성과 구사를 중심으로」, 『정신문화연구』 제30권 제1호(통권106호), 2007.

정인경, 「일제하 경성고등공업학교의 설립과 운영」, 『한국과학사학회지』 16-1, 1994.

정일균, 「일제의 무단통치와 경학원」, 『사회와역사』 76호, 2007.

鄭鍾賢, 水野直樹, 「日本帝國大學의 朝鮮留學生 硏究 - 京都帝國大學 조선유학생의 현황, 사회경제적 출신 배경, 졸업 후 경력을 중심으로」, 『대동문화연구』 제80집. 2012.

정종현, 「동경제국대학의 조선유학생 연구」, 『한국학연구』 제42집, 2016.

정준영, 「1910년대 조선총독부의 식민지 교육정책과 미션스쿨」, 『사회와역사』 72, 2006.

정준영, 「경성제국대학과 식민지 헤게모니」, 서울대 박사학위논문, 2009.

정준영, 「식민지 의학교육과 헤게모니 경쟁 : 경성제대 의학부의 설립과정과 제도적 특징을 중심으로」, 『사회와역사』 85호, 2010.

정준영, 「경성제국대학의 유산 : 일본의 식민교육체제와 한국의 고등교육」, 『일본연구논총』, 제34호, 2011.

정준영, 「식민지 제국대학의 존재방식 : 경성제대와 식민지의 '대학자치론'」, 『역사문제연구』 26호, 2011.

정준영, 「식민통치와 지식/권력 : 日本型 식민대학의 비교사회학」, 『한림일본학』 제18집, 2011.

정준영, 「피의 인종주의와 식민지의학 : 경성제대 법의학교실의 혈액형인류학」, 『의사학』 제21권 제3호, 2012.

정준영, 「군기(軍旗)와 과학 : 만주사변 이후 경성제국대학의 방향전환」, 『만주연구』 제20집, 2015.

정준영, 「'공업조선'의 환상과 '학문 봉공'의 현실 : 경성제대 이공학부의 탄생」, 『한국과학사학회지』 제37권 제1호, 2015.

정준영, 「국대안 파동과 해방직후 대학공간」, 제59회 전국역사학대회 발표문, 2016.

조너선 라이언스, 김한영 역, 『지혜의 집, 이슬람은 어떻게 유럽 문명을 바꾸었는가』, 책과함께, 2013.

조은진, 「1910~20년대 조선의 관립전문학교 학제 형성과 운영」, 서울대학교 대학원 석사학위논문, 2015.

주익종, 「1930년대 중엽 이후 조선인 중등학교의 확충」, 『경제사학』 24, 1998.

鄒雨靜, 「일제 강점기의 경성제국대학과 대북제국대학에 대한 비교연구」, 한국학중앙연구원 한국학대학원 석사학위논문, 2013.

한용진, 『한국근대고등교육연구』, 고려대민족문화연구원, 2012.

한용진, 조문숙, 「근대 '학교' 개념의 수용에 관한 개념사적 고찰 - 대한제국기 중학교 개념을 중심으로」, 『한국교육사학』 39권 2호, 2017.

홍선표, 「일제하 미국유학연구」, 『국사관논총』 제96집, 2001.

후루카와 노리코(古川宣子), 「일제시대의 중고등교육」, 『교육사학연구』 6 · 7권, 1996.

天野郁夫, 『大學の誕生(上, 下)』, 中公新書, 2009.

筒井清忠, 『日本型'敎養'の運命』, 岩波書店, 2009.

육당 최남선의 만주행과
만주국 '건국대학'의 실험

정 준 영

I. 들어가며 : 만주국의 육당

최남선이 만주국 건국대학 교수로 취임하여 활동했다는 것은, 아마도 육당 연구자들이라면 대부분 알고 있는 유명한 사실이다. 하지만 정작 만주국 시절의 육당에 관한 연구는 2000년대에 들어서야 비로소 학계의 주목을 받기 시작했는데,『만몽문화(滿蒙文化)』(1941),「만주국의 역사적 유래(滿洲國의 歷史的 由來)」(1943)[1] 등으로 대표되는 육당의 '만몽문화론'이 1920년대 본격적으로 전개되었던 '불함문화론'과 밀접한 연관을 가지고 있었을 뿐 아니라, 그 논리적 귀결이기도 했다는 사실이 새삼 드러났기 때문이다.[2]

---

1) 「만몽문화」는 1941년 6월 20일 강의록으로 작성된 것으로 보이는데, 문체로 보아 원문은 일본어원고인 것으로 추측된다. 초출은『육당최남선전집』(이하『전집』) 10권, 현암사, 1974, 316~403쪽. 한편,「만주건국의 역사적 유래」는 1943년 3월,『新時代』제3권 제3호에 조선어로 실린 글이다.『전집』10권(408~415쪽)에 수록되어 있다.

2) 특히 만주국 시절의 육당에 관한 주요한 연구는, 참고문헌 목록에서도 확인할 수 있듯이, 2005년부터 2009년 사이에 집중적으로 이루어졌다. 이것은 일본 학계에서 촉발된 아시아론 및 제국론(帝國論)의 문제의식이 한국학계에서도 본격적으

육당의 만몽문화론이 만주국 성립의 문화사적 당위성을 밝혀 만주국이라는 "도의국가의 새로운 문화건설에 이바지"하는 것을 목적으로 하는, 지극히 이데올로기적인 논의라는 사실에는 이론(異論)의 여지가 없는 것 같다. 하지만 동시에 내용적으로 이것이 1920년대 육당이 사활을 걸었던 '불함문화론'을 고스란히 반복하고 있다는 사실에서 짐작할 수 있듯이, 그저 친일·훼절로만 단정하기에 석연치 않은 지점이 존재하는 것 또한 사실이다. 만주국 시절의 육당을 다루는 기존 연구들은 바로 이 지점을 주목한다. 육당은 민족의 기원을 적극적으로 확장하여 중화세계와 분리된 '대륙' 문화의 원류 속에서 찾으려했지만, 결과적으로 그가 도달하게 된 곳은 일본이 침략을 통해 인위적으로 창출한 '만몽이라는 신화적 공간'이었으며 그 정당화에 불과했다는 역설. 이것은 만주국 시절의 육당에만 한정되지 않는, 오히려 1920년대 이래 구축해온 '육당 조선학'에 이미 내재되어 있었던 고유한 모순은 아니었을까.

물론 이 문제는 기존 연구에서도 다양한 방식으로 분석이 시도되었다. 지배자 이데올로기의 자장(磁場)에서 벗어나지 못하는 가운데 어떻게든지 '조선 민족의 존재감'을 드러내려고 애썼던 육당의 고뇌로 보는 시각이 있었고(전성곤, 2006), 새롭게 펼쳐진 '만몽(滿蒙)'이라는 공간을 앞에 두고 이를 학문적으로 전유하려는 과정에서 표출된 잠재된 '제국에의 욕망'(강해수, 2006)으로 해석되기도 했다. '민족적인 것'과 '친일적인 것' 사이에서 발생한 "착시 혹은 오인의 증폭"(조현설, 2007)이 낳은 결과라는 분석도 제출되었다. 하지만 이런 설(說)들 사이에서도 왜 하필이면 잠재된 모순이 육당의 만주행을 통해 증폭되는지를 집요하게 묻는 경우는 드물었던 것 같다. "이때까지 學界가 이를 閑却"해 왔던 지점, 즉 "學界가 버린 땅"[3)에서 악전

로 적용·모색되기 시작했던 시점과 무관하지 않은 듯 보인다.

3) 최남선, 「내가 경험한 第一痛快」, 『別乾坤』 제6권 제8호, 1927년 8월(『전집』 10권, 487쪽에 수록).

고투했던 최남선이, '괴뢰국'일지언정 그래도 제국일본의 관학(官學) 아카데미즘 내부로 일거에 도약하는 계기를 만들었던 건국대학이란 도대체 어떤 곳이었을까.

물론 육당 연구자들 사이에서 건국대학의 문제는 전혀 관심 밖의 영역은 아니다. 『만몽문화』가 건국대학의 강의록에서 출발했다는 것은 잘 알려진 사실이고 이 지점에 착목하여 건국대학 문제를 다루려는 시도도 존재한다(전성곤, 2005: 2006). 하지만 이 경우 육당과의 관련 부분에만 초점이 맞추어진 나머지, 건국대학에 대한 정형화된 '이미지'가 반복될 뿐 '외지(外地) 아닌 외지' 대학이었기에 가지는 독특한 위상과 특징 등 건국대학 특유의 '지향과 현실 사이의 괴리' 문제는 충분히 고려되지 않는다. 더욱이 육당의 입장에서 왜 만주로 갔는지가 아니라 건국대학의 입장에서 왜 육당을 교수로 택했으며 그 의미는 무엇인지 따위의 질문이 던져지는 경우는 드물다. 육당의 만주행과는 별도로 만주국에서 '건국대학'이라는 실험이 가졌던 의미가 물어져야, 지금껏 육당 연구에서 제기되지 않았던 질문 중 하나, 즉 육당이 왜 1942년 건국대학 교수 자리를 박차고 나왔는가의 의문에 대해서도 실마리를 얻을 수 있지 않을까.

이 장에서는 이런 문제의식 속에서 경성제대와 같은 제국일본의 '외지'대학이면서도, 명목적으로는 만주국이라는 국가의 최고학부(最高學府)였던 건국대학이란 어떤 대학이었는지를 다룬다. 만주 건국대학의 역사와 관련해서는 1980년대 이후 일본과 중국의 건국대학 출신자들이 흩어진 관련 자료들 및 증언 등을 모아서 간행을 시도한 바 있고,[4] 이를 기반으로 중요한

---

4) 대표적인 것으로 일본에서는 건국대학 2기 졸업생인 湯治万藏이 58종의 자료 중에서 관련 부분을 발췌해서 연대기적으로 배열한 방대한 자료집인 『建国大学年表』(建国大学同窓会, 1981)과 일본인 졸업자들의 회고담을 수록한 『歓喜嶺遥か-建国大学同窓会文集』(전2권, 建国大学同窓会, 1991) 등이 있으며, 중국에서는 중국인 졸업자의 회고담을 수록한 『回憶僞滿建國大學』(長春文史資料編輯部, 1997) 등이 있다. 이 중에서 『建国大学年表』(이하 『연표』)는 제목과는 달리 대학의 설

성과들이 발표되기도 했다.[5] 하지만 이들 연구들은 대체로 그 이전까지 철저히 망각되어 있었던 건국대학을 사실적으로 발굴하는데 집중하고 있어서, 건국대학이 식민지제국 일본이라는 보다 넓은 맥락 속에서 가지는 의미 등에 대해서 분석적으로 파고들지 못하는 느낌이다. 최근에는 심리학자 지바 타네나리(千葉胤成), 지리학자 미야카와 젠조(宮川善造), 종교학자 마쓰이 료온(松井了穩) 등 건국대학 교수로 활동했던 학자들을 중심으로 만주국의 '지식-권력'을 다루는 연구(大澤広嗣, 2007; 小谷野邦子, 2002; 2003; 柴田陽一, 2011; 2016; 田村紀雄, 2009, 2010)들이 연이어 발표되고 있어서 기대를 모으지만, 개별 연구를 넘어 새로운 시각을 제시하기까지는 약간의 시간이 더 필요할 것 같다.[6] 따라서 여기에서는 이런 만주 건국대학에 대한 본격적이고도 체계적인 고찰을 위한 첫 작업으로서 건국대학이라고 하면 으레 떠올리기 마련인 몇 가지 통념적인 인상들에 대해 의문을 제기하

립 및 운영과 관련된 각종 문건들, 관련자들의 사후 대담 및 증언들이 풍부하게 수록되어 있어서 만주 건국대학 연구에 있어서 가장 기본적인 자료로 간주된다. 이 글에서 인용되는 주요 문건들도 대체로 여기에 수록된 자료들을 주로 활용하였다.

5) 『연표』를 비롯하여 건국대학 출신자들과의 회고담 등을 통해 대학의 설립과 운영을 실증적으로 규명하고 있는 대표적인 연구로는 宮澤惠理子(1997), 王智新(2000), 山根幸夫(2003) 등이 있다. 이들의 연구는 대체로 『연표』의 내용을 충실히 반영하여 대학의 설립과 운영과정을 세밀하게 정리하고 있다는 공통점을 가진다.

6) 이들 연구들은 대체로 2000년대 일본 학계에서 제기된 이른바 '제국일본의 학지(學知)'라는 문제의식(酒井哲哉 編, 2006), 즉 '식민지제국' 일본이 구축되고 확장되어가는 과정에서 '객관적' 학술을 표방했던 지식들이 어떻게 권력과 체계적으로 연루되고 있었는지에 대한 문제의식과 궤를 같이 하고 있는 것으로 보인다. 하지만 이들의 연구는, 일본의 잃어버린 학문적 전통을 재조명한다는 의도가 강했던 기존 '학지' 논의의 본국중심주의 편향과는 달리, 식민지에서 식민지를 유지하기 위해 창출되었던 '학지'에 초점을 두면서 경성제대, 대북제대 등 일본의 '공식' 식민지의 경계를 넘어 논의를 확장시키려 하고 있다는 점(柴田陽一, 2011: 70-71)이 주목을 끌지만, 아직은 일부 학자 및 연구경향에 대한 분석을 넘어서 그 공통의 무대가 되었던 건국대학에 대한 질문으로 이어지지는 않고 있다.

면서, 일본의 '식민지' 대학으로써 건국대학의 특징적 측면들을 육당 최남
선의 만주행을 단서로 삼아 검토하겠다.

II. 건국대학의 설립과 민족협화의 신화

1938년 5월 개학한 만주 건국대학은 우리사회는 말할 것도 없고 '식민모
국'이었던 일본사회에서도 오랫동안 망각 속의 존재였다. 그런데 2000년대
들어서면 일본인들이 만주국에 걸었던 꿈과 여기서 겪었던 고난이 과거에
대한 복고적 향수와 맞물려 일본사회의 일각에서 부각되었는데, 덩달아 건
국대학도 관심의 대상으로 조명을 받기 시작했다. 새롭게 탄생한 국가와
이 국가가 내걸었던 '민족협화'라든가 '왕도낙토(王道樂土)'라는 이상에 청
춘을 걸었던 일본 젊은이들의 꿈과 좌절이, 신기루같이 짧은 역사의 건국
대학에 투사된 것이다.[7] 학계 연구자들은 이런 대중적 시선에 일정한 거리
를 두고 있음은 물론이지만, 건국대학 설립을 둘러싼 신화가 좀처럼 불식
되지 않고 있는 것도 사실이다. 정말로 건국대학은 '민족협화'를 구현하는
실현태(實現態)라고 할 만한 것일까? 건국대학의 설립되는 과정에서 이를
둘러싼 이상과 현실의 충돌 혹은 괴리는 없었을까?

1. 이시와라 간지와 '아시아대학구상'

1931년 9월 이른바 '만주사변'을 무단으로 감행한 관동군이, 우여곡절을

---

7) 이런 시각의 일단을 잘 드러내고 있는 것이 르포작가인 河田宏가 2002년에 발표
한 『満州建国大学物語: 時代を引き受けようとした若者』(原書房, 2002)이라 할 수
있다. 이후에도 기자 혹은 르포작가들에 의해 한중일 삼국에 흩어져 있는 건국대
학 졸업생들을 취재한 넌픽션물들은 최근까지도 간헐적으로 출간되고 있다.

거쳐 1932년 3월 1일 '만주국'을 급조하게 된 경위에 대해서는 이미 많은 연구들이 상세하게 규명하고 있기 때문에, 여기에서 다시 반복할 필요는 없을 것 같다.[8] 일본 국내에서는 당혹감을, 일본 밖 국제사회에서는 거센 비난을 야기했던 이 일련의 위기 상황에 대해서, 관동군 참모부의 군사 엘리트들은 독특한 국가이념을 고안해내고, 이를 준거 삼아 서둘러 '국가 만들기(state-making)'의 체제를 잡아가는 것으로 돌파하려 했다는 사실을 언급하는 것으로 충분할 듯하다(한석정, 1999). 그리고 이런 국가 만들기의 과정에서 교육, 특히 엘리트의 양성은 만주국 영속(永續)을 위한 선결 과제 중 하나였다. 화려한 수사로 치장되고 있었지만, 사실 만주국의 당시 상황은 위태롭기 짝이 없었다. 만주국 각지에 '반만반일(反滿反日)'의 무장투쟁이 빈발했고, 충성스런 '국민'이 되어야 할 현지 '만주인'들의 교육현장에는 삼민주의(三民主義)가 아직도 통치이념으로 통용되던 실정이었다(王紹海, 2000: 126). 관동군의 입장에서는 이것이 지속적인 악순환의 고리가 되는 것을 저지하기 위해서라도 만주국을 구성하고 있는 각 민족들, 즉 일본인, 만주인, 조선인, 몽고인, 백계 러시아인들 중에서 '지도적' 엘리트를 선별해서 만주국의 새로운 정신을 가르칠 필요가 있었다. 교육이념과 교육체제의 전면적인 개편과 동시에 '최고학부(最高學部)'의 조속한 건설은, 국가 만들기를 주도했던 관동군 참모들 사이에서도 일치된 견해였던 것이다(宮澤惠理子, 1997: 35).

당시 관동군 참모들을 대표하는 지도자적 존재였던 이시와라 간지가 '대학설립'을 적극적으로 구상하고 이를 '아시아대학'이라고 이름 붙이게 된 경위도 이러한 사정과 무관하지 않다. 다만 이시와라가 이미 당시 여론에도 '천재적인 두뇌'와 '독특한 사상과 행동방식'으로 악명이 높았던 만큼,[9]

---

8) 만주국의 역사적 궤적 및 그 의미와 관련하여 이미 고전이 된 분석들 중에서 국내에 소개된 것들만 몇 가지 예를 거론해도 한석정(1999), Duara(2003), 山室信一(2004), 岡部牧夫(2009) 등이 있다.

그의 대학설립 구상은 세간의 통념을 넘어서는 독특함이 있었다.[10] 그와 같이 활동했던 장교들의 증언에 따르면, 만주국 건국의 기본적인 구상을 고안했을 당시부터 협화회(協和會)의 이념과 더불어 이시와라의 머릿속을 사로잡고 있었던 것 중 하나가 대학 설립안(案)이었다고 하니까, 이미 1931~1932년 단계에 이미 새로운 대학은 모색되고 있었던 셈이다(志々田文明, 2005: 110-111).

하지만 정작 이시와라 자신이 '아시아대학'을 직접 거론하고 나선 것은 상당히 나중의 일이다. 1932년 8월 육군참모본부와의 갈등 속에서 일본 본국 발령을 받았던 이시와라가 만주국 문제에 직접 관여하기 어려운 위치에 있었다는 사실은 이미 언급했다. 그는 1937년 9월 관동군 참모부 부장(副長)에 임명되어 만주로 복귀할 수 있었지만, 이때는 이미 두 달 전에 건국대학의 칙령이 공포되고 학생모집도 시작하여 건국대학의 설립이 기정사실화된 상황이었다(『연표』, 51). 이시와라는 만주 부임 직전, 즉 육군참모부장 작전과장으로 있던 1937년 5월 무렵이 되어서야 비로소 자신의 구상을 실무자들에게 피력하기 시작했던 것이다. 가령 그는 협화회 도쿄출장소를 직접 방문하여 대학창설 실무위원들을 만났다. 당시 이 '접촉'에 참여했던 미시나 타카유키(三品隆以)에 따르면, 이시와라 칸지는 당시 대학 창설 작업이 "선생 양반[先生方]", 즉 기존 제국대학 교수들의 영향 속에서 진행되고 있는 것을 경계하면서 "기존의 일본대학과는 절대로 닮아서는 안 됩니다. 이것이 제일 첫째"라고 강조했다. 아시아대학은 "만주 이외에는 어디

---

9) 이런 독특한 기질과 행동, 그리고 이력 때문인지 이시와라 간지의 삶은 최근까지도 대중적 관심의 대상이 되어 상당히 많은 전기물들이 출간되어 왔다. 이 글에서는 그의 독특한 성향과 만주인식에 대해서 주로 志々田文明(2005, 110-112)의 논의를 참조했다.

10) 그런데 '아시아대학' 구상과 관련하여, 당시 이시와라가 이를 어떻게 구상하고 있었는지를 알 수 있는 문서자료는 현재로서는 남아있지 않다. 그의 말을 들은 관련자들의 증언이나, 대학설립 이후 비판의 차원에서 사후적으로 이루어진 이시와라의 말이 남아 있을 뿐이다.

에도 없는" 건국정신과 민족협화를 체현하는 기관이 되어야 하며, 따라서 "학문도 중요하지만" 대학교수는 "건국대학에 걸맞은 선생은 아니라"고 단언했다(『연표』, 16).[11]

　사후적인 언급이라 주의할 필요는 있지만, 그의 '아시아대학'은 아시아 각 민족의 지도적 청년을 모아서 만드는 브레인조직, 즉 씽크탱크(think-tank)와 같은 것으로, 명칭과는 달리 실제로는 '유니버시티(university)'와는 성격을 달리했던 것으로 보인다. 중국본토는 물론 인도, 동남아시아 각 민족의 청년 지도자들을 끌어 모아 '공존공영(共存共榮)'의 동아연맹(東亞聯盟)을 구축하는 토대를 만들겠다는 발상에서 출발하기 때문이다. 이시와라는 '아시아대학'을 고등교육기관이 아니라, 장래 아시아 전역에 걸쳐서 결성되어야 할 동아연맹을 담당할 청년을 양성해야 할 기관으로 상정했는데, 그렇기 때문에 이 대학은 동아연맹이 아시아 전역으로 확산되는 과정에서 일어날 수도 있는 민족 분쟁에 대해서 그 해결을 지향하는 사상을 모색해야 하며, 이를 위해 각국의 민족주의 혁명가의 사상은 '배워서 비판하고 극복해야 할 연구재료'가 되어야 한다고 보았다(宮澤惠理子, 1997: 35). 이 지점에서 이시와라 나름의 독특한 주장이 출현하게 되는데, 아시아대학의 교수로 러시아의 혁명가 트로츠키(Leon Trotsky)를 비롯하여 중국의 대표적인 지식인인 후스(胡適), 루쉰의 동생으로도 유명한 저우쭤런(周作人), 인도의 간디, 미국인 소설가 펄벅(Pearl Buck) 등 아시아의 선각적, 혁명적인 인물들을 초빙하자는 제안이 그것이다. 교수가 보통 생각하듯이 지식의 전수자가 아니며, 오히려 '지도적' 청년의 입장에서 보면 연구의 소재이며 따라서 공산주의자도 반일인사도 얼마든지 교수로 불러올 수 있다는 이시와라 특유의 발상에서 비롯된 것이다.

---

11) 원 출처는 建国大学同窓会 '建大史' 編纂委員会「建大史資料」二号.

2. 건국대학의 탄생: 대학실현의 현실

이시와라가 건국대학의 설립이 확정된 시점부터 애초 구상이었던 '아시아대학'에 대해서 본격적으로 말하기 시작했다는 사실은 건국대학의 설립과정에서 의미하는 바가 적지 않다. 왜냐하면 이것은 건국대학의 설립 구상 자체는 '아시아대학'에서 시작되었지만 실제 설립과정에서는 이시와라 칸지의 배제가 노골적으로 드러나고 있었음을 단적으로 드러내기 때문이다(宮澤惠理子, 1997: 36). 그래서 후술하겠지만, 이시와라는 설립 도중의 건국대학에 대해서 강력하게 반발하는 모습조차 보인다. 요컨대 건국대학의 탄생 경위는 '아시아대학 구상'으로부터 이탈하는 과정에 다름 아니었던 것이다.

만주국 내부에서 대학창설 논의가 실제로 제기된 것은 1936년 하반기 무렵으로 추정되는데, 당시 관동군 참모장이었던 이타가키 세이시로(板垣征四郎)의 휘하에서 만주국 내의 기존 고등교육기관과 차별화되는 독창적인 신(新) 대학을 만들기로 한 것에서 비롯된다(『연표』, 1~2). 대학의 명칭을 '이시아대학'이라고 했던 것에서도 알 수 있듯이, 애초 대학설립 구상은 만주사변의 주모자이기도 했던 이타가키와 이시와라의 합작품이었다. 다만 전술했던바 당시 이시와라는 만주국의 사안에 관여할 수 없었기 때문에 대학 설립의 실제 작업은 이타가키 휘하의 관동군 참모들에게 맡겨진다.

그런데 대학설립이 실제로 추진되기 시작하자, 애초의 구상과 취지는 점차 변형되기 시작했다. 이시와라의 아이디어와 '워딩(wording)' 중 일부는 그대로 살아남았지만, 대학의 위상 설정 자체에 근본적인 수정이 가해졌던 것이다. 전술했듯이, 이시와라 칸지는 아시아대학을 통해 만주국 내에서뿐 아니라 중국본토, 인도, 동남아시아에서도 폭넓게 각 민족의 지도자가 될 인재를 모아서 "같이 밥을 먹고, 같이 공부하고, 같이 싸우고, 일본어로도 조선어로도 몽고어로도 각 민족의 언어로 싸우고 그러는 가운데 해 나가는,"(『연표』, 16) 그런 '공학공숙(共學共塾)'의 이상'을 피력했다(山根幸夫,

2003: 53). 이시와라는 아시아대학이 신생 만주국에 설립되는 기관이지만, 단순히 만주국의 엘리트를 양성하는 것에 만족하지 않았던 것이다. 그는 이 대학이 동아시아 전역을 대상으로 청년지도자들을 끌어 모아 '네트워크'를 구축하기를 바랐고, 이것이 만주국을 넘어서 동아연맹을 구축하는 핵심적인 장치가 될 것으로 기대했다. 하지만 현실의 건국대학은 구상 첫 단계부터 철저하게 만주국 국가건설의 공고화에 기여하는 엘리트 대학의 설립에 초점을 맞추고 있었다. 훗날 "개학을 너무 서둘러서 대학에 상응하는 교수와 지도자는 모으지 못하고 그 결과 일본의 종합대학을 속 편히 모방하고 말았다"(石原莞爾, 1943: 144-145)고 이시와라가 맹렬히 비난했던 단초들은 이미 실현 초기부터 잠복하고 있었던 것이다.

게다가 1937년 3월 이시와라와 대립했던 도조 히데키(東條英機)가 관동군 참모장으로 취임하면서 이탈의 경향은 더욱 노골적이 되었다. 실제로 도조의 취임과 더불어 대학의 명칭은 '아시아대학'에서 '건국대학'으로 변경된다(『연표』, 9). 이시와라의 영향력을 제거하는 작업이 본격화된 것이다. 이와 더불어 1937년 2월 이미 대학창설과 관련해서 육군성 군무국 만주반으로부터 자문을 의뢰받은 바 있었던 일본 본토의 관립대학 교수들의 영향력은 점차 커졌다.

군부와 학계 사이를 연결하는 '파이프' 역할을 했던 것은 도쿄제대 교수였던 역사학자 히라이즈미 키요시(平泉澄, 1921~2005)였다. 일본 중세사가 전공이었던 그는 1932년 무렵부터 국수주의에 경도되어 이후 황도사관(皇道史觀)의 주창자가 된 인물이다(山根幸夫, 2003: 53). 그는 육군과 해군 청년 장교들에게 압도적인 지지를 받은 카리스마적 존재이기도 했는데(山根幸夫, 2003: 103-104), 관동군 참모부에서도 예외가 아니었다. 관동군 참모부로부터 대학창설을 의뢰받은 히라이즈미는 세 사람의 교수, 즉 법학자 가케이 가츠히코(筧克彦)[12], 경제학자 사쿠다 소이치(作田莊一)[13], 철학자 니시 신이치로(西晋一郎, 1873~1943)[14]을 추천했다. 이들의 학문적, 사상적

특징은 히라이즈미가 훗날 이들을 추천한 이유에 대해서 다음과 같이 회고한 것에서 단적으로 드러난다. "불교철학을 연구하고 '신과 살아가는 길[神ながらの道]'을 연구하고 있던 가케이 선생, 경제학의 측면에서 '道'를 구상하고 있던 사쿠다 선생, 윤리학을 바탕으로 서양윤리와는 다른 동양윤리를 추구해서 深遠한 道를 설파하는 니시 선생, 이 세 사람의 선생을 중심으로 새로운 학풍을 추구하면 좋겠다고 생각했던 것입니다(『연표』, 13-14)."[15]

요컨대 창설위원으로 위촉된 자문 교수들은 서양에서 출발한 학문 및 과학의 한계를 의식하면서 일본 특유의 학문과 사상을 모색했으며, 결과적으

---

12) 가케이 가즈히코(筧克彦, 1872~1961)는 당시 이미 도쿄제대를 정년퇴직하여 명예교수로 있으면서 당시 호세이(法政) 대학, 고쿠가쿠인(國學院) 대학 등에서 헌법학을 가르치고 있었다. 그는 호즈미 야츠카(穗積八束)·우에스기 신키치(上杉慎吉)와 더불어 다이쇼(大正) 리버럴리즘에 반대한 법학자로 잘 알려져 있었는데, 특히 신도(神道)에 바탕을 두고 국가와 천황, 신민(臣民) 사이의 일심동체를 강조하는 독특한 국체설(國體說)을 주장한 것으로도 유명했다(宮澤惠理子, 1997: 36).

13) 사쿠다 소이치(作田莊一, 1878~1973)는 당시 교토제대 교수였다. 처음에는 국제경제의 전공자로 학문적 경력을 출발했지만, 급격한 국제변동의 와중에 국민국가 일본이 위기에 직면하고 있는 것을 지켜본 그는 1933년 무렵부터 서양의 근대학문 및 과학관을 비판하면서 일상생활의 지도 원리를 구축하는 '국민과학' 구상을 주창하기 시작했다(今井隆太, 2001: 175-176). 그에 따르면 과학은 '사실'과 '이유'를 넘어 생활현실의 '당위'와 '규범'을 제시해야 하는데, 여기서 일본 국민성의 원리로서 천황제의 내면화가 중요하다는 것이다. 사쿠다는 신해혁명 직전에 중국에서 교단에 선 적도 있어서 히라이즈미가 추천한 이들 중에서는 유일하게 중국경험이 있었고, 이후 사실상의 총장인 건국대학 부총장(총장은 만주국 국무총리)에 취임하여 대학을 실질적으로 관할한다. 그리고 후술하겠지만, 그의 '국민과학' 구상은 건국대학연구원의 핵심정신인 '만주국학(滿洲國學)'의 기반이 되었다.

14) 니시 신이치로(西晉一郎, 1873~1943)는 당시 히로시마문리대학의 교수였다. 그는 서양철학, 특히 윤리철학을 전공했는데, 교토제대의 니시다 키타로(西田幾多郎)와 더불어 "양서(兩西)"라고 불리기도 했던 철학계의 중진이었다. 서양철학, 특히 피히테 연구로부터 출발해서 '중국철학'을 거쳐 일본철학에 이르렀던 철학자 니시는 다수의 전문적 연구서적을 출판했는데, 당대에는 오히려 '국체·국민도덕'을 제창한 이데올로그로서, 그리고 독실한 교육자로서 세간에 널리 알려진 인물이었다(中村春作, 1999: 63).

15) 원 출처: 建国大学同窓会 '建大史' 編纂委員会 「建大史資料」 一号.

로는 천황제를 중핵으로 하는 국체론에 수렴하는 양상을 보였던 보수 성향의 학자들이었다. 따라서 이들은 당연히 1920년대 이후 리버럴리즘 및 서양사조(思潮)로의 경도가 현저했던 당시 일본 본토의 학계 및 교육계의 상황에 대해서 극도로 비판적이었는데, 특히 "국체에 관한 이론적 연구"와 "우리나라 고유문화 연구"가 부진하기에 이를 때 없는 학계·사상계를 "광정(匡正)"하고, "교사는 교육자로서의 자각"이 부족하고 "학생은 반국가적 사상에 경도(傾倒)"되고 있는 교육계를 개선할 것을 강하게 주장하기도 했다(今井隆太, 2001: 166). 이들 대부분이 1932년 이후 일본 본토에서 구축되고 있었던 교학쇄신(敎學刷新)체제, 즉 문부성이 중심이 되어 교육계 및 학계에 '치안유지법'을 실질적으로 적용하여 통제를 강화하는 한편, 천황 중심의 국체관념에 입각하여 학문 각 분야를 관제·어용으로 개편하려는 일련의 시도에 대해서 적극적으로 동조하는 입장을 취했던 것은 결코 우연이 아니었다.16)

이들은 건국대학의 창설과정에도 이런 관점을 강하게 투영했다. 당시 일본 각 대학의 연구와 교육은 "구미 학문의 찌꺼기에 불과한" 형편으로 전면적인 쇄신이 필요하다. 왜냐하면, 당시 일본에서 이루어지는 학문연구의 입장은 대략 "개인주의, 계급주의, 萬民主義"에 입각해 있다고 할 수 있는데, 이는 "구미에서 이식된 자유주의, 민주주의, 사회주의"에서 기인한 것일 뿐, 정작 절실히 연구가 필요한 "단체, 군민의 대의, 국가와 민족의 발전에 마음을 두는 연구는 희박"하기 때문이다. 연구의 수준 또한 "추상에 빠져서

---

16) 1930년대 이후 교학쇄신체제의 등장과 이로 인한 일본 교육계 및 학계의 개편 양상에 대한 종합적인 연구로 駒込武·川村肇·奈須恵子編(2011)이 있다. 이 연구에 따르면, 1930년대 이후 학계와 교육계의 사상통제를 본격화하기 시작했던 일본 정부는 1932년 국민정신문화연구소(國民精神文化硏究所)의 발족, 1935년 문부성 내에 교학국의 설치, 1936년 일본제학진흥위원회(日本諸学振興委員会)의 구성 등 일련의 과정을 일본의 학문분야 전반에 걸쳐 관제적 조직화 및 시국동원을 시도하고 있었다. 건국대학 창설에 참여한 4인 교수 대부분이 이 과정에 적극 참여하고 있었음은 물론이다.

논의는 더욱이 高遠에 치달아 현실로부터 유리되어 실천을 망각하고 觀念으로 始終"해서, 오늘날 "國運에 공헌"하고 "건국정신을 세계적으로 구현"하는 것은 불가능하다. 따라서 "爲學의 신념과 입장"을 분명히 하는 학문, 추상적인 논의에서 벗어나 현실을 지도할 수 있는 도구로서 학문이 추구되고, 이것이 "지행합일의 훈육"과 결합하여 이를 위해 "不惜身命하는 실천적인 인물을 鍊成"하는 "독창적이고도 이상적인 대학"을, 제국대학 등 기성체제(the established)의 저항이 강한 일본 본토를 대신해서 신생 만주국에 수립해야 한다.17) 요컨대 이들은 기존의 일본 엘리트교육 및 학문연구의 경향에 대한 강한 불신감을 공유하고 있었고, 기득권이 없는 새로운 나라, 만주에서 "교학쇄신"의 새로운 실험을 모색했던 것이다. 기존의 대학으로는 안 된다는 점에서 이들 자문교수들은 관동군의 군사엘리트들, 심지어 이시와라 칸지와도 입장이 다르지 않았다.

다만 대학창립에 대한 핵심정신이라 할 수 있는 '건국정신'을 둘러싼 해석과 관련해서는, 이들은 애초에 '아시아대학'을 제안했던 이시와라 칸지와 첨예하게 대립하는 양상을 보였다(『연표』, 19~20). 이들 자문교수들은 각자 독특한 국체론 사상을 구축하고 있는 만큼 창립계획과 관련하여 서로 격렬한 언쟁을 벌이기도 했지만, 이시와라 칸지 만큼은 회의 자리에서 아예 이름조차 언급하기를 피했을 정도로 반감을 공유했던 것이다. 이들은 세부적인 입장을 달리했지만, 대학설립의 핵심이 되는 만주국의 건국정신을 "궁극적으로는 일본정신에 다름 아닌" 것으로 보았으며, 이런 일본 특유의 정

---

17) 이상의 따옴표 인용 부분은 자문교수들이 중심이 되어 1937년 6월 17일부로 작성했던 「建國大學創立要領說明書」(『연표』, 27~29)에 근간한다. 자문교수들은 이 문서 이외에도 「建國大學創設要綱案」(1937년 6월 18일자), 「建國大學研究院創設主意書」(1937년 6월 20일자) 등 대학창설의 핵심 문건들을 작성하였고, 이들의 입장은 1937년 8월 5일 칙령으로 공포된 「建國大學令」 및 『滿洲國政府公報日譯』에 게재된 「建國大學創設要綱」에 그대로 반영되었다. 대부분의 문건들은 거의 같은 시기에 작성된 것으로 보이며, 내용의 측면에서 큰 변화나 차이는 발견되지 않기 때문에 여기서는 첫 문건에 근거해서 이들의 입장을 정리했다.

신이 동아시아 세계를 지배하는 주도적인 원리가 될 수 있다는 확신을 공유했다.[18] 따라서 천황 중심의 황도론(皇道論)이 가지는 절대성을 부정할 위험성이 다분한 이시와라 칸지의 구상은, 그들로서는 도저히 용납하기 어려웠던 것이다.[19] 아시아대학 구상에 대해서 "'하늘의 도[天の道]'는 있지만, '신의 도[神の道]'는 인정하지 않을 뿐 아니라 오히려 부정하고 있는" "本末顚倒의 발상"이라고 폄훼했던 이유도 여기에 있었다.

물론 이에 대한 이시와라 칸지의 반발도 만만치 않았다. 1937년 만주로 복귀한 이시와라는 진행되고 있는 대학의 창설이 전술했던 바 "도쿄제국대학 법과대학의 만주판"에 불과하다고 판단하고, 자신을 추종했던 일부 관동군 참모들과 모의하여 건국대학 창설의 중단을 시도하기도 했다. 하지만 1937년 8월 이미 칙령으로 「건국대학령」이 공포되었고, 학생모집도 진행 중인 상태였기 때문에 되돌리기에는 역부족이었다(『연표』, 61~62). 대학의 성격과 역할을 둘러싸고 심각한 의견이 대립이 표출되고 있는 상황에서, 최종적으로는 이런 갈등이 봉합되지 않은 채 서둘러 대학이 출범하고 말았던 것이다. 건국정신을 핵심으로 해서 "旣成대학의 通弊와 근대학문의 病弊를 一掃하는 독창적인 대학"을 설립한다는 거창한 취지를 표방했지만, 결과적으로 건국대학은 "大和민족의 문화를 핵심으로 하여 각 민족의 문화를 통합하여 건국정신을 바탕으로 새로운 문화를 창조"하는 도구를 설립하

---

18) 원 출처: 「建國大學創立要領說明書」(『연표』, 27)

19) 물론 이시와라 칸지가 천황의 황도정치 자체를 부정했던 것은 아니었다. 잘 알려져 있듯이, 그는 특유의 전쟁사관 및 '대승불교적인' 역사관을 바탕으로 향후 세계통일을 위한 '米州'와 '東亞' 사이의 최종전쟁을 상정하고 있었다. 그리고 일본을 맹주로 하는 '王道論'이 米洲의 '覇道論'에 대해서 최종적인 승리를 거두기 위해서는 현재의 상황에서는 오히려 전쟁을 피해야 한다는, '非戰論'을 주장했다. 아시아대학도 이런 그의 독특한 논의에 기초하고 있었는데, 그는 일본의 皇道政治가 東方道義의 道統을 傳承하고 있음은 당연하지만, '팔굉일우(八紘一宇)'에 대한 황도주의자의 편협한 해석에서도 알 수 있듯이 한계가 명확하며, 따라서 일본이 아닌 만주에서, 기존의 대학이 아닌 '아시아대학'에서 동아연맹의 새로운 사상과 운동방침을 만들어야 한다는 입장을 고수했다(『연표』, 113~118).

는데 머물렀다.[20] 만주국의 건국정신은 실은 일본정신이며, 아시아민족들의 '민족협화'라는 것도 결국에는 일본문화의 확산에 다름없었다.

이처럼 '아시아대학'이 '건국대학'으로 실현되는 과정에서, 아시아 각 민족의 '민족협화'는 만주국의 일본인을 중심으로 하는 '오족협화(五族協和)'로 그 의미가 축소되었고, 융합의 중심에는 협화주의 대신에 황도주의(皇道主義)가 자리를 잡았다. 물론 이시와라가 의도했던 대로 아시아대학이 설립되었다고 하더라도, 그 대학이 이런 문제점으로부터 자유로울 수 있을지는 지극히 의심스럽다. 어쨌든 현실의 건국대학은 태생에서부터 일본의 지배를 승인하고 일본문화를 타민족에게 강요하는 이른바 '황도정치(皇道政治)'의 도구라는 한계와 모순을 훨씬 더 적나라하게 드러내고 말았다. 만주 건국대학의 설립과정은 오히려 '아시아대학'의 구상이 좌절하여 붕괴하는 과정, 따라서 '민족협화'라는 이상이 형해화(形骸化)되어 황도주의의 이데올로기적 도구로 전락해가는 과정에 다름 아니었던 것이다.

3. '쇼케이스'로서 육당의 교수임용

그리고 이러한 형해화의 끝자락에 '일종의 쇼케이스showcase'로 추진되었던 이벤트가 육당 최남선의 교수임용이었다. 반일 민족인사를 포함하여 아시아의 선각적, 혁명적 인사들을 교수로 초빙하겠다는 발상이 이시와라 구상에서 비롯되었다는 것은 이미 살펴본 대로다. 초빙된 교수는 지식의 일방적 전달자가 아니라 오히려 대학에 모인 청년엘리트들의 입장에서 '연구대상'이며, 따라서 이들을 통해 청년 엘리트들이 이들 '교수'들을 극복하고 넘어가게 만들겠다는 발상이었다. 이시와라가 신설될 아시아대학의 교수로 기존의 대학교수는 필요 없다고 단언했던 것도 이 때문이었다.

그런데 이런 특유의 발상은 대학창설 과정에서 이시와라의 구상이 배제

20) 원 출처: 「建國大學硏究院創設趣旨書」(『연표』, 36).

되는 와중에도 살아남았다. 대학창립의 주도권이 자문 교수들에게 사실상 넘어간 상황이었지만, 실무를 담당했던 관동군 참모들 중 일부에서는 "'민족협화'를 단순한 이념의 문제가 아니라 실천철학으로 세우기 위해서라도" 진짜 민족운동의 경험한 인물들을 교수 또는 연구원으로 맞아야 한다는 주장이 제기되었고, 실제로 교수인선 과정에도 일정 부분 반영되었던 것이다 (『연표』, 62~63). 다만 대다수를 차지하는 일본인 교수, 조교수 자리가 자문 교수들에 의해 추천된 연구자들로 채워지고 있는 상황에서, 민족운동 인사의 발탁은 애초 이시와라가 의도했던 바의 역할을 다하기는 어려웠다. 기껏해야 만주국의 새로움과 포용력을 과시하는 선전수단이었을 뿐이었고, 실제로도 일본 황도주의의 이데올로기적 우월성을 과시하는 데에만 한정적으로 활용되는데 그쳤던 것이다.

상황이 이렇다 보니, 당연히 정책적 의도에 부합하는 비(非) 일본인 교수들의 영입은 쉽지 않았다. 게다가 대학교수 인선작업이 본격적으로 추진되었던 1937년 말이라는 시점은 중일전쟁이 일어났던 시기로, 중국 내에 격렬한 반일여론이 한참 드높았던 상황이었다. 중국인 지식인들 중에서 유능한 인재들은 이미 베이징을 떠나 중칭(重慶), 창사(長沙)로 옮겨간 후였고, 아내가 일본인인 저우쭤런(周作人)조차도 일본에 적대적인 현지 여론을 의식해서 건국대 교수 초빙을 거절했다(『연표』, 62). 그나마 초빙에 응했던 것은 미국 존스홉킨스대학에서 정치학박사를 받은 후에 베이징 사범대학에서 영어를 가르치고 있던 바오밍쉔(鮑明鈐)과 미국 콜럼비아 대학에서 정치학박사를 받은 수이신(蘇益信), 두 사람의 중국인뿐이었다. 이들은 반일운동 이력이라는 공통점을 가졌는데, 이시와라의 동아연맹론에 대해서도 대체로 호의적이었다. 이들의 초빙은 이 반일운동의 이력 탓에 베이징 주둔의 일본군 사령부가 반대하는 등 우여곡절을 겪기도 했다(『연표』, 63). 『만주국정부공보(滿洲國政府公報)』에 따르면, 이들은 1938년 4월 5일자로 건국대학 교수로 부임한다.[21] 공식적으로 전공은 바오(鮑明鈐)는 '동아정

치론', 수(蘇益信)는 '국제정치론'이었다. 그리고 일본인이 아니면서도 건국
대학의 교수로 취임한 나머지 한 사람이 최남선이었다.

육당의 경우에도, 다른 두 사람의 중국인 교수들과 마찬가지로 학교 당
국의 입장에서 중요했던 것은 "만세사건에 관련된 독립 운동가", "민족(해
방)운동을 했던 정치적 색채가 있는 사람"(『연표』, 45)이라는 육당의 이력
이었고 거기서 비롯되는 정치적 상징성이었다. 물론 육당이 현재에는 '친
일파'라는 평판을 듣고 있다는 사실도 고려했을 것이다. 조선총독부와 조
선군사령부 등 현지의 식민권력 기관들이 육당의 민족운동을 문제 삼으며
난색을 표하는 와중에도, 대학창립의 실무를 맡았던 관동군은 육당의 교수
초빙을 적극적으로 밀어붙였다.

육당이 어떻게 교수로 초빙되었는지에 대해서는 관계자들의 증언이 다
소 엇갈린다. 하지만 이런 와중에 한두 가지 공통된 지점도 존재한다. 우
선, 육당의 교수초빙은 철저하게 관동군 참모들이 주관했으며 직접 만나서
교수직을 권유했다는 사실이다. 앞서 언급했지만, 건국대 교수진의 인선은
실질적인 학교수장인 부총장 사쿠다 소이치를 비롯하여 자문교수들이 주
관했다(宮澤惠理子, 1997: 101-106). 제국대학을 중심으로 관학 아카데미즘
의 학문적 네트워크가 여기서 중요한 역할을 했음은 물론이다. 관동군은
연구 및 학과교육과 관련이 없는 조교수 이하의 교원 인사에만 주로 관여
했는데, 예외가 되는 것이 '정책적 관점'에서 초빙된 일부 교수의 인선이었
다. 중국인 바오밍쉔과 수이신, 일본인 나카야마 유(中山優)[22], 그리고 조
선인 최남선이 이런 경위로 초빙된 교수였다. 최남선의 교수초빙을 추진한
것은 관동군 참모로 건국대학 창설의 실무를 담당했던 츠지 마사노부(辻政
信)였는데, 그는 당시 만주국 국무원 직속의 조사소장으로 있었던 박석

---

21) 『滿洲國政府公報日譯』 1200號, 康德5年4月27日, 301쪽.
22) 그는 일본이 중국 상해에 세운 고등교육기관이 동아동문서원(東亞同文書院)을
    졸업한 후, 이시와라 칸지와의 교류 속에서 당시 동아연맹 활동을 하고 있었다.

윤23)을 매개로 직접 최남선과 접촉했던 것으로 보인다. 최남선은 "만주국이 조선민족을 하나의 민족으로 인정해서 살아갈 길을 부여한다면 기꺼이 건국대학에 가겠다."고 말하면서 초빙을 승낙했다고 한다.

둘째, 대부분의 증언자들은 최남선의 임용에 이시와라 간지의 측면 지원을 있었음을 강조한다. 이시와라가 건국대학의 설립과정에서 배제되고 있었음은 이미 언급했던 바이자만, 그럼에도 창설실무를 담당하고 있던 관동군 장교들 사이에는 그의 구상에 공명하고 있는 이들이 많았다. 건국대학이 교수인선에 착수할 무렵은 이시와라 간지가 만주에 복귀한 상태로, 그는 자신의 구상과는 확연히 달라진 건국대학에 대해서 어떻게든 영향력을 행사하려고 애썼다. 그리고 실재로 대학창설 작업에 관여했던 관동군 참모 및 동아연맹 인사들을 통해서 그는 교수초빙에 관여했다. 바오(鮑明鈐)는 1936년 11월 이시와라와 만나 동아연맹에 관한 이야기를 나눈 적이 있는 인물이며, 일본인 교수 나카야마는 애초 동아연맹원 출신으로 이시와라의 적극적인 추천으로 건국대 교수가 되었다고 회고한 바 있다(宮澤惠理子, 1997: 98). 최남선의 경우, 매제 박석윤이 조선인으로는 서신 교환을 가장 많이 남기고 있을 정도로 이시와라와 밀접한 관계를 맺고 있었으며(松田利彦, 2015: 28), 조선총독부(조선군사령부였다는 증언도 있다)가 3·1운동과 관련된 경력을 문제 삼아 초빙에 난색을 표하자 이시와라가 직접 미나미 지로(南次郎)를 서면으로 설득해서 양해를 구했다는 일화도 있다(江原節之助, 1989: 67).24)

이상에서 알 수 있듯이 최남선의 교수취임은 철저하게 관동군의 정책적

---

23) 박석윤은 육당의 여동생인 최설경의 남편이었다. 박석윤의 이력에 대해서는 장세윤(1994: 51-54)를 참조.

24) 다만 이 증언에서는 이시와라는 조선파견군 사령관인 미나미(南)를 설득했다고 하고 있지만, 이것은 착오로 보인다. 당시 南次郎은 조선총독으로 부임한 상태였고, 조선군사령관은 小磯國昭였다. 다른 증언에는 주로 조선총독부가 등장하는 것으로 보아, 조선총독부를 조선군사령부로 오인한 것으로 추측된다.

고려 속에서 이루어진 일종의 '이벤트'에 불과했다. 따라서 이들은 당시 학교 내에서도 조롱조로 '정책교수(政策敎授)'라고 불리고 있었는데(宮澤惠理子, 1997: 97), 실제로도 이시와라가 처음 생각했던 바와는 달리 이들은 시종일관 만주국의 선전수단이라는 위치에서 벗어나지 못했던 것이다.

그렇다면 그는 언제 건국대학 교수가 되었던 것일까. 그의 취임 시기는 기존 연구에서는 다소 모호하게 처리되고 있지만 대체로 1939년 4월 취임이 통설로 간주되는 것 같다. 조용만의 전기에 따르면, 1938년 봄에 먼저 『만선일보(滿鮮日報)』의 고문 자격으로 만주국 수도 신경으로 건너갔고, 이듬해 4월부터 건국대학의 교수로 취임했다는 내용이 있는데(趙容萬, 1964: 406-407), 이것은 1974년 출간된 『전집』의 「연표」에서도 그대로 반영된다. 이후 육당에 관한 주요한 연구서들은 대체로 이것에 근간해서 1939년을 취임의 시점으로 잡는다. 하지만, 1938년 4월 현재의 만주국 관리들의 직원록에 해당하는 『만주국관리록(滿洲國官吏錄)』에 따르면, 이 시기 최남선은 이미 건국대학 교수로 재직하고 있었다.[25] 만주국 관보인 『만주국정부공보일역(滿洲國政府公報日譯)』에는 그의 구체적인 취임 일자가 명시되어 있는데, 최남선은 "康德五年 四月 三十日"에 "建國大學敎授 敍簡任二等"했으며, "給四級俸"했다는 고시(告示) 내용이 그것이다.[26] 이것은 최남선이 공식적으로 1938년 4월 30일 건국대학 교수에 임명되었으며, 만주국으로부터 관등 간임관 2등의 대우와 4급봉의 월급을 받았다는 것을 의미한다. 만주국 간임관(簡任官)은 일본 본토의 칙임관(勅任官)과 동일한데, 간임관 2등이라고 하면 만주국 내에서 최고위급 관료에 해당하는 높은 지위이다. 4급봉은 월급 720엔이었다. 당시 일본 본토 제국대학 교수들 중 최고위에 해당하는 칙임관 1급의 연봉이 4,500엔 정도였던 것을 감안하면, 최남선의 봉급은 제국대학 교수가 받을 수 있는 최고 연봉의 거의 2배(8,640엔)에 가까

---

25) 滿洲國, 『滿洲國官吏錄』, 康德5年度版, 1938, 30쪽.
26) 滿洲國, 『滿洲國政府公報日譯』, 1218號(康德5年5月3日), 1938, 10~11쪽.

운 파격적인 대우였다.

　만주로 떠나기 직전『삼천리』와의 대담 기사에서 육당은 건국대 부임에 대해서 매우 말을 아끼는 모습을 보인다.[27] 자신에 대한 세간의 부정적인 견해를 의식한 것은 아닐까. 하지만 이렇게 파격적인 대우와 만주행을 결행하기 직전에 처했던 육당의 상황을 같이 생각해보면, 최남선 나름의 소회가 없지는 않았을 터이다. 잘 알려져 있듯이, 3・1운동으로 투옥되었다가 가석방된 이후 최남선이 지사(志士)가 아닌 학자(學者)의 길을 걷기로 결심하고 일련의 방향전환을 모색하기 시작했다. 하지만 이후의 상황은 육당의 의도대로 흘러가지는 않았다. 감옥에서『불함문화론』을 구상한 것을 계기로 육당은 출옥 이후 단군을 중심으로 신화를 경유해서 민족의 역사를 복원하는 작업에 몰두했다. 하지만 제국대학 등을 통해서 학문적 방법론을 체계적으로 학습했던 후속 지식인 세대가 보기에, 육당이 심혈을 기울인 단군연구는 과학과 학문과는 오히려 대척점에 있는 것으로 폄훼되었다.

　　신화를 실화로, 신을 '실존'적으로 믿는 습관이 있기 때문에, 그(육당)는 흡사히 몽매무지한 노파가 새벽에 단정히 앉아 손을 모아 관세음보살을 찾는 것처럼, 耶蘇에 미친 신도가 부질없이 감상적으로 '하나님 아버지 감사해'하고 부르짖는 것처럼 (…) 왕검의 신화를 그대로 믿으려는 데 무리가 많다. 그 뿐만 아니라 그는 나아가서 세계 각국의 신화를 그대로 믿는다. 그러다가 그 많은 언어 속에서 우연히 頭音만 비슷하면 그것을 끌어다가 태백산 단군의 동계라고 한다. (나아가서는 조선에서 모든 것이 발현하였다고 한다.) 이것은 世界同祖論, 朝中同祖論, 日朝同祖論의 序說로서는 (한갓 閑談으로) 성공된 작품일지는 몰라도, 모든 사물의 발전의 원칙적인 법칙에서 얻은 학문적 결론과는 정반대의 길을 걷고 있는 것이다.[28]

---

27) 만주행에 관한 대담자의 집요한 질문에 대해 육당은 "별로 할 말이 잇서야지요", "가게 되면 가는 것이요, 잇게 되면 잇는 것이요, 깁부고 슬프고가 잇겟슴니까", "아직 침묵을 직히겟소이다." 등 묵묵부답으로 일관했다. 「當面의 登場人物, 崔南善氏 建國 大學 敎授로 新京으로 가는 心境 打診」,『삼천리』10권 5호, 1938년 5월, 296~7쪽.

일본인 식민사학자들과의 대결의식 속에서 육당은 '불함문화론'에 학자로서 명운을 걸었지만, 정작 당시 식민지 사상계에서는 이처럼 "百害無利를 넘어서 反動에의 惡用의 도구"라는 식의 신랄한 반응이 더 컸던 것이다. 그리고 육당에 대한 세간의 미심쩍은 시각은 그가 학자로서의 논박을 명분으로 내걸고 조선사편수회에 참여하게 되자 최고조로 올라갔다. 따라서 출판사업의 실패로 궁핍한 처지에 내몰린 것까지를 포함해서 이처럼 '사면초가'에 빠져 있던 육당에게, 관동군의 만주행 권유는 썩 내키지는 않았지만 훌륭한 돌파구였다는 사실은 많은 연구들이 지적하듯이 이론(異論)의 여지가 없을 것 같다. 게다가 건국대학이 제시한 엄청난 대우는, 육당 자신에게는 자신의 연구 작업에 대한 보상 혹은 인정으로 받아들였을 가능성도 다분하다. 하지만 지금까지 살펴보았듯이 건국대학의 설립주체는 어디까지나 정치적 고려의 결과로 그를 교수로 임명했을 따름이다. 육당 스스로도 이미 어느 정도 이것을 의식하고 또 각오도 하고 있었겠지만, 이런 균열과 괴리를 실제로 체험하는 것은 또 다른 차원의 문제였을 것이다.

Ⅲ. 건국대학이라는 실험의 겉과 속

그렇다면 교수로 부임한 최남선이 맞닥뜨린 건국대학이란 실제로는 어떤 모습이었을까. 1938년 10월호『삼천리』에 최남선의 이름으로「건국대학과 조선청년」이란 글이 실린다. 발표시점이 건국대학이 2기 학생을 모집할 즈음이었던 만큼, 건국대학의 장점을 알리고 조선인 학생을 유치하려는 목적이 노골적인 짧은 기사다.

---

28) 金台俊,「檀君神話硏究」,『朝鮮中央日報』, 1935年 12월 16일~12월 24일. 이기백 편(1987: 209~201)쪽에서 재인용. 이러한 김태준의 견해는 1933년 백남운이 출간한『조선사회경제사』에서의 견해를 거의 그대로 계승한 것이기도 했다.

나라를 위하여 일신을 받일 큰 뜻이 있고, 나라를 위하여 어떠한 困苦 결핍이
나 어떠한 근로라도 사양하지 않을 결심이 있으며, 사명이면 던진 돌이 되고 일
생을 흙 속에 뭇치더라도 후회함이 없을 자는 오라.[29]

여기서 육당은 학교당국의 방침을 충실하게 옮김으로써 교수로서의 의
무를 다하려는 자세를 보인다. 하지만 그럼에도 이 글은 만주행에 대해 좀
처럼 말을 아꼈던 육당이 당시 건국대학을 어떻게 보고 있었는지를 단편적
이나마 드러내고 있기에 전혀 의미가 없지는 않다. 여기서 그는 건국대학
의 교육적 특색을 크게 두 가지로 강조하고 있다. 하나는 학과(學科)에 한
정하지 않고 군사, 무도(武道), 농작업(農作業)도 맹훈련시키는 특유의 교
육과정. "이같이 해서 얻은 자각과 신념의 우에 쌓아 올린 학문이야말로 진
실로 피가 되고 살이 되어, 같은 학문이라도 그 공부방법이 종래와 다를
것"이라고 육당은 설명한다. 다른 하나는 "엄격 명랑한 규율생활"을 특징으
로 하는 숙(塾) 교육. 육당에 따르면, 이것이 "고락을 함께하는 동안 서로서
로의 美點을 취하고 혈액을 초월함으로 인습과 이론과 성격을 이해하여 서
로 친하고 서로 동지로서 서로 단결"하게 만들며, "이리하여 건국정신의 체
득이든지 민족협화의 실천이든지 스스로 壽居間에 체득하는 것이다."
　물론 이런 특징은 육당만 주목했던 것은 아니며 당시에도 이미 건국대학
의 특색으로 널리 알려져 있던 바였다. 대학의 창설자들이 가장 역점을 두
었던 지점이기도 했다. 앞서 살펴보았듯이 건국대학은 창설과정에서 우여
곡절을 겪으면서 애초 이상주의적 발상을 상당 부분 잃어버리고 말았지만,
그럼에도 창설자들은 이 대학이 기존의 일본 국가엘리트 교육의 대안이 되
기를 바랐다. 사실 건국대학은 '괴뢰' 만주국의 국가엘리트를 양성하는 특
권적 기관으로 설립되었고, 이런 점에서 보면, 건국대학은 일본의 대학 시

---

29) 崔南善, 「建國大學과 朝鮮青年」, 『三千里』 10卷 10號, 1938, 170~173쪽. 같은 문단
　 의 인용구절("")도 이 글에서 따온 것이다.

스템을 크게 벗어나지 않는다.[30] 하지만 동시에 일본 본토의 엘리트양성
'실태'에 비판적이었던 건국대학의 창설자들은 국가엘리트에게 필요한 자
질, 품성, 능력을 교육과정에 전면적으로 도입하는 실험을 감행하기도 했
다. 나아가 건국대학은 별도 연구기관인 건국대학연구원을 설치하여, 개별
연구자들의 '자율'에 맡기는 기존 제국대학 연구체제에 대한 중대한 수정을
꾀하고 나아가 이를 기반으로 '만주국학'의 기틀을 마련하고자 하기도 했
다. 교육과 연구를 엄격히 분리하는 한편, 연구는 철저히 국책의 관점에서
공동연구체제를 통해서만 이루어질 수 있게 함으로써 본토 제국대학이 불
러일으키고 있는 폐해를 최소화하겠다는 발상이었다. 이런 의미에서 건국
대학은 교육과 연구의 측면에서 일본의 기성 엘리트체제에 도전하는 실험
이라는 의미를 가지고 있었던 셈이다. 그런데 이 '실험'들은 과연 정말로 대
안이 될 수 있었을까.

1. 건국대학과 제국대학, 또 하나의 외지(外地) 관학

우여곡절 끝에 설립된 건국대학은 최종적으로는 6년 과정의 고등교육기
관이 되었다. 교육기간은 3년으로 충분하며 이후 3년간은 만주국 각지의
협화회에 파견되어 현장을 경험하면서 지도자로 단련되어야 한다고 보았
던 이시와라 칸지의 애초 구상과는 상당히 동떨어진 모습이다. 6년의 교육
과정은 다시 '고등보통교육'을 실시하는 '전기(前期, 3년)'와 전문적인 '학과
교육'을 지향하는 '후기(後期, 3년)'으로 구분했는데, 이것은 명백히 제국일

---

30) 따라서 칙령 234호로 공포된 「건국대학령」 1조의 규정, 즉 건국대학은 "건국정신
의 神髓를 體得하고 학문의 蘊奧를 탐구하며 몸으로 이를 실천하고 道義世界 건
설의 선각적 지도자가 될 인재를 양성"(『연표』, 51)한다는 존재 규정은, "국가에
須要에 부응해서 학술기예를 교수하고 또 그 蘊奧를 탐구하는 것을 목적"으로 하
는 일본의 「제국대학령」(1886년), 그리고 그것을 계승한 「대학령」(1919년)의 취지
와 크게 다르지 않았다.

본의 교육체제 및 진학루트와의 연결을 염두에 둔 조치였다. 즉 전기는 일본의 구제고등학교 혹은 제국대학예과에 상당하는 것으로, 후기는 제국대학 본과에 상당하는 것으로 상정한 조치로 이를 통해 제국일본의 본토 및 식민지의 진학희망자를 유치하겠다는 발상이었다. 실제로 건국대학은 만주국의 중등교육기관과 '진학루트'로 연결되어 최고학부의 위치를 확립하는 한편, 일본제국 전역을 대상으로 중등교육 수료자의 유치를 위한 적극적인 정책을 펴서 일본 본토의 '관학'과 동등한 위상을 확보하기 위해 부심했다.[31] '민족협화'를 표방하기는 했지만, 실은 가르치는 사람도 일본인이고 가르치는 언어도 일본어라 '만주국'이란 허울이 무색할 정도였다. 건국대학은 실은 "구제고등학교⇒제국대학"이라는 일본의 전통적인 엘리트 코스를 그대로 답습하고 있는, 국가주도의 일본엘리트 양성기관으로 설립되었던 것이다.

하지만 교육의 세부 과정과 구체적인 방식을 보면, 건국대학은 육당이 강조했듯이 기존의 엘리트교육에 비판적이었으며 따라서 상당한 차별화를 꾀할 수 있음을 확인할 수 있다. 건국대학의 창설자들은 제국대학의 엘리트 교육을 '구미'의 자유주의적 교육을 답습하고 있다고 비판했다. 이들에 따르면, 메이지유신 이후 확립된 일본의 엘리트교육이 기본적으로 선진 학술지식을 얼마나 단기간에 받아들여 이를 일본 자신의 것으로 만들 것인가의 문제의식[32] 속에서 구축된 것이라는 것은 잘 알려진 사실이지만, 이런 취지는 당시로서는 의미가 있었을지 몰라도 1930년대인 지금의 일본에는 더 이상 적절하지 못하며, 오히려 서구지식을 머리로만 받아들여 과격사상

---

31) 실제 건국대학은 입학자들의 학비가 전액 무료였고, 졸업 후 만주국 고등 관료로의 '立身'도 보장되어 있었기 때문에, 일본 본토에서도 가정형편이 어려운 진학희망자들의 관심을 끌었다고 한다. 이것은 본토 출신의 건국대 졸업자의 회고에 자주 나타나는 특징 중 하나였다(山根幸夫, 2003: 152).
32) 제국대학이 창설될 당시, 일본사회가 당면했던 과제였던 서구지식의 수용과 관련해서는 정준영(2015: 115-127)을 참조.

에 물든 학생들을 배출하고 있다는 것이다. 이들이 보기에 사회를 주도할 엘리트를 국가주의적 관점에서 양성한다는 원칙에서 보아도 지금과 같은 '자유주의'적 방식은 엘리트 교육을 방기하는 것에 다름 아니다.

그렇다면 어떻게 해야 제대로 된 '선각적 지도자'를 양성할 수 있을까. 건국대학의 창설자들은 지식전수 위주의 교육, 즉 "知育과 德育의 絕緣"을 지양(止揚)하고, 장래 만주국의 지도자에 걸맞은 품성과 자질, 기량을 갖추게 하는 진정한 '지도자교육'을 실시한다는 원칙에 따라 교육과정을 전면적으로 재조직하고자 했다(竹山增太郞, 1942: 90). 「건국대학창설요강」에서 "知行合一을 主旨로 해서 實踐的 人材를 養成"하는 것을 유독 강조하면서, 교수와 학생들 사이의 "全人的 一體", "人格의 힘에 의한 人格의 薰化", "理論과 實踐의 통일" 등을 특색으로 거론하고 있는 것도(『연표』, 52-53) 이런 이유 때문이었다.

따라서 건국대학의 교육과정은 지도자로서의 품성과 자질을 배양하는 데 집중되었다. 종전까지 강조되었던 전문적인 학과교육은 "국가의 통치·경영을 위해 학술도 修得하고 재주와 도량을 양성"하는 '근무교육(勤務敎育)'으로 상대화되는 반면, "국가를 떠맡는다는 무거운 책임을 감당할 만한 자질" 갖추기 위해 지도자로서 필요한 정신, 군사, 무도(武道), 작업 등의 훈련을 받는 것을 의미하는 '자질교육'과, "지도자에 걸맞은 성품을 陶冶하기 위해 塾에서 일상생활을 함께 보내면서" 미래의 지도자들에게 필요한 품성과 이들 사이에 동지적 결속을 다지는 것을 의미하는 '성격교육(性格敎育)'이 강조되었다(山根幸夫, 2003: 182). 특히 성격교육을 통해 도야되는 '지도자로서의 품성'은 다른 어떤 것보다도 우선시되는 기본 덕목으로, 건국대학 특유의 숙(塾) 교육이 이를 구현하는 수단이 될 것으로 보았다.[33]

물론 일본의 엘리트교육에서 학생들이 함께 생활하면서 지식과 소양 뿐

---

33) 원 출처는 「建國大學創設要綱案」, 1937年6月17日.

아니라 지도자로서 성격과 품성을 다진다는 것은 그리 낯선 개념은 아니다. 구제 고등학교 등 엘리트 교육기관에서는 실제로 1학년에서는 '료(寮)'라는 기숙사에서 함께 생활하며 특유의 공동체와 네트워크를 구축하는 것이 관례로 되어 있기도 하다. 하지만 건국대학에서 이러한 성격교육은 단지 여러 교육 중 하나가 아니라 모든 교육의 기본으로, 지배자에게 필요한 지식이나 자질은 이런 품성과 성격에 비해 부차적인 것에 불과한 것으로 간주된다. 건국대학의 교육과정 6년 전체는 민족이 다른 학생들이 뒤섞여 같이 생활하고 공부하고 토론하는 '숙(塾)' 생활을 기본으로 설정하고 있는 것이다.

그렇다면 건국대학의 숙(塾) 생활은 어떤 형태로 이루어졌을까? 연구자마다 약간의 차이는 있지만, 건국대학은 6년 전체 과정에서 출신민족이 다른 학생들이 6개의 숙사에 같은 비율로 섞여 '공학공숙(共學共塾)'하는 것을 원칙으로 하며, 기상에서 취침까지 엄격한 생활의 통제와 관리가 이루어졌다는 사실 등은 공통적으로 지적된다. 졸업생들의 증언에 따르면, 당시 학생들의 일과는 대체로 다음과 같았다.

〈표 1〉 건국대학 학생들의 하루 일과

시간(하절기)	일정	비고(동절기)
오전 6시 6시 30분 7시 8시 12시 05분	기상, 세면, 청소 점호, 요배(遙拜), 체조, 칙령봉독(勅令奉讀) 아침식사 학과교육·훈련교육 시작 [4시간] 점심식사	6시30분 기상 8시에 아침식사 9시 10분부터 교육시작 오후 1시 5분에 점심식사
오후 1시 3시 5시 30분	훈련교육 시작 [2시간] 수업종료, 입욕, 병기·피복 등의 손질 (자유시간) 저녁식사	오후 2시부터 훈련교육 시작 오후 4시에 수업종료 오후 6시에 저녁식사
저녁 7시 9시 10시 (12시)	자습 [2시간] 점호, 정좌 침실 및 자습실 소등 (자습희망자 자습허용)	[동·하절기 동일] 자습시간에는 매주 1회 (혹은 격주 1회)에 좌담 회 개최

출처: 山根幸夫, 2003: 178.

[표-1]에서 알 수 있듯이, 건국대학의 학생생활은 오전의 학과교육, 오후의 훈련교육을 기본으로 하며, 군대 막사생활과 마찬가지로 엄격한 규율과 집단생활을 특징으로 한다.[34] 개인적인 시간은 저녁의 자습시간 정도뿐이었고 개인행동은 철저하게 제한되었다. 교육은 전통적인 학과교육에 해당하는 '근무교육' 이외에도 정신훈련, 군사훈련, 작업훈련, 정신강화 등 '자질교육'에도 적지 않은 시간이 배정되었는데, 전기과정을 예로 들면 연평균 1200시간, 3년 전체 3,705시간을 원칙적으로 이수해야 과정을 수료할 수 있었다.[35] 어학을 제외한 학과교육은 3년 통산 1255시간으로 전체 수업의 33.9%에 불과했다. 반면에 非학과교육인 훈련교육은 전체 교육의 28%에 해당될 정도로 비율이 높았는데, 제식훈련·사격훈련·격투훈련 등이 포함된 군사훈련이 430시간, 유도·검도·마술(馬術)·합기도 등의 무도훈련이 260시간, 농사훈련이 주가 되는 작업훈련이 330시간, 그리고 정신훈련과 정신강화(講話)가 175시간이었다. 이처럼 엄청난 비중의 非학과 교육과 더불어 건국대학 교육의 또 다른 특징인 어학교육은 무려 1430시간이 배정되어 있었는데, 이는 여러 민족들, 다른 언어권이 섞여 생활하는 숙생활의 특성 상 당연한 것이기도 했다. 학생들은 제1외국어로 일본어와 중국어 중에서 자신의 상용어가 아닌 언어를 배우고, 제2외국어로 몽고어·러시아어·영어·불어·이탈리아어·독일어를 선택하도록 했다. 전체적으로 본다면, 어학교육, 학과교육, 작업교육을 '1:1:1'의 비율로 구축하여 지식교육 위주로 편중된 기존 교육을 넘어서 엘리트의 실제적 양성에 초점을 맞춘 것이 눈에 띠는 부분이다.

이러한 특징은 전통적인 학교교육의 편제에서도 두드러지는데, 왜냐하

---

34) 실제로도 자습실과 침실이 딸려 있는 여섯 개의 숙은 만주국군의 병사(兵舍)를 기준으로 설계되었다고 한다(山根幸夫, 2003: 176).
35) 이것은 1940년에 제정된 「建國大學學則」에 의거했다. 『建國大學要覽』 1941년도 판을 참고.

면 건국대학의 학과교육 기존의 분과학문 편제를 따르는 것을 최대한 피하면서, 만주국 국가엘리트의 양성에 적합한 실용적 교과를 별도로 설정하려는 경향이 현저하게 나타나기 때문이다. 가령, '고등보통교육'이 중심인 전기 학과교육에서는 '개론' 강의가 많았는데 특정 분과학문에 대한 것이 아니라 「국가개론」, 「국방개론」, 「정치지리」 등 구체적인 대상에 대한 개론적 고찰이 많았다. 따라서 실제 강의는 교수가 별도의 교재를 만들어 배포해서 수업을 할 수 밖에 없었다(宮澤惠理子, 1997: 122). 교육의 수준도 높지 않았는데, 기존의 분과학문의 경계를 벗어나기 때문에 교수가 체계적으로 강의를 준비하는 것은 쉽지 않았으며, 학생들도 언어능력의 차이가 있었을 뿐 아니라, 군사·농사·武道 등 훈련교육의 양도 많은 상황에서 책을 읽을 여유가 없었기 때문이다(三村文南, 1991: 208).

이런 경향은 대학본과에 해당하는 후기과정(3년)도 다르지 않았다. 후기과정은 전기과정과는 달리 학생들에게 전공학과를 부여하는 것이 특징적이었다. 다만, 정치과, 경제과, 문교과(文敎科)라는 건국대학의 학과구성은 전통적인 분과학문에 입각한 것으로 보기는 어려운데, 학과의 구체적인 교과내용은 국가 엘리트로써 현장에 바로 투입되었을 때 필요한 실용적이고 전문적인 지식이라는 확보라는 차원이 강했기 때문이다.[36]

따라서 전공학과에서 가르치는 세부 교과목은 기존 학문편제의 교과과정과는 상당히 다른 양상을 보인다. 가령 정치과의 경우에는 구체적으로 다섯 개의 파트로 나뉘는데, '국민편성론'·'국민조직범론(汎論)'·'협화정책론' 등으로 구성된 〈통합정치론과목〉, '안보정책범론(汎論)'·'군사법及군사정책론' 등 특이한 과목이 많은 〈보안정치론과목〉, 도시, 농촌, 인구, 가족, 생계, 문화 정책을 다루는 〈후생정치론과목〉, 그리고 일반과목과 국제정치

---

36) 그 밖에 기초학과란 것이 있었는데, 이것은 별도의 학생전공 단위는 아니며, 수학, 철학, 지리학, 사학, 국가학, 문학, 무학(武學), 실학(實學) 등 다른 과에는 포함되지 않는 공통이수 과목이 여기에 들어가 있었다.

론과목 등으로 구성된다.

한편 건국대학 문교과는 일본 본토의 제국대학이라면 문학부에 해당하는 학과이겠지만, 실제로는 국민문화의 창출, 국민교화의 실현에 초점을 두고 이에 필요한 교과를 가르친다는 점에서 문학부 또는 인문학과들과 성격을 달리했다(山根幸夫, 2004, 200). 교수 최남선이 속한 학과가 바로 이 문교과였는데, 당시 문교과의 세부 교과목 구성은 다음과 같다.

<표 2> 건국대학 문교학과의 과목구성

분류	세부과목
일반과목	문교지리, 文敎史, 文敎原論, 皇學, 經學, 東方哲學, 西方哲學, 도덕론, 예술론, 종교론, 언어론
국민문화론과목	만몽문화, 일본문화, 지나 및 서역문화, 인도 및 서아시아문화, 고대ㆍ중세ㆍ근세서양사
국민교육론과목	교육원론, 교육심리학, 교육행정론, 교육방법론, 학교경영론
국민교화론과목	교화원론, 교화정책론, 교화사업론, 國民體位論, 思想國防論, 東亞敎化論
세계문교론과목	세계문화, 國際文敎交涉論
보충과목	(정치학과 및 경제학과의 일정과목을 같이 이수)

출처:『建國大學要覽』1941년도판에서 작성

1938년 건국대학 교수로 부임한 육당은 특히 숙(塾) 중심의 교육이 중시되는 전기 과정에는 거의 참여가 배제되어 있다가 1940년 8월 전기 수료생 중에서 후기과정에 진입하자 8월 17일 후기 수업반회의에 문교과 교수의 자격으로 참여했으며(『연표』, 251), 8월 24일에는 '만몽문화(1)'과목이 1/2단위 즉 18회 강의로 확정되자 그 강의 담당자로 임명되었다(『연표』, 255). 대학교수로 임명된 이래, 건국대학 연구원에서는 연구 활동을 했지만, 교육 활동에서는 사실상 배제되어 있었던 육당으로서는[37] 건국대학 교육에 본격적으로 참여하는 사실상 첫 기회였다. 그는 수업의 준비를 위해 1940년 11월 25일 학교당국으로부터 3주간의 출장을 허락받고 중국에 다녀왔으며 (『연표』, 271), 1941년 2월 3일 드디어 『만몽문화』의 첫 강의를 시작했다. 애초에는 문교과의 전공과목으로 계획되었지만, 실제 개설되는 과목이 많지 않은 상황에서는 실제로는 문교과 뿐 아니라 정치과와 경제과의 공통과목으로 지정되었던 모양이다(『연표』, 282). 공식 기록은 없지만 육당은 18회에 걸쳐 만몽문화론을 강의한 것으로 보이는데, 앞서도 언급되었던 최남선의 『만몽문화』(1941)는 바로 이 강의의 강의록이었음이 분명하다. 이후 육당은 1942년 1월 수업연구반 회의에서는 강의 개설에서 제외되었을 뿐 아니라, 1942년 5월 후기 1기생의 졸업논문 지도교수 선정에서도 배제되는데, 결국 1941년의 강의가 그가 건국대학에서 강의한 유일한 과목으로 남고 말았다.

이상에서 알 수 있듯이, 건국대학의 교육과정은 근대분과학문에 의거한 강좌제를 근간으로 교수를 배치하고, 연구를 중심으로 교육을 구성하는 일본 본토의 제국대학과는 다른 방식으로, 건국대학의 전기·후기 6년의 교과과정은 철저하게 엘리트 양성교육 그 자체에 역점을 두고 있었음을 확인할 수 있다. 旧制고등학교와 제국대학이 대체로 서구에서 수용된 근대 분과학문의 교육에 초점을 맞추고 있었다는 사정을 감안한다면, 건국대학의 교육과정은 국가엘리트의 실질적인 양성에 주력하려 했다는 인상이 강하다. 그렇다면 국가엘리트의 실질적인 양성은 어떻게 가능할까. 여기서 건국대학의 창설자들이 염두에 둔 것 중 하나가 군사엘리트의 양성모델이었다. 실제로 교과과정 및 교육내용을 검토해보면 건국대학은 제국대학보다

---

37) 「六堂崔南善先生年表」(『전집』 15권: 283). 건국대학 조선인 학생들의 증언에 따르면 최남선은 예과에서 동방문화론을 강의했지만 민족적 색채가 너무 강해서 "당국의 비위를 거슬렀던지 두 번 다시는 그와 같은 강의를 하지 못하게 되어 결국 교수직을 자신 사퇴하시게 되었다"고 하는데, 실제로는 전기과정에 정말로 강의를 했는지는 공식기록에는 확실치 않다(姜英薰, 1990: 151).

는 오히려 엘리트 군사교육기관, 즉 사관학교의 체제를 따르고 있는 것처럼 보일 정도로 닮아 있는 것이다.

이처럼 건국대학이 일본 본토 및 외지의 대학들과는 철저하게 다른 형태를 띠게 된 것은 대학설립을 주도했던 관동군 참모들, 즉 군사엘리트들의 관점이 일차적으로 투영된 결과로 생각된다. 사실 일본의 대학, 특히 그 근간이 되는 제국대학 모델은 1920년대 들어 급격한 비판의 대상으로 부상하고 있었다.[38] 다이쇼 데모크라시의 사회적 조류 속에서 국가 엘리트를 양성해야 할 제국대학이 오히려 좌익 및 불온사상의 온상으로 부각되었던 것이다. 지식중심의 교육은 근본 없이 서구사상에 물든 '병리적' 지식인을 배출하였으며, 도리어 반국가적인 사상과 운동의 중심으로 부상했다. 이런 상황에서도 교수들은 자신들의 전문영역에 안주하여 학생들의 교육보다는 자신의 연구에 몰두하고 있으며, 강좌제를 기반으로 중세영주처럼 군림하면서 기득권 다툼만 벌릴 뿐이다. 이미 팽창할 대로 팽창한 대학부문은 "國家에 須要한" 인재를 창출하기는커녕 "高等遊民"만을 배출하여 사회불안을 더욱 가중시키는 것은 아닌가. 이러한 대학의 문제점은 당시 언론의 단골 비판메뉴였고, 보수적인 정치권에서도 대학개혁의 목소리를 높이고 있었다.

이런 비판적 시선은 제국대학과는 다른 코스로 성장한 군사엘리트들에게서도 전형적으로 나타났다. 대체로 사관학교-육군대학과 제국대학 위탁학생을 거쳤던 일본 군사엘리트들은 국민정신문화연구소(国民精神文化研究所)에 관여하고 있던 우익 교수들과 적극적인 결합을 모색했다. 그리고 그 결과, 건국대학을 설립하는 과정에서 사관학교의 훈육모델을 적극적으로 도입하는 한편, 교육과 괴리된 분과학문체제를 무시하고 철저하게 실용지향적인 교과편제를 구축할 수 있었던 것이다.

하지만 이런 독특한 교육방침이 과연 기대했던 효과를 거두었는지에 대

---

[38] 당시 일본 안팎에서 제기되었던 제국대학에 대한 비판여론 및 대학 쇄신 논의에 대해서는 伊藤彰浩(1999)를 참조했다.

해서는, 비록 전쟁의 확대로 정상적인 대학운영이 어렵게 된 상황을 감안하더라도, 의문의 여지가 많다. 기존 분과학문을 무시한 교과목들은 엘리트 교육의 응용적 성격을 강화하는 데 기여했지만, 구체적인 강의내용의 전문성을 확보하는 데에는 난점이 많았고, 실제로도 명칭만 거창했을 뿐 학문적 수준을 기대하기는 무리가 있기 때문이다. 게다가 학과교육 이상으로 작업교육을 강조하는 특유의 교육방식 속에서 학생들이 자발적으로 학과공부를 수행하기 어려웠음이 분명하다. 건국대학은 암기식 교육의 문제점을 지적하여 학과시험을 사실상 폐지하였는데, 책 한권 읽기 어려울 정도로 바쁜 일과를 보내야 했던 학생들의 입장에서는 더욱이 공부의 동기를 찾기 쉽지 않았던 것이다(宮澤惠理子, 1997: 127). "지식의 수집보다 실천을 강조"하는 학교 풍조는 정작 지식의 수집이 여의치 않은 상황 속에서 실천의 맹목화를 불러일으킬 소지가 다분했다. 실제로 지식의 수집의 다양한 경로가 봉쇄된 '교육'은 여러 민족출신 학생들을 획일적으로 다룸으로써 여러 가지 갈등들을 불러일으키기도 했다.

얼핏 '민족협화'의 이상을 잘 구현하는 듯 보이는 강화된 외국어교육도 실은 이런 이상이 허구에 불과했음을 보여주는 징표였다. 학생의 절반을 차지하는 일본인들이 제1외국어가 중국어로 설정되어 있음에도 불구하고 훈련교육 등의 여파로 사실상 중국어 교육을 등한시했을 뿐 아니라 중국인 학생들과의 소통조차 드물었다는 증언이 드물지 않았기 때문이다. 모든 교육이 일부 외국어수업을 제외하고 일본어로 이루어지는 상황 속에서, 강화된 외국어교육이란 것도 사실 일본을 제외한 나머지 '사족(四族)'에게 협화를 명목으로 일본어를 강요하는 수단에 지나지 않았던 것이다. 만주국의 최고기관임에도 불구하고 동쪽으로 요배하는 것으로 하루를 시작하는 숙(塾) 생활 자체가 실은 거대한 모순덩이에 다름 아니었을 지도 모르겠다. 1941년 2월 2일 건국대학에 다니던 중국인 학생 18명이 일본제국주의를 반대하는 선전활동을 벌이다가 체포되었던 이른바 '2.2' 사건은 일본인 학생

과 非일본인 학생들 사이의 뿌리 깊은 불화와 인식의 차이를 보여주는 작
은 에피소드였다.

2. '만주국학'에의 꿈 : 건국대학연구원의 '연구체제'

어쨌든 건국대학은 교육의 측면에서 보면 이처럼 일본 본토의 엘리트교
육과 차별화되는 측면이 강했다. 독일 근대대학 모델의 영향 하에서 분과
학문체계에 입각한 전문교육(과 그 예비교육)이 강조되었던 제국대학과는
달리, 건국대학은 국가엘리트로서 필요한 실무적·응용적 지식을 구체적인
활동과 훈련을 통해서 '체득'하는 것을 목표로 했기 때문이다. 따라서 강좌
제와 학과제에 바탕을 둔 제국대학과는 달리, 건국대학은 학과제를 채택한
후기본과에서도 학급제를 기본 조직으로 했다. 학생들은 기본적으로 학급
에 편성되었고, 학급별로 각 학년마다 들어야 할 수업단위가 평의회에서
결정되었다.39) 상급과정에서는 학과와 학급이 일치되기도 하지만, 기본적
으로는 학급, 그리고 그 바탕이 되는 '숙'생활을 중심으로 교육이 편성되었
던 것이다. 따라서 전술한 학과의 세부교과목이 전부 개설되는 경우는 없
었다. 이들 세부과목 중에서 상황에 따라 개설 가능한 과목들이 평의회의
결정에 의해 학급교육에 배정되는 방식이었다.

따라서 건국대학에서 교수들의 역할은 철저하게 엘리트양성을 위한 '훈
육'에 초점이 맞추어졌다. 대학창설 당시의 구상에서 "교육의 특색"을 "교수
와 학생이 전인적으로 일체가 되며 지육과 덕육을 絶緣하지 않고 인격의
힘에 의해 인격을 훈화하는 것"40)이라고 규정하고 있는 것에서도 알 수 있
듯이, 건국대학에서 교수의 존재이유는 '학문적 능력과 업적'이 아니라 학
생들의 인격을 훈화시킬 수 있는 '인격의 힘'에 있었던 것이다. 따라서 연구

---

39) 「建國大學學則」(康德7年5月, 院令第20號), 『建國大學要覽』 1942年度.
40) 「建國大學硏究院創設主意書」, 1937年 6月 20日.

자로서 건국대학 교수들의 역할, 건국정신에 입각하여 국책적인 공동연구를 실현할 수 있는 별도의 기구가 필요하게 되었다.

이러한 상황에서 건국대학과 동시에 설립이 모색되었던 것이 건국대학연구원(이하, 연구원)이었다. 1938년 9월 설립된 연구원은 건국대학과 긴밀한 연관을 가지면서도, '교육'에 초점을 맞춘 건국대학과는 달리, 연구기능, 특히 국책적 과제에 대한 공동연구를 지향하고 있는 '독립적인' 연구기관이었다. 제국대학이 중심이 되는 일본 본토의 관학아카데미즘에 대한 철저한 비판과 대안을 모색하고 있다는 점에서도 건국대학 설립의 문제의식과 밀접한 관련을 맺고 있었던 것이다.

연구원이 설립될 당시 「건국대학연구원창설주의서」(1937년 6월 20일 작성)에 따르면, "근대적 학문의 병폐를 일소하고 독창적인 대학"을 만들기 위해서는 연구원의 창설이 시급한데, 그 이유는 다음과 같이 압축적으로 요약된다.

> 돌아보면 기성 대학의 연구실은 교수 개인의 연구실로서 각자 고립되어 자기 뜻대로 연구하고, 그 결과 역시 각자 개별적으로 학생들에게 가르친다. 학문의 전문 분화는 점점 심해져서 학자들 서로간의 분리, 단절은 점점 커지는데, 이것은 근대적 과학정신에 입각하고 있기 때문에 생기는 당연한 귀결이다. 나 홀로의 힘은 아무리 세어도 나 홀로의 힘 중 하나에 불과해서 도저히 위대한 업적을 달성하는 것은 어렵다. 무릇 공동연구를 통하지 않으면 옛 학문의 병폐를 일소하여 새로운 시대의 새로운 학문을 일으키는 것은 불가능하다.[41]

다시 말해, 서구에서 기원한 근대적 과학정신과 분과학문체계가 일본 본토의 연구체제의 병폐에서도 분명히 드러난 만큼, 신설되는 연구원은 근대의 학문을 초월하는 '現代의 學問' 즉 국책적 의도에 부합하는 종합적이고 실천적인 지식체계로 거듭나야 한다는 것이다.

---

41) 「建國大學研究院創設主意書」, 1937年6月20日.

실제로도 연구원은 제도와 조직의 측면에서 제국대학 중심의 관학아카데미즘과 확연한 차이를 보였다. 「연구원요람」에 따르면 연구원은 "대학의 연구 및 교육의 淵源이 되는 중추기관으로써 그 연구로 꾀하는 바는 建國의 原理, 立國의 大本을 憲章하고 國格을 明徵하게 하며, 國家에 須要한 學問의 蘊奧를 다해 국가 통치경영의 洪軌를 闡明함에 있다"고 규정된다. 연구원에서 연구 활동은 기본적으로 철저하게 국가정책의 근본원리를 실현할 수 있도록 기여해야하는 것으로 상정되는데, 제국대학처럼 분과학문의 전문영역을 제도적으로 보장하는 것이 아니라 국책적 과제를 위한 공동연구의 기반을 제공해 줌으로써 '지식의 효율적인 국가동원'을 지향했다.

연구원의 활동은 기본적으로는 건국대학의 교수, 조교수, 강사들이 중심이 되지만 외부의 연구자들, 관료, 전문가들과 연구반을 형성하여 공동 정책연구를 수행하도록 권장되었다. 즉 연구원은 단순한 대학의 부속기관이 아니라, 1940년 만주국 정부직속으로 설치된 자연과학계의 대륙과학원과 마찬가지로, 인문·사회과학계의 국책연구기관으로 계획되었던 것이다.

따라서 연구원의 내부조직 구성도 건국대학과의 분업관계 속에서 "독창적인 대학으로서 진정한 교학(敎學)을 수립"하는 대학 연구기관의 측면과, 건국대학에 국한되지 않고 만주국 내의 인재를 집결시켜 건국정신에 입각한 종합적이고 국책적인 연구를 수행하는 개방적인 국책연구기관의 측면이 혼재되어 있었다. 연구원의 조직은 주제에 따라 크게 5개의 연구부로 구성되는데, 이 연구부에는 다시 세부 주제에 따라 몇 개의 연구반(研究班), 그리고 그 하위에 연구분반(分班)을 구성할 수 있게 해서 다양한 수준의 공동연구를 수행하도록 했다. 연구원의 기본 세포조직이라고 할 수 있는 연구반은 긴급한 국책적 과제를 한시적으로 다루는 '연도(年度)연구반'과 건국대의 교수들이 중심이 되어 지속적인 연구를 수행하고 이를 건국대학의 교육에 반영하는 '상치(常置)연구반'으로 구분되었다. '상치연구반'이 대체로 건국대학 교수, 조교수, 촉탁 등 '내부' 연구자들이 공동연구를 구성하는 것이라는 점에서 제국대학의 '연구실'과 비슷한 것이라면, '연도연구반'은 외부의 연구 인력까지를 끌어들여 구체적이고 대규모적인 국책과제를 수행하는 공동연구 프로젝트와 같은 조직이었다.

〈표 3〉 건국대학 연구원의 연도연구반 조직(1942년 현재)

연구부	연구반	연구항목
1) 기초 연구부	국민정신연구반 (연구원: 19명)	국가정신의 심리학적 연구 각국의 국가정신 연구 만주 국가정신에서 일본국가사상 연구 만주 국가정신에서 支那사상 연구 邦族의 결성과 국가정신 만주의 史蹟과 국가정신 국민정신, 국가정신의 진흥보급방법 건국정신을 정치, 경제, 문교, 방위 등에 침투시키는 방법 건국정신과 사상방위 및 사상운동
2) 정치 연구부	국민구성 및 편성연구반 (연구원: 23명)	독일국민조직의 연구 이탈리아 국민조직의 연구 현대정치학과 국민조직 만주국세도표 지방행정과 국민조직 한민족의 민족성 연구 국민조직에서 직업연구 만주에서 국민구성을 교란하거나 국민편성을 방해하는 기본 사정 국민조직의 특수연구 만주국 각 종족의 결집관계 연구
3) 경제 연구부	만주경제실태 연구반 (연구원: 40명)	만주국경문제의 특수성 만주국 재정 및 계획경제의 실태에 관한 연구 만주국의 자원 및 通運의 실태

		만주국의 기업의 실태 만주국탄광업의 실태 만주국의 개척 및 노동의 실태 만주국의 화폐 및 금융의 실태 만주국 토착상업자본의 일고찰 만주농업경제의 실태 동아공영권의 경제문제
	만주경제기본 연구반 (연구원: 41명)	만주국 경제의 특수성 만주국 교통정책 특수회사 경영의 합리화 문제 만주국 탄광업에 관한 기본 정책의 수립 만주탄광노동론 일본, 만주 양국의 국가 및 경제의 기본 관계 무역정책에 있어서 주체성과 역사성 금융계산제도의 정비에 관한 기본 정책 연구 요령 동아공영권과 경제문제 物動計劃에 있어서 일본 만주 양국의 역사성
4) 총합 연구부	국책기본문제 연구반 (연구원: 10명)	협화운동의 新理念如何 新理念의 실현을 위한 특별한 기구如何 新理念을 體現할 구체적인 생활강령如何

출처: 「建國大學學則」(康德7年5月, 院令第20號), 『建國大學要覽』 1942年度

　연도 연구반의 구체적인 활동에 대해서는 현재의 자료로서는 충분히 알기는 어렵지만, 조직 구성의 측면만 보아도 상치연구반과 차이가 현격하다는 사실은 확인된다. 연구반의 인적 규모에서도 알 수 있듯이, 건국대학 교수에 한정되지 않고 다른 고등교육기관의 교수 및 관료들이 대거 참여하고 있으며, 연구주제 또한 '아카데믹'한 성격과는 거리가 멀었다. 전시국면 하에서 만주국을 통치하는 데 필요한 실질적인 정보 및 정책과제가 주요 연구항목으로 설정되어 있었던 것이다.

〈표 4〉 건국대학 연구원의 연도연구반 조직(1942년 현재)

연구부	연구반	연구분반	비고
1) 기초연구부	철학연구반		
	지리연구반		
	역사연구반	만주사분반	
		일본사분반	
		동양사분반	
		서양사분반	
	민족연구반		
	국가연구반		
	심리연구반		
	무학연구반	군사분반	
		무도분반	
2) 정치연구부	정치연구반		
	법률연구반		
	정치조직 및 제도연구반		
	후생정치반		
3) 경제연구부	경제원리연구반		
	만주경제실태연구반		
	만주경제사연구반		
	만주개척연구반		
	만주농업연구반		
	지나경제연구반		
	대동아경제연구반		
4) 문교연구부	언어연구반	국어정책분반	
		일어분반	
		한어분반	
		동방언어분반	
		서방언어분반	
	동방문화연구반	일본문화분반	
		만몽문화분반	최남선 반장
		지나문화분반	
	서방문화연구반		
	예술연구반		

	종교연구반		
	국민교육연구반		
	국민교화연구반		
5) 총합연구부	만주국세연구반		
	건국대학교학연구반	전기학과분반	
		정치학과분반	
		경제학과분반	
		문교학과분반	
		훈무분반	
		군교분반	
		지도교육분반	

출처: 「建國大學學則」(康德7年5月, 院令第20號), 『建國大學要覽』 1942年度

한편, 상치연구반 조직구성에서 흥미로운 지점은 총합연구부를 제외한 4개의 연구부가 기본적으로 건국대학 후기과정의 학과구성과 일치한다는 것이다. 나아가 총합연구부의 건국대학 교학(敎學)연구반의 경우, 학교의 실무운영과도 깊은 연관을 가지는 것으로 추측된다. 연도연구반과는 달리, 상치연구반의 경우, 『요람』에는 반장(과 分班長)만 게재하고 있다. 이들은 대체로 건국대학의 교직원 조직(교수, 조교수, 강사, 촉탁)과 일치하고 있으며, 특히 총합연구부에는 학과업무를 담당하여 논의하는 조직도 포함하고 있다. 이런 점에서 건국대학의 학생은 기본적으로 숙(塾) 생활에 근간한 학급제도를 중심으로 조직화되어 있었다면, 교원들은 연구원-연구부-연구반 제도 속에 조직화되었다.

그렇다면 육당 최남선은 연구원 조직 중 어디에 속했으며 어떠한 연구활동을 전개하고 있었던 것일까? 육당 스스로가 건국대학 시절에 대해서 거의 언급하고 있지 않기 때문에, 구체적으로 어떤 활동을 전개했는지는 명확하지 않다. 1939년 육당은 연구원 연구회에서 「동방고민족의 신성관념(東方古民族の神聖觀念)」을 발표하고 이를 연구원 보고서의 형태로 간행한 것이 알려진 것의 대부분이다. 다만 『요람』 등을 보면, 최남선이 건국대학에서 어떤 연구 활동을 했는지 대해서 개략적인 수준이나마 확인할 수는 있다.

1938년 4월 건국대학에 부임했던 최남선은 1939년 3월에 이르기까지 거의 매일같이 매일신보에 기사를 연재했을 뿐 학교와 관련해서 특별한 활동은 거의 없었다. 1938년 11월 4일 학생들과 좌담회를 가졌던 것이 거의 유일한 활동이었는데, 당시 좌담회에서 육당이 어떤 주제를 강연했는지는 확실치 않다(『연표』, 132). 하지만 1939년 2월 건국대학 연구원이 구성되자 교수 최남선은 민족연구반과 역사연구반에 소속되어 활동했음이 확인된다. 민족연구반은 일본족·조선족·만주족·몽고족·한민족·러시아민족·회족 등 만주국 영역 내의 민족연구를 표방하고 있었는데, 최남선은 그 중에서 조선민족연구를 담당했던 것이다(『연표』, 162~163). 연구반의 계획에 따르면 연구반은 월1회의 연구회를 주최하기로 되어 있는데, 최남선의 「고대 동방인족의 신성관념에 대해서」는 민족연구반 활동의 일환으로 작성된 것이며(『연표』, 164), 1939년 4월 17일에는 건국대학 연구원의 전체보고연구회 제5회 보고회에서 공식적으로 발표된다(『연표』, 170). 한편, 최남선은 이나바 이와키치가 반장으로 있던 역사연구반에도 반원으로 참여하는데 여기서는 '선만교섭사'를 담당하는 것으로 되어 있다(『연표』, 168).

최남선의 연구반 활동은 연도연구반과 상치연구반 체제가 본격화되는 1941년부터 변화를 겪게 되는데, 우선 신설된 연도연구반에서 육당은 '국민정신연구반'에 참여하고 있었던 것이 확인된다. 한편 기존의 연구반은 상치연구반으로 재배치되는데, 육당은 우선 기초연구부에서는 이나바 이와키치(稻葉岩吉)의 역사연구반에는 빠지지만 민족연구반에서는 계속 활동했고, 문교연구반에서는 언어연구반 동방언어분반에 새로 참여하는 한편, 동방문화연구반 만몽문화분반에서는 반장으로 참여하게 된다. 만몽문화분반에는 육당까지 포함해서 모두 7명의 건국대학 교수, 조교수가 참여했는데,[42] 육당은 1941년 5월 9일 만몽문화분반 제1회 연구회를 개최하여 올해 연구목표를 '만몽민족의 신화사'로 정하고 각자 분담해서 몽고민족의 신앙에 대해서 연구를 진행할 것을 정하기도 했다(『연표』, 297). 하지만 이후에는 거의 활동이 보이지 않다가 1942년 9월 육당은 홀연히 조선으로 돌아온다.

이처럼 만주건국대학의 연구원제도는 제국대학 대학 모델과 여러모로 차별화되는 독특한 장치였다. 연구와 교육의 결합에 바탕을 두고 있었던 제국대학의 교수들과 달리, 건국대학 교수들은 교육과 연구를 분리하여 연구에만 전념할 수 있는 기회를 부여했다. 또한 원자화된 상태로 고립되어 전문연구에 매몰되는 제국대학의 연구 스타일과는 달리, 연구자들 사이의 적극적인 협력 연구를 가능케 하는 조건을 제공해주었다. 그런 점에서 교육의 측면에서 사관학교의 시스템을 도입한 것과 마찬가지로, 대학설립자들은 연구에 측면에서는 1932년 사상통제의 목적으로 만들어진 국민정신문화연구소와 같은 집단적 공동연구체제를 도입함으로써 제국대학 모델의 다른 대안이 되기를 바랐다. 하지만 연구의 자율성이 철저하게 배제된 상태에서 수행되는 연구들의 한계도 명확했다. 지식은 권력을 위한 도구로서만 의미를 가질 뿐이기 때문이다.

Ⅳ. 나가며 : 육당과 만주건국대

1949년 2월 최남선은 마포형무소에 수감되었다. 죄목은 '反민족행위'였다. 1948년 9월에 공포된 「반민족행위처벌법」에 의해 이광수와 더불어 체포된 최남선은 '반민족행위 특별조사위원장' 앞으로 자기 인생에 대한 참회의 글을 썼다. 「自列書」가 그것이다(『전집』 10권: 530-533). 그는 이 글에서

---

42) 육당이 반장으로 있던 문교연구부 만몽문화연구반 만몽문화분반의 반원은 다음 과 같았다. 松井了穩(종교학, 교수), 石田武夫(중국어・塾訓育, 조교수), 山本守 (동양사, 조교수), 高橋匡四郎(만주사・塾訓育, 조교수), 寺田剛(동양사, 조교수), 杉村勇造(한문, 滿日文化協會常理事・촉탁강사)

민족을 배신한 者로서 자신에게 씌워진 혐의와 과오를 나열했다. 1919년 3·1운동 당시 독립선언서의 필자로서 2년 6개월 동안 옥살이를 했던 사실을 했던 것을 생각하면 격세지감마저 들 정도다.[43] 그는 감옥에서 '불함문화론'을 구상했고, 이후 역사가의 길을 걸었다. 식민통치의 현실과 결합된 실증적 아카데미즘의 압도적인 힘에 맞서며, 육당은 사료부재(史料不在)를 이유로 '존재부재(存在不在)'를 강요받았던 민족의 '역사'를 되살리려고 애썼다. 하지만 실증적 아카데미즘이 정착하기 시작한 식민지 학계에서 육당의 조선학은 철저하게 외면당했을 뿐이다. 육당에게 신화학은 견고하고 단단해 보이는 '실증과학'에 맞서는 또 하나의 과학적 방법이었겠지만, 객관적 증거도 없이 명칭의 유사성 속에서 비약하는 육당의 논의라는 것은 '진짜' 과학자들의 눈에는 구식 과학 혹은 '신화로의 도피'에 불과해 보였던 탓이다. 게다가 민족의 역사라는 '특수한 것' 속에서 인류 신화의 '보편적인 것'을 확인하고자 했던 그의 시도는 조선인 지식인들 사이에는 '일본과 조선의 민족적 근친성(近親性)'을 추인하는 친일적인 태도로 비춰졌다. 강조점만 달랐을 뿐이지, 그가 '보편적인 것'으로 격상시키려 애썼던 '민족적인 것'은 결국에는 식민지제국에 의해 구축된 '제국적 보편'의 자장(磁場)에서 벗어나질 못했던 것이다. 『自列書』에서 육당이 '건국대학 시절'을 〈조선사편수회〉와 〈중추원〉에 참여한 사실 다음에다 열거했던 것은, 여러 문학사 연구자들의 지적처럼, 명백한 의도를 가지고 있었음에 분명하다. 식민지 조선을 대표해서 간디, 트로츠키, 胡適과 어깨를 나란히 하여 "민족대표 교수"(『자열서』의 표현)로 참여하게 된 것은 3·1운동으로 대표되는 '지사적(志士的) 삶'과 단군을 중심으로 '민족의 역사'를 연구해온 '학자적 삶'에 대한 보상이라는 의미를 지닌다. 육당의 입장에서 건국대학은 불완전하기는 하지만 '관학아카데미즘'이었기 때문이다. 그가 만주에 건너간 초반에 「만

---

43) 당시 육당이 처했던 상황과 내면적 풍경에 대해서는 서영채(2010)의 논의가 상세하다.

몽문화」를 집필하는 등 건국대학 교수로서 의욕적인 활동을 전개하는 모습을 보였던 것도 이 때문은 아니었을까. 하지만 그가 만주로 건너가서 직접 눈으로 확인했던 것은 理想이 좌절된 건국대학의 상황이었다. 그는『자열서』에서 이렇게 썼다.

> 저희들 사이의 理想派와 現實派의 갈등은 建國大學의 最初 定案을 歸虛하게 하였지마는, 나는 그대로 留任하여서 朝鮮學生의 訓導와 滿蒙文化史의 講座 기타를 담당하고서, 祖疆의 踏査와 民族鬪爭의 실제를 구경하는데 흥미를 가졌었다. (…) 소위 大東亞戰爭의 勃發에 神經이 날카로워진 日本人은, 나를 建國大學으로부터 驅逐하였다.(『전집』10권: 532)

건강을 핑계로 스스로 그만 두었다고 알려진 것과는 달리 왜 '구축(驅逐)'되었다고 썼는지 그 진의는 현재로서는 알기 어렵지만, 이 구절에서 건국대학에 대한 그의 냉정한 평가는 충분히 감지된다. 기성 대학 체제에 대한 엄격한 비판 속에서 야심만만하게 출발했지만, 결과적으로 대안으로 제시된 교육과 연구는 단지 전체주의 국가의 도구로 전락하지 않았던가. 그렇다면 '현실'의 건국대학은 좌절된 실험으로써 만주국의 '현실' 속에서 어떤 모순들 드러내고 있었을까? 그리고 그것이 오늘날 대학사회의 '급변'을 성찰하는 참고사례가 되지는 않을까. 육당을 비롯한 조선인 졸업생들에게 이들 겪었던 건국대학의 현실과 경험이란 어떤 것이며 이후 한국 사회에 어떠한 흔적을 남기고 있었는지에 대해서는 향후의 과제로 남긴다.

참고문헌

1. 사료

『六堂崔南善全集』, 全15卷, 玄岩社, 1975.

『建國大學要覽(康德八年度)』, 建國大學, 1941.

湯治万藏 編, 『建国大学年表』, 建国大学同窓会, 1981.

『建國大學要覽・建國大學研究院要覽(康德十年度)』, 建國大學, 1943.

『滿洲國政府公報日譯』.

『滿洲國官吏錄』康德5年(1938)度版.

『六堂이 이 땅에 오신 지 百周年』, 東明社, 1991.

『歡喜嶺はるか: 建国大学同窓会文集』, 建国大学同窓会, 1991.

『回憶僞滿建國大學』, 長春文史資料編輯部, 1997.

2. 단행본

이기백 편, 『단군신화논집』, 새문사, 1990.

한석정, 『만주국 건국의 재해석』, 동아대출판부, 1999.

駒込武・川村肇・奈須恵子 編, 『戰時下学問の統制と動員: 日本諸学振興委員会の研究』, 東京大學出版部, 2011.

宮澤惠理子, 『建国大学と民族協和』, 風間書房, 1997.

山根幸夫, 『建国大学の研究』, 汲古書院, 2003.

山室信一, 『キメラー満州国の肖像』, 中公新書, 2004.

石原莞爾, 『國防政治論』, 聖紀書房, 1942.

松田利彦, 『東亜連盟運動と朝鮮・朝鮮人:日中戦争期における植民地帝国日本の断面』,

有志舍, 2015.

柴田陽一, 『帝国日本と地政学-アジア・太平洋戦争期における地理学者の思想と実践』, 清文堂出版, 2016.

王智新, 「高等教育-建国大学の場合」, 『日本の植民地教育』, 社会評論社, 2000.

伊藤彰浩, 『戦間期日本の高等教育』, 玉川大学出版部, 1999.

酒井哲哉 編, 『帝国日本の学知』1巻, 岩波書店, 2006.

志々田文明, 『武道の教育力-満洲国・建国大学における武道教育』, 日本図書センター, 2005.

河田宏, 『満州建国大学物語: 時代を引き受けようとした若者』, 原書房, 2002.

Duara, P, *Sovereignty and Authenticity: Manchukuo and the East Asian Modern*. Rowman & Littlefield Publishers, 2003.

3. 논문

강해수, 「최남선의 만몽인식과 제국의 욕망」, 『역사비평』 76, 2006.

곽은희, 「만몽문화의 친일적 해석과 제국 국민의 창출-최남선의 「滿蒙文化」와 「滿洲建國의 歷史的 由來」를 중심으로」, 『한민족어문학』 47, 2005.

김창규, 「일본의 중국 침략과 중국 자유주의 지식인들의 '만주' 인식, 1931~1937」, 『중국근현대사연구』 32, 2006.

김창규, 「傅斯年의 민족문제 이해와 '東北' 인식」, 『歷史學報』 193, 2007.

오문석, 「민족문학과 친일문학 사이의 내재적 연속성의 문제-최남선을 중심으로」, 『현대문학의 연구』 30, 2006.

윤승준, 「육당 최남선의 '단군론' 연구」, 『인문학연구』 37, 2009.

이병호, 「'동북공정' 전사-傅斯年의 『東北史綱』 비판」, 『동북아역사논총』 20, 2007.

임성모, 「근대일본의 만주인식-제국의식의 정치·문화적 자장」, 『북방사논총』 12, 2006.

전성곤, 「만주「건국대학」 창설과 최남선의 〈건국신화론〉」, 『일어일문연구』 56, 2005.

전성곤, 「「오족협화」와 민족이데올로기 사이에서: 만주「건국대학」과 최남선의 만몽론을 중심으로」, 『만주연구』 4, 2006.

정경숙, 「「稽古箚存」을 통해서 본 崔南善의 古代史論」, 『奎章閣』 6, 1982.

정종현, 「단군, 조선학 그리고 과학-식민지 지식인의 보편을 향한 열망의 기호들」, 『한국학연구』 28집, 2012.

정준영, 「제국일본의 도서관체제와 경성제대도서관」, 『사회와 역사』 105, 2015.

조미숙, 「일제 말 지식인의 만주행과 글쓰기-『삼천리』의 담론과 최남선의 만주 활동을 중심으로」, 『새국어교육』 82, 2009.

조현설, 「민족과 제국의 동거-최남선의 만몽문화론 읽기」, 『한국문화연구』 32, 2007.

서영채, 「단군과 만주, 아첨의 영웅주의: 최남선의 「자열서」 읽기」, 『한국현대문학연구』 32, 2010.

서영채, 「기원의 신화를 향해 가는 길: 최남선의 『백두산 근참기』」, 『한국근대문학연구』 6(2), 2005.

박찬홍, 「'만선사'에서의 고대 만주 역사에 대한 인식」, 『한국고대사연구』 76, 2014.

박은숙, 「만주국 건국정신과 육당의 불함문화론」, 『동악어문학』 51, 2008.

윤승준, 「육당 최남선의 단군론 연구」, 『인문학연구』 37, 2009.

今井隆太, 「国民精神文化研究所における危機の学問的要請と応答の試み」, 『ソシオサイエンス』 7, 2001.

大澤広嗣, 「宗教学研究者と『満洲国』-建国大学の松井了穏」, 『仏教文化学会紀要』 15, 2007.

三村文南, 「建大における自由と不自由」, 『歡喜嶺はるか』, 建国大学同窓会, 1991.

小谷野邦子, 「『満洲』における心理学-前半期における人物を中心として」, 『茨城キリスト教大学紀要』 35, 2002.

小谷野邦子, 「『満洲』における心理学-建国大学とその周辺」, 『茨城キリスト教大学紀要』 36, 2003.

柴田陽一, 「建国大学における地理学者とその活動-宮川善造を中心に」, 『史林』 94(5), 史学研究会, 2011.

田村紀雄, 「建国大学時代の井口一郎-新聞学から弘報論へ」, 東京経済大学人文自然科学論集 127, 2009

田村紀雄, 「井口一郎としての建国大学の同僚達-王道楽土か日本脱出か」, 『コミュニケーション科学』 31, 東京経済大学, 2010.

中村春作, 「「東洋倫理」という思想: 西晋一郎の所説をめぐって」, 『東洋古典學研究』 8, 1999.

2부

동양학으로서의 철학과 문학

다이쇼 교양주의와 경성제국대학 '철학, 철학사 제1'강좌

아베 요시시게(安倍能成)를 중심으로

허 지 향

Ⅰ. 들어가며

경성제국대학(이하 경성제대)이 첫 졸업생을 배출한 1929년 『회보』에는 다음과 같은 「研究室報」가 실렸다.

우리 대학이 존재하기 이전의 경성과 현재의 경성을 비교해 보자. 경성은 우리 대학이 존재하기 전에 이미 근대적 문명과 여러 시설들을 자랑했다. 미려하고 장대한 수많은 빌딩, 모던적으로 완비된 도로변은 그 아름다움을 자랑스레 뽐내었다. 그러나 남대문통을 자유롭게 달리는 자전거가 맹렬하게 뿜어대는 누런 흙먼지를 덮어 쓰듯이, 우리 경성 시민들의 정신생활이 지금껏 좋은 공기를 마셨다고는 할 수 없다. 정신적인 면에서는 사막이었다고 말해도 과언이 아니다. 참으로 조선에는 악명 높은 공무원이나 상인은 있었다. 그러나 시인이나 철학자의 말을 들을 기회는 없었다. 그런데 이제 우리 대학에는 시인이나 철학자가 운집하여 그들 아래에서 허다한 청년 법인, 젊고 혈기 왕성한 철학도가 시상에, 사색에 취해 있는 것이다. 실로 경성제대의 탄생은 아니, 대학 문과(구체적으로 문학과, 철학과 및 사학과)의 존재야말로 근대 도시 경성의, 아니 전 조선의 내적 생활에 있어서 일대 거대한 횃불이며 혁명이다. 우리들의 내적 생활은 우리 문과가 존재함으로 인해 이전과 달리 얼마나 질적 양적으로 풍부해졌으며 빛을 발할 수 있게 되었는가!(원문은 일본어. 이하 모든 번역과 강조는 필자에 의함)[1]

이 인용문에 "近代都京城の, 否オール朝鮮"이라고 써져 있음에 주목하자. 반복되는 "우리"는 경성제대생만이 아니다. 근대 도시 경성만도 아니다. 이 회보에서는 경성제국대학 문과로 인해 '조선 전체'의 '내적 생활'이 밝아졌다고 하는 생기를 읽을 수 있다. 그것도 '全'이 아닌 외래어 'all'을 표기한 가타카나 'オール'로써.

윤대석은 "일본 교양주의"에 관해 흥미 있는 주장을 한다. 다케우치 요가 다이쇼 교양주의에 관해 지적한 내용을 인용하면서 그는 "입신출세주의의 좌절", "대학의 확장과 취업난, 특히 문학부의 취업난"이라는 "이상과 현실의 부조화" 속에서 "오히려 출세 따위를 경시하는 태도"를 보인 당시 일본의 교양주의가, 식민지 조선에서는 "식민지적 차별"이라는 상황이 덧붙여져 더 강화되고 더 일그러진 형태로 나타났다고 지적한다.[2] 경성제대는 그 핵심적 장소였음을 그는 다이쇼 교양주의를 대표했던 매체의 열람 상황, 그리고 보통고등학교의 일본어 교육 시수를 통해 논증한다.

이 글은 '동양학 연구'와는 다른 측면에서 경성제대를 보고자 한다. 그것은 '제국대학'이라는 측면이다. 서양철학 — Philosophy, 근대 일본의 학제명으로는 이 단어를 가타카나로 음역한 ヒロソヒー가 최초의 형태였다 — 이 최초로 '哲學科'라는 간판을 통해 학제화한 것이 1877년의 도쿄대학(1886년에 '제국대학'으로, 1897년에 '도쿄제국대학'으로 변경)인바[3], 경성제국대학

---

1) 경성제국대학학우회, 『會報』, 1929, 111~112쪽.
2) 윤대석, 「경성제대의 교양주의와 일본어」, 성균관대학교 대동문화연구원, 『대동문화연구』, 제59집, 2007, 118쪽.
3) 東京開成學校에서 東京大學으로 명칭을 바꾸면서 法·理·文學部로 학제 개편한 1877년 東京大學 문학부는 "第一 史學, 哲學, 及政治學科", "第二 和漢文學科"로 출발했다(東京帝國大學, 『東京大學百年史 資料二』, 1985, 635쪽).

법문학부 철학과는 1904년의 도쿄제국대학 철학과의 전수학과목을 그대로 계승했다.[4] 즉, 경성제대 철학과는 각각 "조선어학, 조선문학"과 "조선사학" 강좌가 설치된 문학과, 사학과와 달리 내지의 제국대학을 그대로 옮겨오는 형태로 설치되었다[5]. 이 점을 통해서, 식민지 조선에 근대적 유니버시티 학제로서 철학과가 생긴 현상은 3대 총독 사이토와 경성제대 초대 총장 핫토리의 축사 즉, "동양문화, 조선특수의 질병, 약물 연구"라는 경성제대에 부여된 사명으로 설명되지 않는다는 점을 알 수 있다. 그렇다고 해서 보편 학문 격인 철학과를 포함한 것이 당시의 제국대학이었기 때문에 식민지 조선에도 철학과가 생겼다고 할 수도 없다. 왜냐하면 1918년에 출범한 홋카이도제국대학 및 오사카제대(1931~), 나고야제대(1939~)는 전전에는 아예 법·문학부가 없었기 때문이다. 더 말하자면, 출범부터 버젓하게 철학과를 가졌던 제국대학은 도쿄제대뿐이었다. 교토학파로 유명한 교토제대 철학과조차 1897년에 교토제대가 이·공과대학으로 출발하고 2년 뒤에 법·의과대학이, 1906년이 되어서야 문과대학이 신설되었다.[6] 즉, 1930년대 전시 체제까지 가지 않고도 제국대학의 출범과 신설과정은 이과계열 중심으로

---

4) 철학과 '專修學科'에 해당하는 1904년 당시 명칭은 "受驗學科"였으며 구체적인 내용은 이하와 같다. "哲學及哲學史", "支那哲學", "印度哲學", "心理學", "倫理學", "宗敎學", "美學", "敎育學", "社會學"(東京帝國大學, 『東京帝國大學五十年史』下, 1932, 372~373쪽. 한편, 1926년 경성제국대학 법문학부 철학 관련 강좌를 제1강좌, 제2강좌의 상세 내용을 생략하고 종류만 나열하면 "敎育學", "倫理學", "心理學", "哲學, 哲學史", "支那哲學", "社會學", "宗敎學, 宗敎史", "美學, 美學史"이다.

5) 여기서 말하는 '문학과', '사학과', '철학과'는 "경성제국대학 법문학부에 법학과, 철학과, 사학과 및 문학과를 두고 다이쇼 15년 5월 1일부터 수업을 개시한다"는 수업 조목을 따른 것으로(『京城帝國大學一覽』1931년도, 26쪽), 오늘날의 학과 제도와 다르다. 당시 제국대학의 학제를 이루는 기본단위는 학과가 아닌 학부와 강좌였다. 경성제국대학의 경우 법문학부와 의학부 2학부 체제로 출발하여 1941년에 이공학부가 추가되는 형태로, 각 학부에 강좌를 설치해서 강좌담임을 임명했다. 실제 강좌운영에 있어서도 "법학과"와 "철학과, 사학과 및 문학과"라는 큰 구분 하에 이수 강좌와 단위수를 정하고 있으며 이수 강좌 선택의 폭도 넓었다.

6) 天野郁夫, 『帝国大学』, 中公新書, 2017, 24쪽.

이루어졌다.[7]

더군다나 경성제국대학은 문학부가 아닌 법문학부라는 형태로 출범했다. 법문학부는 도호쿠제대(1907~)와 규슈제대(1910~)에서 그 선례를 찾을 수 있다. 최초의 법문학부인 도호쿠제대를 예로 들자. 도호쿠제대는 1907년에 이·농과대학으로 출범하여 1919년에 농과대학이 분리, 의·공과 대학을 신설한 이·의·공학부 3학부 체제였다. 문과계 학부가 증설된 배경으로는 역시 1차 세계대전이 불러온 경제적 호황 분위기 속에서 하라 내각이 단행한 고등학교 증설과 대학교육의 방향 개선을 들 수 있다.[8] 이 전에는 중등교육 졸업생을 수용하기에 도쿄·교토 양 제국대학으로 충분했던 것이, 이제 고등학교 졸업자가 증가하면서 그들을 수용할 제국대학을 확충할 필요가 생긴 것이다. 그러나 왜 '법문학부'였는가? 애초의 증설 계획은 '법학부'였다. 다음 기술을 참조하자. "종래의 제국대학 법학부 교육은 법률에 너무 편중되어있으므로 널리 인문계 학과를 추가하여 원만한 지식을 갖는 인간을 양성하도록 요청되었다." "데모크라시 인문주의의 파도를 타고, 메이지의 관료국가도 변화가 요청되던 시기였다." "이미 고정된 학부가 아닌 새로운 구상"을 띤 "법문학부" 라는 통합 체제는 "데모크라시가 고양되기 시작한 제1차 대전 직후라 해도 빠를 정도로 당시로서는 놀랍고 획기적인 것이었다."[9] 즉, 인문학을 통한 인격 도야를 중시하는 관념은 당연했던 것이 아니라, 후발형 자본주의 국가에서 갑작스레 나타난 현상이었다. '법

---

7) 위의 책, 49쪽.

8) 1918년 6월, 임시교육회의에서는 대학개선에 관한 20항목, 희망사항 8항목을 제시했는데 이 중에서 희망사항으로 추가된 내용은 다음과 같다. 대학은 이전처럼 "인격 도야, 국가사상 함양"에 충실해야 하나, 그 방법은 "고등학교처럼 수신과를 두는 것과 같은 방법이어서는 안 된다." "외국 대학처럼 장엄한 강당, 멋진 학료를 갖추어서 학생의 학문적 정신을 함양시키는 것이 대학의 국가적 역할 또한 올바르게 세울 수 있다"고 하여, 학생의 학문적 정신 함양을 필수 요건으로 세웠다 (文部省, 『学制百年史』 記述編, ぎょうせい, 1972, 484쪽).

9) 東北大学, 『東北大学五十年史』 상, 1960, 1005~1008쪽.

문학부'는 그만큼 새롭고 획기적인 체제였으며, 법학사조차 "폭넓은 교양을 지녀야한다"고 요구되었다.[10] 문두에서 소개한 문학부의 생기 있는 연구실 회보와 경성제국대학 법문학부 철학과 또한 이러한 시대적 배경에서 이해 해야 한다. 여기에 덧붙여야 할 점은 식민지이다. 1차 세계대전이 초래한 총력전은 일본 경제까지 쥐고 흔들었다. 유럽과는 달리 최소한의 군사 부담으로 최대의 이익을 얻은 일본은 그 기세로 단행한 시베리아 출병 당일에 쌀 소동을 맞았다. 1920년 3월에 찾아 온 경제공황기의 전조였다. 1920년 이후 경제적 불황 상태는 굳어졌고 제대를 나오고도 취직난을 겪어야 하는 시대가 곧 찾아왔다. 경성제국대학 철학과에 유명한 이와나미 그룹 학자들이 모이게 된 것 역시 이러한 경제적 배경이 컸다고 생각한다.[11] 또한 윤대석이 지적했듯이 "식민지적 차별"은 더더욱 엘리트적 교양을 수단으로 정신을 무장하게 만들었다.

잘 알려져 있듯이 경성제대 개학 기념식에서 다른 이들이 동양·조선 연구를 주창하고 있을 때 아베 요시시게는 전혀 다른 이야기를 했다. "그리스의 소아시아에 위치했던 밀레토스라는 마을이 그리스 철학의 탄생지였다"고, 그는 경성제대를 밀레토스에 비유함으로써 서양철학사상 단순한 지역에 머물지 않는 그리스의 고대도시를 식민지조선에 대입했다.[12] 그는 경성생활 14년간 "대학의 정신은 학문에 있다"고 주장했다.[13]

이 글은 '조선'도 "내적 생활"을 가능케 한 '제국대학', 그리고 서양 인문주의적 교양과 학문의 보편성에 가치를 두었던 다이쇼(1912~1926)라는 시대

---

10) 앞의 책, 天野郁夫, 『帝国大学』, 49쪽.
11) 遠山茂樹·今井淸一·藤原彰, 『新版 昭和史』, 岩波書店, 1959, 3~19쪽.
12) 安倍能成, 「京城帝国大学に寄する希望」, 『文教の朝鮮』, 朝鮮教育会, 1926, 6, 17쪽.
13) 安倍能成, 「卒業生及び在学生諸君に寄す」, 京城帝國大學學友會, 『会報』, 1929, 2쪽. 아베는 학문의 보편성이라는 관점에서 경성제대의 대학 자치를 주장했다. 이에 관해서는 정준영, 「京城帝大における「大学自治」の試みとその限界」(徐禎完·増尾伸一郎 편, 『植民地朝鮮と帝国日本』, 勉誠出版, 2010, 88~108쪽)을 참조.

가 식민지와 맺는 관계, 보편적 인문주의가 식민지를 통해서 드러내는 모순에 주목하면서 경성제국대학 '철학, 철학과 제1' 강좌 교수 아베 요시시게에 관해 논하고자 한다.

II. 생애와 특정 부분의 소극적인 기술

아베 요시시게는 1883년 12월 마쓰야마시(松山市) 고토진마치(小唐人町)에서 아버지 요시토와 어머니 시나 사이에서 8남으로 태어났다. 조부 가즈토는 마쓰야마에서 종두를 처음으로 시행한 사람이었고 아베의 아버지인 요시토도 원래는 히로시마 출생으로 14살부터 오사카 등지에서 의학을 습득하다가 33세에 마쓰야마 집안에 양자로 들어간, 의사 집안이었다.[14] 1896년에 에히메현 심상중학교, 1902년에는 제1고등학교에 입학하였으며 이 시기에 독일어 공부에 몰두하였다.[15] 1906년에 도쿄제국대학 문과대학 철학과에 들어갔고 1909년에 졸업함과 동시에 日本済美学校에서 교원을 하면서『호토토기스(ホトトギス)』를 시작으로 문필 활동에 종사한다. 1913년에는 친구 이와나미 시게오(岩波茂雄)와 서점 경영에 참가, 철학총서의 편집을 담당했고 그 해 4월에 니찌렌슈대학(日蓮宗大學, 현재의 立正大學)으로부터 강사 촉탁을 받으면서 처음으로 서양철학사를 강의하기 시작했다. 이

---

14) 安倍能成,『我が生ひ立ち』, 岩波書店, 1966, 3~16쪽. 부친 요시토는 아베가 심상중학교에 입학한 시기에 의업을 중단한다.
15) 위의 책, 324~326쪽. 당시 제1고에는 독일어 학습만을 위해 중학교 졸업 후 도쿄에서 1년간 유학한 학생(真鍋嘉一郎)이 있을 정도로 독일어가 중요했다. 1900년에 개정된「高等学校大学予科学科規定」을 보면 법과대학 및 문과대학 지망생이 속한「第一部」에서는 영어, 독일어, 프랑스어 중 두 외국어를 필수로 이수하도록 했으며 수업시간은 각각 9시간이었다(3학년은 8시간)(『第一高等学校六十年史』, 1939, 291~293쪽). 아베는 제1부 갑4반에 속해 있었는데 독일어 강의만 일주일에 14시간이었다고 회고한다(위의 책, 325~326쪽).

시기부터 게이오기주쿠대학, 호세대학, 제1고에서 독일어, 윤리학, 서양철학개론, 서양철학사 등을 가르쳤다.

아베가 경성제대 법문학부 교수로 임명된 것은 1924년이었다.[16] 예과 교수 자격으로 1년 반 동안 유럽을 다녀온 뒤 1926년에 '철학, 철학사' 강좌를, 1927년부터 본 강좌가 두 개로 증설되면서 1940년까지 '철학, 철학사 제1'강좌를 담당했다. 참고로 덧붙이자면, 1927년부터 1944년까지 '철학, 철학사 제2'강좌를 담당했던 미야모토 와키치(宮本和吉)는 아베와 제1고, 도쿄제대 동기이자, 아베의 매제였다.

1940년 9월, 아베는 내지로 돌아가 모교인 제1고의 교장으로 취임한다. 1945년 패전 직후인 12월에는 귀족원 의원으로 칙선되고, 이듬해 1월에는 히데하라 내각의 문부대신으로, 10월에는 가쿠슈인 원장으로 취임한다. 1948년 12월의 평화문제담화회에서는 의장을 맡았으며 이 자리에서「전쟁과 평화에 관한 과학자의 성명」을 발표했다. 1952년 11월부터 53년 3월까지는 '일미지적문화교류'라는 목적으로 미국 콜롬비아를 방문했으며 이 시기에 미국의 주요 대학을 방문하고 돌아온다. 이미 1946년에 宮內省에서 분리되어 1949년에 사립대학이 된 學習院에서 아베는 죽는 그 날까지 학장 자리에 있었다.[17] 장례식에는 후에 헤세 천황이 되는 황태자 부부가 참석했다.

---

16) 아베의 회상에 따르면 경성제대 초대 총장이었던 핫토리 우노키치에게 아베를 소개한 것은 구와키 겐요쿠桑木嚴翼였다(위의 책, 534면). 일본 사상계에서 구와키가 차지하는 위치는 크다. 1896년에 도쿄제대를 졸업하고 1917년에『カントと現代の哲学』를 쓴 구와키는 교토제대 철학과 개설 초대 강좌 교수였다. 또한 아베의 회상과 관련해서 구와키가 이노우에 데쓰지로의 후임으로 도쿄제대로 옮겨 간 것은 1914년이었다(교토제대의 철학, 철학사 강좌의 빈 자리는 니시다 기타로가 맡게 된다). 구와키는 다이쇼 사상계에서 칸트의 비판철학을 독자적으로 수용한 제 1세대로, 특히 그가 1917년에 낸 연구서에 의해서 칸트의 물자체 개념이 다이쇼 사상계의 논의 대상으로 올랐다(船山信一,『大正哲学史研究』, 法律文化社, 1965, 82~94쪽).

17) 麻生磯次,「安倍院長と学習院」,『紺碧』31, 1966. 덧붙이자면 1965년 겨울부터 입원과 퇴원을 반복하다가 66년 6월 7일 당일 順天堂병원에서 사망했다.

아베 요시시게에 관해서 공간된 자료 이외에 다음과 같은 자료가 있다. 에히메현 생애학습센터에서 발행한『安倍能成~教育に情熱を注いだ硬骨のリベラリスト~』라는 책자이다.[18] "교육에 정열을 쏟은 강직한 리버럴리스트"라는 부제에서 느낄 수 있듯이, 이 책에서는 자본주의와 제국주의가 본격화되고 '개인'과 '국민'을 '자각'하기 시작한 러일전쟁 직후라는 시대를 청년기로 살았으며 50대 후반에 태평양 전쟁을 겪고 전후 일본까지 살아낸 엘리트 지식인의 이야기가 생생하게 전개된다.[19] 그러나 내용 구성 방식과 분량의 불균형이 눈에 띈다. 즉, 역사와 사회 속에서 고군분투하는 엘리트 남성의 이미지가, 동료 지식인들과 함께 찍은 사진, 동료들과 주고받은 편지, 당시 일본 사회를 향해 발신한 글들, 자필 원고 사진 등을 통해 책 전체를 관통하는 사이에 '경성제국대학 교수시대'에 관한 서술은 사실에 관한 한 단락과 아베의 회상 한 단락, 그리고 세 줄짜리 감상으로 압축되어 있다는 사실이다. 약 15년간의 세월을 정리하는 세 줄짜리 감상은 다음과 같다. "아베는 경성에서 지낸 약 15년 간 공부와 일이 가장 잘 된 시기였으며 또한 좋은 친구를 얻어서 유쾌하게 지낼 수 있었던 시기였다고 회상하고 있습니다."[20]

제1고, 도쿄제대를 졸업하고 제1고 교장, 문부대신까지 역임한 당시 최고 엘리트 남성에게 있어서 식민지 조선의 경험은, 아베가 40대라는 인생의 요부에 해당하는 세월을 식민지에서 보냈음에도 불구하고 매우 사적이고 소극적으로 기술되고 있는 것이다. 이는, 바로 다음 쪽수인 14쪽에서 56쪽까지 일본 사회와 국가의 교육을 위해서 고군분투하는 그의 모습이 나열

---

18) 愛媛県教育委員会,『安倍能成~教育に情熱を注いだ硬骨のリベラリスト~』, 愛媛県生涯学習センター, 2012.
19) 다이쇼기의 청년 세대에 관해서는 岡義武,「日露戦争後における新しい世代の成長」상・하,『思想』512・513, 1967을 참조.
20) 앞의 책, 愛媛県教育委員会,『安倍能成~教育に情熱を注いだ硬骨のリベラリスト~』, 13쪽.

되고 있는 것과는 대조적이다.

아래에서는 이러한 소극적인 기술을 지양하고, 아베 요시시게의 학문적 특징을 다이쇼 시기와 관련짓고, 다이쇼라는 시대가 식민지 조선과 어떤 관련성을 맺는가에 관해 지적하겠다.

Ⅲ. 아베의 학문적 배경과 연구 성과 : 경성제대 부임 이전까지

아베는 다이쇼기를 청년기로 보내면서 다이쇼기의 사상적 특징을 그대로 체현했던 서양철학 연구자였다. 이 절에서는 이 점에 관하여 구체적으로 논하겠다.

아베의 학문적 성과는 다이쇼기라는 시간적, 도쿄제대라는 공간적 배경과 상생 관계에 있다고 표현하는 것이 가장 적절하다. 그 이유로는 첫째, 아베가 자신의 전공과 관련해서 저술한 연구서의 대부분이 그가 도쿄제대를 졸업한 1909년부터 경성제대 예과 교수 자격으로 파리로 향한 1924년 가을 사이에 출판되었다. 둘째, 크게 오이켄, 니체, 칸트의 번역 및 소개로 집약되는 아베의 연구는 특히나 도쿄제대 철학과라는 자장 없이는 설명되지 않는다. 이들 내용을 간단하게 살펴보자.

우선 아베는 도쿄제대를 '철학 및 철학사' 전공으로 1909년에 졸업했다.[21] 그는 입학년도인 1906년부터 1909년까지, '철학, 철학사 제1' 강좌 교수 이노우에 데쓰지로, '철학, 철학사 제2'강좌 교수 쾨베르(Raphael von Koeber, 1848~1923), '고대중세철학' 강의를 담당했던 하타노 세이치(波多野誠一, 1877~1950)로부터 서양철학을 배웠다.[22] 그 중에서도 아베는 쾨베르에 관해 많은 회상을 남기고 있으며 1928년에는 쾨베르의 수필을 모은 『쾨

---

21) 『東京帝國大學卒業生氏名録』, 1926, 229쪽.
22) 『東京大學百年史 部局史1』, 1986, 491~492쪽.

베르 박사 수필집』(岩波)을 출판한다. 또한 하타노 교수도 아베에게 많은 영향을 끼친 인물로, 아베는 하타노의 연습강의인 '스피노자의『윤리학』'에 참여했으며, 졸업논문으로 스피노자에 관해 썼다(「스피노자의 본체론과 해탈론」).[23] 한편, 이노우에 데쓰지로에 대해서는 "이노우에 교수의 '일본 무사도의 철학'이라는 필수 강의가 있었는데 이는 실로 준비도 없이 허술하고 매우 엉터리였다. (중략) 이런 철학의 'ㅊ'도 모르는 이가 동양에서 철학의 제1인자로 불리다니, 그의 현상즉실재론이 그의 독창물이라고 말하는 이가 있다니, 참으로 한심하기가 그지없다"며 신랄하게 비난했다.[24]

아베가 서양철학이라는 전공을 살려서 출판한 첫 번째 책은 오이켄(Rudolf Christoph Eucken, 1846~1926)의 서양철학사(『대사상가의 인생관Die Lebensanschauungen der grossen Denker, 1909』, 1912)였다. 이 책의 서문을 쓴 두 사람이 바로 아베가 도쿄제대 재학 중에 가장 많은 영향을 받은 쾨베르, 하타노 교수이다. 아베는 이들의 학문적 권위에 기대어, 독일에서조차 아직 발간되지 않은 최신 9판 원고를 쾨베르 교수를 통해서 직접 입수했음을 밝히고 있다. 또한 1915년에 출판된 아베의『오이켄』은 오이켄의 '신이상주의'를 아카데믹하게 개설한 최초의 책이었다. 위에서 언급한 후나야마가 지적하고 있듯이, 오이켄의 신이상주의 철학은 당시 사상계의 '인생관적 분위기'와 잘 맞아떨어져 다이쇼 사상계에 큰 영향을 미쳤다.[25] 그러나 일본에 오이켄을 최초로 소개한 가네코金子築水와 그의 제자 이나게稲毛詛風가『太陽』과 같은 대중 잡지를 통해서 오이켄 사상을 신비적, 종교적으로 해설한 것에 비해,[26] 아베는 원전에 충실했다. 그는 오이켄의 '정신생활

23) 安倍能成,『スピノザ倫理学』, 岩波書店, 1935, 서문.
24) 앞의 책, 安倍能成,『我が生ひ立ち』, 409~410쪽.
25) 앞의 책, 船山信一,『大正哲學史研究』, 7~8쪽.
26) 金子築水,「ルドルフオイッケン」,『太陽』16-10, 1910; 稲毛詛風,『オイケンの哲学』, 大同館, 1913. 가네코는 도쿄전문학교 문학과 제1회 유학생으로 1901년에 독일로 건너가 분트 아래에서 철학을 배운 인물이다.

Geistesleben'을 현실적 문제로 강조하였고 '적극적'인 '행위'의 문제라고 정의했다.[27] 또한 자신의 개설서『오이켄』이 신이상주의의 영향력이 사라진 후에 발간되었다는 점을 의식하면서 "오이켄의 명성은 ……지금은 거의 잊혀졌다. 그러나 나는 오히려 유쾌하다. 나는 오이켄을 단순히 일시적인 유행으로 끝나는 사상이라고 생각하지 않는다."[28]고 적었다.

다음으로 아베의『이 사람을 보라』(1913)는 한자문화권에서 니체, Ecce Homo를 최초로 번역한 책이었다. 일본에서의 니체 유행은 빠르고 독특했다. 1893년『心海』(4호)에 실린 작자 불명의 글-「구주에 있어서 덕의사상의 두 대표자 프리드리히 니체 씨와 레오 톨스토이 백작의 의견 비교(欧州に於ける德義思想の二代表者フリデリヒ, ニツシェ氏とレオ, トウストイ伯との意見比較)」을 통해 니체가 최초로 소개된 후, 1900년대부터 본격적으로 니체가 유행하기 시작하여, "1900년에는 2편에 불과했던 니체 관련 기사가 1901년 말에는 40편에 달했다."[29] 아베가 니체를 번역하게 된 것은, 1901년에 니체 붐을 일으킨 다카야마 초규의 영향이 컸다.[30] 그러나 당시 니체 붐은 말 그대로 붐이었던 바, 부분 발췌번역과 개제가 다분히 이루어졌다. 그 예로『차라투스트라는 이렇게 말했다』를 부분 발췌하여 관심을 끌만한 제목을 새로 단『밤의 노래』,『니체 미사명구집』등이 있었으며,[31] '위버멘

27) 安倍能成,『オイケン』, 実業之日本社, 1915, 30쪽.
28) 위의 책, 3~4면.
29) 石川豊,「歴史の中の個人主義─日本におけるニーチェ受容にみる─(その一)」,『創価大学人文論集』22, 2010, 74쪽.
30) 니체가 널리 알려지게 된 배경에 다카야마 쵸규의「文明批評家としての文学者」(『太陽』7-1, 1901)가 있으며, 곧이어 초규의「美的生活を論ず」를 계기로 미적 생활 논쟁과 니체 붐이 일어났다. 아베 또한 "나는 중학 상급 시절에 博文館 문화에 젖어 있었다. 센다이 2고 교수를 그만두고 하쿠문칸에 있던 초규의 문장은 당시 내가 가장 애독하던 것이었다. ……초규가 일본주의를 표방하면 나도 일본주의자가 되었고 초규가 미적생활을 제창하면 거기에 감동했다"고 회상한다. (앞의 책, 安倍能成,『我が生ひ立ち』, 268쪽)
31) 1921년에 최초로 니체 전집이 나오기 이전에 Also Sprach Zarathustra가 전역된 예

슈(Übermensch)'를 '초인'으로 번역했듯이 위버멘슈를 예수나 석가에 비유
하기도 하였다.[32] 이에 비해 아베의 번역은 제대 철학과 학생이 니체를 번
역한 최초의 예였으며 와쓰지 데쓰로의『ニイチヱ硏究』도 같은 해에 출판
되면서 니체가 제대 철학과의 학문적 대상으로 자리 잡는 계기가 되었다.[33]

한편 칸트와 관련해서 아베가 행한 연구 또한 당시의 '칸트 유행'이라는
학문적 배경과 일치한다. 일본 칸트 연구의 역사에 관해서는 마키노 에이
지의 좋은 글이 번역되어 있으므로 아베와 관련하여 핵심 사항만 살펴보
자.[34] 우선 다이쇼기는 칸트에 관한 번역과 연구가 폭발적으로 생산되던
시기였다. 그 주역을 맡은 인물은 하타노 세이치, 구와키 겐요쿠, 모토라
유지로(元良勇次郞), 미야모토 와키치 등으로, 이들 모두가 아베와 도쿄제
대 시절을 함께 한 선생과 동기, 선후배였다. 또한 아베와 같은 해에 도쿄
제대를 졸업한 6명의 학생 중 4명이 칸트 관련 테마로 졸업 논문을 작성했
다.[35] 아베 또한 이러한 조류에 부응하여, 먼저 1919년에 칸트의 Grundlegung

는 生田長江의『ツァラトゥストラ』(新潮社, 1911)가 유일하다. 부분 발췌하여 새
로운 제목을 단 예를 간단히 나열하면 阿部次郞,「夜の歌 (ニイチエ)」, 1911; 山
口小太郞,『独和対訳 ツァラトゥストラ如是説』, 1916; 山川均編,『ニイチェ美辞名
句集』 1917 등이 있다.

32) 그 예로 작자 불명,「ニーチェ思想の輸入と仏教」,『太陽』4-6, 1898; 中澤臨川,
「超人の福音」,『中央公論』19-4, 1914; 中村鑑三,「イエスと超人」, 1917; 登張竹風,
『如是経 : 一名・光炎菩薩大師子吼経』, 星文館, 1921을 들 수 있다.

33) 와쓰지는 이『니체 연구』의 1914년 재판에서 따로 부록「「この人を見よ」に就て」
을 쓰면서까지 아베의 번역을 맹렬히 비판하고 있다. "아베의 번역은 니체의 문
체를 훼손했으며 니체가 표현하고자 한 부분을 감추지는 않았는가. ……아베 자
신의 문체가 니체의 문체와 매우 다른 특색을 지녔다는 점에 주의하고 싶다. 이
것이 번역을 곤란하게 만든 가장 큰 원인이다. 또한 아베는 간략한 단어와 문장
으로 번역하고자 했다. 이로서 원문의 리듬을 상당히 도외시했다"(和辻哲郞,『ニ
イチェ研究』, 内田老鶴圃, 1914).

34) 牧野英二,「일본 칸트 연구의 역사와 오늘날의 과제 1862~1945」,『동아시아의 칸
트철학』, 아카넷, 2014.

35) 伊藤吉之助,「カントを中心としたる空間論の研究」; 宮本和吉,「カント批評哲学
の起原」; 魚住影雄,「カントの宗教哲学」; 小山鞆絵,「カントの物如論」.

zur Metaphisik der Sitten(1785)을 일본 최초로 번역했고(『도덕철학원론』, 岩波書店) 칸트 탄생 200주년을 기념한 각종 기획 잡지에 참여했다.[36] 칸트 탄생 200주년은 1924년으로, 아베가 곧 15년을 재직하게 될 경성제대가 여섯 번째 제국대학으로서 설립된 해였고, 일본에서는 칸트 저작집이 처음으로 나온 해였다. 아베는 이 해에 칸트의『실천이성비판』해설을 쓰게 되는데, 이 해설을 통해 칸트 철학은 무엇보다도 "실천이성의 우위"로서 의미를 지니며 인간의 본질로서 "도덕적 원리"를 확립한 "보편적"이고 "근본적인 문화가치를 지닌다"는 이해를 확립했다.[37] 이러한 '도덕' 중심의 이해는 이후에 아베가 칸트와 관련해서 쓴 논문에서도 일관되게 나타나는 바[38], 아베가 칸트를 개설한 유일한 단행본인『칸트의 실천철학』(岩波書店, 1924) 또한 제목을 '칸트의 도덕설'로 바꿀 수 있을 만큼 실천이성의 우위와 보편적 도덕법칙을 강조했다.

이처럼 아베의 오이켄, 니체, 칸트 번역과 개설서들은 모두 다이쇼기에 나왔다. 이후에 간행된 서양철학 연구 서적에는『칸트 저작집5 종교철학』(岩波, 1932)과『도덕사상사』(1933)와 같은 이와나미 강좌 철학 시리즈, 『대사상문고10 스피노자 윤리학』(岩波, 1935)이 있으나, 이들은 다이쇼기에 이룬 연구의 연장선상에 있었다. 새롭게 보이는『도덕사상사』또한 1916년부터 2년에 걸쳐서 이와나미 철학총서를 통해 낸 두 권의 서양철학사 책에서

---

36)『思想 カント記念号』, 岩波書店, 1924(安倍能成, 「カント哲学に於ける自由の概念」); 『講座 生誕二百年紀年 カント号』15, 大村書店, 1924(安倍能成, 『実践理性批判』解説).

37) 安倍能成, 「文化批判の哲学(1935)」, 『時代と文化』, 岩波書店, 1941, 9쪽.

38) 아베는 경성제대 부임 시기에 법문학부 논찬에 총 두 편의 연구논문을 발표하는데, 그 중 하나가 도쿄제대 졸업 논문을 확장시킨 「스피노자 철학에 있어서 직관지의 문제」였고(『京城帝國大學創立十周年 記念論文集 哲學篇』, 1936) 다른 하나가 「칸트의 근본악설」이라는 논문이었다(京城帝國大學法文學会編, 『哲學論叢』, 1930). 이「칸트의 근본악설」은 아베가 번역한 두 가지의 칸트 문헌 즉, 『윤리형이상학 정초(아베는 "도덕철학원론"으로 번역)』와『이성의 한계 안에서의 종교(아베는 "종교철학"으로 번역)』중에서 특히 후자를 중심으로 '악'에 관한 논의를 개설한 것이었다.

윤리사상사 부분을 뽑아서 보충한 것이었으며『스피노자 윤리학』은 이와 나미 서점의 대사상 문고 기획을 계기로 자신의 졸업 논문을 단행본으로 완성시킨 것이었다. 서양철학 연구 외에는『맹자·순자』(1937)와 같은 고전 개설서나 위에서 말한 쾨베르 교수의 수필집, 그리고 무엇보다도 자신의 '수필–시대적 평론, 유럽 여행 기행문, 일상 수필'을 빈번히 출판했다.[39] 이 책들도 대부분 자신의 친구인 이와나미 시게오를 통해 출간했다.

  이처럼 아베의 학문적 배경은 도쿄제대 철학과를 통해 살펴볼 수 있는 바, 또 한 가지 지적해야 할 배경은 역시 이와나미 서점이다. 경성제국대학 법문학부 교수로 임명된 서양철학 계열 학자 모두가 이 도쿄제대와 이와나 미를 통해 연결되어 있었다.[40] 이미 정준영이 지적한 바와 같이, 이들은 초 창기 이와나미 서점에서 힘을 쏟은 서양철학서 번역 및 개설서 출판 사업 의 선두 주자들이었다. 그들은 모두 당시 구제고교와 도쿄제대를 졸업한 엘리트 청년들이었으며, 당시는 제대를 졸업하고도 가난한 신생학교에 취 직하는 일이 많았기에 "원고료로 교원 월급을 보충하던" 졸업 직후의 생활 에 있어서 이와나미 서점은 그 물적 의미가 컸다.[41] 이와나미 서점 자체가 다이쇼기 출발과 동시에 간판을 내걸었고(1913), 당시 도쿄제대 철학과 출 신자들이 기반을 다져 나갔다고 말할 정도로 그 시대적 의미는 일치한다. 이와나미 시게오는 바로 다음 해인 1914년에 일본 최초의 철학잡지인『철 학잡지』발행권을 사 왔으며 그 해에 도쿄제대를 졸업한 미야모토(1927~1944 경성제대 '철학, 철학사 제2 강좌 교수)를 편집인으로 끌어 들인다.

---

39) 구체적인 목록은 정근식·정진성·박명규·정준영·조정우·김미정,『식민권력과 근대지식: 경성제국대학 연구』, 서울대학교 출판문화원, 2011, 388~390쪽을 참조.
40) 여기서는, 식민지 조선을 연구 필드로 삼은 "교육학" "사회학" "종교학, 종교사" 강 좌, 조선 사상과 중국 고전을 연구한 "지나철학" 강좌, 그리고 서양의 윤리학과 일본 윤리(수신)를 각각 담당했던 "윤리학" 강좌를 제외한, "철학, 철학사" "미학, 미학사" "심리학" 강좌를 가리킨다. 이에 관해서는 별도의 논고가 필요하다.
41) 앞의 책, 安倍能成,『我が生ひ立ち』, 453쪽.

도쿄제대 철학과와 이와나미 서점의 관계에서 무엇보다 중요한 것은 1915년부터 발간하기 시작한 철학총서와 철학 사전이다. 아베가 자신의 서양철학 강의에 사용한 『서양고대중세철학사』(아베, 1916), 『서양근세철학사』(아베, 1917), 『철학개론』(미야모토, 1916), 그리고 총서 중에서 가장 많이 팔린 하야미 히로시(速水滉: 1926~1935 경성제대 심리학 강좌 담임)의 『논리학』(1916), 다이쇼기 교양파의 대표주자인 아베 지로의 『미학』(1917) 등이 철학총서로 발간되었다. 아베는 철학총서에 관해 "성과의 정도도 제각기 달랐고 열 두 권의 발행 시기도 상이했으나 ……철학 혹은 철학책이 유행하는 시대를 만들었다. ……저자는 거의 이 삼 년에 걸쳐서 메이지 말년에 도쿄제국대학을 졸업한 이들로 당시로서는 신진이었다. 대부분은 서양 책을 해설하거나 강술한 것이었으나 철학에 대한 시대적 요구에는 부응할 만한 것이었다"며, "최소 천 부만 팔렸으면" 걱정했던 것이 "의외로 환영을 받아 전 12권으로 준비해 둔 종이가 두 세권 분량으로 소진되"었다고 회상한다.[42] 당시 베스트셀러였던[43] 『이와나미 철학 사전』(1922)도 편집자 전원—미야모토 와키치, 다카하시 유타카高橋穰, 우에노 나오테루上野直昭, 오구마 도라노스케小熊虎之助이 도쿄제대 출신이었고, 우에노는 아베의 제1고, 도쿄제대 선배였으며 1926년에 경성제대 법문학부 미학 강좌 교수로 부임한다.

이처럼 도쿄제대를 중심으로 형성된 다이쇼 사상계의 학문적 분위기에 관해서는 전전부터 야유 섞인 시선이 존재했으며, 비판적 연구 또한 이른 시기에 나왔다.[44] 대표적으로 미키 기요시는 1941년에 다음과 같이 회상한

---

42) 安倍能成, 『岩波茂雄伝 新装版』, 岩波書店, 2012, 123~125쪽.

43) 1922년 베스트셀러 목록에는 「宮本和吉『哲学辞典』岩波書店」라고 미야모토의 이름으로 소개되어 있다(松本昇平, 『業務日誌余白—わが出版販売の五十年』, 新文化通信社, 1981, 15쪽).

44) 1958년 『中央公論』의 6회에 걸친 심포지엄, 그 중에서 3회분 「日本の保守主義 : 『心』グループ」이 가장 오랫동안 영향을 미친 논평이라 할 수 있다(久野收・鶴見

다. "'교양'이라는 관념이 우리나라의 인텔리겐치아 사이에서 나타났다. 즉 교양이라는 관념은 그 유래부터 문학적 내지 철학적이었으며 정치적 교양을 포함하지 않은 채 오히려 의식적으로 정치적인 면을 외적인 것으로 제외, 배척했다고 말할 수 있겠다. 교양이라는 관념은 주로 소세키 문하생들로 쾨베르 박사의 영향을 받은 사람들에 의해 형성되었다."45) 맑시스트 사상가인 후나야마 신이치도 다이쇼기 일본 철학을 '아카데미 철학'으로 규정하면서 "(다이쇼 철학은)정치, 사회로부터 '초월'해 있었다"고 지적한다.46)

다이쇼 시기는 "서양인이 말하는 일이라면 뭐든지 맹종하고 위시하던 시대였다"47)고도 말할 수 있다. 특히 아베는 자신의 뛰어난 독일어 실력을 바탕으로 사상적으로는 신이상주의에 빠져 있으면서도 니체나 칸트를 번역할 만큼 특정 이론이나 사상가에 집착하지 않는 잡종성을 보이며, 동시에 『太陽』와 같은 저널리즘 측에서 서양 사상을 수용하려는 움직임을 의식하면서 원저原著와 원 개념에 집착했다.

한편, 1914년부터 도쿄제대 철학과에 부임해 있던 구와키 교수가 아베가 쓴 칸트 논문을 읽고 그를 기억하고 경성제대 초대 총장인 핫토리 우노키치에게 그를 추천한다. 이를 계기로 아베 요시시게는 경성제대 철학과 교수로 부임하게 된다.

俊輔·藤田省三, 『戰後日本の思想』, 中央公論, 1959).

45) 三木清, 「読書遍歴」, 『三木清全集 第1卷』, 岩波書店, 1966, 387쪽.

46) 船山信一, 『船山信一著作集 第7卷』, こぶし書房, 1999, 16쪽. 다케우치 요는 "학력 귀족"이라는 표현을 사용하면서 이들에 의해서 "현대 서양 문화"에 "강박적 동일성"과 서양 문화와 일본 문화의 이항 대립적 구조가 재생산되었다고 지적한다. (竹内洋, 『学歴貴族の光栄と挫折』, 講談社, 2011, 278~279쪽)

47) 夏目漱石, 『私の個人主義(1914)』, 講談社学術文庫, 1978, 134쪽.

Ⅳ. '인생철학'으로 식민지 조선 살아가기[48]

위의 절에서는 아베의 서양철학 연구에 관하여 다이쇼 시기와 도쿄제대, 이와나미 서점과의 관계 속에서 논했다. 이 절에서는 아베의 경성제대 시기에 관하여, 그의 '철학, 철학사' 강좌 내용과 그 출처, 그리고 식민지 조선을 연관 지어서 논하겠다.

1. 신칸트학파와 아베 요시시게

먼저 언급해야 할 것은 신칸트학파와 아베의 관련성이다. 위에서 논한 바와 같이 다이쇼기의 철학 연구는 칸트 철학 연구가 지배적이었는바, 이 칸트 연구는 신칸트학파의 영향 하에서 수용하고 재해석한 것이었다.[49] 그러나 이는 일본 만의 특징이 아니다. 당시 독일 철학 사상계에서는 1865년, 예나 대학의 오토 리프만이 쓴 『칸트와 그 아류들』에 나오는 '칸트로 돌아가자Back to Kant!'라는 구절이 계기가 되어 신칸트학파가 유행하기 시작했고, 19세기 중엽을 지나면서 독일 철학을 지배하는 강력한 권력이 되었다. "School Philosophy"라는 말에서 알 수 있듯이, 당시 독일에서는 대학 자리에 앉은 교수 대부분이 신칸트주의자였으며 최소한 이 운동을 지지하는 이들이었다.[50]

한편, 아베의 경성제대 첫 강의는 "철학개론"(1926)이었는데 그 내용은

---

48) 스스로도 밝히고 있듯이 아베는 일생 "인생철학"을 추구했다고 말 할 수 있다(앞의 책, 安倍能成, 『我が生ひ立ち』, 268쪽).

49) 앞의 글, 마키노 에이지, 「일본 칸트 연구의 역사와 오늘날의 과제 1862~1945」, 166쪽.

50) Frederick Copleston, A history of Philosophy, Vol 7, 1965, p.361. 물론 지역과 학파에 따라서 그 성질은 매우 달랐다(신칸트학파에 관해서는 같은 책, 361~373쪽, 가장 최근 연구로 Frederick C. Beiser, The Genesis of Neo-Kantianism 1796-1880, Oxford Universicy Press, 2014를 참조).

1927년부터 '철학, 철학사 제2'강좌에서 철학개론을 담당한 미야모토가 쓴 『철학개론』(철학총서 3편, 岩波書店, 1916)과 매우 흡사하다. 아베의 강의 노트 구절 중 많은 부분이 토시 하나 틀리지 않고 이 책과 일치하는 점을 보아, 아마도 미야모토의 『철학개론』으로 강의를 준비했으리라 짐작된다.[51] 그런데 이 미야모토의 책은 신칸트학파 중에서도 바덴학파의 창시자로 알려지는 빈델반트의 『철학개론*Einleitung in die Philosophie*』(1914)을 토대로 쓴 것이었으며, "지식 문제"와 "가치 문제"로 대별하는 빈델반트의 철학개론을 그대로 따랐다.

이처럼 아베뿐만 아니라 미야모토까지, 경성제대 법문학부 '철학, 철학사' 강좌의 특징을 이해하기 위해서 신칸트학파 특히 서남학파(바덴학파)에 관해 간략하게 이해할 필요가 있다. 먼저 신칸트학파 중에서도 특히 아베 등이 많은 영향을 받은 서남학파(바덴학파)는 한 마디로 말하자면 문화과학으로서의 가치 철학을 주장했다고밖에 말할 수 없는데, 여기서 '문화'나 '가치'에 관하여 구체적으로 논하는 것은 불가능하다. 대신에 리케르트의 『문화과학과 자연과학(1899)』을 빌려서 간단하게 말하자면, 리케르트는 학문 영역이 분화되어 가던 당시 조류에 힘입어 "자연과학"자들이 자신들의 학문 영역을 개념적, 방법적으로 구축해 가는 반면 왜 "비자연과학적 경험적 학과"들은 자신들의 과제나 방법을 규정하는 데에 있어서 갈피를 잡지 못하는가 하는 과제를 던지면서, "이들의 경계 구획을 정할 수 있는 개념을 전개하는 것이 목표이다. 나는 문화과학이라는 말이 가장 적절한 개념이라고 본다"라고 설명한다.(「제1장 과제」)[52] 이 말에서 보듯이 "문화"는 비자연과학적이면서 경험적인 학문 대상을 자연과학과 구분 짓는 가장 핵심적인 개념으로, "가치를 인정하고 제각각의 목적에 따라서 행동하는 인간들에 의해서 직접적으로 생산된 것, 적어도 그에 수반되는 가치 때문에

---

51) 사료번호 0210806, 0210807, 0210808, 愛媛県生涯學習センター소장.
52) 리케르트 저, 佐竹哲夫, 豊川昇 역, 『文化科學と自然科學』, 岩波書店, 1939.

그렇게밖에 길러지고 지켜질 수밖에 없는, 자연에 대립하는" 것으로 정의
되었다(「제4장 자연과 문화」). 문제는, 이는 '내용'이 아니라는 점이다. 오직
"보편적 원리적 구별"을 가능케 하는 "기본 형식"으로서 사회과학영역을 구
축하고자 한 것이 신칸트학파였다. 리케르트가 "가치에 그득 찬 현실"이라
고 말했듯이, 신칸트학파에게 있어서 인간이 사는 세상은 명백하게 가치적
이며 가치는 어떠한 형태로든 존재의 성립 조건에 관여하는 것이었다. 즉,
이들에게 있어서 가치는 "단순히 심리적인 것이 아니라" "보편타당한" '형
식'이었으며, 이 점에 있어서 '가치'란 칸트철학의 '물자체Ding an sich'를 대
신하는 개념이라고 말할 수 있다. 리케르트 자신도 지적하듯이 이 "문화철
학"은, 1871년 독일제국 성립 후, 유럽 전쟁에서 패하여 영국과 프랑스에게
어마어마한 배상금을 지불하게 되기 전까지는 고도의 경제성장 속에 있었
던 당시의 독일에서 유행하던 "문화투쟁Kulturkampt"이나 "윤리 교화 운동
ethische Kultur"과도 '질적으로' 다른 것이었다. 이들에게 있어서 "문화생활
을 국가생활과 동일시하는 것은 불가능"할 뿐만 아니라 "국가 또한 하나의
문화재"에 불과했다(「제4장 자연과 문화」). 이러한 가치 철학의 의미는 리
케르트의 스승이었던 빈델반트가 논리학에 관하여 한 말에서도 잘 알 수
있다. "윤리가 도덕적 가치에 관심을 갖는 것처럼 논리학 또한 '참'이라는
이름으로서 가치에 관련한다."[53] 즉, 빈델반트는 "그렇게 해야만 한다는"
가치 철학적 성질이 단순히 윤리적 판단에만 그치지 않고 진리를 다루는
논리학이나 인식론 또한 가치론의 범주에 속한다고 간주함으로써 칸트철
학의 엄격한 이원론(순수이성과 실천이성)을 극복하고자 하였다.

　다시 아베로 돌아가면, 1927년부터 '철학, 철학사' 강좌가 두 개로 나뉘면
서 새로 부임해 온 미야모토는 1944년까지 '제2' 강좌로 '철학개론'을 담당하
게 되고 아베는 1927년부터 '제1' 강좌에서 주로 '서양철학사'를 담당하게 된

---

53) 앞의 책, Frederick Copleston, *A history of Philosophy*, p.364.

다.54) 전 절에서 언급했듯이 아베는 이와나미 철학총서로 발간된『서양고
대중세철학사』(철학총서 5편)와『서양근세철학사』(철학총서 10편)로 서양
철학사를 가르쳤다고 추정되는 바, 이 또한 당시 독일에서 현대문화총서
시리즈의 일부였던 일반 철학사Allgemeine Geschichte der Philosophy를 토
대로 쓴 것이었다. 특히『서양근세철학사』는 아베 자신이 범례에서 밝히고
있듯이 일반 철학사 중에서도 빈델반트의『근세철학사』를 "거의 그대로"
번역한 것이었다. 1927년부터 아베는 이 두 책을 가지고 서양철학사를 강
의했다. 구체적으로 "서양철학사 개론"은 탈레스로 대표되는 이오니아의
자연철학에서 시작하여 고대철학사를 매우 구체적으로 다루었고,55) "서양
근세철학사" 강의에서는 데카르트에서 시작하여 영국의 경험론을 로크, 버
클리, 흄으로 개괄하고 "칸트 및 독일이상주의 철학"에 많은 분량을 할애했
다.56) 즉, "칸트", "그 후의 독일관념론 철학", "피히테", "헤겔"의 순서로 개
진하면서 특히 이 중에서 피히테는 가장 많은 분량을 차지했으며 1931년의
것으로 추정되는 강의노트의 제목은 "독일 관념론/(문단 바뀜) 피히테"로,
그 내용은 피히테의 지식학Wissenschaftslehre(『전체 지식학의 기초』)과 법
률철학 및 국가철학, 종교철학까지 피히테의 사상을 개괄한 것이었다.57)
또한 1932년 "윤리사상사" 강의는 1933년에 이와나미 강좌 철학서로 나온
『도덕사상사』와 그 내용이 유사하고 완전히 일치하는 문장도 보이는 것으
로 보아 경성제대 강의를 통해서『도덕사상사』출간을 준비했다고 추정할

---

54) 앞의 책, 安倍能成,『我が生ひ立ち』, 557쪽. 아베의 강의노트도 이를 증명한다.
   1926년 강의 노트(사료번호 0210806, 0210807, 0210808)는 모두 "철학개론"이며,
   1927년의 "서양철학사개론"이라는 제목이 달린 강의노트 이후, 1936년 분까지는
   모두 서양철학사에 관한 노트이다. 경성제대 "철학, 철학사" 강좌의 개설 과목에
   관해서는 더 구체적으로 별도의 논고를 마련할 것이다.
55) 사료번호 0210809, 0210810, 0210811가 1927년 "서양철학사개론" 강의노트로, 0210815
   가 1930년 "서양철학사개설" 강의노트로 남아 있다.
56) 사료번호 0210812, 0210813, 0210814가 1928년 "서양근세철학사" 강의노트로 남아
   있다.
57) 사료번호 0210816, 0210818.

수 있다.[58] 이 외에 아베 자신이 강의노트에 붙인 제목과 날짜를 그대로 인용하면 "판단력 비판/정신현상학/하이데거, 칸트에게 있어서 형이상학적 문제(1931년 4월, 1932년4월, 1935년 4월, 제목 원문은 독일어)", "신칸트학파 철학(연도불명)", "Messer/인식론 개설(연도불명, 제목 원문은 독일어)[59]"이 있다. 여기까지가 현재 밝힐 수 있는 한에서 아베의 경성제대 철학과 강의의 전모를 간략하게 설명한 것이다. 덧붙이자면 "근세철학사" 강의 전체에서 맑스에 관해서는 "헤겔의 보편 정신적 경향을 이어 받아서 이를 유물론으로 종합하여 근세 과학적 사회주의 이론을 세운 이는 칼 맑스 및 프리드리히 엥겔스이다"로 시작하여 두 페이지도 되지 않는 분량을 메우고 있다.[60]

이처럼 문헌상으로 보면 아베는 신칸트학파의 영향 속에 있었다고 확신할 수 있으나, 문제는 단순하지 않다. 즉, 신칸트학파 중에서도 특히 빈델반트를 비롯한 서남학파는 '역사주의'와 '상대주의'에 대한 비판의식에서 출발하여 자신들의 문화 철학을 개진했으나, 아베는 이들 서남학파의 문제의식을 공유하고 있지 않을뿐더러 식민지 조선을 통해서 오히려 자신이 문화적 상대주의자임을 드러냈다는 점에서 그렇다. 아래에서는 이 점에 관하여 살펴보겠다.

2. 신칸트학파[61]와 '상대주의'

신칸트학파 특히 서남학파의 가치철학에 관해서는 위에서 간략하게 서술하였다. 여기서 '가치'란 내용이 아닌 자연과학과 구별 짓는 '보편적 형식'

---

58) 사료번호 0210819, 0210820.

59) August Messer, *Einführung in die Erkenntnistheorie*, Philosophische Bibliothek Bend 118, Leipzig, Verlag der Dürr'schen Buehhandlung, 1909로 추정된다.

60) 사료번호 0210822, 38~39쪽(아베가 기재한 면수에 의함).

61) 신칸트학파에 관해서는 안상헌 선생님과 주고받은 편지, 선생님으로부터 얻은 조언이 없었더라면 문장으로 적을 수 없었다. 이 면을 빌려 깊은 감사의 말씀을 드린다.

을 말한다는 점은 이미 논했다. 이처럼 신칸트학파는 보편적 형식으로서의 '가치', 보편적 학문으로서의 '가치 철학'을 정립하기 위해서 가치의 상대성을 극복하고자 한 최초의 사조였다. 즉 "가치를 인식의 전제로 삼기 위하여 인식을 둘러싼 가치의 다양화 즉, 상대주의를 피하고자" 노력한 이들이 신칸트학파 중에서도 특히 빈델반트, 리케르트 등으로 대표되는 서남학파였다.[62]

긴젤에 따르면, 빈델반트가 1882년에 최초로 '상대주의relativism'를 철학적 문제로 확실하게 다루면서 그것은 19세기 말에서 20세기 초의 제국 독일에서 되풀이되어 논의되었다.[63] "철학자들은 주로 이 용어를 논쟁적인 방식으로 사용했다. '상대주의'라는 개념은 철학적 불쾌감, 피해야 할 악으로 나타났다. 이는 사실과 규범 사이의 구별을 붕괴시키고 가치의 기반을 약화시킨다고 위협했다. 일부는 '상대주의'가 철학을 전적으로 파괴하거나 무신론과 정치적 아나키의 씨앗을 심을 것이라 두려워 할 정도였다. 조지 시뮤엘Georg Simmel과 같은 이가 자신의 Philosophie des Geldes(1900)에서 상대주의적 관점을 정당화하는 데에 애를 쓴 예를 제외하면 거의 대부분의

---

62) 九鬼一人, 『新カント學派の価値哲学』, 弘文堂, 1988, 6쪽.

63) Katherina Kinzel, "Wilhelm Windelband and the problem of relativism", *British Journal for the History of Philosophy*, 2016, p.2. 여기서는 긴젤의 논문에 의거하여 '상대주의'라고 표현하나, '상대주의'는 한 마디로 표현할 수 없을 정도로 긴 논의의 역사를 가진다. 여기서 말하는, 19세기 말부터 20세기 초에 독일 사상계에서 유행한 '상대주의'는, 그것을 '인식적 상대주의'나 '윤리적 상대주의'와 구별 짓기 위해 '역사적 상대주의'라고도 불린다(Meiland Jack W · Krausz Michael 엮음, 常俊宗三郎 외 2 옮김, 『相対主義の可能性』, 産業図書, 1989). 한편, 상대주의적 견해의 기원은 이미 고대 그리스 철학에서 보인다. 플라톤은 『크라튈로스』 『테아이테토스』에서 프로타고라스의 주장에 대하여 "어떠한 것도 자체적으로 알려지지 않으며 각각의 개인에게 상대적으로 알려지는 것에 불과하다"고 해설한다. 또한 『고르기아스』에서는 소크라테스와 대화하는 세 명의 등장인물 중 칼리클레스의 다음과 같은 주장이 소개된다. 칼리클레스는 노모스와 퓨시스를 대치시키는데 여기서 자신의 욕망을 최대한 충족시키는 것이 자연(퓨시스)이며 이러한 자연에서는 강한 자가 약한 자를 누르고 욕망을 충족한 상태가 정의라고 주장된다. 고대 그리스 철학에서 보이는 이러한 견해는 후에 인식론적 상대주의, 윤리적 상대주의로 일컬어졌다.

철학자들이 상대주의를 거부하거나 적어도 이에 휘말리기를 피했다."[64] 특히 빈델반트는 가치 철학을 보편적인 학문으로 정립하기 위해서 가장 먼저 해야 할 일은 역사적 상대주의와 절연하는 일이라 생각하기 시작했고, 그렇게 그는 경험적 영역으로부터 규범성을 떼어내는 일에 착수한다. 그러면서도 동시에 그는 가치철학을 완성시키기 위해서는 '인간'이라는 문제 즉, '가치'를 낳는 '생'을 중심에 두어야 한다고 주장하면서 경험과 규범성 사이에 '역사'라는 연결고리를 두고자 했다. 이것이 바로 후기 빈델반트의 '역사' 개념이다[65]. '역사'란 일회적이다. 반복되어 일어나지 않는 역사 즉, 경험을 통해서 정당한 규범성에 도달하는 것은 불가능하다. 그러나 동시에 '역사'란 기계적인 인과관계에 의해서 지배되는 자연법칙과 엄연히 다른, 정신적 법칙에 지배받는다. 이 정신적 법칙. 즉 빈델반트는 역사적 상대주의를 피하기 위해서 논리적 형식을 갖지 않으면서도 그 자체로 법적 구속력을 지니는 "진리에의 의지 Wille zur Wahrheit"를 상정함으로서 역사가 갖는 상대주의를 피하면서 비자연과학적 영역의 자유와 필연성을 동시에 확보하고자 했다. 그는 말한다. "진리라는 가치를 추구하는 이론적 인식의 경우, 진리 때문에 공리는 타당하다고 생각하는 것이 비판적 방법이다", "비판적 방법의 전제는 보편타당한 인식 및 그에 관한 경험적 의식에의 신앙이다"(「비판적 방법인가 발생론적 방법인가」 1883).[66] 여기서 빈델반트가 가치철학을 성공적으로 정립했는가의 여부는 중요하지 않다. 중요한 것은 빈델반트가 '진리에의 의지'를 상정하면서까지 '상대주의'를 피하고자 했듯이, 서남학파가 공유한 문제의식이 바로 이 '상대주의'를 어떻게 하면 피할 수 있는가 하는 점이었다는 것이다. 그렇다면 빈델반트의 서양철학사를 그대로 수용한 아베의 경우는 어떠한가?

---

64) 위의 책, p.1.
65) 예를 들면, W. 빈델반트 저, 速水敬二외 2역, 『哲學槪論』 2부, 岩波書店, 1926을 참조.
66) 앞의 책, 九鬼一人, 『新カント學派の価値哲学』, 19쪽에서 재인용.

3. 아베의 문제의식: 인생철학 안에서 "도덕" 찾기

결론부터 말하자면 아베는 서남학파와 문제의식을 공유하지 않았다. 이점에 있어서 아베가 빈델반트의 철학개론이나 서양철학사를 독해할 때 어떤 문제의식을 간파하면서 읽었는지 의심스럽다. 반대로 그는 "신칸트학파가 인식 대상을 순관념적, 논리적인 것으로 삼"는 부분이 자신의 상식과 맞지 않았고, 대신에 "오이켄의 철학은 형이상학적 실재를 관념론적 실재의 조렌(당위)으로 해소하지 않았"기에 오이켄 철학에 "경도"되었다며 오이켄을 높이 평가했다.[67] 아베의 논평 즉, "오이켄 철학은" "철학의 실천적 측면에 중점을 두"면서도 "인간 존재의 근원을 ……자연과 우주와 연관시키는 형이상적 존재에서 찾으려고 한 점에서 ……공명했다"는 말 속에서, 그가 추구한 "인생철학"의 성질을 엿볼 수 있다.[68] 나아가 그는 신칸트학파를 다음과 같이 비판했다. "빈델반트의 선험적 관념론을 일면적으로 더욱 철저하게 확립한 리케르트가 자연과학과 문화과학을 기초 지었으나, 그 문화과학 혹은 역사과학이라고 하는 견해는 지나치게 형식적이었고, 나아가서 그 기획은 살아 있는 문화, 살아 있는 역사에 관한 비판이 되지 못했음은 물론, 이와 같은 비판을 향한 사다리와 같은 역할 또한 충분히 발휘하지 못한 점은 칸트의 형식주의, 논리주의의 단점을 더더욱 철저하게 드러내 보였다고 할 수 있다."[69]

한편, 아베가 신칸트학파로부터 배운 교훈은 오직 "도덕"이었던 듯하다. 그는 말한다. "칸트의 비판철학에 있어서 모든 문화 세계를 종합한다고까지는 하지 않아도 최고 원리로서 그 외의 문화 요구를 종속시키고 이들을 모두 통솔할 수 있었던 것은 역시 도덕적 원리였다. (중략) 도덕은 과학보다

---

67) 앞의 책, 安倍能成, 『我が生ひ立ち』, 501쪽.
68) 위의 책, 502~503쪽.
69) 앞의 글, 安倍能成 「文化批判の哲学」 12~13쪽.

도 훨씬 보편적인, 나아가 중대한, 보다 근본적인 문화 가치를 지닌다. 도덕이 인생에 있어서, 그러므로 모든 문화에 있어서, 또한 역사에 있어서, 주도적 원리 격의 위치를 지님은 칸트에 있어서 부정할 수 없는 사실이다."[70]

이렇듯, 아베는 신칸트학파에게는 "살아있는 문화", "살아있는 역사"를 비판하는 기능이 없다고 말하면서 "칸트의 비판철학"의 의미를 오로지 "도덕"에서 구했으며, 더 나아가서 가장 중요한 점은 경성제대 교수로서 식민지 조선을 살아가기 위해서 '상대주의'적 관점을 방패로 삼았다. 어떤 점에서 그러한가?

아베 자신이 쓴 수필이나 조선에 관한 발언은 그의 상대주의적 역사 인식을 잘 드러낸다.[71] 마지막으로 아래에서는 아베의 경성제대 부임 배경과 그가 쓴 수필을 통해, 다이쇼기 사상이 근거지로 삼은 신칸트학파가 식민지 조선에서는 어떤 식으로 표출되었는지를 살펴보겠다.

4. 다이쇼 사상이 모순을 드러내는 지점으로서의 식민지 조선

앞서 아베의 사상적 배경에 관하여 도쿄제대 철학과를 지적했다. 그리고 이 도쿄제대 철학과란 이와나미 서점과 소세키 문하생, 쾨베르 교수를 중심으로 서양철학을 수용한 '교양 집단'이었음을 확인했다. 아베 지로의 회상에서 알 수 있듯이 이 교양 집단에 대한 차가운 시선은 이미 관동대지진 (1923) 무렵부터 존재했다. "십 년 전의 일이다. 잘 아는 모 출판업자(이와

---

70) 위의 글, 8~9쪽.
71) 아베가 조선에 관해서 쓴 수필을 소재로 재조일본인으로서의 경성 표상이나 조선에 대한 인식을 논한 연구는 비교적 많은 편이다. 대표적으로 崔在喆의 「安倍能成における＜京城＞」(세계문학비교학회, 『世界文學比較研究』 17, 2006)등 아베에 관한 일련의 연구; 中見眞理, 「安倍能成と朝鮮」, 『淸泉女子大學紀要』 54, 2006; 神谷美穗, 「安倍能成의 눈에 비친 조선 - 조선견문기『靑丘雜記』를 중심으로」, 세계문학비교학회, 『世界文學比較研究』 18, 2007 등.

나미 시게요-필자)가 한 총서를 출판하고자 했을 때 여기에 교양총서라고 이름 짓고자 했다. 그러나 (중략) 젊은 점원은 그 명칭에 반대했다. '교양'이라는 말은 이미 케케묵어서 현재 사람들의 마음을 끌 힘이 없다고 말하는 것이었다."[72] 이렇듯 내지에서 '교양'이라는 말이 더 이상 힘을 갖지 못하게 된 때에 아베는 조선으로 건너갔다.[73] 그리고 아베가 조선에 체제한 시기는 급료의 이유가 되는 강의 시즌과 정확하게 일치했다[74]. 실제로 아베가 경제적인 이유에서 경성제대 행을 결정했다고 여겨지는 흔적은 많다[75]. 이

---

72) 阿部次郎, 「文化の中心問題としての教養」, 『阿部次郎全集』 10, 角川書店, 1960, 334쪽.

73) 이 시기의 "다이쇼 교양주의"에 대한 나쁜 평판에 관해서는 竹内洋, 『教養主義の没落』, 中央新書, 2003, 39~46쪽 참조.

74) 아베에 관한 가장 구체적인 연표를 싣고 있는 앞의 책, 愛媛県教育委員会, 『安倍能成~教育に情熱を注いだ硬骨のリベラリスト~』에서, 1926년부터 1941년 가을 사이의 연표에서 일정하게 보이는 공백 기간과 아베 자신의 회상을 통해 알 수 있다"自分の家には春, 夏, 冬の休だけしか居られない(安倍能成, 「私の研究室(1935)」, 『槿城抄』, 齋藤書店, 1947, 118쪽)".

75) 아베 자신의 회상으로 "当時東大の支那哲学講座を担任して居た服部宇之吉博士が, 斎藤総督の嘱を受けて, その創立の任に当つたのであつた. 恐らく東大の当時西洋哲学を担当して居た桑木厳翼博士の推薦によつてであらう, 未知の服部さんから私に会ひたいといふ手紙をもらつた. 会つて見ると京城帝国大学教授の話だつたが, 私は決定を急がず暫くそのまゝにして居たのを, 再び服部さんに呼ばれて, その事を承認した. その時私は別に月給の金高については述べなかつたが, 現在の生活より収入が減ずるのでは困るといふことを言つた"(앞의 책, 安倍能成, 『我が生ひ立ち』, 534쪽), "四月になつて給料の発表があつたが, その時の外の教授には何やら憂色の漂ふのを見た. それは私の給料が, 学校卒業からいへば, 私の先輩を超えて二級上だつたのに基づくことは, やがて分かつた. 私は前にもいつた如く自分の収入が減じても, 京城大学に赴くといふ気のないことは, 明かに服部さんにいつておいたし, 服部さんも私を用ふるに足ると思つて, 法文学部長事務取扱に任じ, いはば私を子分として働かせる積りだつたかも知れない"(위의 책, 548쪽)가 있다. 참고로 아베와 같은 나쓰메 소세키의 문하생이었던 노가미 야에코는 아베의 경성제대 행에 관해서 다음과 같은 일기를 남겼다. "(1924)三月十一日……ヘル・A(아베-필자)が朝鮮に新設される大学に行くことになつたよし, 今さらなぜそんなところに行くのか分からない 年俸四千円で, それで一年半洋行させるよし, 次郎も小宮(阿部次郎와 小宮豊隆이 도호쿠제대로 가게 된 일을 말

를 비판하고자 하는 것이 아니다. 문제는 '동양 연구'를 임무 받은 경성제대에서 아베는 "조선을 필드로" 하지 않는 "서양철학" 연구자였기에[76] 자신의 존재 이유를 설정하기 힘들었을 것이라고 추측할 필요가 없다는 것이다. 반대로 그 자신도 말하듯이 경성행은 오히려 내지와 떨어져서 오로지 자신의 공부에 몰두할 수 있는 기회였으며,[77] 동양학 관련 학과가 가질 법한 부담감을 느끼지 않아도 되었다. 문제는 그럼에도 불구하고 그가 서양철학을 가르친 곳이 식민지 조선이었다는 점에 있으며, 바로 이 지점 즉 식민지와의 관계 속에서 서양철학이라는 학지가 스스로 기묘한 성질을 드러낸다고 생각한다. 정준영이 지적한대로 당시에 제기된 "조선인에게 구태여 법문학부를 만들어서 법률, 정치, 철학 등을 가르칠 필요가 있는가 하는 의문"에는 어떻게 대답해야 논리적일까?[78]

앞서 말했듯이 1차 세계대전 이후에 찾아온 불황기 그리고 자본주의적 모순, 그리고 러시아 혁명과 맞물려 노동자와 농민을 기반으로 급속하게 결성되기 시작한 운동단체들 속에서 1900년대에 꽃피웠던 교양주의는 쇠퇴했다. 그러나 다이쇼 교양주의 또한 그렇게 단순하지는 않았다. 전쟁이 남긴 폐허 속에서 1946년 1월에 "민주주의"와 "진실", "지혜"라는 핵심어를

함-필자)さんも行つたので、 それはきつと行き度いのだとおもふ―彼はそれには余り興味がないと云ふさうだけれども―法政では兄さんのあとになるし、それが一寸といつの事やら分らぬといふので意が動いたとおもふ。 /けれども文部省の洋行費といふのは一年三千五百円といふから兄さんなんぞもいつでも行けるわけだとおもふ。 /昨日話をきくと、和辻さんには京都から藤井さんがわざゝ来て一週二時間で二百円出すから来ないかと云つてきいたが断はつたのだと云ふ。私学のものが官学のものから一寸とよい条件で誘はれるとすぐ日頃の言葉なんぞはふみにじつてヘイ。して行く態度を大にフンガイしたよし、その意気が和辻さんにあろうとはおもはなかつた。 ひどく見上げる゜多分文科主任で働いてくれることになると云ふは結構だとおもふ"(『野上八重子全集』2기 1권, 岩波書店, 1986, 121쪽).

76) 박광현, 「'조선'이라는 여행지에 머문 서양철학 교수」, 한국비교문학회, 『비교문학』 46, 2008, 244쪽.
77) 앞의 글, 安倍能成, 「私の研究室(1935)」; 앞의 책, 安倍能成, 『我が生ひ立ち』, 557쪽.
78) 정준영, 「경성제국대학과 식민지 헤게모니」, 서울대학교 박사학위논문, 2009, 105쪽.

들고 『세카이世界』 창간호를 낸 이들이 바로 아베 요시시게, 와쓰지 테쓰로 등이 아니었던가? 다케우치 요는 "교양주의는 전쟁 덕분에 연명했다고까지" 말한다.[79] 이 지적은 아베가 경성 부임 시기에 조선에 관해 쓴 글들을 독해할 때에도 상기된다. 내지에서 쇠퇴한 다이쇼 교양주의가 아베의 수필을 통해서 너무나도 생생하게 표현되고 있기 때문이다. 간단하게 살펴보자.

아베는 1913년에 낸 첫 수필집 『나의 세계(子の世界)』이후, 계속 수필을 써 왔다. 정기적으로 출판되는 수필집에서는 서문에 반드시 언제부터 언제까지의 "잡문"을 모아서 싣는다는 언급을 했다. 그 중에는 『시대와 문화(時代と文化)』(岩波, 1941)와 같은 시평집이나 『청년과 교육(青年と教育)』(岩波, 1940)과 같은 교육자로서 청년을 대상으로 한 책들도 있었다. 그러나 조선을 대상으로 하는 시평문은 없다. 조선은 "잡문"에서만 등장하는데, 대표적으로 아베의 『청구잡기』(岩波, 1932)가 가장 많이 언급되어 왔다고 할 수 있다. 서문에서 "이 책은 다이쇼 15년(1926) 2월, 내가 유럽에서 돌아와 조선에 부임한 이래, 올 6월(1932)까지 약 6년 동안 때때로 느낀 감정에 이끌려서 써 온 잡문을 수록했다"고 밝히는바, 조선 부임과 동시에 쓰기 시작한 수필이라는 점에서, "청구"라는 이름을 단 점에서 흥미를 끌었으리라. 이 책을 구체적으로 읽어보면 박광현이 이미 지적한 대로, 아베는 조선을 "초민족적 공간"으로 삼고 오로지 풍경 서술에 몰두하고 있음을 알 수 있다. 즉, 금강산에 세워진 안내 간판, 길의 수목, 낙산에서 내려다보이는 초가집, 경성 도시에 세워진 새 건물, 성벽, 빨래하는 아낙네들, 지게꾼 등의 조선 풍경을 글로 묘사하고 있다. 그러나 단순히 조선 풍경을 그렸다고 말할 수 없다. 왜냐하면 아베의 수필에서 조선은 항상 서양을 통한 두 가지 서사축을 지니기 때문이다. 하나는 현대 문명을 비판하기 위한 조선, 또 하

---

79) 앞의 책, 竹内洋, 『学歴貴族の栄光と挫折』, 357쪽.

나는 고대 서양 문명을 그리워하기 위한 조선. 예를 들어 보자.

전자로는, 금강산 장안사 앞에 세워진 페인트칠한 간판에 대하여 아베는 "현대문명의 폐해와 결함은 무엇보다도 이 페인트칠한 간판에 상징적으로 드러나 있다"며, "순수하게 자연을 느끼고자 하는 마음을 교란시킨다", "이렇게 하면 우리 문화는 성장할 수 없다"고 비판하는 예를 들 수 있다.[80] 올바른 "문화"와 "자연"이 "현대 문명"과 대비되는 점 또한 아베 수필에서 곧잘 볼 수 있는 특징인바, 이 때 유럽은 올바른 현대 문명의 구현자로서 구체적으로 등장한다. 즉, 옛 것과 자연을 제대로 보존하면서 적당한 인공을 가미한 예로 "독일의 주택"과 "매일 언덕을 올라 물을 주"면서 나무를 가꾸는 "독일 병사" 이야기는, "경성의 성벽은 루인의 아름다움을 풍부하게 지닌 것"으로 이는 반드시 보존해야 한다는 결말로 향하는 것이다(45~48쪽). "루인Ruin"은 독일어로 붕괴, 쇠망, 쇠퇴, 파멸을 의미한다. 아베의 수필에서는 고대 서양에 대한 애착과 함께 루인의 '아름다움'에 대한 애착 또한 자주 표현된다. 이것이 후자의 예이다. 아베는 이탈리아에서 자신이 본 풍경에 조선을 곧잘 대입하는데, 이를 통해 현대 문명과 반하는 고대 서양을 조선의 "야취野趣"를 통해 확인하는 것이다. 초가집의 겹쳐진 지붕을 보면서 "성프란체스코의 옛 고장인 이탈리아 아시시"를 떠올리고 빨래터에 앉은 조선 여인들에게서는 "파리 근처의 사르트르의 옛 마을"을 회상한다(89, 96~97쪽). 그 뿐만 아니다. 제주도 기억을 남긴「탐라만필耽羅漫筆」은 아예 시칠리아 섬과 제주도가 처음부터 끝까지 교차되어 있으며 경성은 아테네에 비유된다(「京城とアテーネ」).

이처럼 아베는 조선을 일관되게 '식민지 조선'이 아닌 '문화'적 대상으로 말한다. "일본 민족"이 "세계적 국제적"이 되기 위해서는 조선의 "목가적 풍경(84쪽)" "옛 건물" "경성"을 제대로 보존해야 하며, 이로서 "내지인"은 "세

---

80) 安倍能成,「ペンキ塗の看板」,『青丘雑記』, 岩波書店, 1932, 30~32쪽. 이하『青丘雑記』의 인용은 본문에 페이지를 명시한다.

계 문화에 공헌"할 수 있다고 말하는 것이다(45~47쪽). 이러한 아베의 조선
인식은 문화적 상대주의에 입각해 있다고 볼 수 있다. 이러한 문화적 상대
주의 인식은, 아베가 일본의 식민지 정책에 관하여 속내를 드러낼 때에도
적용된다. "조선병합 때 일본인은 처음으로 민족 문제에 당면했다. 일본으
로서는 민족 처리라는 경험을 갖지 않으므로 문제를 쉽게 생각해 버리고
곤란한 문제를 제기하지 않고 있다. 정치에 당면한 자도 내선일체를 선전
하기만 하고 ●者도 어떻게 해야 할지는 별로 생각하지 않고 조선인을 황
민화하는 일이 쉽게 진척될 것이라고 생각한다. 나는 걱정을 감출 수가 없
다. (중략) 일본인과 조선인은 가깝다. 예부터 교통이 있었다. 그러나 한 쪽
은 섬나라이고 다른 한 쪽은 대륙에 위치한다는 지리적 조건이 다르며, 다
른 통치 하에 있으며 다른 역사를 거쳐 왔다. 이러한 조선 민족을 동화하는
것이 가능할까. 일본인은 동화할 수 있다고 생각한다. 적어도 간판으로는
그렇게 내세운다."[81] 즉 그는, 조선은 일본과는 다른 공간에서 다른 시간을
거쳐 온 다른 민족이기에 동화할 수 없다는 이유에서 내선일체에 회의적이
었다.

조선을 '문화적 다양성'을 통해 논할 수 있는 "시민" 대열에 끼운 그는 조
선의 냄새에 관해서도 받아들일 수 있게 되었다. "약간 벗어난 이야기이지
만 처음에 경성에서 전철을 탔을 때에 마늘 냄새가 차내에 진동하는 것이
견딜 수 없었다. 그러나 지금은 여기에도 익숙해졌는지 별로 신경 쓰이지
않게 되었다. 민족은 제각각 다른 성격을 지니면서 동시에 다른 냄새를 가
진다. 작년에 한 서양 부인이 도쿄의 전철 안에서 냄새가 난다고 하여 차장
대에 서 있었다. 이 때문에 일본인 승객 전체가 불쾌해한 적이 있었다. 서
양 전철에서도 서양인 같은 냄새는 물론 난다. ……이는 개인의 경우에도
민족의 경우에도 그렇다."[82]

---

81) 海軍省調査課, 「異民族指導に対する課題(1941.4)」. 이 사료는 水野直樹 선생님으
로부터 제공 받았다.

V. 끝맺기

이 글은 식민지 조선의 경성제국대학 법문학부 중에서도 특히 철학과를 '제국대학'이라는 관점에서 살펴보았다. 일본의 교양주의가 구제고교와 제국대학을 중심으로 "다이쇼 교양주의로 정착했다"는 다케우치의 논의에 입각하여,[83] 다이쇼 교양주의와 식민지가 맺는 관계를 아베 요시시게를 통하여 검토했다.

위에서 말했듯이 1919년 조선에서 3·1운동이 일어났을 때 다이쇼 교양주의는 이미 그 영향력을 잃은 상태였다. 대신 같은 해에 일어난 모리토 사건은,[84] 이전에는 풀뿌리 사상이라는 이미지를 가졌던 사회주의에 제국대학이라는 위신을 부여하고 "맑스주의적 교양주의"를 탄생시켰다. 즉, 구제고교와 제국대학을 중심으로 형성된 인격주의, 외국어와 고전을 탐닉하는 엘리트 인문주의는 1920년대를 넘어가면서 맑스주의적 교양주의로 변해갔다. 그리고 정확히 그 시기에 다이쇼 교양주의의 중심에 있던 아베는 경성제국대학으로 갔다. 본문에서는 아베가 문헌상으로는 신칸트학파를 받아들이면서 상대주의를 둘러싼 문제의식은 간파하지 않았음을 지적했다. 그리고 15년간 현실과 무관한 관념적인 조선을 표현하면서 서양철학을 가르쳤음을 확인했다. 서두에서 인용했듯이 조선은 시인과 철학자를 환영했다. 그러나 식민지 조선 또한 다이쇼 교양주의적 분위기에 머물지 않았다. 오히려 경성제대는 재빨리 맑스주의적 교양주의를 흡수했다. 실제로도 조선 학생이 회상하는 아베는, 그 내지에서의 명성을 확인하는 것 외에 "설렁탕

---

82) 安倍能成,「電車所見(1935)」,『草野集』, 岩波書店, 1936, 303면.

83) 앞의 책, 竹内洋,『教養主義の没落』, 40쪽.

84) 森戸事件: 도쿄제국대학 경제학부 조교수 모리토 다쓰오(森戸辰男, 1888~1984)가 『経済学研究』1권 1호에「크로포트킨의 사회 사상 연구」를 발표한 일로 "나라의 헌법을 문란하게 하고" "국체에 반했다"고 하여 잡지 회수, 적화赤化 제대교수 처분을 내린 사건을 말한다(위의 책, 40~42쪽).

을 자주 먹었었다"는 것 정도였다.[85]

1946년 1월『세카이』창간호에서 아베는 다음과 같이 말한다. "집이건 물건이건 싹 타버리고 처자는 흩어졌(다). 기아와 궁핍, 동한" 속에서 "인간의 자연 본능적 이기심"이 더 추하게 모습을 드러내는 "현재 일본에서 가장 절실하게 필요한 것"은 무엇인가? 그것은 바로 "도덕이다."[86] 창간호의 권두를 장식하는 그의 글에서 문단마다 문두를 차지하는 단어는 "도덕"이었다. 그가 식민지 조선에서 서양철학사를 가르친 15년의 세월을 "조선문화(에 대하여) ……정직하고 공평하게 논의했다"고 회상한 것도 전후였다.[87] 다이쇼 교양주의가 이런 형태로 전후에 다시금 얼굴을 내밀고 1950년대에 다시 맑스주의적 교양주의로 대체되는 동안 한국은 분단과 전쟁을 겪었다. 아베를 통해 읽히는 현실과 이상의 괴리, 문화와 도덕을 인문사상 최고 가치로서 의심하지 않는 그의 모습에서, 분단과 전쟁 속에서 어느 쪽은 죽고 어느 쪽은 오랫동안 살아남은 조선인 학생 네 명을 상기하게 되는 것은 왜일까? 1933년에 경성제대 법문학부 "철학, 철학사"를 졸업한 박치우와 이갑섭 그리고 고형곤과 박종홍[88]. 논리의 비약을 무릅쓰고 이들에 관해서는 차후의 과제로 삼겠다.

---

85) 이재훈, 「晚學, 晚婚, 晚成의 大器」,『스승의 길』, 일지사, 1977, 37쪽.
86)『世界』創刊号, 岩波書店, 1946.1, 7~8쪽.
87) 앞의 책, 安倍能成,『我が生ひ立ち』, 564쪽.
88) 〈그림 1〉 참조.

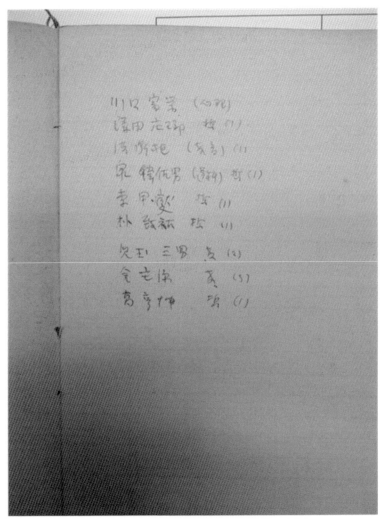

〈그림 1〉安倍能成 관계 사료, 사료번호 0210815
(愛媛県生涯学習 センター 소장)

아베 요시시게의 1930년 4월 노트, 표지에 "서양철학사 개설 Ⅰ"이라고 적혀 있
다. 이 노트 표지 바로 뒷면에는 선과생이었던 박종홍을 제외한 이갑섭, 박치우,
고형곤의 이름이 적혀 있다.

참고문헌

1. 사료

海軍省調査課, 「異民族指導に対する課題(1941.4)」(水野直樹 제공).

경성제국대학동창회, 『紺碧』.

『京城帝國大學創立十周年 記念論文集 哲學篇』, 1936.

『京城帝國大學一覽』.

경성제국대학학우회, 『會報』, 1929.

京城帝國大學法文學会編, 『哲學論叢』, 1930.

『講座 生誕二百年紀年 カント号』15, 大村書店, 1924.

夏目漱石, 『私の個人主義(1914)』, 講談社学術文庫, 1978.

野上八重子, 『野上八重子全集』2기 1권, 岩波書店, 1986.

『第一高等学校六十年史』, 1939.

『太陽』, 1898, 1910.

『東京帝國大學卒業生氏名錄』, 1926.

『東京大學百年史 部局史1』, 1986.

『東京大學百年史 資料二』, 1985.

『東京帝國大學五十年史』, 1932.

『東北大學五十年史』, 1960.

文部省, 『學制百年史』, 1972.

三木清, 『三木清全集』1, 岩波文庫, 1966.

『文教の朝鮮』, 1926.

『世界』창간호, 1946.1.

『思想 カント記念号』, 岩波書店, 1924.

安倍能成關係史料, 사료번호 0210806～0210820(愛媛県生涯学習センター 소장).

―, 『槿城抄』, 齋藤書店, 1947.

―, 『オイケン』, 実業之日本社, 1915.

―, 『岩波茂雄伝 新装版』, 岩波書店, 2012.

―, 『青丘雑記』, 岩波書店, 1932.

―, 『スピノザ倫理学』, 岩波書店, 1935.

―, 『時代と文化』, 岩波書店, 1941.

―, 『我が生ひ立ち』, 岩波書店, 1966.

阿部次郎, 『阿部次郎全集』10, 1960.

이재훈, 「晚學, 晚婚, 晚成의 大器」, 『스승의 길』, 일지사, 1977.

和辻哲郎, 『ニイチェ研究』, 内田老鶴圃, 1914.

2. 단행본

九鬼一人, 『新カント學派の価値哲学』, 弘文堂, 1988.

竹内洋, 『学歴貴族の光栄と挫折』, 講談社, 2011.

―, 『教養主義の没落』, 中央新書, 2003.

遠山茂樹・今井清一・藤原彰, 『新版 昭和史』, 岩波書店, 1959.

리케르트 저, 佐竹哲夫, 豊川昇 역, 『文化科學と自然科學』, 岩波書店, 1939.

松本昇平, 『業務日誌余白―わが出版販売の五十年』, 新文化通信社, 1981.

빈델반트 저, 速水敬二외 2역, 『哲學概論』2부, 岩波書店, 1926.

天野郁夫, 『帝国大学』, 中公新書, 2017.

愛媛県教育委員会, 『安倍能成―教育に情熱を注いだ硬骨のリベラリスト―』, 愛媛県
        生涯学習センター, 2012.

정근식・정진성・박명규・정준영・조정우・김미정, 『식민권력과 근대지식: 경성제
        국대학 연구』, 서울대학교출판문화원, 2011.

船山信一, 『大正哲学史研究』, 法律文化社, 1965.

久野収・鶴見俊輔・藤田省三, 『戦後日本の思想』, 中央公論, 1959.

3. 논문

神谷美穂, 「安倍能成의 눈에 비친 조선—조선견문기『靑丘雜記』를 중심으로」, 세계
　　문학비교학회, 『世界文學比較硏究』18, 2007.

中見眞理, 「安倍能成と朝鮮」, 『淸泉女子大學紀要』54, 2006.

牧野英二, 「일본 칸트 연구의 역사와 오늘날의 과제 1862~1945」, 『동아시아의 칸트
　　철학』, 아카넷, 2014.

박광현, 「'조선'이라는 여행지에 머문 서양철학 교수」, 한국비교문학회, 『비교문학』
　　46, 2008.

岡義武, 「日露戰爭後における新しい世代の成長」 상·하, 『思想』512·513, 1967

윤대석, 「경성제대의 교양주의와 일본어」, 성균관대학교 대동문화연구원, 『대동문
　　화연구』, 제59집, 2007.

石川豊, 「歷史の中の個人主義—日本におけるニーチェ受容にみる— (その一)」, 『創
　　価大学人文論集』22, 2010.

정준영, 「京城帝大における「大学自治」の試みとその限界」, 徐禎完·增尾伸一郎 편,
　　『植民地朝鮮と帝国日本』, 勉誠出版, 2010.

崔在喆, 「安倍能成における＜京城＞」, 세계문학비교학회, 『世界文學比較硏究』17, 2006.

Frederick Copleston, A history of Philosophy, Vol 7, 1965.

Katherina Kinzel, "Wilhelm Windelband and the problem of relativism", British Journal
　　for the History of Philosophy, 2016.

김태준 초기이력의 재구성과 '조선학'의 새로운 맥락들

이 용 범

I. 서론

1931년 3월 9일 경성제대 졸업논문의 구두시문(口頭試問)이 치러진 날, 김태준은 요산(樂山) 가라시마 다케시(辛島驍)에게 「조선소설사」 동아일보 연재분을 스크랩한 책자와 현대 백화문으로 쓴 편지를 건넨다.[1] 홍석표는 편지의 에크리튀르에 주목한다. 그것은 구두시문을 통과해 문학사(文學士)의 자격을 획득한 피식민자 출신 학자가 식민자 출신 학자에게 제3의 언어로 말을 걸었다는 점이다. 김태준의 의도는 어떠한 것이었을까. 학술사회의 시민권을 획득함과 동시에 학문적 단련을 통해 습득한 언어가 매개를

---

1) 이 편지의 존재는 임형택에 의해 처음으로 보고 되었다.(임형택, 「한국 근대의 '국문학'과 문학사」, 『한국학의 동아시아적 지평』, 창비, 2014, 303면) 요산이 누구인지에 대해 홍석표는 중국 연구자 판지엔궈(潘建國)의 견해를 따라 가라시마 다케시일 것이라고 추정했으며(홍석표, 『근대 한중교류의 기원』, 이화여자대학교 출판부, 2015, 112면), 이용범은 문헌근거가 없기 때문에 단언하기는 어렵다고 보았다.(이용범, 「金台俊과 郭沫若」, 성균관대학교 석사논문, 2014, 6면) 한편, 가라시마 다케시의 스승이자 장인인 시오노야 온(鹽谷溫)의 호가 절산(節山)이라는 점은 일종의 암시가 될 수 있겠으나, 확증으로는 부족하다.

담당하게 됨에 따라 식민자와 피식민자, 지식의 주재자와 타자의 구분은 무화(無化)되기 시작하며, 아카데미아는 식민지적 질서가 해체되어 동등한 개인들이 경쟁하는 능력주의의 영역으로 변화한다.2) 조선어로 쓰여진 「조선소설사」와 현대 백화문으로 쓰여진 편지는 제국 아카데미즘으로부터 배운 근대학문을 활용한 것이지만, 동시에 제국학지의 구심력으로부터 벗어나 홀로 서려는 태도를 읽어낼 수 있다. 경성제대의 조선인들, 특히 김태준이 자신의 위치를 어디에 두려고 노력했었는지를 상징적으로 보여준다고 할 수 있다. 경성제대 출신 조선지식인들이 아카데미즘의 권위를 통해 조선어의 학술세계를 배제하고, 일본어 학술의 상대화를 통해 독자적 영역을 구축하려 했다고 설명되어 온 것3)과는 또 다른 태도가 그곳에 있었다.

최근의 경성제국대학, 특히 지나문학과(支那文學科) 관련 연구들은 조선인 주체의 내면에서 제국담론이 균열하는 지점을 찾아내면서도, 제국학지의 의식적·무의식적 영향력을 높은 수준으로 상정하고 있다. 그러한 영향력의 배후이자 제국담론의 매개로는 주로 지나문학과 강사 가라시마 다케시가 지적되고 있으며 다른 어떠한 요소들보다도 중요하게 다루어지고 있다.4) 그러한 이유는 일차적으로는 현재까지 발견된 자료들이 가시적으로 가라시마 다케시와의 관계를 가리키고 있는 것, 이차적으로는 다른 요소들이 실마리는 있었지만 구체적 뒷받침이 가능한 자료들이 부족했던 데에 있다.

경성제대 지나문학과 출신 연구자 김태준의 초기 인식론 형성에 대한 연구는 한 지식인의 사유구조 형성에 대한 것이기도 하지만, '조선학'이라는

---

2) 김태준이 「조선소설사」에서 제시한 「제마무전」의 제목 변용을 가라시마 다케시가 인용한, '학문적 상호교섭'이 대표적이다. 홍석표, 위의 책, 128~129면.
3) 박광현, 「경성제대와 '신흥'」, 『한국문학연구』 26, 동국대학교 한국문학연구소, 2003.
4) 홍석표, 위의 책의 3장과 5장; 천진, 「식민지 조선의 지나문학과의 운명」, 『동아시아 한국학의 형성』, 소명출판, 2013, 김준형, 「길과 희망: 이명선의 삶과 학문세계」, 『이명선 전집 4』, 보고사, 2007.

학술운동 혹은 담론장의 주요한 구성요소의 성질을 분석하는 것이기도 하다. 그것의 독특한 성질 중 일부는 중국의 '국학' 및 '중국사회성질논전'으로 대표되는 중국 학술계의 영향력을 논증한 한 연구에 의해 밝혀진 바 있다.[5] 그렇지만 이용범의 연구가 보여준 것은 아직까지도 김태준의 사상 형성과정에 있어 전통학술, 제국학지, 중국, 유물사관 등 개별 요소들이 충분히 연구되지 못했고, 개별요소 상호간의 관계성 및 그것들이 융합되어 구성한 총체에 대한 고민도 아직은 초보적인 단계에 머물러 있다는 사실이다.

이 논문은 광범위한 미지의 영역 중 제국학지의 영향력을 재고하기 위한 의도로 구성되었다. 이러한 목표를 달성하기 위해 김태준이 제국학지와 직접적으로 접속되어 있던 경성제대 재학기를 중심으로 전기적 사실들을 재구성한다. 재구성이라는 용어를 쓴 이유는 이미 박희병 및 김용직 등의 선행연구에 의해 경성제대 재학기를 중심으로 한 시기의 이력들 및 그것들의 의미가 어느정도 제시되어 있기 때문이다.[6]

이 글의 2장은 선행연구에서는 확인하지 못했던 자료들을 바탕으로 새로운 전기적 사실들을 제시하는 데에 초점을 두었다. 이러한 전기적 사실들 및 자료의 분석은 3, 4, 5장에서 이루어진다. 3장은 민족간(間)의 층위로 북경대학을 중심으로 한 중국의 지식인 집단과의 교류 및 그것과 접속된 일본 제국대학의 중국학 네트워크, 그리고 한·중 서적교류의 실질적인 양상을 다룬다. 4장은 층위를 낮추어 경성제대의 조선인 내부의 인적관계를 조선어문학회와 지나문학과의 중첩을 중심으로 살핀다. 5장은 김태준 개인 내면의 층위로 접근한다. 1930년 「조선소설사」 연재를 전후한 맥락들과 그의 민족의식을 3장과 4장에서 제시된 층위들과의 연계하에 관찰한다.

---

5) 이용범, 「김태준과 곽말약 – 한 고전학자의 인식론적 전환의 계기」, 성균관대학교 석사논문, 2014
6) 박희병, 「천태산인의 국문학연구(상)」, 『민족문학사연구』, 3호, 1993; 김용직, 『김태준 평전』, 보고사, 2007, 49~113면

Ⅱ. 경성제대 재학기(在學期)와 두 번째 북경행

김태준은 경성제대 예과 3기로 학적부에 기록되어 있는 입학일은 1926년 4월 1일이다. 그리고 곧바로 이어 확인되는 것이 경성제대 예과의 조선학생들의 모임 '문우회(文友會)'에서 발행한 『문우(文友)』 4호(1927.02.)에 실린 다수의 글이다. 『문우』 4호에는 김태준의 이름으로 쓰여진 「문우석별(文友惜別)」(한문) 한 편, 그리고 십오영(十五永)이라는 필명으로 「일우(一友)의 거처(居處)」(조선어) 한 편, 「손경임7)의 일본유학으로 이별함에 드림[贈別孫敬臨之日本留學]」, 「장안효계(長安曉鷄)」, 「독세종대왕기(讀世宗大王紀)」, 「유대예(遊大豫)」의 한시 네 수와 연암의 시 번역인 「전가(田家)」가 실려 있다. 이들 시의 말미에는 '성암문고(聖巖文稿)'라는 부기가 붙어 있다.

십오영이라는 필명은 현재까지 알려지진 않았지만, 『청량』 5호에 실린 한시에 '십오영 김태준(十五永 金台俊)'이 쓰여 있으며 「일우의 거처」에 영변공립농학교 재학시의 이야기가 언급되고 있기 때문에 김태준의 것으로 확정할 수 있다.8) 필명의 의미는 글에 등장하는 친구 '金○永'과 그와의 지향을 기억하기 위한 것으로 보인다.9) 그 지향은 『문우』 5호에 실린 「도원(桃源)을 차저서」에서 보다 구체적으로 제시된다. 김태준은 약육강식의 곤충사회, 곧 조선사회를 암시한 뒤 친구K('金○永')의 편지글을 빌려 조선의 현실에 기반한 계급적 사회 인식을 제시한다.

---

7) 손경임(孫敬臨)은 김태준과 동기동창으로 이리농림 1회로 졸업시 정개근(精皆勤)의 포상을 받은 것이 신문기사에서 확인된다.(「이리농교 1회졸업 거개 우량성적」, 『동아일보』, 1925.03.13.)

8) 김태준은 영변공립농학교 2년 수료 후 이리농림학교에 편입한다. 자세한 저간의 사정은 김용직, 위의 책, 30~34면을 참조.

9) "나도 永과는 이 校에서 처음 알은 親舊로되 同級生이며 同甲이며 同姓이며 同志이며 同室生活을 하엿다. 卽 枚擧하랴면 十五의 同字가 된다."

十五永, 「一友의 居處」, 『文友』 4호, 1927.02., 8면

酒死나-리는 어느평의員選舉에 幾千圓을 投資하고 孔子廟수션에는 幾百圓을
기부하면서도 自己의 長姪의 貧窮한 處地에 쌀한톨을 빌녀주지아니하고 저高
普설닙기부는 一分도아니하였다. 〈중략〉 쏘 그들의 頓慾利己하고 不正不義하
는 徒輩가 恒常 우리社會의 優越한 地位를 占領하야 데일션에서려하는 우리의
活躍을 沮害하는 것을 忿恨한다.[10]

이러한 사회인식을 지닌 친구K는 '북으로 북으로' 떠나 방황하는 것으로
그려지며 국경 밖에서 보낸 편지로 자신의 이상향을 제시한다. 이상향은
인종·언어·민족의 온갖 차별이 없는 일종의 아나키스트적 미래로 설명되
고 있다. 현실 인식 - 계급적 분석 - 이상향 제시라는 구조를 갖추고 있는
이 글의 존재를 통해 그간 '야인기질'이나 '좌파적 지향' 등 모호하게 설명되
어왔던 김태준의 초기 사상적 지향의 정밀한 재분석이 필요함이 드러난다.
또, 다수의 한시가 발견되었고 그것들이 '성암문고'라는 이름으로 이미
묶이고 있는 점도 주목할만 하다. 김태준이 "평소에 말이 없고 한문으로 시
도 쓰고 편지도 썼다."[11]라고 알려져 있는 것, 한시를 베끼고 외우던 한문
학적 전통의 실천[12]에 반해 발견된 한시는 「외람되게도 도헌(韜軒)선생의
'조선을 떠나는 술회'의 운(韻)에 화답합니다猥和韜軒先生辭朝鮮述懷韻」
한 수와 경학원 사성(司成) 겸 명륜학원 강사 안인식(1891-1969)[13]에게 보

10) 十五永, 「桃源을 차저서」, 『문우』 5호, 1927.11, 56면.
11) 이충우, 『경성제국대학』, 다락원, 1980, 119면.
12) 聖岩 金台俊은 臨淵 李亮淵의 시를 가장 사랑하였는데, 나를 위하여 십여 편을
    외워 주었다. 그 후에 성암이 손수 베낀 『臨淵齋集』을 책방에서 구하고는 사랑하
    며 즐기기를 마지 않았다.
        이가원 저, 허경진 역, 『玉流山莊詩話』, 연세대학교 출판부, 1980, 732면.
13) 『김태준평전』(보고사, 2007)은 "명륜학원 제자 안인식"(4면)으로 적고 있으나 잘
    못이다. 안인식은 충청남도 면천출신으로, 1891년생이다. 1928년 일본 대동문화
    학원을 졸업하고 1930년 4월 명륜학원 창설시부터 전임강사 겸 간사로 활동하였
    다. 식민지말기까지 경학원·명륜학원에 재직하며 다수의 친일협력관련 기록이
    남아 있다. 문집으로 『嵋山文稿』(文潮社, 1973)가 전한다. 박영미의 「일제 강점기
    한문고등교육기관 설립에 관한 소고」(『한국한문학연구』 59, 한국한문학회, 2015)

낸 득남축하시 등 극소수에 그쳤는데 이상의 발견을 통해 다수의 한시 및 '성암문고'의 존재를 기대해 볼 수 있게 되었다.

1927년에는 "지난 八月 卅日 博川君 嘉東面 三口農園 主催로 朝鮮, 東亞, 每申 三支局 後援下에 京城帝大豫科 二學年在學中인 金台俊君이 産業과 敎育이란 演題를 가지고 嶺美天道敎講堂에서 開催하얏는바 聽講者 數百名 에 達하야 午後十一時頃 盛況裡에 閉會하얏다더라"14)라는 『매일신보』 소 재 기사가 확인된다. 경성제국 대학의 조선인 학생들이 조선인 사회의 상 당한 기대와 관심을 받고 있었던 것은 사실이나 예과생 신분으로 사회를 향해 강연을 했다는 것은 흔치 않은 일이다.

이후 그는 1928년 4월 1일부로 본과 지나어학지나문학과에 진입하게 된 다. 같은 달 경성제대 예과 학우회문예부(學友會文藝部)에서 발행하던 잡 지『청량(淸凉)』5호에는 김태준의 한문 논설 한 편과 한시 두 수가 실리게 된다. 주의를 요하는 것은,『청량』에는 일본어, 한문, 혹은 서양권 언어들이 실렸지만 조선어로 된 글은 실리지 않았다는 사실이다. 조선인학생들이 중 심이 된 문우회(文友會)가 발행한『문우』에 일본어로 된 글이 없는 것과 마 찬가지의 이유일 것이다.『청량』에는 조선인 학생들의 글들은 희소한 편이 지만, 유독 5호에는 최재서, 현영남, 신남철, 김태준, 김종무, 김재철의 글이 실려 있어 이채를 띤다.15) 김태준은 이 곳에 논설「변칠원도론(辨漆園道 論)」16) 한 편과 한시「외람되게도 도헌선생의 '조선을 떠나는 술회'의 운에

에서 안인식의 전기적 사실에 대한 내용을 참조할 수 있다. 친일협력관련 내용은 『친일인명사전 인명편2』(민족문제연구소, 2009)의 450~452면에 자세하다.

14)「金台俊君講演」(嶺美),『매일신보』, 1927.09.04.

15)『청량』5호 목차에 실린 조선인들의 글 제목은 다음과 같다. 위에 언급된 한시들 은「漢詩」라는 제목 아래 묶여 있다.
최재서,「イエイツの神祕ト現實」; 현영남,「生命の道德」; 신남철,「Schopenhauer を通じて見たる無常感」; 김태준,「辯漆園道論」; 김종무,「救はれた小姐」; 김재철, 「春は來れとも」

16) 김용직은 김태준의「변칠원도론」에서 당시 중국에서 유행하던 백화문을 수용한

화답합니다[猥和韜軒先生辭朝鮮述懷韻]」 및 「다카다 도헌 선생의 서양행 및 영전을 축하하며 일수[祝高田韜軒洋行并且榮轉 一首]」 두 수를 실었다. '서양행 및 영전(洋行并且榮轉)'은 경성제대 예과의 강사였던 다카다 신지(高田眞治, 1893~1975)가 1928년 2월부터 동경제대 조교수로 임명받는 동시에 '지나철학' 연구를 위해 2년간 독일유학을 명받은 것을 의미하는 것이다.[17] 김태준의 한시 앞에 다카다 신지의 「장차 조선을 떠나는 술회에 존귀한 그대들의 화운(和韻)을 구합니다[將辭朝鮮述懷索高和]」, 다다 마사토모(多田正知)[18]의 「동으로 돌아가는 다카다 도헌을 보내며 그가 남긴 별운에 이어[送高田韜軒東歸次其留別韻]」이 실려 있고 '십오영 김태준(十五永 金台俊)'이라는 필명 아래 두 편의 한시가 자리잡고 있다. 위의 한시들은 다음과 같은 장면의 반영이거나, 혹은 다음과 같은 일화를 만들어냈을 것이다.

　　다까다가 일본으로 전임해가는 마지막 한문시간에 칠판에 전별시를 써 놓자, 김태준이 이에 글귀를 받았다. 한시를 깊이 모르는 다른 학생들도 스승과 제자가 글로 화답하는 대목에 가슴 뿌듯했다고 회고하고 있다.[19]

　　자취가 있다고 주장하고 있다.(김용직, 위의 책, 44) 그러나 「변칠원도론」은 고문에 가까운 한문으로 쓰여졌으며, 백화문의 자취는 찾기 어려우며, 있다 하더라도 5·4 신문화 운동 이후의 백화라고 주장하기에는 무리가 따른다.

17) 昭和 三年 二月 任東京帝國大學助敎授
　　同　　　　　　　　支那哲學硏究ノタメニ二ケ年間獨逸國ヘ在留ヲ命ゼラル
　「高田博士年譜略」, 『高田眞治博士古稀記念論集』, 大東文化大學漢學會, 1963, 2면
18) 다다 마사토모(多田正知, 1893~?)는 동경제대 문학부에서 시오노야 온(鹽谷溫)에게 사사하고, 1927년 경성제대 예과 강사로 부임, 1928년에 예과 교수로 승진하였다. 1935년 1월 25일 경성제대에서 의원면직 한 뒤로의 조선총독부의 공식기록은 없다고 한다.(박영미, 「일제강점기 재조 지식인 多田正知의 한학연구에 대한 시론」, 『어문연구』 65, 2010, 183~185면) 일본 국회도서관 소장 자료 『靑年学校普通学科教授及訓練の硏究』(金城書房, 1942)의 "東京市靑年教育主事 文學士 多田正知"라는 기록을 통해 1942년까지 박사학위를 취득하지 못하였고, 또한 대학 내에 자리잡지 못했음을 알 수 있다.

이미 한문학의 전통이 심히 쇠퇴한 상황[20]에서 시의 교졸(巧拙)을 따질 필요는 없을 것이다. 흥미로운 부분은 김태준이 가라시마 다케시에게 현대 백화문으로 쓰여진 편지를 건넸던 때처럼, 언어상의 민족적 차이가 회피 혹은 은폐되며 사제관계가 한시를 매개로 구성되고 있다는 것이다.

이후 1929년의 행적은 아직까지는 발견된 글이 없어 추적이 어렵고, 1930년에 이르러 그의 북경행이 잘 알려져 있다. 1930년 중국 북경에서의 경험이 그에게 큰 영향을 끼쳤음은 박희병에 의해 지적된 바 있다.[21] 이후 이용범은 『조선어문학회보』의 기록을 근거로 1931년의 두 번째 북경행을 밝혀내었으나 양자의 차이점을 분석하는 데까지는 나아가지 못했다.[22]

1930년의 가장 잘 알려진 학술업적은 10월 31일부터 이듬해 2월 25일까지 69회에 걸쳐 동아일보에 「조선소설사」를 연재한 일이다. 동시에 일본어 매체 『조선통신(朝鮮通信)』에도 일문판 「조선소설사」가 총 107회 엇비슷한 기간 동안(1930.11.14.~1931.03.30.) 연재된 것이 확인된다. 일문판의 존재를 36회까지 확인하여 보고한 이윤석은 이것이 번역일 것이라고 보고 있다.[23] 김태준의 일본어가 그리 능숙하지 못한 수준이었다는 것이 통설이긴 하나, 일문판이 자신의 저술인지 혹은 번역인지, 또 번역이라면 어느 정도까지 저자의 의도가 반영되고 있는지 등의 문제는 앞으로 정밀하게 검토되어야 한다. 일문판의 발굴에 따라 김태준에 의해 쓰여진 조선소설사의 판본은 최소 1930~31년간 연재된 조선어와 일본어 각각의 「조선소설사」, 1933년의 청진서관판, 1939년의 학예사판 총 4가지로 볼 수 있다.

---

19) 이충우, 위의 책, 130.
20) 月象鴳澤을 곱든것도 벌서 數百年前일이요 雲養 茂亭같은 故老들이 繼次로 돌아간후 인제남은 漢文學者數란 하도 寥寥한中에 오즉 氏의 詞藻가 寂寞한 漢文文壇의 最後를 裝飾하고 있는 것은 애오라지 우리들의 기쁨이 아닐 수 없다.
　　　　　　　　　김태준, 「인물춘추 정인보론(3)」, 『조선중앙일보』, 1936.05.17.
21) 박희병, 위의 글, 252~254면.
22) 이용범, 위의 글, 6면.
23) 이윤석, 「김태준 '조선소설사' 검토」, 『동방학지』 161집, 2013, 406면.

1931년 3월 9일 그는 경성제국대학을 졸업하고 4월 10일 명륜학원 강사로 임용, 8월 31일자로 강사 겸 직원(直員)으로 발령받는다. 그리고 같은 해 6월의 북경행이 확인된다.24) 『신흥』 6호(1932.01)에 실린 「북평기행(北平紀行) – 멍텅구리 유연초(遊燕草)」(이하 「북평기행」)는 아직까지 '단설(短舌)'이란 필명의 주인이 누구인지 미상이었으나 점검결과 김태준의 것으로 확정 가능하다. 『신흥』의 필진은 경성제국대학 출신의 조선인이었으며, 글 내부에서 경성제대 지나문학과 강사 웨이젠공(魏建功)과 경성제대 예과 교수 다카다 신지(高田眞治)를 옛 스승[舊師]이라고 일컫는 것을 통해 경성제대 지나문학과 출신으로 한정 가능하다. 웨이젠공이 경성제대 지나문학과를 떠난 것이 1928년 8월이므로, 그때까지 경성제대 지나문학과 본과에 진입한 조선인은 1회 최창규와 3회 김태준으로 한정된다. 이 글에서 '작년(1930)'에도 북평을 방문한 언급과, "남들이 쓰는" 「장강만리(長江萬里)」25)라는 언급 등을 통해 김태준이 글의 저자임이 확인 가능하다. 이외에도 김태준의 1931년 북경행을 언급하는 다른 기록들과의 일치, 북경에서 만난 사람들과의 인적 관계, 이 글에서 언급되는 주요 주제들이 김태준의 비슷한 시기 발표한 논설들의 주제들과 일치한다는 점을 들 수 있다.

그의 북경행은 만보산 사건(7월 2일)과 만주사변(9월 18일) 사이로 서술되고 있으며 그가 재직하고 있던 명륜학원의 하계휴업일을 이용한 것으로 보인다.26) 그는 북경체류 기간 저우줘런(周作人), 장샤오위안(江紹原), 웨이젠공(魏建功), 김구경(金九經) 등의 인물과 만난 기록을 남기고 있다. 그들은 당대 중국의 5·4 신문화 운동과 국고정리 운동 등 학술계의 거대한 전변에 앞장섰던 인물 혹은 그들과 밀접한 관련이 있는 인물들로 모두 북

---

24) 短舌, 「北平紀行 – 멍텅구리 遊燕草」, 『신흥』 6호, 1932.01, 54~63면
25) 최창규, 「장강만리」, 『동아일보』, 1931.08.23.~10.20.
26) 『경학원 잡지』(1930.08, 43면)의 「명륜학원 학칙」에 의하면 명륜학원의 하계휴업일은 7월 16일로부터 9월 5일까지로 규정되어 있다.

경대학 교수진이었다. 이 인물들의 중국 학계 내에서의 위치 및 김태준과 교류의 자세한 양상은 다음 장에서 다룬다.

Ⅲ. 동아시아 근대학술 교류의 일지맥(一支脈)

「북평기행」은 현재까지 알려진 조선인의 중국 기행문들과는 또 다른 결을 지니고 있다.[27] 타자로서의 '지나인'과의 거리를 지닌 채 관찰하고 자신의 가치체계 내부에서 타자로서의 '지나인'을 재확인하는 눈빛이 아니라, 실제로 그들과 '함께' 교류를 하고 그들 사이에서의 경험한 일들이 서술되어 있다. 이 글은 표면적으로는 기행문의 유쾌한 논조와, 자신을 '멍텅구리'라고 지칭하며 의뭉스럽게 눙치는 가벼운 어조를 견지하고 있다. 그렇지만 김태준이 만난 사람들과, 서적을 중심으로 한 중국학술계에 대한 관찰들이 상세히 기록되어 있어 당시 조선과 중국, 그리고 더 나아가 일본을 포함한 동아시아적 근대학술의 교류양상의 일지맥(一支脈)을 살필 수 있다. 이 장에서는 인물들과의 교류는 장면 위주로, 서적의 교류는 서적들의 제목들을 위주로 각기 나누어 살펴보도록 한다.

1) 인적교류

김태준의 글에 드러나는 학계의 주요인물들은 만난 순서대로 김구경(金九經), 웨이젠공(魏建功), 장샤오위안(江紹原), 저우쮜런(周作人), 다카다 신

---

27) 다음의 연구들은 조선인들의 중국에 대한 시선이 일본제국의 영향력 하에서 '타자'가 주류적이었음을 전제하고 있다. 그리고 그러한 경향성 하에서 조선인들이 생산하는 여행기·장소경험과 제국담론과의 균열 지점들에 주목하고 있다: 천진, 「1920년대 초 동아시아의 성찰하는 주체와 현대중국의 표상: 아쿠타가와 류노스케, 이동곡의 장소 경험을 중심으로」, 『중국문학』 72, 한국중국어문학회, 2012; 천진, 「식민지 조선의 지나문학과의 운명」, 『동아시아 한국학의 형성』, 소명출판, 2013.

지 등이다. 이들 중 유명세로 따지자면 루쉰(魯迅)의 동생 저우줘런이 가장 유명할 것이고, 웨이젠공과 장샤오위안은 한국학계에서는 잘 알려져 있지 않지만 중국학계에서는 각기 근대학문으로서 언어학과 종교학의 개척자로 자리매김 하고 있다. 다카다 신지는 김태준의 경성제대 예과시절 한문강사로 1928년 독일유학을 떠난 것을 위에서 확인했다. 그가 북경에 있었던 것은 1929년 4월부로 미국과 중국이 유학대상에 추가된 것[28]과 관련이 있는 듯한데 자세한 사정은 미상이다. 김구경은 이 글에서 본명이 등장하지는 않지만 그가 1931년경에는 북경에 있었다는 증언과[29] '담설헌 김군(擔雪軒 金君)'이라는 호칭에서 확인가능하다.

김태준은 어떻게 당시 동경제대, 북경대학으로 대변되는 동아시아 근대 학술 네트워크에 접속하고 있었는가? 그것은 시오노야 온(鹽谷溫)과 그의 제자들을 중심으로 구축된 근대 일본의 중국(문)학 연구자들의 네트워크 및 김구경과 웨이젠공이 속해 있던 루쉰계열의 영향력에 힘입은 것이라고 보아야 할 것이다. 김구경은 루쉰 및 저우줘런과의 관계가 매우 밀접했던 것으로 알려져 있는데[30], 이러한 긴밀한 관계가 김태준을 저우줘런과 장샤오위안등 북경대학 교수진과의 만남으로 이끌었던 것이다. 뿐만 아니라 1934년 김태준과 진위푸(金毓黻)의 교류에 있어서 모종의 역할이 있었을 것으로 추측되며, 김태준이 1938년의 봉천행에서 다시 만난 것이 확인되는 등[31] 근대 초기 한중 학술교류에 있어 중요한 역할을 수행하고 있었다.

김구경(1899-1950?)은 경주 출생으로 자(字)는 명상(明常), 호는 담설헌(擔雪軒)이다. 별칭으로 계림(鷄林), 퇴여(退如), 대서당(待書堂), 그리고 창

---

28) 同[昭和] 四年 四月 亞米利加合衆國及支那國ヲ在留國ニ追加
「高田博士年譜略」, 『高田眞治博士古稀記念論集』, 大東文化大學漢學會, 1963, 2면.
29) 김시준, 「魯迅이 만난 韓國人」, 『중국현대문학』13, 한국중국현대문학학회, 1997, 147~156면.
30) 김시준, 위의 글, 150~152면.
31) 이용범, 위의 글, 6면.

씨명(創氏名)으로 신마진(新馬晉)이 있다. 1920년 경성고등보통학교를 졸업하고 1921년 일본으로 건너가 교토(京都)의 진종대곡파대곡대학[眞宗大谷派大谷大學(오늘날의 大谷大學)] 예과에 입학, 지나문학과에 진학한다. 1923년에는 재교토 고학생회(苦學生會)를 조직하여 회장으로 활동하였다. 1927년 졸업후 귀국하여 개성송도고등보통학교의 교사로 취임한다. 1927~28년간 경성제대 도서관의 사서관(司書官)으로 근무하며 당시 교환교수로 와 있던 웨이젠공과 친교를 쌓았다.[32] 그러한 친교를 바탕으로 1928년 하반기부터 북경의 미명사(未名社)에 기우(寄寓)하였다. 1931년 북경대학교 중문계(中文系)의 「중·일·한 자음연원연구(中日韓字音淵源研究)」, 외문계(外文系)의 「일문(日文)」 강의를 맡았다. 같은 해 2월 후스(胡適)와의 서신교류가 있었다.[33] 9월에는 『능가사자기(楞伽師資記)』를 간행하였다. 이 책의 서문을 쓴 후스와 일본의 불교학자 스즈키 다이세쓰(鈴木大拙, 1870-1966)간의 논쟁이 일본학계에 알려져 있다. 동국대 소장본 『능가사자기』에 "退耕和尙惠存"라는 부기가 남아 있어 퇴경 권상로에게 보낸 것임을 알 수 있다. 1932년에는 봉천(奉天)으로 근거지를 옮겨, 만주국립봉천도서관 촉탁 및 당시 도서관 부관장이었던 진위푸(金毓黻)의 비서로 배속된다. 1933년에는 만주국립고등농업학교의 교사로 부임한다. 1935년 봉천의 춘일(春日)공원에 삼학사중수비(三學士重修碑)를 건립하고, 우암 송시열의 『삼학사전(三學士傳)』을 간행하였다. 1940년 봉천농업대학교수, 1941년 국립중앙도서관 주비처(籌備處) 사서관, 1946년 서울대학교 중문과 교수 등을 역임하였다. 1947년 조선서지학회 발기위원 이후의 행적은 미상이다.[34]

---

32) 홍석표, 위의 책, 223~233면.
33) 김시준, 위의 글, 154면.
34) 이 문단의 내용은 오카무라 케이지(岡村敬二)의 『戰前期外地活動圖書館職員人名辭書』, 武久出版株式會社, 2017, 97면; 孫知慧, 「忘れられた近代の知識人「金九経」に関する調査」, 『大谷学報』 94(2), 大谷学会, 2015의 내용을 정리한 것이다. 위의 서술에서는 생략되었지만 이나바 이와키치(稻葉岩吉, 1876-1940)와의 교류, 나이토

김태준의 글에 쓰여 있는 순서대로라면 알던 사이인 웨이젠공, 김구경을 제외하면 가장 먼저 만난 이는 장샤오위안이다. 그가 오전에 "天壇, 北海公園, 中山公園을 보고"

> 旅館에 돌아오니 마침 胡適의 妻族되는 江紹原氏가 기다리고 잇다. 씨는 '시카코' 大學 出身으로 현재 北京大學, 宗敎學 敎授로 잇서 '샤마니즘' 硏究에 沒頭하고 있는 小壯 有爲한 靑年이다. 그 著書『髮, 鬚, 爪』는 社會學, 民俗學 見地로서 人類의 '髮鬚爪'를 硏究한 好著이며 또 조선의 民俗을 알고저 强請하나 멍텅구리의 알 바가 아니엿다.[35]

장샤오위안(1898~1983)은 중국 민속학 연구의 개척자로, 민속학자이자 비교종교학자로 중국학계에서는 중요하게 다루어지고 있다. 1898년 북경 출생으로 1920년 미국 시카고대학에서 비교종교학을 공부하고 22년 졸업 후 일리노이 대학에서 대학원과정으로 철학을 1년 공부했다. 1923년 중국에 돌아와 북경대학 문학원 교수를 역임하고, 1927년에는 루쉰의 초청으로 광저우 중산대학(中山大學)에 머물렀다가 1930년에 북경대학에서 '예속 미신의 연구[禮俗迷信之硏究]'와 '종교사(宗敎史)' 두 과목을 개설하고 강의한 것이 확인된다.[36]

다음으로 만난 이는 저우쭤런이다. 현재까지 조선인과 저우쭤런과의 만남은 아나키스트 계열의 만남들만이 주로 알려져 있었고 대개는 루쉰과 저우쭤런의 일기 등 중국어 기록에 크게 의존해왔다. 다음과 같은 장면은 식민지 시기 한중교류사에서 쉽게 찾아보기 어려운 것이므로 약간 길게 인용한다.

> 그 집은 北平 西城이다. 조그마한 門으로 긔여 들어가니 안악은 宏壯한 邸宅

코난(內藤湖南, 1866-1934)에게 보낸 편지 등도 孫知慧의 논문에 기록되어 있다.
35)「북평기행」, 57면.
36) 왕원바오(王文宝),「中國民俗學家江紹原」,『民俗硏究』1990년 3期(總第15期), 中国民间文艺家协会民间文学研究所, 1990, 114면.

이다. 小使가 와서 中廊으로 引導할 세 곁눈으로 보니 中國服 입은 日本 옥가미 상이 눈에 띠운다. 그는 周氏의 夫人일 것이다.

中廊은 곳 그의 書齋인 듯 하야 左室에는 日本小說과 散文隨筆을 가득히 꼬자 잇고 史室에는 洋書만 五六千卷 끼여 잇는데 또한 隨筆物이 만흔 것으로 보아서 그가 外國文學 紹介者, 翻譯家, 小品作家로서의 믿동을 보여주는 셈이다. 조금 잇다가 머리털이 듬성듬성 나고 맑은 눈과 뚱뚱한 몸집은 氏가 浙江産이라는 것을 알기에 족하다. 人事를 마친 후 氏는

"당신이 '조선 에스페란토'의 研究者 아님닛가"

나는 '아니요' 하고 中國文壇의 現狀을 물엇다.

氏는 말할라는 順序를 생각고저 하는 듯 조금 잇다가 繼續하는 말이

"昨今 兩年來로 文藝運動의 中心이 上海로 옴긴 후는 여러 作家들이 모다 四方에 옴기고 나는 일제는 우리 伯氏(魯迅)의 消息조차 들어볼 수가 업는 形便임니다. 旣成文壇作家들은 翻譯을 하거나 或은 沈黙을 직히고 잇으며 新進文人이라는 것은 멋도 몰으고 '푸로文藝'만 主張하니까 文壇은 갈수록 沈滯하고 廖廖함니다."

그는 일부러 그의 對答을 보고저

"지금은 外部에서 評하기를 中國은 푸로文藝運動의 初期에 잇서서 매우 猛烈한 活動을 한다는데 先生도 한목 들으시겠지요"

라고한즉 氏는 놀나는 듯 語勢를 轉하야

"푸로文藝는 푸로階級自身이 스사로 쓰기 전까지는 永遠히 眞正한 運動을 볼 수 업다. 나는 文藝라는 것은 나의 餘興이요 趣味로 하는 愉樂이요 나의 本職은 軍人이요 孫武兵法이 가장 나의 愛讀하는 글이요"

라고함으로 나는 만은 失望을 가지고 보게 되엿다. 『世界小說譯叢』을 짓고 많은 小品을 지은 씨가 謙遜인망정 자기는 '사-베르'을 조와하고 文藝에 대해서는 門外漢이라고 斷言하니 이것이 나의 豫想하든 中國 一流의 文人이엿든가라고 하는 생각이 난다. 咄! 死馬骨! 所謂 過渡期의 名士는 中國이나 조선이나 모다 이 모양이다. 眞正한 文壇名士는 - 그리고 나의 要求하는 文人은 여긔저긔 쫓겨단이는 無名鬪士속에 잇스리라는 것을 알엇다. 氏는 朝鮮文學, 歌謠, 文壇現勢를 무름으로 나는 대강 對答하고 집에 돌아왓다.[37]

북경 서성(西城)이라는 위치는 루쉰 고거의 주소[38]와 일치하고 이 시기

---

[37] 「북평기행」, 59~60면.

루쉰과 따로 살고 있었던 것도 전기적 사실과 맞는다. 1931년의『저우쭤런 일기[周作人日記]』는 망실이라 안타깝게도 비교가 불가능하다.[39] 저우쭤 런이 조선의 "에스페란토어 연구자"가 아니냐고 묻는 이유는 저우쭤런이 이미 접촉했던 조선인들(오상순, 이을규, 이우관(이정규), 류수인 등)이 주 로 에스페란토어를 매개로 아나키스트 운동 혹은 이상촌(理想村) 운동을 진행하고 있던 이들이었기 때문이다.[40] 그렇기에 저우쭤런은 웨이젠공 및 김구경으로부터 경성제대 졸업생이자 명륜학원 강사, 그리고 조선인으로 소개를 받은 김태준을 으레 에스페란토어 연구자로 여겼을 것이다.

프로문예 문답에 대해서는 약간의 설명이 필요하다. 김태준은 중국문단 의 추세를 1930년과 1931년에 걸쳐 조선에 자세하게 소개한 바 있다.[41] 그 것들은 주로 세누마 사부로(瀬沼三郎), 가라시마 다케시(辛島驍), 첸싱춘 (錢杏邨) 등의 저작에 기반하고 있음 잘 알려져 있다.[42] 이러한 참고문헌 목록들이 말해주는 것은 고바야시 다키지(小林多喜二)의 학살(1933.02.20.) 전까지도 동아시아를 풍미했던 프로문예의 영향력이다. 김태준의 글에서 드러나는 중국문단에 대한 이해는 중국좌익작가연맹(이하 좌련)의 결성을 전후한 시점의 급진좌파에 기울어진 것이었다. 위의 글에서 나타나는 저우 쭤런의 프로문예에 대한 관점은 창조사(創造社)·태양사(太陽社) 등 급진 좌파에 대항하는 그의 일관된 입장이었으며, 좌련 결성 전까지 루쉰 또한 같은 입장을 견지했었다.[43] 그렇지만 김태준은 문단의 전후상황에 비춘 이

---

38) 北京市 西城区 阜成门 宮门口二条19号.

39) 김시준, 위의 글, 151면

40) 김시준, 위의 글, 132~147면

41) 천태산인, 「文學革命後의 中國文藝觀」,『동아일보』, 1930.11.12~12.08. 총 18회; 천태 산인, 「新興中國文壇에 活躍하는 重要作家」,『매일신보』, 1931.01.01~24. 총 16회.

42) 백영길, 「김태준과 동아시아문학 – 중국현대문학론 및 연안행을 중심으로」,『한 림일본학』2호, 1997; 홍석표,『근대 한중교류의 기원』, 이화여자대학교 출판부, 2015 이용범, 위의 글.

43) 홍석표,『개정판 중국현대문학사』, 이화여자대학교 출판부, 2015, 241~249면.

해보다는 "소위 과도기의 명사는 중국이나 조선이나 모다 이 모양이다"라며 인간적인 실망감을 표현하고 있다. 이러한 실망감에는 사회변혁에 있어 지식인의 주도적 역할에 대한 김태준의 입장이 투영되고 있다. 조선과 중국 공히 식민지·반(半)식민지적 상황의 극복이 당면과제로 제시되고 있는 상황에서, 그는 지식인들이 변화에 적극적으로 앞장서야 함을 일관되게 주장하였기 때문이다.[44]

김태준은 저우쭤런에 대한 실망에 곧바로 이어 웨이젠공과의 대화를 배치한다.

나는 中國의 名流라는 자를 만히 보앗지만 모다 이러한 失望으로써 보게 되고 다만 漢字廢止論의 急先鋒인 舊師 魏建功氏에게 세 가지 점에 서로 論難한 것이 아즉도 記憶에 남어 있다.
1. 첫재는 語學에 대하야 朝鮮語의 入聲과 濟州方言을 뭇고 조선의 橫書에 대한 조선 學者의 理論을 물으며 中國의 文字를 歷史的으로 考察하야 當然 漢字와 國音字母를 廢하지 아니하면 안될 것을 말하며
2. 조선 中國의 文學的 提携라는 意味에서 조선에서의 中國 研究團體를 興旺하게 하는 同時에 조선에도 中國白話書籍을 販賣하는 곧이 잇서서야 할 것이라고 하며
3. 北平이나 南京에도 조선文學 혹은 語學에 대한 講座를 맨들고 - 서로 文化的 交換을 하여 볼 必要가 잇다는 것 等
이엿으나 學徒의 漫談에 지나지 못한 것이엿다.[45]

---

44) 춘원 제씨로서 이 현실을 正識하려는 독서적 노력과 사상적 비약이 없다면 씨들의 작품 기교가 아무리 정교하다고 할지라도 기미 이전 사회의 의식 속에 사는 다소 완고한 일부 小物紳士의 지지를 받을 것이니 마치 '이야기책'(傳記책)이 시골 부녀들의 지지를 받는 것과 같이-
필자는 항상 춘원선생을 접할 적마다 중국의 '轉變後的魯迅'이 그리워진다. 그처럼 소년후배의 衆辱을 받던 魯迅이 요사이에 180도 이상의 전변을 한 것을 아는가 모르는가.
　　　　　　　　　김태준, 「침체는 비약의 전조」, 『조선일보』, 1934.09.21.
45) 「북평기행」, 60면

웨이젠공(1901~1980)은 해외유학파였던 장샤오위안(미국), 저우쥐런(일본)과는 달리 중국 국내파로 분류될 수 있다. 그는 1919년 5·4 신문화 운동의 열기가 흘러넘치던 북경대학에서 대학생활을 시작하였다. 변화에 대한 요구가 충만하던 사회적 분위기 속에서『맹진(猛進)』,『위쓰(語絲)』, 그리고 중국공산당 북방구집위(北方區執委)의 간행물『정치생활(政治生活)』등에 글을 발표하였고, 북경대학 국학문의 기관지『국학계간(國學季刊)』의 편집위원회 주임을 맡기도 한다. 1925년 중국 공산당에 가입하였으나 26년 탈퇴한다.[46] 1927년 4월부터 1928년 8월까지 경성제대 지나문학과에서 초빙강사로 중국어를 가르쳤다.[47] 그는 식민지시기 조선의 종합대학이상 고등교육기관에서 처음으로 강의한 중국인 교수였을뿐 아니라, 주음(注音)부호를 이용해 중국어 발음을 가르친 것도 처음이었던 것으로 보인다.[48] 김태준은 1928년 4월 경성제대 지나문학과에 진입하였으므로 한 학기가 겹친다. 웨이젠공은 자신의 조선 경험을 「교한쇄담(僑韓瑣談)」이란 제목으로 루쉰·주작인 형제가 주관하는『위쓰』에 연재했다. 글에서 그는 자신의 경험담 외에도 "한중의 역사적·문화적 관계, 일제 치하 조선의 상황, 조선 독립의 필요성을 상당히 균형잡힌 시각에서 서술"하고 있다.[49]

마지막으로 다룰 인물은 다카다 신지이다. 김태준은 "東方文化事業部에 가서 東大에서 여행 온 舊師 高田 先生"[50]을 언급하는데, 2장에서 보았듯이 국적을 넘어 한시로 교유했던 둘은 조선도, 일본도 아닌 중국에서 다시 만나게 되었다. 동방문화사업은 중국내 반일감정의 완화를 목적으로 1922년부터 일본 문부성의 주도로 진행된 국가단위 프로젝트였다. 중국내 일본계

---

46) 이상의 전기적 사실은, 웨이나이·웨이즈·웨이중(魏乃·魏至·魏重), 「魏建功先生传略」,『文教資料』1996年 05期, 南京師範大學; 曹达, 「魏建功年谱」,『文教資料』1996年 05期, 南京師範大學을 참조하였다.
47) 홍석표,『근대 한중교류의 기원』, 224면.
48) 웨이나이·웨이즈·웨이중, 위의 글, 4면.
49) 홍석표, 위의 책, 226면.
50) 「북평기행」, 61면.

단체의 지원 및 학문교류를 위한 학술연구기관의 설립·운영을 근간으로, 중국과 협력사업의 형태로 시작되었으나 1927년 5월 3일의 일본군의 만행 (中:五三慘案; 日:濟南事件)이후 중국측 위원들이 총사퇴, 일본측의 인원으로만 진행되었다. 1927년 10월부터 북경에 인문학연구소가 발족되어 『속수 사고전서제요(續修四庫全書提要)』의 편찬 및 서적수집 등을 중점적으로 수행하고 있었다. 김태준이 다카다 신지를 방문한 동방문화사업부는 동방문화사업총위원회의 사무소[51]였던 것으로 보인다.[52]

1929년에는 일본 국내에 도쿄와 교토, 2개소의 연구소가 설치되어 핫토리 우노키치(腹部宇之吉)가 도쿄, 가노 나오키(狩野直喜)가 교토의 소장을 맡아 일본 제국대학의 중국문학·중국철학 네트워크가 그대로 활용되는 모습을 보여준다. 특히 교토 연구소는 전후(戰後) 교토대학 인문학연구소의 전신(前身) 중의 하나가 된다. 경성제대의 교원들 중 퇴계연구로 알려진 아베 요시오(阿部吉雄)는 경성제대 부임 이전부터, 추사 연구로 유명한 후지스카 치카시(藤塚隣), 그리고 다카다 신지가 경성제대를 떠난 후 동방문화학원의 멤버로 활동했다.[53]

2) 도서목록

「북평기행」에는 다수의 인명들뿐만 아니라 주요 서적들의 명칭들이 나와 있다. 김태준은 중국의 류리창(琉璃廠), 북평도서관[54], 동안시장(東安市

---

51) 北京市东城区王府井大街27号.

52) 이 문단의 서술은 야마네 유키오(山根幸夫), 『東方文化事業の歷史—昭和前期における日中文化交流』, 汲古書院, 2005의 내용에 기반하고 있다.

53) 李曉辰, 「京城帝国大学における韓国儒教研究活動」, 『東アジア文化交渉研究』Vol.8, 関西大学 大学院東アジア文化交渉研究科, 2014, 193면.

54) 북평도서관은 淸朝의 京師圖書館에서 유래하였으며 현재의 중국 국가도서관 古籍館이 계승하고 있다. 1931년 7월 1일 신관을 정식 개관하여 文津閣本 四庫全書를 전부 수장하였다. 당시 동아시아 내에서의 가장 큰 규모이자 가장 선진적인 도서관이었다.

場), 북경대학 도서관, 그리고 친구들로부터 얻은 책들의 저자와 명칭들을 상세히 기록해 놓고 있다.

북평도서관에서 그는 "북경대학 교수의 소개로" 사고전서를 구경하였다고 하는데 북경대학 교수는 웨이젠공 혹은 김구경을 가리킬 것이다. 그의 도서열람은 사고전서에 이어 조선에서는 좀처럼 보기 힘든 송원판(宋元版)으로 이어진다. 고서를 섭렵한 뒤 그는 잡지실에서 조선에서 온 잡지『청구학총』을 발견하나 '화석같은' 논문이라며 흥미를 보이지 않는다. 그가 『진단학보』에 실린 논문들에 대해 적극적인 평론을 남기고 있는 것과는 대비되는 태도라고 할 수 있다.[55]

여기서 눈길을 끄는 것은 중국의『현대문예(現代文藝)』에 실린 최서해의 「탈출기」의 중국어 번역(「我的出亡」)을 언급하고 있는 것이다.[56] 조선문학의 중국어로의 번역은 대체로 후평(胡風)의 장혁주 번역, 곧 일본어로부터 중국어로의 번역이 널리 알려져 있었다. 해방 전 한국 현대문학의 중국어 번역에 대해 광범위한 아카이브를 조사한 자오잉치우(趙穎秋)에 따르면, 김태준이 발견한 최서해의 「탈출기」 번역 이전에도 이미 1926년부터 회월(懷月)의 「전투(戰鬪)」(『개벽』 55호, 1925.01)의 번역이 『동방잡지(東方雜誌)』 23권 21호에 실린 것을 시작으로 적지 않은 수의 번역이 확인된다. 최서해의 글을 번역한 바이빈(白斌)이 송영의 「용광로」(『개벽』 70호, 1926.06), 임화의 「병감에서 죽은 녀석」, 권환의 「이 꼴이 되다니」(이상 2편은『무산자』 3권 2호(1929.07) 등 다수의 경향성을 지닌 작품들의 중국어 번역을 남기고 있음은 주목할만 하다.[57] 북평 도서관에서 발견한 책들 이외에도 북

---

55) 「진단학보 제3권을 읽고」,『조선중앙일보』, 1935년 11월 15일~19일, 총 4회;「史觀의 비판, 사학연구의 회고·전망·비판」,『조선중앙일보』, 1936.01.01.~11. 총6회.
56) 번역문은 김병민(金柄珉), 이존광(李存光) 주편(主編)의『中國現代文學與韓國叢書 6: 飜譯編 小說 詩歌 散文 劇本卷』, 延邊大學出版社, 2014에서 확인할 수 있다.
57) 자오잉치우(趙穎秋), 「解放前韓國現代文學在中國的傳播與接受研究」, 南京大學 碩士論文, 2014, 14~19면

경대학 도서관에서 그는 박은식의『한국통사(韓國痛史)』(上海 大東編譯局, 1915)를 본 일을 언급한다. 식민지 조선에서는 당연히 금서였던 박은식의 책을 공공연히 언급하는 그의 배포는「북평기행」전반에 중간중간 삽입되어 있는 일본제국에 대한 노골적인 조롱과 함께 결합하고 있다.

이 외에도 동안시장 및 친구들로부터 얻어 본 책들의 이름이 다수 노출되고 있다. 이들 책들 중 일부는 이후 김태준의 글들에서 참고문헌으로 나타난다.[58] 특히, 그의 유물사관 습득에 있어 결정적인 역할을 수행한 것으로 알려진 궈모뤄(郭沫若)의『중국고대사회연구』를 1931년 처음 접했음이 여기서 확인된다. 기존 연구들은 1930년의 북경행과『중국고대사회연구』를 연결하여 설명해왔다.[59]

1931년이라는 새로운 지점, 그리고 그 상세한 내용의 발견은 김태준의 중국과의 교류가 단발적인 계기가 아니라 지속적인 연결통로로서의 성격을 지님을 반영한다. 즉, 여행이라는 우연성이 크게 작용하는 경험이 아닌 일상적이고 정기적인 교류가 구축되어 있었고, 이는 김태준의 사상형성에 있어 중국이라는 채널의 영향력이 상시적이었음을 말한다.

그가 북경에서 만난 사람들 및 서적들은 그가 속해있던 학술 네트워크가 단순히 경성제대 지나문학과, 더 좁게는 가라시마 다케시의 하위범주가 아닌, 루쉰, 주작인 및 북경대학을 중심으로 한 중국의 지식인 집단, 시오노야 온을 중심으로 하여 구축된 제국대학의 '지나' 연구자 집단들이 상호 중첩되고 있던 지점이었음을 보여준다. 초기 중국학계는 유럽의 '동방학' 및

---

58)『孔子와 劇劇』(「陳子展 著「孔子與演劇」을 읽고」,『동아일보』, 1931.10.19.);『漢字廢止論』;「중국의 한자 폐지운동」,『신흥』7호, 1932.12.13.
　　이 외에도 친구들로부터 얻은 책들이라며 루허자이(鹿鶴儕)군이 빌려준 위다푸(郁達夫)의『한회집(寒灰集)』, Gray-bin의 作『Modern China』,『제국주의 압박중국사(帝國主義壓迫中國史(上, 下))』, 소학교 교원 N군이 빌려준 소학 교과서, 스마시엔다오(司馬仙島) 저『북벌후의 각 파 사조(北伐後之各派思潮)』, 그리고 시장에서 본『동의보감』등이 언급되고 있다.
59) 박희병, 위의 글; 이용범, 위의 글.

일본의 '지나학'을 적극적으로 수용, 극복하려는 것을 자신의 과제로 삼았었으며[60] 지리적 인접성을 이점으로 가진 일본유학과 그로부터 파생된 인적관계는 초기 중국학계의 지형도를 크게 좌우했다. 조선인으로서 위의 구도에서 배제될 가능성이 높았던 김태준이 중국 학계의 주류와 접촉할 수 있었던 데에는 제국대학 출신이라는 신분과 동시에 김구경과 웨이젠공 등과의 인적관계가 큰 영향력을 행사했다. 중국과 일본의 유명학자들을 마주하는 가운데에서도 김태준은 일본인이 아닌 조선인으로서 그들을 대하고 있었으며 다른 연구가 논증하고 있듯이 그는 중국과 일본의 새로운 학술성과들을 받아들이면서도 자신의 주체성을 잃지 않았다.[61] 이러한 가운데 구축되는 그의 '조선학'의 성격은 제국학지의 영향력, 또는 식민지 시기 조선어로 구성된 담론지형내부의 상대적 좌표를 분석하는 일만으로는 해명되기 어렵다.

Ⅳ. 조선어문학회와 경성제대 지나문학과의 중첩

경성제대 재학시절 김태준 개인의 좌표는 대개 경성제대 지나문학과라는 한 축과 조선어문학회라는 다른 한 축을 통해 관찰할 수 있다. 경성제대 지나문학과의 조선인이 문제적인 것은 조선인으로서의 정체성과 제국 동양학의 영향력, 그리고 '고전지나'와 '현대중국'을 어떻게 받아들일 것인가라는 복잡한 문제들이 서로 교호하고 있었기 때문이다.[62]

조선어문학회는 초기 한국 근대학문 형성에 있어 중요한 위치를 지니고

---

60) 천이아이(陳以愛), 박영순 옮김, 『현대 중국의 학술사 – 베이징 대학 연구소 국학문을 중심으로』, 도서출판 길, 2013.

61) 이용범, 위의 글, 106~107면.

62) 천진, 「식민지 조선의 지나문학과의 운명」, 『동아시아 한국학의 형성』, 소명출판, 2013.

있음에도 불구하고 아직까지도 본격적인 연구의 대상으로 부상하지 못했다. 하지만 주요 구성인물들은 조윤제, 김태준, 김재철, 이희승, 이숭녕 등 근대학문연구의 1세대 연구자들로 연구의 필요성이 매우 높다. 이들의 지향과 협업과정을 규명하는 것은 한국 근대학술의 성격을 규명하는 데 있어 중요한 관건 중의 하나일 것이다. 4장의 전반부는 조선어문학회, 특히 김재철과의 관계를 중점적으로 살피며, 후반부는 지나문학과 선배 최창규와 관계를 통해 두 인적 네트워크의 중첩과 그것이 김태준의 학술형성에 끼친 영향을 탐색한다.

1) 조선어문학회, 김재철과 김태준

조선어문학회는 대체로 조윤제 및 『조선어문학회보』를 중심으로 설명되고 있다.[63] 그렇지만 여기에서는 『조선어문학회보』의 1회부터 3회까지의 편집인이었던 김재철에 초점을 맞춰보고자 한다. 1938년 김재철의 동생 김재성(金在誠)을 발행인으로 하여 발간된 『노정기념첩(蘆汀記念帖)』에는 초기 『조선어문학회보』의 탄생과 관련한 동인들의 여러 가지 언급이 남아있다. 기념첩이라는 글의 특성에 주의하며 보더라도, 대개는 김재철의 중심적 역할 - 더 나아가 금전적인 지원까지 - 을 증언해주고 있다.

> 君은 每事에 積極的이였다. 活動的이였다. 우리 朝鮮語文學會의 組織과 會報 刊行을 가장 먼저 唱導한 것도 君이였다. 同人中에는 時期未熟을 理由로 躊躇 하는 이도 있었으나 君은 斷然 奮起하야 스스로 그 編輯의 任에 當하였었다. 君이 아니였던들 우리 會의 오늘이 엇지 잇스리오.
> 　　　　　　李熙承, 「故蘆汀金在喆君 - 會報 第6號를 追悼號로 펴내면서」

> 金兄아 在喆兄아 才德兼備하고 犧牲的 精神이 豐富한 君은 우리 語文研究에 '나'라는 自身을 바치였다. 莫大한 私財와 勞力을 不顧하고 決行한 各地의 民謠

---

63) 김용직, 『김태준평전』, 79~100면.

蒐集 人形劇의 脚本採集 등은 大書特筆할 功獻이다.

李在郁,「弔辭」

　　김재철은『문우』5호의 발행자이기도 하다. 이것은 그가 경성제대 예과의 실질적인 조선인 학생회[64]였던 문우회에서의 역할이 본과 진입 후 조선어문학회로 이어지며 심화되고 있었음을 보여준다. 김재철이 편집인에서 물러난 이후에도 이희승, 조윤제가『조선어문학회보』의 편집을 맡지만 6호와『조선어문』으로 개제한 7호 이후의 발간은 알 수 없게 된다.[65] 여러 가지 영향관계들이 있겠지만, 김재철의 공백도 한 요인으로 지목될 수 있다. 김재철은 다수의 동인들이 '사람을 끄는 힘이 있다'고 인정하듯이 인적 네트워크를 구축하는데 탁월했었으며, 동시에 경제적인 지원까지 하는 등 경성제대 조선인 내부에서 매우 핵심적인 위치를 점하고 있었다.

　　김태준과 김재철의 교칠(膠漆) 관계는 이미 널리 알려져 있다. 그렇지만 그러한 관계가 그들의 학술에는 어떠한 영향을 미쳤는지는 그다지 주목받지 못했다. 여기서는 간접적으로 양자 간의 학술적 의제가 중첩되는 두 가지 사례를 제시하는 것으로 가능성을 제기해보도록 하겠다. 김태준은 1933년「성씨·문벌·족보(姓氏·門閥·族譜)의 연구(硏究)」(『조선어문』 제7호, 1933.07)를 발표한다. 김용직은 이 글이 한적(漢籍)에 대한 "박람강기를 과시"하기 위해 쓰여진 것으로 보며, 글 말미의 "아 젊은 조선은 아직도 협잡군을 식혀서 대동보를 맨들게 할 필요가 있을까?"라는 탄식이 "논리에서 일탈된" 것이라고 주장한다.[66]

　　그렇지만 이러한 분석은 재고되어야 한다. 김태준은 1.머리말을 통해서

---

64) 하재연,「문우」를 통해 본 경성제대 지식인의 내면」,『한국학 연구』31, 고려대학교 한국학 연구소, 2009, 215면.
65)『조선어문학회보』가 없어도 조선어문학회의 활동은 1930년대 후반까지도 지속되었던 것으로 보인다. 1939년에는 김태준, 이명선, 방종현 등의 참여가 확인되는 조선어문학회 주최의 고서전람회가 있었다. 김준형, 위의 글, 500면.
66) 김용직, 위의 책, 87면.

사회현상에 대한 문제제기를 한 뒤 그것의 역사적 발전단계를 각종 1차자료를 통해 제시하고, 이나바 쿤잔(稻葉君山)의 『조선문화사(朝鮮文化史)』, 최남선의 「고조선(古朝鮮)의 정치규범(政治規範)」, 후쿠다 도쿠조(福田德三)의 『한국(韓國)의 경제조직(經濟組織)과 경제단위(經濟單位)』 등의 참고문헌을 통해 자신의 주장을 강화하며 차근차근 논리를 구성해나간다. 근대학문의 논문 구성방식을 충실히 따르고 있는 이 글은 1933년에도 족보간행이 성행하는, 족보가 '만들어진 전통'으로 기능하는 사회적 현실을 신랄하게 비판하는 맥락에 서 있는 것이다.[67] 식민지시기 족보간행과 그것의 문제점들은 당대에도 빈번히 비판되고 있는 지점이었지만, 그것의 문제성을 인식하고 학문의 영역으로 끌어들인 경우는 흔치 않다. 김재철 또한 "貧弱한 우리 出版界에 族譜發行이 數가 점점 느러간다. 우리의 先祖의 小業을 떠들지말고 自我만 잘하면 될 것이 아닌가? 그러나 그 看板 밑에서 營利와 野心이 있다 하면…[68]"라며 족보간행의 문제점 및 저변에 깔려있는 영리추구의 목적에 대해 인식하고 있었다. "學究의 方面과 傾向이 接近하여짐으로써 가위 날마다 齋洞百九의 君의 宅을 찾거나 君이 나의 蝸廬를 찾거나[69]" 하였던 두 사람은 당면한 현실문제를 어떻게 학술의 영역에서 해결할지에 대한 고민도 공유하였을 것이다.

또 다른 사례는 『춘향전』의 다양한 형태 중 '가극'에 대한 관심이다. 김태준은 1930년 동아일보에 「조선소설사」를 연재하던 당시 춘향전의 판본 및 저자 확정문제를 다룬 52회와 53회에서 신재효설을 언급하고, 1935년 「춘향전의 현대적 해석」에서는 조선의 봉건 문학 유산의 집대성으로서의 '가극' 『춘향전』을 제시한다.[70] 신재효가 『춘향전』 및 종래의 소설을 희곡화,

67) 한기형, 「'이중출판시장'과 식민지 검열」, 『민족문학사연구』 57, 민족문학사연구소, 2015, 147~148면.
68) 김재철 자필원고 중 「雜感一束」, 심우성 편, 『조선연극사』, 동문선, 2003.
69) 金台俊, 「故蘆汀先生小傳」, 『蘆汀記念帖』, 4면.
70) 천태산인, 「春香傳의 現代的 解釋(完)」, 『동아일보』, 1935.01.10.

가곡화하였다는『조선연극사』에서의 주장과 합치된다고 볼 수 있다.[71]

2) 경성제대 지나문학과와 최창규

경성제대 지나문학과 1회 최창규(崔昌圭)에 대해서는 전문적인 연구가
진행된 바 없다. 그는 해방 후 서울대사대부고 및 성동여실(城東女實) 교장
을 지낸 이력이 확인된다.[72] 그 외에 현재까지는 경성제대 1회이자 '경제연
구회'에 참여한 것, 그리고 동아일보에 실린 「외국문학 전공의 변(3)」
(1939.11.01.)을 통해 정래동, 김태준과의 유사·차이점을 환기시키는 맥락
외에는 그다지 알려지지 않았다.[73]

이용범은 김태준의 유물사관 습득에 있어 기존의 학설들 중 경성제대 경
제연구회 참여는 문헌근거가 없었음을 지적하고[74] 백남운·신남철 등의
조선 내 유물론자들의 영향력에 대해서는 인정하되 그들보다도 궈모뤄의
『중국고대사회연구』의 영향력이 더 컸음을 논증한 바 있다.[75] 그렇지만 새
로운 자료의 발굴에 따라 유물사관 습득과 관련한 최창규의 영향력이 확인

---

71) 심우성 편, 위의 책, 193~194면
72) 이충우, 위의 책, 266면
73) 한편 현재까지 확인한 최창규의 저술은 다음과 같다. 창작, 번역, 논설, 서평 등
이 혼재되어 있으며 더 많은 저술들이 있을 것이다.
「金鳳伊의 안해도 낫섯다」,『신흥』창간호, 1929.07
「元曲楔子考」,『신흥』2호, 1929.12
「關漢卿 作 竇娥寃一考察」,『신흥』3호, 1930.07
「長江萬里」,『동아일보』, 1931.08.23.~10.20., 34회
「南中國眈奇旅行」,『동광』30호, 1932.01.
「易傳中의 辨證法的 觀念의 展開」,『신흥』7호, 1932.12.
「軍縮을 싸고 도는 武裝平和의 世界」,『조선일보』, 1933.01.01.~04., 총 4회
「讀書室 - 蘆汀 金在喆 著 朝鮮演劇史」,『조선일보』, 1933.05.27.
「讀書室 - 金台俊 著 朝鮮小說史」,『조선일보』, 1933.06.11.
「試驗地獄과 愛의神」,『조선일보』, 1934.03.16.
74) 이용범, 위의 글, 8면
75) 이용범, 위의 글, 77~107면

되며, 그것의 크기는 결코 백남운이나 신남철보다 작지 않다.

『신흥』7호(1932.12)에는 궈모뤄의『中國古代社會硏究』(1930) 중 제1편 「주역의 시대배경과 정신생산[周易的時代背景與精神生産]」의 하편(下篇)인 「역전중의 변증법적 관념의 전개[易傳中之辨證法的觀念之展開]」(69~95)를 최창규가 번역한 「역전중의 변증법적 관념의 전개」가 실려 있다. 이것은 김태준이『중국고대사회연구』중 제2편 「시경과 서경 시대의 사회변혁과 그 사상상의 반영[詩書時代的社會變革與其思想上之反映]」을 번역한 「시경 연구(詩經硏究)」(『학등』, 1934.06~12)보다 약 18개월 앞선 것이다. 결과적 으로 중국의 고대사를 유물사관으로 재해석한『중국고대사회연구』의 근 절반에 해당하는 분량이 번역을 통해 조선에 소개되었다. 달리 말하면, 식 민지시기 조선에서 중국 근대학문 연구서의 본격적인 학술번역이 1932년 경부터 협력작업의 형태로 시도되고 있었던 것이다.

최창규가 참고한 책의 저본은 시기상 중국어판과 일본어판(郭沫若 著, 藤枝丈夫 訳,『支那古代社会史』, 內外社, 1931) 모두 가능한데, 최창규가 4 판을 참고했다고 밝히고 있는 점과 중간중간 소제목이 중국어판과 문합하 는 점을 볼 때 중국어판이 저본이었을 것이다. 중국어판을 획득하게 된 계 기는 1931년 김태준의 북경행일 가능성이 높다. 이와 같은 사례는 김태준 의 유물사관 습득에 있어 최창규의 영향 혹은 최창규에 대한 김태준의 영 향 등 양자간의 학문적 교류가 매우 활발했음을 잘 보여준다.

최창규와 김태준은 중국문학과 조선문학의 관계, 그리고 앞으로의 발전 방향 등에 있어 상당히 일치하는 견해를 보이고 있다.76) 굳이 차이가 있다

---

76) "支那文學의 조선 文化史上에 준 功罪가 참 큰 것이었습니다. 아마 支那文學이 없 었더라면 조선의 古代文學이 다른 形態로 發展했을 것입니다. 將來의 일은 어찌 될런지요. 오직 彼此의 政治的運命에 의하여 決定되지요."
　　　　　김태준, 「외국문학전공의 변(6)」, 『동아일보』, 1939.11.10
　　"諺文文學이 發生되기 전까지는 支那文學이자 朝鮮文學이엇다고 하여도 過言이 아니엇던만큼 支那文學은 그의 長點은長點대로 短點은短點대로 모주리 影響을

면 최창규는 중국현대문학에 대해 그리 큰 관심을 가지지 않은 것과는 달리, 김태준은 중국현대문학을 매우 중시하였으며 좌익으로 분류되는 궈모뤄(郭沫若)와 위다푸(郁達夫)에 대한 지지를 공개적으로 표명하고 있다는 정도이다.[77] 이러한 유사한 지향과 기존에 보여준 공동번역을 통해『신흥』 8호(1935.05)에 실린 김강수(金剛秀)라는 필명으로 실린 「후스(胡適)의 공자론 비판」 같은 글은 두 사람의 협력작업의 한 형태가 아니었을까 하는 추측을 해 볼 수 있다. 번역자가 리지(李季)의『호적중국철학사대강비판(胡適中國哲學史大綱批判)』의 제6장 「철학사에서 묘사된 공자, 맹자, 순자비평에 대하여[對于哲學史所描寫的孔子,孟子,荀子的批評」을 뽑아 번역했다는 언급으로부터[78] 김태준이 다른 글에서 언급한 리지와 이 책의 이름을 떠올릴 수 있다.[79] 1935년은 김태준이 가장 왕성하게 학술활동을 하던 해이자 본격적으로 유물사관을 활용하던 시기로 발표한 글의 수는 26편이며 그 중에는 다수의 장편논설도 포함되어 있다. 즉, 협력작업의 필요성과 가능성이 매우 높았던 시기라는 점에서 필명을 쓴 이 글은,『중국고대사회연구』의 번역처럼 공동번역이었을 가능성도 생각해 볼 수 있다.

주고 말엇던바 利害得失이 如何인가하는 質問에는 애當初 支那文學이 이따에 건너오지 아니하엿으면 어떻게되엇을것인가하는 反問으로 對答하고자 합니다. 純朝鮮文學의 發生과 建設을 막고만것은 不滅의影響이겟읍니다. 將來의 寄與問題는 新文學에 잇어서 彼此가 建設途中에 잇다고 생각되므로 아직 未知數에 屬할것이나 오로지 支那의 政治의變動如何에 左右될 것으로 믿습니다."
　　　　　　　　　　최창규, 「외국문학전공의 변 (3)」,『동아일보』1939. 11.01
77) "중국에는 建設途上에 있는 新文學이 많이 있다는 것과 中國文學 硏究의 使命은 오로지 이 新文學의 輸入 紹介 飜譯이 아니면 안 된다고 생각했습니다."
　　　　　　　　　　김태준, 「외국문학전공의 변 (6)」,『동아일보』, 1939.11.10.
　　"新文藝로서는 一作者나 一作品으로 그다지 特出한 것이 없다고 생각하므로…"
　　　　　　　　　　최창규, 「외국문학전공의 변 (3)」,『동아일보』, 1939. 11.01
78) 金剛秀(譯), 「胡適의 孔子論 批判」,『신흥』8호, 84면.
79) "胡適氏의 支那哲學史大綱을 批判한 李季氏의 批判論文과 神州國光社에서 發行한 中國社會史論戰 같은 것이 당시 가장 조흔 讀物이엿습니다."
　　　　　　　　　　김태준, 「외국문학전공의 변 (6)」,『동아일보』, 1939.11.10

공동번역을 통한 유물사관의 학습 등을 통해 김태준과 최창규의 관계는 경성제대 지나문학과의 선후배에서 출발하여 보다 심화된 단계 - 학술서적을 공동 번역하는 - 의 학문적 동지로까지 발전하였음이 확인된다. 이들의 학문적 동지관계는 조선어문학회와의 관계망과도 중첩되어 있었다. 1933년 '조선어문학회총서'로 잇달아 발간된 『조선연극사』와 『조선소설사』의 서평을 일간신문에 가장 이른 시기 상재한 이가 최창규라는 점이 이를 뒷받침한다.[80] '경제연구회'로만 간헐적으로 언급되었던 그가 경성제국대학의 조선문학 연구자들과도 긴밀한 관계를 유지하고 있었음을 알 수 있다.

김태준의 1930년 전후의 행적을 통해 그가 속해있던 학술적 · 인적 네트워크의 외부와 내부를 재구성하는 과정에서 도출되는 것은 다음과 같은 큰 그림이다. 경성제대 지나문학과를 졸업한 김태준은 밖으로는 중국의 북경대학, 일본의 동경제대의 교수진이라는 당시 동아시아에서 근대학문의 초기 지형도를 구성해가던 학자들과의 직접 교류를 하고 있었으며, 안으로는 조선어문학회를 중심으로 한 경성제대의 조선지식인 집단 속에서 조선에 대한 학문적 사유를 발전시켜 나가고 있었다. 김재철과의 교유관계의 보다 구체적인 사례, 그리고 그동안 주목받지 못했던 최창규와의 관계 등의 발견은 가라시마 다케시와 제국학지의 강력한 구심력을 약화시킨다.

V. '조선학'의 기저로서 민족의식

명륜학원에서 김태준에게 사사한 것으로 알려진 이가원은 다음과 같은 술회를 남기고 있다.

---

80) 최창규, 「讀書室 - 蘆汀 金在喆 著 朝鮮演劇史」, 조선일보, 1933.05.27.; 최창규, 「讀書室 - 金台俊 著 朝鮮小說史」, 조선일보 1933.06.11.

"언젠가 그에게 '선생님께서 쓰신 조선소설사에 손봐야 할 부분이 많습니다'
라고 말씀드렸더니 '내가 대학 졸업반 때 일본인들이 우리의 소설사와 한문학사
등을 쓰려고 해서 내가 먼저 내야겠다는 마음에서 서두르느라 그런 것'이라고
하셨다."81)

그 일본인들 중 가장 직접적인 대상은 위에서 다카다 신지를 전별하며
김태준과 더불어 한시를 응수한 경성제대 예과 강사 다다 마사토모였을 것
이다. 다다 마사토모의 조선 한문학연구를 정리한 박영미에 따르면 다다
마사토모는 1929년 11월부터 1930년에 이르기까지 『사문(斯文)』에 「조선문
학사(朝鮮文學史)」를 총 4회, 1930년 6월부터 8월까지 조선총독부 발간으로
알려진 『조선』에 「고려한문학사」를 총 3회 연재한다. 이 중 「조선문학사」
는 상고시대의 문학사, 「고려문학사」는 고려 전기의 문학사를 서술하고 있
다.82) 이러한 시기별 문학사의 점진적 발표는 종내에는 '조선문학'의 통사
적 구도의 완성으로 이어질 수 있다. 즉, 근대 학문의 언어로 된 '조선(한)
문학사'의 완성이 일본인 학자에 의해 가시화되고 있었던 것이다.

또한, 『사문』은 사문회(斯文會)에서 발간한 학술지로, 사문회는 국가단
체는 아니었지만 동경제대의 한학자, 중문학자들을 위주로 구성되어 있었
으며 조선총독 사이토 마코토 또한 회원이었다.83) 따라서 동경제대를 근간

---

81) 「발굴 한국현대사인물 80 - 김태준 국문학자 삶 떨치고 공산주의 활동」(『한겨레
   신문』, 1991. 09.13.)에 실린 내용이다. 이 내용은 다음의 서술에 기반하고 있는
   것으로 보인다: "余年二十三歲時, 始入洌師, 於書肆見聖岩金台俊先生, 所著朝鮮
   漢文學史, 購而讀之, 頗疑其規模太狹, 疎謬復多, 率爾指摘其不滿意處. 聖岩爲之
   愀然曰: 「有是哉! 子之言誠然矣. 余之此書, 在在籍京城大學學部時, 目擊吾族顚連,
   異邦之人, 强行植民地敎育, 於是彼方學者, 嫥據我學, 極欲成書, 余爲是幽憤是鬱,
   此書與朝鮮小說史之所以空忽登梓, 深自爲愧, 容或後日改譔, 亦埃君輩學成, 銳意
   爲之, 是所股望也.」 李家源, 「韓國漢文學史中譯本序」, 『貞盦文存』, 友一出版社,
   1985, 52면.
82) 박영미, 위의 글, 189면.
83) 1880년 동양학술문화의 교류를 의도로 제창된 斯文學會가 1918년 공익재단법인
   사문회로 발족하며 孔子祭의 거행, 공개강좌, 학술지 『斯文』의 발간을 실시하였

으로 한 일본 학계에서의 영향력에 더해 식민지에서는 총독부 권위와 결합하여 강력한 근대 아카데미즘으로서의 존재감을 발휘하고 있었다.

근대의 단선적 시간관에서 일본에 비해 뒤처진 조선인들에게 근대학문의 체계를 자신의 손으로 만들어 내는 것은 일종의 강박에 가까운 것이었다. 이미 상고시대와 고려시대의 문학사가 일본인에 의해 제출된 상황이므로 조선인들이 느끼는 긴박감은 상당했을 것이다. 다다 마사토모가 「고려한문학사」를 제출한 지 3개월만에 동아일보와 『조선통신』에 고대로부터 동시대의 소설들까지 다루는 「조선소설사」가 연재되었다는 것이 반증이다. 그러나 조선어 민간학술의 장에 있던 조선의 선배들에게 있어 근대학술의 언어로 이야기하는 제국 아카데미즘과의 직접 대결은 쉽지 않은 일이었다. 따라서 근대학술의 작업들은 근대학술의 언어를 획득한 경성제대의 '후배들'이 떠맡게 되었다. 동아일보 연재 「조선소설사」 서문의 "六堂의 特別한 指示와 蘆汀, 飛兎諸友의 奇篤한 援助를바다 貧弱한 推理와 粗陋한 專斷을 惟一한道具로삼고 多年의宿懷를 그려본 것"[84], 백남운의 『조선사회경제사』에 있어 정인보의 협력이 보여주듯이 식민지시기 근대학문의 초기저작들에는 조선인들의 민족적 협력작업이 기저에 깔려 있음을 간과해서는 안 된다. 동아일보 연재 「조선소설사」는 '조선인의 손으로 쓰여진' (민족)문학사를 위해 조선인 선후배의 역량이 결집된 지점인 것이다.

이러한 작업을 해내야만 했던 젊은 청년들의 내면은 강한 민족의식과 자부심으로 뒷받침 되고 있었다. 조선인들이 경성제대 입학을 위해서는 제국

다. 사문회는 국가단체는 아니었지만 '儒道로써 本邦 고유의 도덕을 고취시켜 정신문명을 진흥하는데 힘쓴다'는 취지로 경학원이 추구한 유교의 성격과 상통하는 것이 있었다. 사이토 총독이 사문회의 멤버였기 때문에 경학원과 다수의 교류가 있었다. 경성제대에서 강의한 다카하시 도오루(高橋亨)과 후지스카 치카시의 글들이 여러 편 실려 있다.

李曉辰, 위의 글, 194면의 내용을 발췌·요약함.
84) 金台俊, 「朝鮮小說史 01」, 『동아일보』, 1930.10.31.

단위의 입학시험 및 민족적 차별을 돌파해야 했다.[85] 제국대학 학생은 식민지 최고의 엘리트로서 대접을 받고, 때로는 민족적 구분을 넘어선 우월감을 맛보기도 했지만[86] 그것은 학부졸업 이후 고등문관시험 등 일종의 '협력'의 길을 택하지 않는 이상 금세 사라질 신기루이기도 했다. 그럼에도 불구하고 편한 길을 택하지 않고 굳이 학문연구라는 '빈서생(貧書生)[87]'의 길을 선택한 젊은이들의 의기는 대단했다.

> "고인이 말하기를, 文으로써 벗을 모으고, 벗으로써 仁을 輔한다고 하였다. 우리들은 百難의 시대에 처하여, 최고의 학부에 遊하는 자들로 반드시 金石도 뚫을 만한 굳은 뜻을 지녀야 한다. 한 번 목표를 정하면 밤을 새며 서로 격려하여, [그 목표는] 앞으로 보매 아득히 멀며 우뚝하니 높으니, 책임이 지극히 무겁고도 크도다. 〈중략〉 위대하다 그대 선각들이여, 文友를 잊지 마오. 형들에 대한 기대가 이보다 클 수 없소. 이별에 임하여 눈물을 머금고 한마디로써 격려하며 맹세하니, '어찌 힘써 노력하지 않을 수 있겠는가.'"[88]
>
> 단기(檀紀) 4260년 2월

---

85) 정선이, 『경성제국대학 연구』, 문음사, 2002, 84~102면.
86) 윤대석, 「경성제대의 교양주의와 일본어」, 『대동문화연구』 59, 대동문화연구원, 2007, 115~116면.
87) 천태산인, 「고전섭렵수감(6) - 陽山歌 拭疣集 等 上」, 『동아일보』, 1935.02.16
88) 구두(句讀)는 손대지 않았으며 원문 그대로이다. 한국어역과 관련한 모든 책임은 필자에 귀속된다.
古人云以文會友以友輔仁 余輩處百難之世 遊最高之學府者 必有堅志而金石可透 一定眼標而夙夜相勵 前望猶遼而彌高 責任至重而且大 旣知紂臣億萬不如周千之 一心匹夫蠻勇莫若乞丐之協力矣 故相連同文之義同志呼應 相糾同師之情同槧研究 內則友和共助以今及來 大而信益廣救自此至遠者誠所以此會之使命也
幸二年生諸氏素有先覺之明 持傳此會之嘉範 篤示美風善導後進 於此數年矣 噫從此不日 因修業之滿瓜 離此會之點名 惜別寸情實勞萬千恐或鄙客復萌至於亞輩見疎以乖此會之旨也 卓彼先覺 勿忘文友 期待于兄 莫負於是 臨別咸涕 一言勸誓 可不勉哉
四二六〇年二月

金台俊, 「文友惜別」, 『文友』 4호, 1927.02

백난(百難)의 시대라는 현실인식, 조선최고의 학부라는 자부심, 그리고 금석도 뚫을만한 강고한 의지, "어찌 노력하지 않을 수 있겠는가(可不勉哉)"라는 언급은 쇼와(昭和) 시대에 쓰여진 단기(檀紀)연호와 결합하여 강렬한 조선인으로서의 자의식을 표출한다. 조선어문학회 동인 조윤제의 민족에 대한 강렬한 열정[89], 조선어학회사건으로 지독한 옥고까지 치른 이희승 등 경성제대의 조선인들이 지녔던 민족의식은 응당 민족주의 이데올로기 비판과는 다른 층위에서 고려되어야 한다.

이렇듯 강고한 민족의식은 자칫 자기 중심적으로 흘러 국수주의로 이행하기 쉽지만, 김태준의 경우는 외부와의 접촉을 통해 균형감각을 유지할 수 있었던 것으로 보인다. 결정적인 계기 중의 하나는 북경에서의 경험이었을 것이다. 1931년 북경에서 김태준은 지인 화푸(華甫)가 교장으로 있는 신시엔후퉁[新鮮胡同] 제3소학(第三小學)을 찾아가 어린 학생들이 부르는 중국의 국가를 듣고, 그 다음 일본의 노래를 불러달라는 요청을 받는다.

華甫는 수박, 汽水(라무네)를 槐樹 그늘에 갓다 노으면서 자조 먹으라고 勸하고 주위에 둘너센 男女學生들에게 '땐스'와 노래를 식히고 最後에는 日本의 노래를 하나 紹介하라고 멍텅구리 先生에게 권한다. 國歌도 ××가도 아무것도 記誦하지 못하는 御用學者의 思想을 가진 멍텅구리 先生은 상대자의 알아듯지 못하는 것을 奇貨로 「君が代」를 再唱하니 學生들은 싱거운 막걸리 먹은 폭도 안되는지 멍청하게 섯다. 멍텅구리는 어려슬 때 어느 海外 동무에게서 들은 노래를 짜내여 한마듸 한다.

우리는 누리에 붓난 불이요
중제도마시는몽치라

그리고 생각이 안나서 아리랑을 一唱하니 인제서 聽衆이 깔깔大笑[90]

---

89) 김명호, 「도남의 생애와 학문 - 민족에 살고 민족에 죽다」, 『고전문학연구』 27권, 한국고전문학회, 2005.
90) 「북평기행」, 58~59면.

김태준이 부른 노래는 간단하게 말하자면 식민지시기 만주에서 불린 독립군가의 하나이다.[91] 구전으로 인해 다양한 판본이 중첩되었지만 조선인으로서의 자의식과 제국 일본에 대한 투쟁인식이 담겨 있다는 것은 단언할 수 있다. 네이션의 환유로서의 국가(國歌)를 중국, 일본, 조선을 동격으로 배치시키며 동시에 일본의 그것을 '멍청하게' 만드는 장면구성의 의도가 인상적이다. 이러한 장면배치는 "짤막한 時日이지만 奇異한 見聞이 약간 잇스되 記憶되지 아니함으로 頭尾업는 말은 이대로 漫筆하여 둔다."라는 글 말미의 부기와 어울려 묘한 여운을 남긴다.

짧지 않은 중국에서의 체류기간동안 김태준은 때로는 일본인으로, 때로는 조선인으로 대접받으면서도 여행기 속에서 '멍텅구리'의 입을 빌려 끊임없이 제국 일본을 상대화시키고 조롱하고 멸시하며, 그것의 변증법적 몰락을 예언한다.

더욱 멍텅구리 先生의 異常하게 늣기는 것은 그들이 웨 淸廉潔白한 日本國을 侮蔑하며 함부로 排日小說을 쓰느냐고 생각한 것이다. 資平小說集 第3集의 「歡喜陀與馬桶」과 「天孫之女」 가튼 것은 張資平의 지은 排日小說로 유명하지만 王朝佑 가튼이는 「亞洲之日本」을 지여 帝國의 歡心을 사고 잇는데 한편에는 이러한 討厭鬼(中國말로 膏藥한 사람이란 뜻)도 잇다고 생각하였다. 더욱 『近代戲劇集』 속에 孫俍工의 지은 「死刑」은 6·7년 전에 難破大助[92]의 죽든 이약이[93]를

---

91) 김태준이 부른 노래 가사의 첫 행은 『문학예술사전』의 「혁명가」 및 『독립군시가집』의 「남만학원가」의 "우리는 누리에 붙는 불이요" 와 일치하며, 두 번째 행은 『혁명의 노래』의 「결사전가」의 "종제도 마사내는 붉은 망치라"와 일치한다. 전체의 노래는 알 수 없으나, 『혁명의 노래』에 실린 「결사전가」, 『문학예술사전』에 수록된 「혁명가」, 『독립군시가집』의 「남원학원가」 또는 『광복의 메아리』 소재의 「승리의 노래」 등 최소 4개의 독립군가가 관련되어 있다.

최삼룡 편, 『20세기 중국 조선족 문학사료전집 제4집』, 중국조선민족문화예술출판사, 2003, 14~16면

92) 난바 다이스케(難波大助)의 오식으로 보인다.

93) 도라노몬 사건(虎ノ門事件1923.12.27.)을 말한다. 일본의 공산주의자 난바 다이스케(1899~1924)가 당시 황태자이자 섭정이었던 히로히토(후의 쇼와천황)를 저격시

쓴 것임에 놀나지 아니할 수 업다.[94]

　　往時에 東亞를 휩쓰든 旗人들의 末路도 이 모양이라 모든 것은 辨證法的 歸
　結에 到着된다. 그것은 强者의 必然的 運命이리라고 멍텅구리 선생은 인제야
　이러한 法則을 發見한 듯 말하엿다. 아즉도 北平의 한골목에는 女人國이 잇구
　나 하고 歎息을 하엿단 말이다.[95]

　식민지 조선에서 강력한 통제력을 발휘했던 검열제도를 조롱하는듯한
높은 수위의 표현들은 제국 내지에서조차 언급할 수 없었던 "난바 다이스
케의 죽든 이야기" 등에서 절정을 이룬다. 이런 강렬한 민족의식에 기반한
에너지들은 중국과 일본의 근대학술계와의 접촉, 조선내부에서의 조선어
문학회 동인과의 교류, '조선학'과 관련된 조선인 선배학자들과의 논쟁 등
의 연찬(研鑽)을 거치면서 점차 정교한 학문적 구조와, 전통에 대한 깊이있
는 성찰의 기저를 이루게 된다. 1933년 「조선학의 국학적 연구와 사회학적
연구」(조선일보, 1933.05.01.~02.)에서 드러나는 '어용적 · 국학적'연구에 대
한 비판과 '과학적' '조선학'연구에 대한 선언의 근간에는 위와 같은 조선의
내부와 외부를 관통하여 구성되던 '조선'에 대한 고민이 있었던 것이다.

VI. 결론

　이 논문은 다수의 새롭게 발견된 자료를 바탕으로 그의 경성제국대학 예
과부터 1931년 북경에 이르기까지의 그의 행적을 재구성하는데 집중했다.
김태준은 예과시절부터 민족의 현실에 대한 고민을 하고 있었으며 그것을
『문우』를 통해 경성제대의 조선인들과 공유했다. 기존에 널리 알려진 1930

　도한 사건으로 난바 다이스케는 대역죄로 사형이 집행되었다.
94) 「북평기행」, 57면.
95) 「북평기행」, 61면.

년의 중국행이 혁명적으로 변화하는 중국의 현실을 목도하는 여행이었다면, 새롭게 발견된 1931년의 중국행은 학술 교류가 다수 확인되는 특징이 있다. 웨이젠공·김구경을 매개로 한 중국 북경대학의 장샤오위안, 저우쭤런 등 교수진과 제국대학 '지나학' 네트워크에 속한 동경제대 다카다 신지 등과의 만남은 근대 동아시아 학술교류에서 아직 확인되지 못했던 지점이다. 이러한 교류에 영향을 받은 학문적 성과들에 대해서는 별도의 심도있는 연구가 요구된다.

중국과 일본이 중첩된 국제 네트워크와 함께 경성제대 조선인 내부의 네트워크도 한국의 초기 근대학술의 형성에 중요한 영향력을 행사했다. 예과의 문우회로부터 조선어문학회로 이어지는 제국대학의 조선인 네트워크는 조윤제뿐만 아니라 김재철 등 다수 회원 각기의 중요성을 다시금 환기시킨다. 그다지 주목받지 못했던 최창규의 재발견은 식민지시기 경성제국대학 연구가 아직도 많은 과제를 남기고 있음을 보여준다. 이들 조선어문학회를 중심으로 한 경성제대 지식인들은 그동안 제국학지의 그늘에 있는 것으로 의심받아 왔으나, 새로운 자료들로부터 강렬한 민족의식과 더불어 '조선학'의 구성에 보다 다양한 요소들이 개입하고 있음이 드러난다.

1930년대 '조선학', 혹은 한국의 근대학술이 조선의 안과 밖을 넘나드는 지점에서 구성되기 시작되었다는 점은 의미심장하다. 그 지점은 과거의 제국 중국도, 현재의 제국 일본도 하나의 네이션으로 상대화되어 조선과 대적하는 곳이었다. 젊은 조선의 학자들에게 학문의 세계는 식민지적 차별을 넘어선 공간으로 기획되었고, 그들은 학문적 경쟁을 통해 식민지적 위계를 극복하기 위해 노력했다. 그렇지만 동시에 '조선학', '국학' 혹은 네이션이 '순수한 민족정신의 정수'로 환상화 되어서는 안될 것이다. 오히려 그것이 구성되기까지 주체들의 열망과 갈등의 복잡한 맥락들, 그리고 언어로 구성된 뒤에도 (단일)민족성 뒤에 숨어 있는 혼종성 등이 더욱 더 파헤쳐져야만 우리는 그것에 대해 보다 진지한 성찰을 가져갈 수 있을 것이다.

참고문헌

1. 1차자료

『文友』, 『淸凉』, 『新興』, 『朝鮮語文學會報』, 『蘆汀記念帖』[96)], 조선일보, 동아일보, 매일신보, 조선중앙일보.

2. 단행본

『경학원잡지』, 1930.08.

김병민(金柄珉), 이존광(李存光) 주편(主編), 『中國現代文學與韓國叢書 6: 飜譯編 小說 詩歌 散文 劇本卷』, 延邊大學出版社, 2014.

김용직, 『김태준평전』, 일지사, 2007.

김재철 저, 심우성 편, 『조선연극사』, 동문선, 2003.

이가원 저, 허경진 역, 『玉流山莊詩話』, 연세대학교 출판부, 1980.

이충우, 『경성제국대학』, 다락원, 1980.

임형택, 『한국학의 동아시아적 지평』, 창비, 2014.

정선이, 『경성제국대학 연구』, 문음사, 2002.

천이아이(陳以愛), 박영순 옮김, 『현대 중국의 학술사 – 베이징 대학 연구소 국학문을 중심으로』, 도서출판 길, 2013.

최삼룡 편, 『20세기 중국 조선족 문학사료전집 제4집』, 중국조선민족문화예술출판사, 2003.

친일인명사전편찬위원회, 『친일인명사전 인명편 2』, 민족문제연구소, 2009.

홍석표, 『개정판 중국현대문학사』, 이화여자대학교 출판부, 2015.

홍석표, 『근대 한중교류의 기원』, 이화여자대학교 출판부, 2015.

---

96) 김재철 저, 심우성 편, 『조선연극사』, 동문선, 2003 에 영인된 것을 이용.

岡村敬二, 『戰前期外地活動圖書館職員人名辭書』, 武久出版株式會社, 2017.

『高田眞治博士古稀記念論集』, 大東文化大學漢學會, 1963.

야마네 유키오(山根幸夫), 『東方文化事業の歷史──昭和前期における日中文化交流』, 汲古書院, 2005.

3. 학술논문

김명호, 「도남의 생애와 학문 - 민족에 살고 민족에 죽다」, 『고전문학연구』 27권, 한국고전문학회, 2005.

김시준, 「魯迅이 만난 韓國人」, 『중국현대문학』 13, 한국중국현대문학학회, 1997.

김준형, 「길과 희망: 이명선의 삶과 학문세계」, 『이명선 전집 4』, 보고사, 2007.

박광현, 「경성제대와 '신흥'」, 한국문학연구 26호, 2003.

박영미, 「일제강점기 재조 지식인 多田正知의 한학연구에 대한 시론」, 『어문연구』 65, 2010.

박영미, 「일제 강점기 한문고등교육기관 설립에 관한 소고」, 『한국한문학연구』 59, 한국한문학회, 2015.

박희병, 「천태산인의 국문학연구(상)」, 『민족문학사연구』, 3호, 1993.

백영길, 「김태준과 동아시아문학 - 중국현대문학론 및 연안행을 중심으로」, 『한림일본학』 2호, 1997.

윤대석, 「경성제대의 교양주의와 일본어」, 『대동문화연구』 59, 대동문화연구원, 2007.

이용범, 「金台俊과 郭沫若 - 한 고전학자의 인식론적 전환의 계기」, 성균관대학교 석사논문, 2014.

이윤석, 「김태준 조선소설사 검토」, 『동방학지』 161집, 2013.

천진, 「식민지 조선의 지나문학과의 운명」, 『동아시아 한국학의 형성』, 소명출판, 2013.

천진, 「1920년대 초 동아시아의 성찰하는 주체와 현대중국의 표상: 아쿠타가와 류노스케, 이동곡의 장소 경험을 중심으로」, 『중국문학』 72, 한국중국어문학회, 2012.

하재연, 「'문우'를 통해 본 경성제대 지식인의 내면」, 『한국학 연구』 31, 고려대학교 한국학 연구소, 2009.

한기형, 「'이중출판시장'과 식민지 검열」, 『민족문학사연구』 57, 민족문학사연구소, 2015, 147~148면.

李家源, 「韓國漢文學史中譯本序」, 『貞盦文存』, 友一出版社, 1985.

孫知慧, 「忘れられた近代の知識人「金九経」に関する調査」, 『大谷学報』 94(2), 大谷学会, 2015.

왕원바오(王文宝), 「中國民俗學家江紹原」, 『民俗研究』 1990年 3期(總第15期), 中国民间文艺家协会民间文学研究所, 1990.

웨이나이 · 웨이즈 · 웨이중(魏乃 · 魏至 · 魏重), 「魏建功先生传略」, 『文教资料』 1996年 05期, 南京師範大學.

자오다(曹达), 「魏建功年谱」, 『文教资料』, 1996年 05期, 南京師範大學.

자오잉치우(趙穎秋), 「解放前韓國現代文學在中國的傳播與接受研究」, 南京大學 碩士論文, 2014.

李曉辰, 「京城帝国大学における韓国儒教研究活動」, 『東アジア文化交渉研究』 Vol.8, 関西大学 大学院東アジア文化研究科, 2014.

3부

조선사 연구와 동양학

식민지기 일본인 연구자들의
한국사에 대한 통사적 접근

쓰에마스, 이나바, 나카무라의 시도를 중심으로*

정 상 우

I. 서언

식민지기 일본인 연구자에 의한 한국사 연구는 보통 '식민사학' 또는 '식
민주의 역사학'이라고 불린다. 이에 대해서는 1960년대 그 문제점이 제기된
이래 현재까지도 다양한 연구 성과들이 제출되고 있다. 식민주의 역사학에
대한 연구들은 그것이 가지고 있는 '침략성'을 지적한다는 점에서 공통된
다. 즉 식민주의 역사학은 조선이 식민지로 전락한 원인을 그 역사적 과정
에서 찾았을 뿐만이 아니라 조선총독부의 '施政' 목표였던 '同化'를 정당화
해주었으며, 한국사의 범위를 한국의 '남부'로 축소했다는 것이다. 이러한
한편 근래의 연구들은 식민주의 역사학이 시기에 따라 그 모습을 변모해
갔다는 점을 언급하고 있다. 실로 식민주의 역사학은 총독부의 문화정책,
식민지 조선의 상황, 연구 환경 등의 변화와 연동하였으며, 이에 따른 한국

---

* 이 논문은 「일제 하 일본인 학자들의 한국사에 대한 通史的이해」(『역사와현실』 104,
  2017)를 수정, 보완한 것임.

에 대한 歷史像의 변화는 당시 개인 연구자의 차원에서 또 총독부의 역사 관련 발간물에서도 확인된다.[1] 식민주의 역사학은 침략과 지배를 합리화 하는데 복무했던 만큼 식민지 조선의 상황 변화에 따른 제국 일본의 필요, 또 역사학으로서 이를 배태한 일본 사학계의 연구 축적이나 수준 등에 영향을 받으며 강조점을 달리 했던 것이다.

한편 식민지기 일본인 연구자들은 한국사에 대해 종종 通史的 접근과 서술을 시도했다. '通史'라는 것은 특정 시대에 국한하지 않고 전 시대에 걸친 역사를 기술하는 것으로 역사를 종합·정리한다는 의미를 갖는다. 때문에 식민지기 일본인 연구자들이 한국사에 대해 통사적 접근을 시도한다는 것은 당시 한국사에 대한 정리의 필요성이 일본 학계 혹은 연구자들 사이에서 발생했다는 것으로 통사의 발간 시점은 식민주의 역사학의 전개과정에서 의미하는 바가 크다. 또 특정 시기에 국한되지 않는 통사를 서술한다는 것은 대부분의 경우 개인의 역량을 뛰어 넘는 것으로, 그 서술과정에서 기존의 연구 성과를 대폭 활용하게 되어, 당대 학계의 수준과 관심은 통사를 통해 드러나게 된다. 때문에 식민지기 일본인 연구자들에 의한 통사의 내용을 통해 당시 연구자들의 학문적 수준과 주요한 관심사도 살펴볼 수 있다.

이 논문은 이러한 의미가 있는 식민지기 일본인 연구자들에 의해 시도된 한국사에 대한 통사적 접근과 서술을 통해 식민주의 역사학의 전개과정과 당시 일본인 연구자들이 한국사에 대해 품고 있던 공통의 지반 내지는 연구의 경향성을 살펴보기 위한 것이다.

그런데 식민지기 한국사에 대한 일본인 연구자들에 의한 통사적 접근과 서술을 살펴볼 때 1930년대 중반에 이러한 시도가 집중된다는 점이 주목된다. 1935년 조선사편수회의 중심인물이었던 이나바 이와키치(稻葉岩吉)와 나카무라 히데다카(中村榮孝)가 각각 「朝鮮史」와 『朝鮮史 - 國史と海外史と

---

1) 정상우, 「滿鮮史와 日本史의 위상」, 『韓國史學史學報』 28, 2013 ; 도면회, 「조선총독부의 문화 정책과 한국사 구성 체계」, 『歷史學報』 222, 2014.

の交關』을 간행한데 이어 당시 경성제대 교수 쓰에마스 야스카즈(末松保和)가 진행한 조선의 역사 전반에 대한 강연이 잡지『朝鮮行政』의 지상에 1937년에서 1939년까지 무려 22회에 걸쳐 연재된 것이다. 19세기 말 이래 일본인 연구자에 의한 이러한 시도가 전혀 없었던 것은 아니지만 1930년대 접어들어 당시 한국사를 연구하는 학계의 주요 인사들에 의해 거듭 등장한다는 것은 식민주의 역사학 및 그를 둘러 싼 상황의 변화를 시사하는 것으로 주목할 가치가 있다.

1930년대 접어들어 당시 주요 한국사 연구자들이 이러한 시도를 거듭하고, 그 결과를 공간한다는 것은 학계뿐만이 아니라 사회적으로도 한국사 전반에 대한 종합과 정리의 필요가 그 어느 시기보다 높았다는 것으로, 그 이유를 이전에 이루어진 통사들과 비교하여 고찰한다면 식민주의 역사학이 부응해야 했던 식민지적 상황을 살펴볼 수 있을 것이다. 또 식민지기 등장했던 통사들의 공통점과 차이점들을 살펴본다면 시기에 따라 식민주의 역사학의 변화과정을 집약적으로 파악할 수 있을 것이다. 식민지라는 상황은 당시 일본인 연구자들에게 한국을 바라보는 기본적인 전제였으며 그들에게 한국사는 '식민지 조선'의 역사 이상의 의미를 갖기 어려운 것이었다. 식민지기 간간히 간행된 한국사에 대한 일본인 연구자들의 통사들은 한국사 전반에 걸쳐 이를 어떻게 구현하였는가, 특히 1930년대 중반 쓰에마스 등에 의해 집중적으로 등장한 통사들은 이전에 간행된 통사들과는 다른 면모를 보이는가, 또 이들이 1930년대 중반이라는 시점을 공유하는 만큼 이들 사이에서 공통되는 사항이 있는가를 확인할 수 있다면 식민지기 일본인 연구자들의 한국사에 대한 인식의 추이를 파악할 수 있을 것이다. 이를 통하여 '정체성론', '타율성론', '반도적 성격론', '일선동조론' 등으로만 이야기되어 고정된 것으로만 여겨졌던 식민주의 역사학이 그렸던 한국사에 대한 歷史像을 변화의 과정 속에서 추적해 보고자 한다.

Ⅱ. 대륙 침략과 새로운 조망의 필요 : 역사의 정리

1922년 조선사편찬위원회가 구성되어 『朝鮮史』 편수가 개시된 이래 조선에 상주하며 사업을 총괄했던 이나바가 1935년 개인 저작으로 「朝鮮史」를 서술했다는 것은 앞서도 언급했다. 그런데 그는 맨 마지막에 '朝鮮史研究の過程'이라는 章(第12章)을 설정하고, 에도시대 이래 일본에서 한국사 연구의 역사를 정리하면서 그 문제점으로 다음의 사항을 꼽았다.

> 朝鮮史 研究는⋯(에도 시대 이래 : 인용자) 260, 70년을 경과하면서 高麗朝 이전의 研究調査는 대강의 작업을 종료⋯그 이후 즉 李氏朝鮮時代의 歷史研究는 前途遼遠하다. 다만 故 林泰輔박사가 燃藜室記述 등을 참작하여 『朝鮮史』를 쓴 것은 그나마 慰籍이다. 실로 朝鮮時代를 정리한 저서로서는 박사의 『朝鮮史』 외에 겨우 近年 朝鮮史學會 간행의 『朝鮮史大系』(朝鮮時代史)에 한정되며, (이는) 결코 현대의 요구에도 부합하지 않고 누구나 유감의 念을 품는다⋯[2]

고려시대 이전의 역사는 '작업종료'라고 이야기할 정도로 많은 연구를 축적했지만, 그 이후 특히 조선시대에 대한 연구는 2편뿐으로, 그 연구가 부족하다는 것이다. 식민주의 역사학에서의 한국사 연구사 주로 고대사 내지는 한일관계사와 같은 특정 시기 내지는 주제에 집중되어 있었다는 것은 식민지 당시 일본인 연구자에 의해서도, 또 식민주의 역사학에 대한 선행연구에서도 지적되어 온 것이다.[3] 식민주의 역사학의 이러한 편재성은 통사적 접근과 서술을 가로막는 것이기도 하였다. 실제로 19세기 말 이래 식민지기를 통하여 일본인 연구자들에 의해 한국사 전반을 다루는 통사적 접

---

2) 稻葉岩吉, 「朝鮮史」, 『世界史大系』 11, 平凡社, 1935, 196~197쪽.
3) 中村榮孝, 「新刊朝鮮史に就いて」, 『朝鮮』 208, 朝鮮總督府, 1932 ; 이만열, 「近現代 韓日關係 研究史 - 日本人의 韓國史研究를 中心으로」, 『한일역사 공동연구보고서』, 2005, 19~36쪽 ; 정상우, 「조선총독부의 『朝鮮史』 편찬사업」, 서울대학교 박사학위 논문, 2011, 89~93쪽.

근은 그다지 많지 않았으며, 그나마 눈에 띄는 것은 바로 위의 인용문에서 지적한 하야시 타이스케(林泰輔)의 『朝鮮通史』와 朝鮮史學會의 『朝鮮史大系』이다.

각각 1912년과 1927년에 발간된 이 두 저작은 1930년대 중반 이전에 발간된 한국사에 대한 주요한 통사라고 하겠다. 그렇다면 이러한 저작이 발간된 이유는 무엇이었을까? 『朝鮮通史』의 저자 하야시는 도쿄제대 古典講習科를 졸업한 이후 한국사 연구를 개시하였다. 특히 그가 1892년에 저술한 『朝鮮史』는 근대적인 역사서술 방법에 입각하여 서술된 최초의 한국사 전문서로 메이지기 일본인들의 한국사 연구의 효시를 이루며, 당시 한국인들의 역사 서술에도 많은 영향을 미쳤다고 평가된다.[4] 이 『朝鮮史』는 역사의 시작에서 고려시대까지 만을 다루지만 하야시는 처음 이 책을 저술·간행할 당시부터 한국사에 대한 통사를 염두하고 있었던 것으로 보인다. 그 범례에서 한국사를 '太古(漢四郡 이전) - 上古(삼국정립~경순왕) - 中古(고려시대) - 近世(조선시대)'의 4기로 나누고 있기 때문이다. 실제로 하야시는 조선시대에 대해 『朝鮮史』 간행에서 9년이 지난 1901년 『朝鮮近世史』(上, 下)라는 별도의 저작을 저술·발간하였다. 1912년 하야시가 최초의 통사로서 『朝鮮通史』를 발간할 수 있었던 것은 이러한 기반이 있었기 때문이다. 그가 서문에 밝히고 있듯이 '舊稿', 바로 『朝鮮史』와 『朝鮮近世史』를 수정·축약하여 발간한 것이 『朝鮮通史』였다.[5] 그가 이렇듯 과거의 연구를 종합하여 통사를 발간하게 된 이유는 바로 강점이었다. '병합'으로 인하여 '朝鮮의 歷史는 즉 우리 新領土의 歷史로, 종래 겨우 東洋史 가운데 한 모서리를 점하던 것과는 크게 그 趣를 달리 한다'는 그의 발언은 강점이 가져온 한국사의 위상 변화를 단적으로 보여준다. 그러한 만큼 이제 '우리 국민된 자는

---

[4] 이만열, 앞의 논문, 2005, 30~35쪽.
[5] 때문에 앞서 제시한 이나바의 인용문에서 그가 말한 하야시의 『朝鮮史』는 내용상 『朝鮮近世史』 또는 『朝鮮通史』를 가리키는 것이라고 하겠다.

누구라도 그 역사의 槪觀을 알아야 할 필요'가 생겼으며, 이에 '朝鮮史의 梗 槪를 소개하고자' 한다는 것이다.[6] 즉 '신영토'의 역사를 확인하기 위하여 한국사에 대한 통사로서 『朝鮮通史』를 간행했던 것이다.

한편 朝鮮史學會는 1923년에 조직된 것으로 식민주의 역사학과 관련하 여 '학회'라는 명칭을 달고 식민지 조선에 등장한 최초의 단체이다. 이는 당 시 政務總監이었던 아리요시(有吉忠一)를 總裁로, 오다 쇼고(小田省吾)를 會長으로 하여 총독부와 경제계의 주요 인사는 물론 강점 이후 식민주의 역사학을 전개한 주요 학자들을 망라한 학회이자 이른바 '문화통치'의 산물 로 '조선사의 연구와 보급'에 앞장선 단체로 알려져 있다.[7] 그렇지만 실제 로 朝鮮史學會의 주된 활동은 한국사에 대한 '연구'가 아닌 역사 대중화에 해당하는 '보급' - '지상강좌' 및 '통신강좌'와 이를 바탕으로 하는 『朝鮮史講 座』의 발간이었다.[8] 朝鮮史學會의 대표적인 성과 가운데 하나인 『朝鮮史 講座』는 한국사를 '上古', '中世', '近世', '最近世'로 나누어 정리한 一般史, '財政', '法制', '日鮮關係', '滿鮮關係', '敎育制度', '政爭', '佛敎', '學藝', '美術', '古蹟遺物', '慣習法', '金石文', '風水說', '高麗大藏經', '天道敎' 등 주제별로 나누어 강연·집필한 分類史와 特別講義로 구성된 것이다.[9] 이렇게 총독 부의 고관은 물론 당시 연구자들이 망라되어 역사 대중화에 나서게 된 배 경에는 3·1운동 이후 조선인들의 자국사 연구열이 자리잡고 있었다. 朝鮮 史學會에도 참여했던 이나바는 당시를 '단군신앙은 근래 2~3명의 제창에 의해 급속하게 발달하여, 지금껏 돌아보지 않았던 조선사 연구는 조선인

---

6) 林泰輔, 自序, 『朝鮮通史』, 富山房, 1912.
7) 朝鮮史學會에 대해서는 박걸순, 「日帝下 日人의 朝鮮史硏究 學會와 歷史(高麗史) 歪曲」, 『한국독립운동사연구』 6, 1992를 참고.
8) 정준영, 「식민사관의 차질 - 조선사학회와 1920년대 식민사학의 제도화」, 『韓國 史學史學報』 34, 2016, 255쪽.
9) 때문에 『朝鮮史講座』는 한국사 서술에서 최초로 종합적, 분류사적 방법론을 시도 한 것으로 이야기된다.(박걸순, 앞의 논문, 311~312쪽.)

사이에 일대 潮勢를 이루었다'[10]며 회상하기도 하였다. 1920년대 초반 한국인들의 역사연구열은 상당했던 것으로 보인다. 당시 간행된 통사들만 헤아려 보아도 국외에서의 『韓國歷代小史』(김택영, 1922)는 물론 국내에서의 『新編朝鮮歷史』(황의돈, 1923), 『朝鮮文明史』(안확, 1923), 『半萬年朝鮮歷史』(박해묵, 1923), 『朝鮮歷史要領』(장도빈, 1924), 『朝鮮留記』(권덕규, 1924) 등 그 수가 상당하다. 이른바 '문화통치'라는 공간에서 과거 간행될 수 없었던 한국사에 대한 저술들이 등장하며 3·1 운동 이후 각성된 한국인들의 자국사에 대한 높아진 관심을 충족시키고 있었던 것이다.[11] 이처럼 1920년대 초반 식민지 조선인의 역사 연구 열기는 정책 당국자에게나 또 한국사를 연구하는 일본인 연구자들에게나 우려할 만한 현상이었으며, 朝鮮史學會를 결성하여 식민주의 역사학을 전파하고자 했던 것은 이에 대한 대응이라고 하겠다. '조선의 역사를 이해하는 것은 조선 그 자체를 이해하는 방법이며, 조선을 이해하는 것은 조선에서의 모든 사업을 성공하기 위한 유일의 열쇠'로 '정치, 경제, 종교, 교육 등 조선에서의 사업을 위해서는 반드시 먼저 반도의 土地民情을 究하고, 깊이 그 유래와 연혁을 辨해야만 한다'[12]는 『朝鮮史講座』의 발간사는 3·1운동 이후 효과적인 식민통치를 위해 사회교화 정책을 강화하던 당시,[13] 이를 위한 수단으로서 역사의 보급이 주목되었음을 보여준다.

---

10) 稻葉岩吉, 앞의 책, 1935, 199쪽.
11) 이 시기에 한국인에 의한 통사가 쏟아져 나오는 원인 중 하나로 3·1운동 이후 문화주의의 대두가 지적되고 있다. 즉 이전 신채호나 박은식과 같이 혼과 얼 등 역사서술에 있어 정신적 측면을 중요시했던 방식은 혼과 얼이 살아 있던 고대사에 대한 접근은 쉽게 할 수 있었지만 혼이나 얼이 쇠퇴했다고 본 그 이후 시기의 서술이 어렵기 때문에 통사서술이 어려웠지만 1920년대 문화주의의 대두와 더불어 사회의 상층구조인 '문화'의 변화를 추적하는 역사서술로의 변화는 '혼과 얼' 등의 발견과 같은 제약이 없었기 때문에 역사를 통사로 정리할 수 있다는 것이다.(趙東杰, 『現代韓國史學史』, 나남, 1998, 178~181쪽.)
12) 朝鮮史學會, 「『朝鮮史講座』發刊の辭」, 『朝鮮史講座 要項號』, 1923, 1~2쪽.
13) 이지원, 『한국 근대 문화사상사 연구』, 2007, 149~170쪽.

한편 朝鮮史學會에서 진행했던 강좌를 담당하고『朝鮮史講座』를 집필한 이들의 면면을 보면 당대 한국사 연구자를 망라하고 있음을 확인할 수 있다. 오다는 물론 이나바, 카야하라 마사죠우(栢原昌三), 다카하시 토오루(高橋亨), 후지타 료우사쿠(藤田亮策), 세노 우마쿠마(瀨野馬熊), 오구라 신페이(小倉進平), 가츠라기 스에하루(葛城末治) 등『朝鮮史講座』주축들은 총독부나 그에 소속된 기관의 관료 혹은 촉탁으로 활동한 이들이지만 동시에 이들은 이른바 '근대 학문'의 세례를 받고 근대 학문의 방법론을 구사하여 당시 한국과 관련된 다양한 조사·연구 활동을 진행하면서 당대 한국사 관련 연구들을 주도한 이들로, 특히『朝鮮史大系』의 주요 집필자인 오다와 세노는 '朝鮮半島史 編纂事業'(이하 '반도사 편찬')과 불가분의 관계를 맺었었다.[14] 주지하듯이 '반도사 편찬'은 조선총독부 최초의 한국사 정리 사업으로, 1918년 이래 오다 쇼고는 이를 총괄하는 위치에 있었다. 그렇지만 이 사업은 고대사 해당 부분만 원고가 작성된 채 중단되었다. 이렇게 좌절된 사업이 오다 쇼고가 주도한 朝鮮史學會의『朝鮮史大系』로 빛을 보게 된 것이다. 즉 오다는 자신이 깊숙이 관여했던 한국사 정리 사업을 朝鮮史學會를 통하여 완결지었던 것이다. 이렇게 기왕의 연구 작업들을 정리하는 것은 '보급'을 통한 역사 대중화에 방점을 두었던 朝鮮史學會에서 진행한 다른 강좌의 참여자들도 비슷했을 것이다. 이들이 대중을 대상으로 강연을 하고 이를 바탕으로 한 글쓰기를 통해 자신들의 연구를 알리기 위해서는 그간의 연구들을 정리할 필요가 있었을 것이며, 朝鮮史學會는 바로 이 기회를 제공했던 것이다. 이러한 점을 고려할 때 당시 한국사 연구자들이 집결했던 朝鮮史學會는 강점 이래 1920년대 전반까지 이루어진 식민주의 역

---

14) 이러한 인적 연결 고리를 근거로『朝鮮史大系』와 '반도사 편찬'의 관련성이 지적되었으며, 당시 학계에서도 朝鮮史學會의 활동을 반도사 편찬사업의 또 다른 형태로 보았다고 한다.(장신, 「조선총독부의 朝鮮半島史 편찬사업 연구」,『동북아역사논총』23, 2009, 375~378쪽 ; 정준영, 앞의 논문, 244~245쪽.)

사학의 성과를 종합·정리한다는 의미 역시 가지고 있으며, 이를 바탕으로 대중화에 나선 단체라고 할 수 있을 것이다. 이러한 朝鮮史學會 활동의 마지막은『朝鮮史講座 - 一般史』를 오다와 세노가 주축이 되어 정리해『朝鮮史大系』를 발간한 것이었다. 즉 朝鮮史學會의 활동은 3·1운동 이후 자국사에 대한 한국인들의 연구열과 수요가 높아진 한편 식민지 조선에 대한 새로운 통치가 시행되는 가운데 당시까지 진행된 식민주의 역사학을 종합·정리해 대중에게 전달하는 것이었으며, 한국사에 대한 통사적 정리인『朝鮮史大系』는 그 최종 귀결점이라고 하겠다.

이처럼 1910, 20년대 등장한 하야시의『朝鮮通史』와 朝鮮史學會의『朝鮮史大系』는 각각 식민지로서 조선의 획득, 또 3·1운동이라는 식민 통치의 균열에 의한 것으로, 한국사에 대한 종합·정리의 원인이 '식민지 조선'에 있었다고 하겠다. 그런데 1930년대 중반의 시도들은 이전과는 양상을 달리하고 있다. 나카무라는 1935년 한국사를 한일관계사의 맥락에서 정리한『朝鮮史 - 國史と海外史との交關』을 저술하며, 그 편찬 이유를 다음과 같이 밝혔다.

> 日韓併合에서부터 25주년…혹은 朝鮮人의 內地移住나 內鮮經濟關係의 여러 문제와 같은 것, 혹은 新興 滿洲國에서의 移民問題와 같은 것 등 半島를 中心으로 하는 여러 상황이 최근에 새로이 우리나라의 중대 관심사가 되었다. 이런 시기를 맞아 옛부터의 內鮮 및 滿鮮의 關係를 歷史的으로 回顧하고 檢討하는 것에 힘쓰는 것은 단지 學徒의 임무만은 아닐 것이다.[15]

나카무라는 최근 '반도'를 중심으로 한 상황들이 일본에 중대 관심사가 되었다며, 그러한 상황으로 두 가지, 바로 '朝鮮人의 內地移住나 內鮮經濟關係'와 '新興 滿洲國에서의 移民問題'를 꼽았다. 이 가운데 '新興 滿洲國에서의 移民問題'는 1930년대 대륙침략으로 인해 제국 일본이 맞닥뜨린 새로

---

15) 中村榮孝,『朝鮮史 - 國史と海外史との交關』, 1935, 1쪽.

운 문제였다. 뿐만 아니라 식민통치 이래 항존했던 '朝鮮人의 內地移住나 內鮮經濟關係' 역시 대륙침략으로 인해 더욱 중요한 문제로 부각될 수밖에 없었을 것이다. 즉 대륙 침략 이후 '半島를 中心으로' 새로운 문제가 속출함에 따라 역사를 새롭게 돌아볼 필요가 제기되었으며, 이러한 이유로 나카무라는 한국사에 대한 통사적 접근을 시도한 것이다. 그런데 일본의 대륙 침략에 따른 새로운 현안이나 문제의 발생은 식민지 조선에서만 일어난 것은 아니었다. 당장 군대가 침략한 만주, 또 가장 직접적인 이해 당사국인 중국과의 관계에서 여러 문제들이 발생할 수밖에 없는 것이었다. 즉 나카무라가 『朝鮮史 - 國史と海外史との交關』의 저술 이유로 들고 있는 대륙 침략은 단지 식민지 조선의 역사를 정리할 필요를 넘어 서고 있었다. 실로 '國史と海外史との交關'이라는 부제가 붙어 있는 나카무라의 저작 『朝鮮史』는 그것만 단독으로 출판된 것이 아니라 동일한 부제가 달린 『滿蒙史』(有高巖 著), 『支那史』(志田不動麿 著), 『近代世界史』(中川一男 著)와 함께 발간된 것이었다.

이처럼 대륙 침략과 이에 따라 세계질서가 동요하기 시작한 1930년대 접어들어 일본의 역사학계에서는 그간의 연구를 정리하고 새로운 전망을 제시하는 작업을 진행하였다. 그 대표적인 예가 바로 1932년 11월말에 발간된 『研究評論 歷史敎育』의 임시 증간호 『明治以後に於ける歷史學の發達』이다. 방대한 분량을 과시하는 이 책은 明治 이래 일본 역사학을 '國史學'(社會經濟史, 思想史, 宗敎史, 政治史, 法制史, 外交史, 敎育史, 美術史, 歷史地理學, 日本考古學, 民俗學), '東洋史學'(支那史 - 先秦時代史, 漢南北朝時代史, 唐宋時代史, 元代史, 明代史, 淸代史, 朝鮮史, 滿洲蒙古史, 西域史, 南海史, 東洋考古學), '西洋史學'으로 나누어 각 분야의 전개 과정을 도쿄제대 교수를 비롯한 당시 해당 분야의 최고 전문가들이 정리한 것이다. 이에 대해 편집자들은 '明治 이후의 사학의 발달사라고 할 만한 서적은 많은 이들이 필요로 하면서도 금일까지 없다'면서 이러한 시도가 최초라는 것을

자부하는 한편 역사학 자신의 발달을 위해 이와 같은 전체적인 전망이 필요하다는 것을 제언하였다.[16]

뿐만 아니라 1933년에서 1936년에 걸쳐 총 25권으로 구성되는『世界歷史大系』시리즈(平凡社)가 발간된 것 역시 대륙 침략 이후 새로운 조망을 위해 역사를 되돌아보던 당시의 시대 분위기를 잘 보여준다.[17] 이는 시기적으로는 고대사에서 현대사까지를, 또 공간적으로는 중국, 중앙아시아, 조선, 만주는 물론 서유럽과 이집트의 역사까지도 포괄하는 방대한 것이었다. 색인과 연표, 주요 사적에 대한 해제를 제외한 23권의 구성을 보면 고고학에 해당하는 것이 2권, 일본사 2권, 동양사(중국사) 7권, 조선사·만주사 1권, 중앙아시아사·인도사 1권, 서양사 9권으로 중국사와 서양사의 비중이 상당하다는 것을 확인할 수 있다. 당시 이와 같은 기획이 이루어져 책이 발간되었다는 것은 1930년대 접어들어 사회적으로도 일본만이 아니라 일본을 둘러싼 세계와 그 역사에 대한 관심이 높았음을 말해주는 것이다. 이렇듯 1930년대 이후 그간 연구의 정리와 조망에 있어 '朝鮮史' 역시 지나칠 수 없는 대상이었다. 식민지 조선은 대륙 침략의 교두보이자 병참으로서 새로운 의미를 띠게 되었음은 물론 학문적으로도 조선의 역사에 대해서는 상당한 연구가 이루어지는 가운데 일본사와의 밀접한 관련성이 거론되어 왔던 것이다. 나카무라의 저작이 '滿蒙', '支那'와 함께 등장했듯이 앞서 언급한 이나바의「朝鮮史」는 바로『世界歷史大系』의 일부로 기획·구성된 것이었다.

이처럼 일제의 대륙 침략과 이에 대한 중국 및 국제사회의 대응 과정에서 그간의 세계 질서가 동요하고 전쟁의 기운이 높아지며 새로운 세계질서

---

16) 歷史教育研究會,『研究評論 歷史教育 臨時增刊號 - 明治以後に於ける歷史學の發達』, 1932, 678쪽.
17) 平凡社는 당시 岩波書店과 더불어 학술서, 교양서 시장을 양분했던 굴지의 출판사로 이야기된다.

를 모색하던 1930년대, 일본의 역사학계에서는 그간의 연구를 종합·정리 하고 새로운 전망을 제시하고자 했으며, 사회적으로도 이러한 요구가 상당 했던 것이다. 학계 차원에서 일본에서 이른바 '근대 역사학'의 도입된 메이 지 이래 당시까지의 성과를 정리하고자 시도한 것이나『國史と海外史との 交關』,『世界歷史大系』와 같은 일련의 저작이 쏟아져 나온 것은 이를 말해 준다. 이 과정에서 식민지 조선의 역사에 대한 정리도 이루어졌으며, 조선 에서 오래 활동하며 한국사 연구의 최고 전문가로 성장한 쓰에마스, 이나 바, 나카무라 등이 이를 담당했던 것이다. 그렇다면 1930년대 중반 이래 등 장한 한국사에 대한 일본인 연구자들의 통사적 접근은 '식민지 조선'이 아 닌 '제국 일본'의 '침략과 팽창'에 의한 것이었다는 점에서 이전의 통사들과 는 편찬의 배경을 달리한다고 하겠다.

Ⅲ. 식민주의 역사학의 상수 : 종속과 혼란의 역사

식민지기 일본인 연구자들에게 한국사는 식민지의 역사 이상의 의미를 갖기 어려운 것이었다. '조선의 역사는 완결된 역사이다. 일본에 병합된 한 국은 조선사의 결론이다'[18]라는 쓰에마스의 언급에 잘 드러나듯이 일본인 연구자들이 볼 때 한국사는 스스로의 힘으로 근대화를 달성할 수 있는 가 능성이 닫혀 있는, 그래서 식민지라는 결론이 내려진 것이었다. 이처럼 발 전의 가능성이 없는 사회에 변화가 온다면 그것은 외부로부터의 충격에 의 할 수밖에 없는 것이다. 본격적인 서술에 앞서 한국을 소개하며 '朝鮮은 작 은 一小邦으로 東洋의 咽喉에 있어 大國이 부딪쳤다'[19]는, 한국사를 대하는 하야시의 자세나 '(한국은) 한편으로는 大陸에 接壤하고 또 다른 한편으로

---

18) 末松保和, 「朝鮮史」 (1), 『朝鮮行政』 1-7, 1937, 206쪽.
19) 林泰輔, 自序, 앞의 책, 1912.

一衣帶水의 日本列島에 이웃하여 있는 관계'[20])가 있다며 '대륙'과 '일본'의 사이라는 지정학적 특성을 부각한 『朝鮮史大系』 필진의 인식은 1930년대에 발간된 통사들에도 여전하다. 특히 쓰에마스는 한국사를 본격적으로 설명함에 앞서 그 '시대의 추이발전에서 인정되는 가장 잘 드러나는 사실'로 '외국세력의 영향이 막대하고 복잡하고 심각'했다는 것을 꼽고, 외국세력을 '지나 본토', '만주', '우리나라(일본)'로 정리하고 있다. '이 세 세력이 때를 달리하지 않고 끊임없는 시간을 함께 반도에서 움직였'기 때문에 한국사의 전개가 복잡하고, 한국사의 '모든 시대의 전환에는 피동적인 색채가 매우 농후'할 수밖에 없다. 즉 1930년대 쓰에마스가 보기에도 '피동성'은 '조선사를 관통하는 숙명'이었다.[21]

이러한 인식은 식민지기 일본인 연구자들에 의한 한국사에 대한 통사적 접근들의 구성에서도 그대로 드러나 있다. 이들 책자들은 모두 기본적으로 한국사를 왕조에 입각하여 서술하는데[22] 각 시기별로 한국사에 등장하는 외국 세력을 중요시한다는 공통점을 보인다.

한편 고대사의 경우 독자적인 개국신화로서 단군을 부정하고 한국사의 시작으로 기자조선과 위만조선을 거론하며 중국과 대륙에서의 유민들에 의한 역사의 시작과 이후 한사군 설치를 강조하는 한편 오래 전부터 이어져 온 한일의 관계를 제시하고 임나일본부에 대해 특필하는 것은 어느 시기에 쓰여 진 통사이든지 빠뜨리지 않던 공통된 사항이다.[23]

---

20) 朝鮮史學會, 「總序」, 『朝鮮史大系 - 上世史』, 1927, 2쪽.
21) 末松保和, 「朝鮮史」 (1), 『朝鮮行政』 1-7, 1937, 205~206쪽.
22) 『朝鮮通史』는 '前紀'와 '正紀', 『朝鮮史大系』는 '上古史', '中古史', '近世史', '最近世史'와 같은 일원적인 시대구분의 용어들을 사용하지만, 이는 외피일 뿐이며 사실상 왕조에 따른 시대구분을 기본으로 하고 있다. (자세한 사항은 〈부록〉에 제시한 당시 통사들의 목차를 참고할 것.)
23) 특히 한국 고유의 개국신화로서 '檀君'을 부정하는 태도는 식민지기 내내 공통된 것이었으며, 시간의 흐름에 따라 더욱 강화되고 있었던 것으로 보인다. 林泰輔의 『朝鮮通史』의 경우 '朝鮮이 일어난 것은 支那의 영향을 받은 것은 물론이고 오히

이러한 양상은 고려시대에도 드러난다. '創業 - 契丹와 女眞의 役 - 權臣 및 武人의 專橫 - 蒙古 및 日本의 관계 - 衰亡', 이처럼 고려시대를 설명하는 중심축으로 거란, 여진, 몽고와의 관계에 둔 林泰輔의 『朝鮮通史』이래 『朝鮮史大系』 역시 고려시대에 해당하는 中世史 40절 가운데 절반 이상이 대외관계에 해당하는 것들이다.[24] 이러한 태도는 고려시대를 '대외관계의 변화에 의거'해 구분할 수 있을 정도로 '대외관계의 복잡다단함이 시대의 특색'이며, 이러한 의미에서 '고려는 國際的 時代'[25]라고 명명한 쓰에마스

려 漢民族의 힘에 의해 開拓되었다'며 箕子朝鮮을 거론하였다. 『朝鮮史大系』는 고구려의 건국과 발전을 서술한 이후 별도의 '附節 壇君傳說に就て'를 설정하여 '檀君傳說'은 고구려의 건국과 관련된 것일 뿐 한국사의 주류인 韓族과는 관계가 없는 것임을 명확히 했다. 1930년대 중반 이후의 통사에서는 한국사를 설명함에 있어 가장 먼저 이에 대해 정리하며, 과거의 태도를 더욱 강화한다. 이나바의 경우 한국사에 대한 시작을 '開國說話'라는 章으로 하여 한국인들에게 알려진 고대 국가의 건국신화를 '說話'로서 정리하고 본격적인 한국사에 대한 서술은 '燕人 衛滿의 '반도 진입'부터로 설정하고 있으며(稻葉岩吉, 앞의 책, 1935, 7~9쪽), 쓰에마스 역시 '단군왕검조선'은 '왕씨고려의 시대 소산'으로 실제 역사는 기자와 위만과 같은 '북지나의 유망민'들의 국가에 대한 언급으로 시작하였다.(末松保和, 「朝鮮史」 (2), 『朝鮮行政』, 1937, 182~188쪽.) 고대의 신화와 관련하여 흥미로운 것은 나카무라이다. 한일관계사를 중심으로 역사를 개관한 나카무라 역시 글의 초반에 '上代の關係'라는 항목을 두고 한일관계의 연원은 세 가지 신화 - 바로 ①素戔鳴尊에 관한 것, ②任那國의 조공에 관한 것, ③天日槍의 귀화에 관한 것을 꼽으며, 이러한 신화를 '후세에 기록한 사료를 취급하는 것과 마찬가지로, 단순히 합리적이라든가 사람의 일에 맞게 해석한다든가 하는 것은 안된다'고 보았다. 즉 신화나 전설 자체를 역사적 사실로 보고 '실증'의 잣대로 비판해서는 곤란하다는 것이다. 그러면서도 이러한 신화·전설은 역사적 사실을 반영하기 때문에 받아들여야 한다는 태도를 취한다.(中村榮孝, 앞의 책, 1935, 8~11쪽.) 즉 당시 일본인 연구자들은 '檀君'에 대해서는 실증을 통해 부정한 이후 한국사에 드리워진 중국의 영향력을 강조했던 반면 '素戔鳴尊'나 '天日槍'에 대해서는 신화·전설에 대한 '실증'을 비판하고 '역사적 사실의 반영'이라며 한일의 유구한 관계를 인정했다.

24) 세노가 서술한 『朝鮮史大系 - 中世史』는 고려시대를 16章 40節로 나누어 서술하고 있다. 이 가운데 절반에 해당하는 20개의 節이 송, 거란, 여진, 몽고, 일본과의 관계에 대한 사항이다.

25) 末松保和, 「朝鮮史」 (7), 『朝鮮行政』 2-4, 1938, 191~192쪽.

나, '高麗의 貴族政治 - 契丹蒙古의 迭襲 - 蒙麗關係'를 축으로 고려시대를
설명한 이나바에게서 잘 드러난다. 흥미로운 것은 나카무라의 경우이다.
한일관계를 개설한 나카무라는 고려시대에 대해 '조선과 우리의 修好가 행
해지지 않아 공식적인 교통은 없었'지만[26] 당시 혼란스러운 대륙의 정세에
대항·견제하기 위해 고려는 일본과 수교를 절박하게 바랬고 결과 '사적인
交關은 끊어지지 않았다'면서 高麗, 日本, 宋 사이의 활발히 이루어진 무역
을 강조하는 한편 高麗에 미친 元의 영향과 고려를 통한 몽고의 일본 침략
을 고려시대 한일관계의 결론으로 제시하였다.[27] 즉 한일간 공식적인 외교
가 성립하지 않았던 고려시대의 한일관계를 '대륙에서의 남북대립의 형세'
가 '元寇'라는 최후의 결과를 초래했다며[28] 대륙의 변동을 바탕으로 서술하
였다.

　조선시대에 해당하는 부분에서도 '外國과의 關係', '明 및 野人과의 關係',
'日本과의 관계', '外交', '對外關係'와 같은 이름의 節들이 설정되어 있는 것
을 쉽게 발견할 수 있다. 뿐만 아니라 임진왜란과 병자호란에 대해서는 특
필하고 있으며, 19세기 이래 淸, 러시아, 일본과의 관계 속에서 한국사를 위
치시키고 있다는 것 역시 목차의 구성에서 그대로 드러난다. 특히『朝鮮通
史』와『朝鮮史大系』의 경우 '壬辰以前의 外交 및 內政', '壬辰以前의 內治와
外交'와 같은 章의 이름에서도 드러나듯이 임진왜란은 조선시대를 획기하
는 사건으로 위치지어졌다.[29] 1930년대 중반 이후의 통사들 역시 '壬辰役의

---

26) 中村榮孝, 앞의 책, 1935, 2쪽.
27) 中村榮孝, 앞의 책, 1935, 29~36쪽.
28) 中村榮孝, 앞의 책, 1935, 3쪽.
29) 앞서 이나바가 지적하였듯이 조선시대에 대한 당시 일본인 연구자들의 연구가
　　부진하였지만 임진왜란에 대한 것은 예외였다. 임진왜란에 대해서는 일본사를
　　해명하기 위한 것이었지만 이미 에도 시대부터 그 원인, 목적, 동기 등에 대한 논
　　의가 이루어졌으며, 1914년에는 이케우치(池內宏)에 의해『文祿慶長の役 正編1』
　　과 같은 전문 연구서가 발간될 정도로 연구가 이루어졌다. 이는 비록 임진왜란의
　　배경과 전쟁 이전의 상황에 대한 것이지만 당시 일본인 연구자들의 관심을 보여

考察', '外亂內訌의 時代', '文祿·慶長의 役'과 같은 별도의 章節을 두어 전쟁의 원인과 영향을 서술하는 것은 마찬가지였다.

이처럼 중국, 만주, 일본과의 관계 - 외교사를 중심축으로 한국사를 설명함과 더불어 정치사, 바로 내부의 정치적 분쟁을 강조한다는 것 역시 식민지기 일본인 연구자들에 의해 서술된 한국사에 대한 통사들이 공유하는 것이었다. 물론 『朝鮮通史』나 『朝鮮史大系』에는 '太宗世宗의 治績'과 '文化의 復興' 또는 '高麗의 佛敎와 學文', '世宗의 內治外交', '英祖·正祖의 治績', '朝鮮의 敎育·學文 및 宗敎'와 같은 章을 두고 集賢殿의 설치와 한글(諺文)의 제작을 서술한다거나 英正祖代를 '文化의 復興'시대라며 農桑을 권하고 飢荒을 진휼했으며 大典通編을 비롯한 각종 도서의 편찬을 거론하기도 한다.30) 하지만 이러한 부분을 제외하면 고려시대 외척의 전횡과 무신의 발호, 조선시대에 접어들어 국초부터 전개된 왕위계승 분쟁과 사화·당쟁은 대외관계와 더불어 내용의 대부분을 차지하고 있다.31) 뿐만 아니라 그나마 높게 평가한 세종대와 영정조대 역시 世宗의 뒤를 이은 文宗의 이른 죽음으로 '世祖簒立의 禍가 열렸다'32)라거나 한글 창제 당시 '諸儒들도 다수는 이를 不可하다고 하고 諺文은 신기한 一藝에 지나지 않는다, 治世에 何等의 도움도 없고 學問上 오히려 손해'라는 極論도 있었다'33)며 이후의 정치

준다. 『朝鮮史大系』는 여기서 한 걸음 더 나아가 2개의 장에 걸쳐 임진왜란의 경과를 자세하게 제시하고 있다.

30) 林泰輔, 앞의 책, 1912, 201~216쪽, 466~489쪽 ; 朝鮮史學會, 『朝鮮史大系 - 近世史』, 1927, 35~40쪽, 222~235쪽.

31) 가장 많은 분량의 『朝鮮史大系』의 경우 中世史(고려시대)를 구성하는 40개의 節 가운데 15개가 정치사에 해당하는 것인데 장절의 명칭에서 나타나는 '廢位', '內亂', '專橫', '亂', '失政' 등의 용어에서도 드러나듯이, 그 대부분은 정치적 혼란을 그리는 것이다. 이는 총 38節 가운데 15개의 節을 정치사에 상당하는 내용으로 구성한 近世史(정조대까지의 조선시대)도 마찬가지로 그 주요 사항은 '士禍', '外戚의 專權', '甲子의 亂', '黨爭의 熾烈', '老論·少論의 對立과 政局의 旋轉', '純祖朝의 弊政과 洪景來의 亂' 등이다.

32) 林泰輔, 앞의 책, 1912, 227쪽.

적 혼란을 부각하고 한글 창제의 의미를 축소시킨다거나, '英祖 正祖 2朝는
文化復興의 聖時로 그 뜻을 政治에 用함에도 힘썼지만 積年의 黨爭은 그
뿌리를 끊을 수는 없었'고[34] '이전부터 오래 累積한 幾多의 弊竇는 두 왕(英
祖와 正祖 : 인용자)의 英資로서도 刈除할 수 없었다'[35]며 영조와 정조도
어찌할 수 없을 정도로 조선왕조의 폐단이 깊었다는 것을 강조하는 것으로
연결되었다. 이러한 양상은 1930년대 중반 이후의 통사들 역시 마찬가지였
다. 고려시대의 '武家政權'을 특필하고 조선 건국 이후 '세조부터 선조 초년
에 이르는 약 120년간은 통상적으로 말하면 사림수난의 시대'[36]였으며, 두
차례의 전란이 '반도의 정치, 사회에 좋고 나쁜 양쪽의 영향을 주었는데 특
히 黨論, 黨爭은 外亂에 방해받지 않고 오히려 외란에 의해 分化 · 發展을
助長'했다며 당파의 분립을 자세히 기술한 쓰에마스나 '黨爭은 朝鮮時代 政
治의 全部'이기 때문에 '黨爭에 대해 이해하지 않으면 朝鮮을 이해할 수 없
다'며, 이러한 黨爭이 끊이지 않은 원인으로 조선의 정치제도나 성리학의
문제점을 지적한 이나바의 서술, 또 '朝鮮에서는 政府의 要路에 있던 선비
나 通信使들이 모두 黨爭에 휩쓸려 對馬島의 입장과 秀吉을 중심으로 하는
우리 國情을 명확히 인식하지 못해 外交와 國防 어느 면에서도 일관된 國
策을 수립하지 못했다'며 임란 전의 한국 상황을 설명한 나카무라의 지적
은 식민지기 한국사를 연구했던 일본인 학자의 전형이라고 할 수 있는 것
들이다.[37] 물론 이들도 정치적 혼란 이외에 고려의 문화적 특색으로 '寺院
文化'를 거론하고 義天의 활약이나 대장경 조판 사업에 대해 기술하기도
한다.[38] 또 조선 건국 초 고려사 · 고려사절요의 편찬 및 세종실록지리지 ·

33) 朝鮮史學會, 『朝鮮史大系 - 近世史』, 1927, 40쪽.
34) 林泰輔, 앞의 책, 1912, 492쪽.
35) 朝鮮史學會, 『朝鮮史大系 - 近世史』, 1927, 235쪽.
36) 末松保和, 「朝鮮史」 (17), 『朝鮮行政』 3-3, 1939, 134쪽.
37) 末松保和, 「朝鮮史」 (18), 『朝鮮行政』 3-5, 1939, 139쪽 ; 稻葉岩吉, 앞의 책, 1935,
    159쪽 ; 中村榮孝, 앞의 책, 1935, 51쪽.
38) 稻葉岩吉, 앞의 책, 1935, 91쪽, 96~97쪽, 116쪽.

경국대전의 편찬을 거론하며 왕조의 안정을 이야기하기도 하고,[39] 英·正
祖代를 '蕩平政治와 新風潮'라며 당시의 정치적 변화와 문예의 부흥을 주목
하였다. 그러나 당시 일본인 연구자들이 보기에 탕평은 '東西分黨 이래 거
의 200년 가깝게 이어진…老少南北, 四色條項, 黨爭의 極'에서 도출된 것으
로 '黨爭을 극복하여 그 위에 渾然을 수립하는 것이 아니라 黨爭이 잠잠해
져 표면으로 드러나는 것이 軟化된 것'일 뿐이었다.[40] 문예의 부흥 역시 '黨
爭이 지속되어 黨爭에 패해서 실각한 이들이 사는 길로 선택한 것이 시문
이었기 때문에 文藝가 興盛'했던 것으로 '이러한 문예에서 雄渾·潑剌의 생
기를 요구하기 어려'우며, '英祖의 蕩平主義 政治가 表面的인 것에 그쳤던
것처럼 正祖時代의 社會風潮도 대부분 正祖時代에 限定되어서, 萌芽 그대
로 말라버렸다. 그 결과 개항기의 王政에서는 새로운 국면에 대처하는 데
何等의 힘을 낼 수 없었다'[41]는 서술에서도 알 수 있듯이 黨爭의 결과일 뿐
결코 그에 대한 해결책은 아니었다며 이후 닥친 국망과 연결되었다.

IV. 새로운 양상들 : 정체를 보여주는 새로운 소재들과
  동북아시아에 대한 조망

이상에서 살펴보았듯이 한국을 둘러싼 주변 국가나 민족과의 외교관계,
내부적으로 끊이지 않았던 정쟁과 혼란, 이 두 가지는 식민지기 일본인 연
구자들에 의해 서술된 한국사에 대한 통사들의 공통된 지반이라고 하겠다.
그런데 이러한 공통의 지반에 서 있으면서도 1930년대 중반 쓰에마스 등에
의한 통사적 접근은 과거의 통사들에서 찾아볼 수 없는 모습을 드러낸다.

---

39) 末松保和, 「朝鮮史」(15), 『朝鮮行政』 2-12, 1938, 117~122쪽.
40) 末松保和, 「朝鮮史」(16), 『朝鮮行政』 3-2, 1939, 125~127쪽.
41) 末松保和, 「朝鮮史」(19), 『朝鮮行政』 3-6, 1939, 142~146쪽.

먼저 꼽을 수 있는 것은 한국사에서 새로운 소재들 - 특히 조선시대에 대해 이전에는 주목하지 않았던 부분을 언급한다는 것이다. 먼저 한일관계사를 통사적으로 조명한 나카무라의 저작은 〈부록〉의 목차에서 드러나듯이 조선시대에 방점을 두고 있다. 그는 특히 '日鮮關係上에 宗氏의 특수적인 지위는 이후 明治維新까지 지속'한 것인데, 이에 대해 종래 정확한 인식이 없었다고 비판하는 한편 '日鮮關係를 고찰하는 데에 가장 유의해야 할 긴요한 사실'은 바로 對馬島에서 외교를 관장한 것이라며[42] 조선 개국 이래, 임진왜란 및 전쟁 후 외교의 재개 과정에서 對馬島의 역할에 대해 기술하였다. 한일관계, 특히 그 유구함을 강조했던 것은 당시 한국사를 연구하던 일본인 학자들의 공통점이었지만 나카무라와 같이 조선시대의 한일관계와 對馬島의 위상에 주목한 것은 분명 이전에 찾아볼 수 없는 새로운 면모로, 식민지기 한국사 연구의 진전에 따른 결과라 하겠다. 1930년대 접어들어 한국사 연구의 중심은 식민지 조선으로 넘어 왔으며, 그중에서도 조선사편수회에서 한국사 연구에 필요한 다양한 사료를 수집·정리하는 가운데 편수회 관계자들이 한국사 연구를 주도하였음은 이미 지적되고 있다.[43] 편수회에서는 사료의 수집과 정리에 심혈을 기울여 4,950책 이상의 사료 및 사진 4,510매, 文券·畵像·扁額이 453점의 사료를 수집하였는데, 당시 수집했던 대부분의 자료는 조선시대의 것이었으며, 이를 바탕으로『朝鮮史』를 편찬하였다.[44] 특히 편수회에서는 나카무라가 주목한 對馬島 宗家에 소장되었던 문서들을 1923년부터 조사하여 그 일부를 1926년에 대량 구

---

42) 中村榮孝, 앞의 책, 1935, 40~41쪽, 69~70쪽.

43) 1930년대 이후 한국사 연구에서 편수회의 위상에 대해서는 정상우, 「『朝鮮史』(朝鮮史編修會 간행) 편찬 사업 전후 일본인 연구자들의 갈등 양상과 새로운 연구자의 등장」, 『史學硏究』116, 2014, 175~186쪽을 참고.

44) 朝鮮史編修會의『朝鮮史』는 모두 6편 35권으로 구성되었으며, 그 중 4, 5, 6편 24권이 조선시대에 해당한다. 다른 시대에 비해 이 부분에 압도적으로 많은 사료가 활용되었음은 당시부터 이야기되어 왔다. 이에 대해서는 정상우, 앞의 논문, 2011, 196~198쪽.

매하였는데, 구입 당시 직접 對馬島에 가서 문서를 선별하고 수령했던 것이 나카무라였다.[45] 1930년대 이후 학계에서의 한국사 연구가 편수회와 관련된 인사들을 중심으로 이루어지게 된 것은 바로 이러한 사료적 기반이 있었기에 가능한 것이었다. 나카무라나 이나바만이 아니라 1930년대 중반 경성제대 교수로 부임했던 쓰에마스도 편수회와는 불가분의 관계를 맺고 있었으며 당시 한국사에 대한 통사적 접근들이 이들에 의했다는 것은 우연이 아니다.

나카무라 뿐만이 아니라 이나바나 쓰에마스의 저작에서도 이전 통사에서는 찾아볼 수 없었던 새로운 면모들이 나타난다. '李朝 初期는 家禮가 유행하기 시작한 시기이며…家禮는 500년의 사회에서 지배적으로 시행'되었다는 이나바나[46] 朱子學으로 '思想의 統一'을 꾀했던 조선시대는 불교적이었던 고려시대와는 다른 것이라며 '유교의 禮는 全社會를 대가족으로 분할하는 것이었고…국가시험에서 강요되는 주자학설의 교본이 '주자집주'였던 것처럼 가족에서 유교적인 儀式指導는 주자가 編했다고 하는 '家禮'였다'[47]는 쓰에마스, 모두 조선시대를 이해하는 단초로서 家禮와 이를 구체화한 族譜에 대해 주목하고, 이에 대해 특필하는 것은 분명 과거와는 다른 면모이다. 뿐만 아니라 조선 후기 中人이나 庶孼을 주목하는 것 역시 한국사 연구가 진전됨에 따라 새롭게 등장한 사항들이었다. '숙종시대부터 中·庶라는 문자가 連用되어왔고…이후의 법제 즉 大典通編 등에 이르러서는 中·庶 2자는 頻出'할 정도로 이들이 하나의 사회 계급으로서 확고한 위치를 점했다는 것이다. 中人은 '支那에는 없는' 조선시대 '特種'의 존재로 '처음부터 實學을 科目으로 하여 取才'했던 어엿한 官人이라며, 이들이 종사했던 譯

---

45) 朝鮮史編修會의 사료 채방 및 對馬島 宗家 문서의 구입과 관련된 사항은 정상우, 앞의 논문, 2011, 147~177쪽을 참고.
46) 稻葉岩吉, 앞의 책, 1935, 151쪽.
47) 末松保和, 「朝鮮史」(14), 『朝鮮行政』 2-11, 1938, 113~114쪽.

學, 律學, 算學에 대하여 자세히 기술한다거나, 庶孼에 대해 국초에는 嫡庶의 차별을 두어 이를 법제에 까지 반영해 과거에 응시를 금지했지만 宣祖代에는 이를 허용했고, 正祖代에는 이들 가운데 李德懋, 朴齊家와 같은 이들이 등장했다며, 중인과 서얼의 사회 진출을 지적하였다. 뿐만 아니라 '肅宗, 英祖, 正祖 및 純宗의 4朝'는 '中人庶孼의 全盛時代'였고, 당시 설치된 '奎章閣은 庶孼을 위하여 설정된 것'이라며 '近代朝鮮의 약간은 新鮮한 學藝를 고찰하는 데에 이들 庶孼人 출신자의 學藝를 빠뜨릴 수 없다'[48]는 지적은 한국사에 대한 연구가 지속되는 가운데 일본인 연구자들 - 특히 한국사 연구를 주도했던 쓰에마스, 이나바, 나카무라 등의 시야가 조선시대로까지 확대되었음을 보여주는 것이라 하겠다.

그런데 이전 통사들에서 찾아 볼 수 없었던 家禮·族譜 등의 사항은 한국의 낙후성을 설명하는 것이었다. 家禮 유입 후 祖先祭가 강조되며 家廟가 寺院을 대신하면서 일반 인민의 思想·信仰의 시야가 매우 좁아졌기 때문에 '李朝社會의 건전한 성장은 國初부터 이미 기대할 수 없었'을 뿐만 아니라 '개인을 가족에 구속하는 법령'처럼 家禮가 작동하였다거나[49] 조선시대 500년의 사회에서 家禮가 지배적으로 시행된 결과 '초가족적 신앙의 관념이 뇌리에서 사라지고, 사람들이 혈족 이외에 인류가 있다는 것을 자각하지 못했다. 물론 정치가 신용과 위력을 잃고, 족보에 의한 取族 이외에 다른 사람에게 의지할 힘과 방법이 없었던 것이 족보 발달의 주된 원인이었다. 결과 정치가들이 상호의 융합에 실패했고, 그것이 정쟁에 영향을 주었음은 말할 것도 없'고 黨爭은 '氏族的 家族制에서 卵育'되었다[50]는 쓰에마스와 이나바의 서술은 이들이 家禮나 族譜를 통해 드러내고자 한 것은 바로 한국사의 기형적 전개와 정치적 혼란이었음을 말해준다.[51]

---

48) 稻葉岩吉, 앞의 책, 1935, 176~187쪽.
49) 末松保和, 「朝鮮史」(15), 『朝鮮行政』2-12, 1938, 115~116쪽.
50) 稻葉岩吉, 앞의 책, 151~152쪽, 1935, 161쪽.
51) 특히 이나바는 한국사의 가장 큰 특징으로 家禮와 그에 연유한 대가족주의를 꼽

이는 새로운 계층으로서 주목한 中人과 庶孼에 대해서도 마찬가지였다. 앞서 언급하였듯이 1930년대 중반 이후의 통사적 접근에서는 이들을 조선 후기 새로운 사회 계층으로 주목하였지만 조선의 강고한 家族制度上에서 庶孼은 결국 '禁錮의 대상일 수밖에 없었다고 지적하거나[52] 서얼과 중인의 임용은 어떤 한도의 入仕를 허용해야 할 것인가라는 논의는 일어나도 다른 적출자의 仕路인 通淸은 허용하지 않았다며 양반들이 서얼과 중인을 등용한 것은 賤流가 대두하자 자신들의 특권과 지위를 유지하기 위해 외벽을 친 것이며, 중인들 역시 양반의 전유물인 族制 - 家禮를 받아들여 族譜를 편찬하면서 자신들의 職官을, 경쟁을 용인하지 않고 '世襲'했다고[53] 결론지으며, 조선시대의 폐쇄성을 보여주는 소재로 활용하였다.

이처럼 1930년대 중반 이후에 등장한 통사들은, 특히 조선시대와 관련하여 이전에 발간되었던 통사들에서는 찾아볼 수 없었던 새로운 사항들에 대해 언급하였지만 대부분의 경우 이는 한국사의 폐쇄성이나 정체성의 틀 안에 있는 것이었다. 즉 식민통치의 기간의 길어지고 편수회 관계자들을 중심으로 한국사에 대한 연구가 확장됨에 따라 한국이 역사적으로 부진했던 원인, 양상 등이 과거에 비해 다양한 방식으로 설명되었던 것이다.

그런데 이처럼 한국사의 침체를 보여주던 방식을 다변화시킨 한편에서는 한국사에 미친 외세를 다각화하며 일본사와 연결짓고 있었다. 이는 앞서 이나바가 한국사에 대한 연구사를 정리하며 '대강의 작업을 종료'했다고 이야기했던 '고려 이전'을 중심으로 그러했다.

가장 먼저 눈에 띄는 것은 한사군에 대한 설명 방식이다. 한사군을 강조하여 한국사의 시작부터 드리워진 외세 - 중국의 영향력을 부각하는 것이

앞으며, 이를 한국사회의 정체 원인으로 보았다. 家禮에 대한 이나바의 연구에 대해서는 정상우, 「稻葉岩吉의 '만선사' 체계와 '조선'의 재구성」, 『역사교육』 116, 2010, 21~23쪽을 참고.
52) 末松保和, 「朝鮮史」 (15), 『朝鮮行政』 2-12, 1938, 117쪽.
53) 稻葉岩吉, 앞의 책, 177~178쪽, 1935, 184~185쪽.

식민지기 발간된 모든 통사에 공통된다는 것은 앞서 서술한대로 이다. 그
런데 1930년대 중반 이후의 통사들은 한사군의 설치 이유에 대해 '조선의
서쪽에 인접하고 훨씬 서방으로 번성한 匈奴種族 = 당시 漢 最大의 禍를
측면에서 압박·견제하려는 군사적 목적 때문이었다'[54] 혹은 '반도는 만주
와 함께 반드시 지나 본부에 관계되었으며 支那의 적수였던 匈奴의 아군인
경우가 적지 않다. 武帝의 조선정복은 흉노의 좌완을 끊어낸 것'[55]이라
며 한사군의 설치를 대륙의 흉노와 연결지어 설명하는 것은 그 설치 원인
을 漢과 三韓 등의 교통을 衛滿朝鮮이 가로 막은 것에서 찾았던『朝鮮通史』
나[56] 한사군 설치 사실만을 간략히 제시하고 그 위치에 대한 견해들을 제
시하고 유적을 설명한『朝鮮史大系』에서는 찾아 볼 수 없는 것이다. 이는
한국사에 드리워진 외세의 영향을 더욱 심화시키면서도 한국사를 매개로
하여 역사 해석의 범위를 匈奴 - 대륙의 내부로 더욱 확장했음을 보여주는
것이라 하겠다.

한편 1930년대 등장한 통사들은 한사군의 위치에 대해서는 몇 가지 설들
을 제시하고 특정할 수는 없다고 하면서도 한국의 남부지역까지 미치고 있
었다고 보았다. 樂浪郡이 설치되 있던 시기를 '漢民族의 半島 時代'[57]라며
한사군이 한반도 내에 있었음을 명료히 했음은 물론 중국에서 가장 먼 거
리에 두어졌으며 이후 樂浪郡에 합쳐지는 眞番郡의 위치가 '南鮮'이었다
며[58] 그 범위가 조선의 거의 대부분을 포괄했다는 서술은 이를 잘 보여준
다. 이러한 서술은 한사군을 통해 한국사의 시작부터 드리워진 중국의 영
향력을 강조했던『朝鮮通史』와『朝鮮史大系』의 시각을 계승·강화한 것으
로 그다지 새로운 내용은 아니다.[59] 그런데 1930년대 중반 이후의 통사들

---

54) 末松保和,「朝鮮史」(2),『朝鮮行政』1-10, 1937, 184쪽.
55) 稻葉岩吉, 앞의 책, 1935, 21쪽.
56) 林泰輔, 앞의 책, 1912, 7~8쪽.
57) 末松保和,「朝鮮史」(2),『朝鮮行政』1-10, 1937, 190쪽.
58) 稻葉岩吉, 앞의 책, 1935, 22쪽.

은 한사군을 일본과 연결시키고 있다는 점에서 과거와는 다른 면모를 보이
고 있다. 樂浪郡의 존재 기간은 400여년이 넘는 것으로 그 문화가 일본에
끼친 영향은 막대하다며 문화의 전파를 언급함은 물론 낙랑군과 일본의 직
접교통을 이야기한 것이다.[60] 특히 1세기 말에 편찬된 前漢書 地理誌의 '낙
랑의 바다 가운데 倭人이 있다'는 기록을 근거로 낙랑군과 일본의 교통을
부각한 것은[61] 과거의 통사들에서 찾아볼 수 없는 흥미로운 부분이다. 한
사군이 한국 내에 있었다는 것을 전제로 하는 이러한 서술은 당시 한국(낙
랑군)과 일본의 관계는 사실상 낙랑으로 대변되는 중국과 일본의 관계를
의미하는 것이다. 이는 낙랑군 남쪽에 帶方郡이 설치된 이후 이들을 거점
으로 일본과 요동의 정권이 교섭했다는 사실을 거론하는 것으로 연결된
다.[62] 이러한 서술이 목표로 하는 것은 바로 역사적으로 매우 이른 시기에
이루어진 일본의 성장이었다. 1930년대 중반의 통사들은 일본은 樂浪·帶
方郡과의 직접교통을 발판삼아 중국의 조정(後漢과 魏)에 직접 나가게 되
었다며 1세기 後漢의 조정에서 印綬 - 築前志賀島에서 발견된 "漢倭奴國王"
이라는 도장 - 를 받은 것과 3세기 魏와 사신을 왕래하는 가운데 히미코(卑
彌呼)가 金印紫綬를 수여받았다는 것을 지적하였다. 이러한 대우는 한국에
는 유례가 없는, 오로지 일본만의 경험으로 당시 왜인의 활동이 얼마나 두
드러진 것인지 증명해 준다는 것이다.[63] 당시의 통사들에 따르면 이는 두
가지를 의미한다. 첫 번째로는 일본이 낙랑·대방군 혹은 1세기에는 중국

---

59) 『朝鮮通史』에서는 한사군의 위치에 대해서 별다른 설명을 덧붙이지는 않았지만
    樂浪郡은 平壤, 臨屯郡은 江原道 江陵郡, 玄免郡은 咸鏡南道 咸興郡이라고 협주
    를 붙였으며(眞番郡에 대해서는 이러한 협주가 없다), 『朝鮮史大系』는 그 위치에
    대한 학설들을 제시한 후 유물과 유적조가 결과를 토대로 대동강 일원이었음을
    이야기하는 것이 한사군에 대한 주요 내용이다.
60) 稻葉岩吉, 앞의 책, 1935, 26쪽.
61) 中村榮孝, 앞의 책, 1935, 11쪽.
62) 稻葉岩吉, 앞의 책, 1935, 37~38쪽.
63) 稻葉岩吉, 앞의 책, 1935, 37~40쪽 ; 中村榮孝, 앞의 책, 1935, 11~12쪽.

(後漢)과 직접 교통했다는 것은 그만큼 일본에서 국가의 성립과 체제의 정비가 아주 이른 시기에 - 아무리 늦어도 崇神천황의 시대(기원 전후, 前漢 말부터 後漢 초에 걸친 시기)에 이루어졌다는 것, 두 번째로는 건국 이후 3세기 즈음이 되면 중국의 조정에서는 일본을 匈奴 - 북방의 패자로서 중국과 대립했으며, 日本 외에 金印을 받은 - 와 동등하게 대우해야 했으며, 당시 성장하고 있던 고구려를 견제하기 위해 친선을 구해야 했을 만큼 일본이 성장했다는 것이다.[64]

　뿐만 아니라 일본이 낙랑·대방, 중국과의 교섭이 이른 시기에 이루어졌다는 것은 任那日本府로 대변되는, 한국으로의 일본 세력의 '진출' 시기와 그 세력이 한국에서 영향력을 행사한 기간을 확장시키는 것과 연동되었다. 즉 일본이 낙랑·대방군 및 중국 조정과 연결될 수 있었던 것은 이미 일본 세력이 '南鮮'의 일각을 영유했기 때문이라며 '倭國의 半島領有'를 확인하는 것이다. 이는 낙랑군 시대에 이미 일본세력의 반도 진출을 인정하는 것으로 일본의 한국 '진출'을 기원 전후로까지 소급하는 것이었으며, 기원 전후부터 시작하여 낙랑군이 존속했던 4세기 초엽까지를 임나일본부의 기초가 이루어 졌다는 서술로 연결되었다.[65] 이럴 경우 任那는 한국에 광범위하게 미치고 있던 일본 세력이 백제와 신라의 흥기에 따라 점점 잠식되는 가운데 끝까지 이 두 나라에 병탄되지 않고 남은 것이었으며, 이렇게 한국에 오랜 시간 일본 세력이 미치고 있었기 때문에 진정한 삼국시대는 任那 멸망 이후인 6세기 중반부터 고구려와 백제가 멸망하는 7세기 중엽까지, 약 1세기에 불과하다는 결론에 이른다.[66]

　이처럼 1930년대 중반 이후의 통사들에서는 식민지기 내내 일본인 학자

---

64) 稻葉岩吉, 앞의 책, 1935, 40쪽, 44쪽 ; 中村榮孝, 앞의 책, 1935, 12쪽.
65) 稻葉岩吉, 앞의 책, 1935, 40~41쪽 ; 末松保和, 「朝鮮史」 (4),『朝鮮行政』1-12, 1937, 204쪽 ; 中村榮孝, 앞의 책, 1935, 13~14쪽.
66) 中村榮孝, 앞의 책, 1935, 14쪽 ; 末松保和, 「朝鮮史」 (4),『朝鮮行政』1-12, 1937, 206쪽.

들이 강조했던 한국사에서 한사군의 설치에서 한 걸음 더 나아가 한사군과 일본의 교통을 강조하며 일본의 국가 건설과 성장의 시기를 끌어 올림은 물론 한국에서 일본 세력의 부식을 기원 전후까지 소급시켰다. 더군다나 이러한 해석은 '樂浪郡時代 이후 적극적인 대외정책을 통해 부강을 증진시킨 일본은 불교의 전래라는 사상 · 신앙, 아니 사회 · 정치상의 대사건을 겪고 이어서 유학생의 해외파견이 시작되면서 內部를 충실하게 하고자 했다. 환언하면 武力的 對外策이 文化的 對外策으로 一變한, 空前의 國家統一事業인 大化改新의 준비기'를 맞이했다거나, '任那 멸망 이후 그 歷史的 權益을 主張, 다시 聖德太子 이래 理想國家建設의 改革을 成就하고 나아가 半島에 그러한 大精神을 主張…半島에 대한 傳統的 精神을 固守하여 新羅를 朝貢國으로 위치시'켰다며 任那日本府 폐지 이후에도 계속된 일본의 발전과 한국에서의 세력 유지와 연결되었다.[67]

이 뿐만이 아니다. 이러한 양상은 隋 · 唐과 고구려의 전쟁을 이야기하면서도 지속되었다. 隋 · 唐과 고구려의 전쟁 역시 과거의 통사들에서도 고구려의 멸망 과정을 설명하면서 주목했던 부분이다. 그렇지만 과거의 통사들이 전쟁의 과정과 결과에 집중했다면[68] 1930년대 중반 이후의 것들에서는 당시 부상했던 突厥이나 고구려, 수, 돌궐, 신라, 일본 등 당시의 국제관계를 공을 들여 서술하였다. 돌궐이 부상하자 수 · 당은 이를 견제하기 위해 먼저 그 '왼쪽 팔'이라고 할 수 있는 고구려를 토벌할 필요에서 70여년 간의

---

67) 末松保和, 「朝鮮史」 (4), 『朝鮮行政』 1-12, 1937, 206쪽 ; 中村榮孝, 앞의 책, 1935, 23~24쪽.
68) 과거 『朝鮮通史』나 『朝鮮史大系』는 이에 대해 별도의 절을 설정하여 그 전개과정을 서술하였다. 그렇지만 서술의 중심은 어디까지나 신라의 삼국통일에 맞추어져 있었다. 그렇지만 1930년대 중반 이후의 통사들은 상대적으로 신라의 삼국통일의 비중이 떨어지며, 한반도에서 일본세력의 부식에 대해 더 집중한다. 이는 〈부록〉에서 제시한 통사들의 목차에서도 단적으로 드러나는데 1930년대 중반 이후의 통사들은 이전과 달리 章節의 명칭에 신라의 '統一'이라는 항목이 나타나지 않으며, 그와 관련된 부분의 분량이 상대적으로 줄어들었음을 확인할 수 있다.

중국본토와 고구려의 상쟁이 시작되었는데, 고구려와의 전쟁에 앞서 隋·唐은 고구려의 후원 세력이 될 수 있는 '半島 南部'를 견제할 목적으로 일본의 심중을 달래기 위해 일본에 사신을 보냈다거나[69] 唐이 백제 멸망 이후 백제 故地에 둔 鎭將과 일본 사이에 使者의 왕래가 있었던 것은 계속된 高句麗 經略을 위해 일본과 교섭을 시도한 것이라고 해석하는 것은[70] 당시 동아시아에서 일본의 위상이 막강했으며 7세기까지도 한국에 상당한 영향력을 행사했음을 말하는 것이었다.[71]

이상에서 살펴보았듯이 1930년대 중반에 등장한 통사들은 많은 연구가 이루어진 고대사와 관련해서는 한국사를 서술하면서 일본의 건국과 발전 및 동아시아에서 일본의 위상을 설명하였다. 이는 고대사의 범위를 벗어난 고려시대에도 나타난다. 바로 몽고 - 元의 일본 침략, '元寇'에 대한 사항이 그것이다. 사실 이에 대해서는 고대사 만큼이나 일본인들의 관심과 연구는 상당했다. 이미 18세기 말 서양열강에 의해 외압이 닥친 이래 활발해졌으며, 이후 청일 · 러일전쟁이나 1931년 만주사변 이후의 전쟁의 시대에 집중적으로 연구된 주제가 바로 '元寇'였다.[72] 앞서 언급했듯이 식민지기 일본인들에 의한 한국사에 대한 통사들에서 고려시대와 관련해서는 외세의 영향력을 강조하고 있다. 그런데 『朝鮮通史』와 『朝鮮史大系』는 元과 관련하여 일본 침략을 위한 元의 對 고려 정책이나 전쟁의 경과 및 전쟁 이후 元의 부마국으로 전락한 고려의 國情에 대해 상세히 서술한 반면 1930년대 중반 이후의 것들은 이에 대해서는 간략히 언급하는 것으로 그친다. 대신

69) 稻葉岩吉, 앞의 책, 1935, 67~70쪽.
70) 中村榮孝, 앞의 책, 1935, 20쪽.
71) 특히 이에 대해 이나바는 '東方의 諸民族 중 하나였던 日本의 位相이 이렇게까지 發揮된 경우는 거의 없었다'며 당시 동아시아 최대 강국으로 일본을 부각하였다. (稻葉岩吉, 앞의 책, 1935, 70쪽.)
72) 남기학, 「몽골의 일본침략 - 연구사적 고찰과 교과서 비판」, 『翰林日本學』 19, 2011, 6~7쪽.

전쟁 이전 - 일본과 송, 고려의 무역과 元의 일본에 대한 '招諭'에 집중하고 있다. 이들은 고려 건국 이후 고려와 송, 일본 상인들의 접촉은 빈번했다며 당시 이들의 교통로에 대해 추적하는데, 특히 遼, 金이 남하하고 宋이 남쪽으로 건너감에 따라 이전의 교통로 역시 남방의 해상으로 변화한다며 주요 루트를 추정하는데 열을 올리며, 고려·송·일본의 주요 교통로로서 흑산도와 탐라를 지목하였다.[73] 이러한 의미에서 1930년대 중반 이후의 통사들이 중요시 했던 것은 몽고가 고려를 거쳐 일본을 침략했다는 사실이라기보다는 고려시대 한·중·일의 외교와 대륙과 일본의 관계라 하겠다. 그런데 이러한 설명은 元과 일본의 관계로 연결된다. 元이 고려에 군림하며 伐宋을 위해 고려와 南宋의 무역로인 흑산도의 수로를 조사하는 한편 일본과 南宋의 교역로인 탐라를 경영하면서 일본으로 국서를 보냈다는 것이다(招諭). 즉 海路를 이용하여 南宋을 공격하기 위해 흑산도를 주목하는 한편 이를 위한 해상의 안전 보장을 위해, 즉 日本과 南宋의 연결을 방지하기 위해 탐라를 경영하고 일본에 대한 招諭가 이루어진다는 것이다.[74] 이러한 서술의 의미하는 바는 명확하다. 바로 몽고가 대륙을 통일함에 있어 유일한 견제 대상은 일본이었으며, 이럴 정도로 일본은 동아시아에서 강자로서의 위상을 갖는다는 것이다.

V. 결어

특정 시기나 주제에 한정되지 않는 통사 서술은 역사를 종합·정리한다는 의미를 띄며, 개인의 역량을 넘어 당대 학계의 수준과 관심을 집약해서

---

73) 稻葉岩吉, 앞의 책, 1935, 86~88쪽 ; 中村榮孝, 앞의 책, 1935, 29~31쪽.

74) 稻葉岩吉, 앞의 책, 1935, 110~115쪽 ; 中村榮孝, 앞의 책, 1935, 32~35쪽 ; 末松保和, 「朝鮮史」(11), 『朝鮮行政』2-8, 1938, 176쪽.

보여준다. 때문에 식민지기 한국사에 대한 일본인 연구자들의 통사 서술의 등장 시기와 원인 및 통사들의 구상이나 내용의 변화를 살펴보는 것은 식민주의 역사학의 변화상을 살펴볼 수 있는 좋은 단초이기도 하다. 본고에서는 이러한 식민지기 일본인 연구자들이 시도했던 한국사에 대한 통사적 접근들을 살펴보아 식민주의 역사학의 추이를 살펴보고자 했다. 이상의 논의를 정리하면 다음과 같다.

한국사에 대한 일본인들의 관심은 에도 시대부터 있었지만 19세기 후반 서구화의 진행과 더불어 주변으로의 침략을 개시함에 따라 서구 학문 – 이른바 '근대 역사학'의 방법론을 통해 일신하며 왕성해 졌음은 잘 알려져 있다. 그렇지만 전문적인 연구자들에 의한 한국사에 대한 통사가 등장한 것은 강점 이후였으며, 그러한 시도도 1930년대 이전에는『朝鮮通史』(1912)와『朝鮮史大系』(1927) 정도가 있을 뿐이었다. 일본인 연구자에 의한 최초의 한국 통사라 할 수 있는『朝鮮通史』의 저자 하야시는 그 집필 이유를 '倂合'으로 인하여 발생한 '新領土'의 역사를 확인하기 위해 자신이 진행해 온 연구를 정리했다고 밝혔다. 반면『朝鮮史大系』는 3·1 운동 이후 고조된 한국인들의 자국사에 대한 관심에 대응하는 한편 '문화통치'라는 변화된 식민 통치책에 부응하여 그간 일본인 연구자들에 의해 진행된 한국사 연구를 종합·정리하여 대중 보급에 주력했던 朝鮮史學會의 최종 작업으로, '조선에서의 사업을 위해' 집필된 것이었다. 이처럼 간간히 등장했던 일본인 연구자들에 의한 한국사에 대한 통사들은 식민지로서 조선의 획득과 식민통치의 균열을 배경으로 한 것으로, 한국사에 대한 종합·정리의 원인이 '식민지 조선'에 있었다고 하겠다.

그런데 한 두 편에 머물던 한국사에 대한 통사적 접근은 1930년대 중반 이후 급격하게 증가했다. 조선사편수회 구성 이래 그곳에 부임하여 사업의 중심인물로 성장했던 이나바와 나카무라, 또 이러한 경력을 바탕으로 경성제대의 교수가 된 쓰에마스의 시도가 그것이다. 이들에 의해 한국사에 대한 통사적 접근이 등장한다는 것은 당시 한국사에 대한 연구의 중심이 일본에서 식민지 조선으로 이동했음을 의미하는 것이기도 하다.

이들이 한국사에 대한 통사적 접근을 시도한 1930년대에는 일본의 역사학계에서도 이전에는 찾아볼 수 없었던 새로운 시도들이 이루어지고 있었다. 일본에서 '근대 역사학'이 성립했다고 이야기되던 明治 이래 당시까지의 역사학의 전개 양상을 정리한다거나, 일본을 중심으로 '대륙'과 일본의 역사적 관계를 정리하기도 하고 당대 학계의 최고 전문가들에 의해 '세계사'를 돌아보며 종합하는 등의 시도가 이루어진 것이다. 즉 일제의 대륙 침략으로 인하여 그간의 국제질서가 동요하는 한편 전쟁의 기운이 높아지는 가운데 새로운 세계질서를 추구하던 1930년대, 당시 일본의 역사학계는 새로운 전망을 모색하면서 당시까지의 연구들을 정리하였으며, 이러한 흐름 속에서 일본인 연구자들의 한국사에 대한 통사들이 등장했던 것이다. 이처럼 1930년대 중반 이래 일본인 연구자들의 통사적 접근의 배경에는 '식민지 조선'보다는 '제국 일본의 대륙침략'이 있었던 것이다.

한편 식민지기 일본인들이 시도한 한국사에 대한 통사적 접근들에는 몇 가지 공통점이 있다. 바로 한국을 둘러싼 주변 강국에 주목하면서 한국 내부의 정치적 혼란을 드러낸다는 것이다. 고대사의 경우 독자적인 개국신화로서 단군을 부정하고 한국사의 시작부터 드리워진 중국과 대륙의 영향을 강조하면서 한일 관계의 유구함을 지적하는 것이라든가 고려시대를 대륙 - 중국은 물론 거란, 여진, 특히 몽고 등과의 관계 속에서 파악하면서 권신의 전횡, 무신의 난 등을 부각하는 것, 조선시대 임진왜란과 병자호란을 부각하고 이에 대해 자세히 기술하면서 사화와 당쟁으로 이어지는 정쟁을 시대 이해의 필수 요소로 꼽는 것은 어느 시기에 쓰인 통사이든지 빠뜨리지 않던 사항들로, 이는 식민지기 일본인 연구자들이 서술한 한국사에 대한 통사들에게 나타나는 常數라 하겠다.

그렇지만 1930년대 중반 이후에 등장한 통사들은 이러한 요소를 담고 있으면서도 과거의 것들에게서 찾아볼 수 없는 면모들을 보이고 있다. 우선 눈에 띄는 것은 새로운 소재들에 대한 서술이다. 이러한 부분은 특히 조선시대에 대한 서술에서 두드러진다. 조선시대 한일관계에 대해 對馬島의 위상과 역할에 주목한 것은 물론 조선시대를 이해하기 위한 단초라며 家禮와 族譜에 대해 특필한다거나 새로운 사회 계층의 형성이라는 측면에서 中人, 庶孽에 대해 서술하는 것은 분명 이전의 통사들에서는 찾아볼 수 없었던 것들이다. 식민지기 조선시대에 대한 연구에 대해서는 일본인 연구자들도 연구의 박약함을 지적했었는데 1930년대 중반에 등장한 통사들에서 이렇게 새로운 소재들을 지적하는 것은 편수회를 중심으로 한 조선시대 사료의 수집과 연구의 결과 일본인 연구자들의 시야가 확대되고 있음을 보여주는 것이라고도 할 수 있다. 하지만 이렇게 새롭게 주목된 사항들은 많은 경우 한국사회의 정체와 타락에 대한 설명으로 귀결되었다. 가례와 족보는 한국의 사회조직을 가족주의로 묶어 버려 한국 사회를 뒤떨어지게 하는 원인으로 지목되었으며, 새롭게 등장한 중인과 서얼들도 양반중심의 사회에서 양반들이 자신들의 특권을 지키기 위한 외벽으로 부각된 존재일 뿐만 아니라 가례와 족보라는 가족주의 문화(양반중심의 문화)로 흡수되어 결코 사회변화의 동력으로 전환될 수 없었다며, 결국은 한국사의 폐쇄성과 연결되었다.

이러한 한편 1930년대 중반 이후 등장한 통사들은 한국사에 대한 서술을 통해 한국은 물론 중국, 대륙, 일본의 관계를 드러내어 일본사의 위상을 설명하는 경향을 보이고 있다. 이러한 경향은 일본인 연구자들 스스로 많은 연구를 축적했다고 평가했던 '고려 이전'을 중심으로 나타난다. 한사군의 설치를 대륙의 흉노를 포함하여 해석한다거나, 한사군 – 낙랑군과 일본의 직접교통에 대한 서술을 통해 일본과 중국의 교섭을 이야기하면서 히미코와 金印紫綬를 거론하는 것은 그 당시 통사들이 공통적으로 지적하는 것이었다. 이러한 사항을 다른 민족이나 국가에는 유례가 없었다면서 특필하는 것은 암묵적으로 일본에서 고대국가 건설이 매우 빨랐다는 것을 이야기하는 것으로, 이는 한국에서 일본 세력의 진출·활동시기를 기원 전후로 끌어올리며 일본이 저 먼 고대부터 동아시아의 강자였음을 말하는 것이기도 하였다. 이렇게 한국 내 일본 세력의 진출 시기를 더 먼 과거로 소급하는 것은 그 세력이 미치고 있던 하한을 끌어 내린 것과 조응했다. 쓰에마스, 이나바, 나카무라 등에 의해 1930년대 중반 이후에 등장한 통사들은 과거의 것들과 마찬가지로 임나일본부에 주목했지만 이전의 것들과는 달리 일본부가 폐지된 이후에도 일본은 대륙의 문화를 적극적으로 섭취하며 발전을 거듭했고 백제와 신라는 이러한 일본에 계속해서 조공했다는 것을 부각하였다. 뿐만 아니라 隋·唐과 고구려의 전쟁 당시에도, 또 고려시대 몽고의 일본 침략에 대해서 과거의 통사들과는 달리 전쟁의 전개과정보다는 隋·唐과 같은 중국의 왕조나 元이라는 당시의 覇者가 전쟁에 앞서 일본의 의중을 살폈다는 것에 주목하였다. 이는 한국사에 드리워진 주변 강국의 영향력을 중요시했던 과거 통사들의 접근법을 강화시킨 것은 물론 한국사를 통하여 국가 성립 이래 지속된 동북아의 강자로서 일본의 위상을 설명하는 것이었다.

여기서 흥미로운 것은 1930년대 중반 등장한 일본인 연구자의 한국사에 대한 통사적 접근들에서 일본사의 위상과 연결된 부분들은 이른바 '만선사'의 시각과 유사하다는 점이다. 한사군의 설치를 흉노를 포함하여 설명하는 것이나 印綬, 히미코와 金印紫綬에 대한 서술, 고구려와 隋·唐의 전쟁, 몽고의 일본 침략 등은 소위 '만선사'적 입론에서도 주목했던 사건들이다. 일본의 대륙침략과 더불어 개시된 '만선사'에 대한 연구가 단지 만주와 조선을 하나로 뭉뚱그리는 것을 넘어서 일본을 중심으로 만주와 조선의 역사를 새롭게 재편하는 것이었음을 상기해 볼 때[75] 1930년대 중반 이후 대거 쏟아져 나온 일본인 연구자들의 통사들에게 공통적으로 나타나는 이러한 경향

---

75) 만선사의 의미와 변화에 대해서는 정상우, 앞의 논문, 2013을 참고할 것.

성은 당시 한국사를 바라보는 주요한 시각이 무엇이었는지를 시사한다.[76]

이상에서 살펴보았듯이 1930년대 중반 이후 쓰에마스, 이나바, 나카무라 등에 의한 한국사에 대한 통사적 접근들은 한국사에 대한 일본인 연구자들의 전통적 시각 - 바로 외세에 대한 의존성과 피동성 및 정치적 혼란과 정체로 인하여 식민지로 전락한 역사 - 을 시기적·공간적으로 확장하는 한편 확장된 시공간을 일본사의 무대로 전환시켰다고 하겠다. 조선시대를 중심으로 이루어진 새로운 소재들에 대한 관심은 결국 한국 내부의 혼란과 정체를 보여주는 것으로 연결되었다. 반면 고대사와 고려시대를 중심으로는 한국사 서술하며 대륙, 중국, 일본과의 관련성을 더 먼 과거로, 또 더 넓은 대륙으로 확장시켰으며, 이렇게 시공간적으로 광대해진 역사의 무대는 동아시아에서 강자였던 일본의 역사적 위상을 드러낼 수 있는 배경이 되었다. 즉 1930년대 일본의 대륙 침략이 진행되는 한편 한국사 연구를 위한 사료들 - 특히 조선시대의 사료들이 대거 수집·정리되던 학계의 변화와 조응하며 등장한 당시 일본인 연구자들의 한국사에 대한 통사들은 한국의 부정적인 면모를 보다 다양한 소재를 통하여 부각하는 한편 한국사를 통해 대륙과 일본의 관계를, 또 이를 근거로 일본사의 높은 위상을 설정하는 것이었다고 하겠다.

---

76) 한편 이와 관련하여 1936년 조선총독부에서 시정 25주년을 기념하기 위해 발간한 『朝鮮史のしるべ』가 이나바의 만선사관적 역사서술에 의해 규정된다는 지적 (도면회, 앞의 논문, 86~94쪽.) 역시 1930년대 이래 일본인들이 한국사를 바라보는 시각이 어떠했는지를 짐작할 수 있게 해준다.

〈부록 1〉『朝鮮通史』(1912)와 『朝鮮史大系』(1927)의 목차

	1節 王位繼承の 　　紛爭及び 　　　内亂 2節 新羅の分裂 　　と攻爭 13章 新羅の滅亡 1節 高麗の優勢 2節 新羅の倂合 3節 新羅末期の 　　交通, 　　寇賊及び文化	35節 對明及北元 　　關係 36節 海寇の猖獗 37節 李成桂の崛 　　起と 　　　高麗の滅亡 16章 高麗の佛敎と 學文 38節 佛敎 39節 學問 40節 高僧・名儒 　　小傳	2節 對日本關係 3節 天主敎の傳番と 　　西洋文物の輸入 16章 朝鮮の敎育・ 　　學文及宗敎 1節 敎育と科擧 2節 儒學 3節 佛敎(附道敎)	

※『朝鮮史大系』中世史의 경우 節의 번호가 章이 바뀌어도 연결되어 있다. 또 最近世史의 경우 章 아래에 節이 설정되어 있지 않고 표에 제시하고 있는 소제목들이 나열되어 있다.

〈부록2〉 1930년대 중반에 발간된 일본인 연구자의 한국사에 대한 통사류 목차

稲葉岩吉, 『朝鮮史』(1935)	中村榮孝,『朝鮮史』(1935)	末松保和, 「朝鮮史」(1937)
緒言 1章 開國說話 2章 樂浪文化の攝政 3章 高句麗の發達 4章 日本の南鮮據有 5章 附庸國家の成長 　1. 職帖問題 　2. 百濟・新羅諸國 6章 新羅の覇制力 7章 高麗の貴族政治 　1. 貴族政治の形態 　2. 海道及び貿易 　3. 寺院文化 8章 契丹蒙古の迭襲 9章 蒙麗關係 10章 李氏朝鮮の革命工作 　1. 威化島回軍 　2. 王辛異姓問題 　3. 私田革罷 11章 朝鮮時代の社會・政治 及び文化 　1. 族譜の發達 　2. 儒學と綱目思想 　3. 東北面の拓地 　4. 黨爭及び禮論 　5. 壬辰役の考察 　6. 胥吏・中人・庶孼 等 12章 朝鮮史研究の過程	1. 序言 2. 上代の關係 　　上代史料の吟味 / 上代紀年論 / 日鮮關係の淵源 / 古代日鮮の關係 / 神功皇后 / 任那日本府 / 任那復 興と百濟救援 / 歸化人と文化 3. 新羅の朝貢 　　上代日鮮關係の結末 / 新羅の朝貢 / 新羅人の海上 發展 4. 元寇 　　元寇の歷史性 / 日・宋・麗の貿易 / 高麗と元との 關係 / 日元の交涉と元寇 / 國民精神の 振興 5. 室町幕府の外交と定約通商 　　室町幕府の修交 / 通交貿易の統制と對馬 / 定約通 商の制 6. 文祿・慶長の役 　　戰役の發端 / 戰役の影響 7. 江戸幕府と朝鮮 　　交隣關係の復活 / 朝鮮通信使の來聘 / 　　新井白石の改革 / 朝鮮使臣の人材 8. 對州藩の外交管掌 　　對州藩と朝鮮通交/ 日鮮の通商 / 　　外交管掌權の消滅	1講 總說 2講 古朝鮮と樂浪郡 3講 高句麗國の興亡 4講 任那日本府と百濟 5講 新羅の大勢四轉 6講 王氏高麗の開國 7講 國際的高麗 - 其一 8講 國際的高麗 - 其二 9講 高麗の政治 10講 武家政權と滿洲の動亂 11講 江都時代と蒙古の統治 12講 高麗の終り 13講 李氏朝鮮の建國 14講 國初の社會問題 15講 文獻的粉飾 16講 士林の受難 17講 外亂・内訌の時代 18講 蕩平政治と新風潮 19講 開港の顛末 - 其一 20講 開港の顛末 - 其二 21講 朝鮮問題の歸結

참고문헌

1. 사료

林泰輔,『朝鮮通史』, 富山房, 1912.

朝鮮史學會,『朝鮮史講座 要項號』, 1923.

朝鮮史學會,『朝鮮史大系』上世史·中世史·近世史·最近世史, 1927.

歷史敎育硏究會,『硏究評論 歷史敎育 臨時增刊號 - 明治以後に於ける歷史學の發達』, 1932.

中村榮孝,「新刊朝鮮史に就いて」,『朝鮮』208, 朝鮮總督府, 1932

中村榮孝,『朝鮮史 - 國史と海外史との交關』, 1935.

稻葉岩吉,「朝鮮史」,『世界史大系』11, 平凡社, 1935.

末松保和,「朝鮮史」(1)~(22),『朝鮮行政』, 1937~1939.

2. 단행본

李基白,『國史新論』, 泰成社, 1961.

趙東杰,『現代韓國史學史』, 나남, 1998.

이지원,『한국 근대 문화사상사 연구』, 2007.

3. 논문

金容燮,「日本·韓國에 있어서 韓國史敍述」,『歷史學報』31, 1966

박걸순,「日帝下 日人의 朝鮮史硏究 學會와 歷史(高麗史) 歪曲」,『한국독립운동사 연구』6, 1992.

이만열, 「近現代 韓日關係 硏究史 - 日本人의 韓國史硏究를 中心으로」, 『한일역사
　　공동연구보고서』, 2005.

장　신, 「조선총독부의 朝鮮半島史 편찬사업 연구」, 『동북아역사논총』 23, 2009.

정상우, 「稻葉岩吉의 '만선사' 체계와 '조선'의 재구성」, 『歷史敎育』 116, 2010.

＿＿＿, 「조선총독부의 『朝鮮史』 편찬 사업」, 서울대학교 박사학위논문, 2011.

＿＿＿, 「滿鮮史와 日本史의 위상」, 『韓國史學史學報』 28, 2013.

남기학, 「몽골의 일본침략 - 연구사적 고찰과 교과서 비판」, 『翰林日本學』 19, 2011.

도면회, 「조선총독부의 문화 정책과 한국사 구성 체계」, 『歷史學報』 222, 2014.

정준영, 「식민사관의 차질 - 조선사학회와 1920년대 식민사학의 제도화」, 『韓國史
　　學史學報』 34, 2016.

쓰에마스 야스카즈(末松保和, 1904~1992)의 학술사와 식민주의 역사학

그 반사경인 한국사 학계에서의 엇박자의 원인을 찾아서

신 주 백

I. 문제제기 : 식민주의 역사학을 보는 눈과 태도

1. 문제의식의 출발: 한국사 학계에서 계속되고 있는 엇박자 현상

1960년대 전반기 한국과 일본 역사학계는 서로 다른 계기를 통해 한국사 또는 조선사에 관한 인식에 새로운 국면을 맞는다.

한국의 역사학계는 1960년대 들어 W.W. 로스토우의 '근대화론'이 유입되면서 근대(화)문제에 더욱 관심을 갖기 시작하였다. 그러면서 한국사에서 근대는 언제부터이고, 그 모습은 어떠한지를 놓고 심포지엄을 열기도 하였다. 이와 관련한 논의가 확산되는 과정에서 홍이섭(洪以燮)과 천관우(千寬宇)를 중심으로 한국근대사의 일부로서 식민지의 역사를 어떻게 기술해야 하는지에 관한 고민도 본격화하였다.[1] 식민사관을 분석한 이기백(李基白)

---

1) 신주백, 「1960년대 '근대화론'의 학계 유입과 한국사연구 - '근대화'를 주제로 내세운 학술기획을 중심으로」, 『史學研究』 125, 서울 :한국사학회, 2017, '제II장'. 수정

과 김용섭(金容燮) 등의 글도 이즈음부터 지면에 등장하기 시작하였다.[2] 더구나 일본과의 국교 협상이 진척되는 과정에서 한국사 학계의 민족적 위기의식은 높아갔고, 그에 비례하여 '식민사관' 등의 용어를 사용하며 식민주의 역사학을 분석하고, 이를 뛰어 넘어 새로운 한국사상을 그리려는 다양한 움직임이 일어났다.[3]

한편, 일본에서는 1959년 1월 "종래 조선사연구의 성과를 비판적으로 계승하고 새로운 조선사의 발전을 꾀한다"는 '강령(綱領)'을 내건 조선사연구회(朝鮮史研究會)가 결성되었다.[4] '조선사'라는 단일한 역사단위의 학회가 성립한 즈음부터 북한 역사학계의 선진적인 연구성과가 일본의 조선사 학계에 본격적으로 소개되기 시작하였다. 연구회에 참가한 사람 가운데는 한일 국교협상을 반대하는 사람도 많았지만, 반대 행동과 식민지 지배책임을 연결 지으며 사고하는 사람은 그다지 많지 않았다. '제III장'에서 다시 언급하겠지만, 그런 가운데서도 일본조선연구소(日本朝鮮研究所)에 참가하고 있던 조선사 연구자를 중심으로 식민지 지배책임이 부재한 반대행동을 비판하며 조선에 대한 편견과 맞서는 사람들이 있었다. 이들은 1962년부터 '연속 심포지엄 일본에서 조선연구의 축적을 어떻게 계승할까'를 기획하였다. 조선사연구회에서도 1963,64년의 예회(例會) 때 일본인의 조선(사)인식에 관해 모두 네 차례 발표가 있었다.

이렇듯 1960년대 전반기는 한국과 일본의 한국사(조선사) 학계에서 식민

보완한 논문이 신주백 편, 『근대화론과 냉전 지식 체계』(서울 : 혜안, 2018)에 수록되어 있다.

2) 이기백, 「緒論」, 『國史新論』, 서울 : 태성사, 1961 ; 김용섭, 「일제관학자들의 한국사관 - 일본인은 한국사를 어떻게 보아 왔는가?」, 『思想界』 117, 서울 : 사상계사, 1963.2.

3) 신주백, 「관점과 태도로서 '내재적 발전'의 형성과 1960년대 동북아시아의 지적 네트워크」, 『韓國史研究』 164, 서울 : 한국사연구회, 2014, '제III장 3절' 참조.

4) 「朝鮮史研究會綱領·會則案」, 『朝鮮史研究會會報』 7, 東京 : 朝鮮史研究會, 1963.11, 17쪽.

주의 역사학에 대한 비판적 검토가 시작된 시점이라고 말해도 지나치지 않다. 새로운 한국사 연구가 본격화하는 시점에 한국사 학계의 비판적 분석망에 들어온 조선사 연구자는 쓰에마스 야스카즈(末松保和)였다.[5] 당시 쓰에마스보다 더 선학인 일본인 역사학자 개개인에 대해서조차 분석하지 못하고 있던 한국사 학계에서 그의 이름이 단독으로 직접 거명된 계기는 책 때문이었다.

일찍이 쓰에마스 야스카즈(1904~1992)는 조선총독부에서 '시정 25주년'을 기념하여 추진한 조선사 대중서를 집필하였다. 『朝鮮史のしるべ』(경성 : 조선총독부, 1936)가 바로 그것이다. 식민지 시기에는 책의 저자가 누구인지 밝히지 않은 채 발행되었다. 그런데 UNESCO의 Centre for East Asian Cultural Studies는 이 책을 동서문화의 상호이해를 넓힌다는 계획의 일환으로 A Short History of Korea라는 제목을 붙여 영역(英譯)하고, 1964년 하와이대학의 East-West Center Press와 Tokyo의 Centre for East Asian Cultural Studies가 공동으로 출판하였다.[6]

나중에서야 이 간행 소식을 접한 한국 역사학계와 한국사회는 민감하게 반응하였다. 1966년부터 이에 대한 비판이 신문과 학술지를 장식하기 시작하였다. 가령 전해종(全海宗)은 『朝鮮史のしるべ』가 한국사를 왜곡한 '일본의 식민사학'의 여러 작품 가운데 하나라며, "한국사에 관한 '개설서가 아니고' 일본의 제국주의적 진출을 정당화하려는 정책서"라고 비판하였다.[7]

---

5) 필자는 한국에서 한국의 역사를 말한 경우는 '한국사', 식민지 조선과 일본에서 한국의 역사를 언급한 경우는 '조선사'라고 호칭하겠다. 그것이 시대와 현재를 반영한 용어라고 보기 때문이다.

6) 영역본에도 원저자의 이름이 없다. 하지만 쓰에마스는 『任那興亡史』 증정재판본(東京 : 吉川弘文館, 1956.9)의 맨 끝에 있는 '주요저서'에서 '朝鮮史のしるべ'를 처음 포함시켰다. 『新羅史の諸問題』(1954)에는 논저목록을 밝히는 곳 자체가 없다. 따라서 1956년 출판사를 바꾸어 간행한 『任那興亡史』에서 처음으로 『朝鮮史のしるべ』가 자신의 책이라고 밝혔다고 보아야 한다.

7) 전해종, 「서평 : A Short history of Korea: 편자 Center for east asian cultural studies

UNESCO한국위원회는『朝鮮史のしるべ』가 "경성제대의 대표적인 어용사학가(御用史學家)인 쓰에마스 야스카즈(현 동경학습원대학 교수)가 쓴" 책으로 "본 침략을 합리화"하고 "사실과 표기가 엉망"이라며 영역본의 재판과 보급을 중지해 주도록 UNESCO본부와 East-West Center Press에 요구하여 관철시켰다.[8] UNESCO한국위원회는 여기에 그치지 않고 손보기(孫寶基), 김철준(金哲埈), 홍이섭(洪以燮)에게 의뢰하여 The History of Korea(Seoul, 1970)도 간행하였다.

일본의 식민사관을 비판하며 새로운 한국사 인식에 도달하려는 한국사학계의 움직임에는 이홍직, 이우성, 이기백도 동참하고 있었다. 세 사람은 1966년『新東亞』의 특집인 '한국사의 논쟁점'이란 기획, 그리고 1967년『月刊 亞細亞』의 특집인 '새로운 한국사상의 모색'이란 기획에서 임나일본부(이홍직), 실학(이우성), 사대주의(이기백)에 대해 각각 집필하였다.

그런데 이런 와중에도 세 사람과『朝鮮史のしるべ』의 저자인 쓰에마스

(Tokyo, 1964) pp. 84 + ⅹⅹⅷ 해외배부 담당 east-west center press, Honolulu, 일어판원저 '朝鮮史のしるべ(조선총독부, 1936년간, 집필자 末松保和)」,『역사학보』 33, 서울 : 역사학회, 1967, 135쪽.
심사자 중에 한 분은 "이 책은 집필자가 밝혀지지 않은 책으로 최근까지도 그 필자에 대해서 추측이 분분했다"고 언급했다. 그러면서 필자가 '朝鮮史のしるべ를 "조선총독부의 기대치에 충실한 이데올로그였음을 보여주는 증명서"로 간주한 점을 "명백히 오류"라고 말하는 근거로 제시하였다. 또한 필자는 누가 저자인지 불분명하다는 언급을 최근 이 책에 관해 분석한 다른 연구자의 글에서도 확인할 수 있었다. 그런데 각주 6), 7), 8)에 필자가 제시한 자료에는 책의 저자가 '쓰에마스 야스카즈'라고 직접 나온다. 즉, 1956년에 쓰에마스 자신이, 그리고 한국을 대표하는 역사학술지와 1967년의 한국 언론에서 그의 이름이 나온다. 새삼스러울 것도 없는 언급인데, 근현대사를 전공하는 필자로서는 최근까지도 이 책의 저자가 불분명하다고 상식처럼 유통된 이유가 오히려 궁금하다.
8)『동아일보』, 1967.3.21.; 6.27.
末松保和 著作集의 제3권 해제자인 武田幸男는 공동출판 이후 "곧 유네스코 본부로부터 역본절판의 요망이 전달되었다라고 한다"고 밝히고 있지만 그 이유를 설명하지 않았다(武田幸男,「[해설] 末松保和先生と好太王碑」, 末松保和,『末松保和 朝鮮史著作集 3 - 高句麗と朝鮮古代史』, 東京 : 吉川弘文館, 1995, 306쪽).

가 직접 교류한 흔적이 쓰에마스의 歷史手帳에 남아 있다.[9] 이에 따르면, 이홍직(李弘稙)은 1955년『역사학보』8호와 9호에 쓰에마스의『新羅史の諸問題』,『任那興亡史』를 각각 서평할 정도로 그와 이미 교류하고 있었는데, 한일 국교 수립의 일환으로 진행된 문화재 반환문제를 협의하는 회의에 한국측 대표로 일본에 갈 때 쓰에마스와 직접 만나는 경우도 있었다.[10] 쓰에마스는 그런 이홍직의 편지가 1964년 11월 30일에, 그리고 1970년 3월 16일에는 이홍직의 기념논집이 도착했다고 '歷史手帳'에 기록해 두었다. 고려시대를 연구하는 이우성(李佑成) 일행도 동경에 온 1967년 7월 19일에 만났다고 적었다. 또한 이기백이 보낸 엽서가 1969년 8월 13일에 도착했고, 날짜 미상의 어느 날에 고려시대에 관한 연구서인『高麗兵制史硏究』(서울 : 일조각, 1968)가 도착했다는 내용도 '歷史手帳'에 나온다.

이처럼 한쪽에서 쓰에마스를 식민주의 역사학자라 공공연하게 맹비판하기 시작하던 1960년대에, 다른 한편에서는 한일간 역사학자의 만남 자체가 부담스러웠던 시기임에도 불구하고 그와 적극 교류하는 움직임도 있었다. 1967년을 전후한 시기에 확인되는 한국사 학계의 엇박자를 우리는 어떻게 이해해야 할까.

그런데 엇박자 현상은 1960년대에만 있지 않았다. 오늘날에도 엇박자를 낸 선학의 후학들이 비슷한 모습을 보이고 있다.

최재석(崔在錫)은 쓰에마스가 "津田左右吉 이래 일단의 일인학자 중에서 가장 치밀하게 가장 억지와 허위에 의해서 한국고대사를 왜곡 말살하려는

---

9) 歷史手帳은 학습원대학 동양문화연구소에 소장된 '末松保和資料'의 하나로 1962년 수첩을 제외하고 1961년부터 1970년까지 1년에 한 부씩 있다. 필자는 2017년 11월 9일 이곳을 방문하여 공개된 末松保和資料를 거의 대부분 열람할 때, 수첩을 보았다.

10) 이홍직에게 쓰에마스는 동경대학 문학부 국사학과의 8년 선배다. 이홍직이 1936년부터 이왕직과 관련된 일을 했으니, 최소한 이즈음부터는 알고 지내던 사이였다고 말할 수 있겠다.

사람"이라거나,[11] "한국사 왜곡과 일본사 왜곡의 화신과 같은 인상을 강하게 받았다"고 말하였다.[12] 반면에 장동익(張東翼)은 "전전에 활약하였던 일부의 일본학자들에 의해 한국인들의 타율성이 강조되었다고 하는데, 그의 고려시대에 대한 논문에서는 그러한 흔적이 찾아지지 않는다"고 분석하였다. 그러면서 논문의 각주에 "이는 이 글에서 검토의 대상이 된 5편의 논문 중에서 4편이 전후에 작성된 점이 감안될 수도 있지만, …… 그 이전에도 그의 한국사에 대한 인식이 일방적으로 어떠한 선입견에 빠져 있지는 않았던 것 같다"고 논문의 심사자에게 답변한 내용을 일부 공개하였다.[13] 1960년대와 마찬가지로 오늘날에도 한쪽에서는 쓰에마스가 한국사를 '왜곡 멸시'한 사람이라 하고, 다른 한쪽에서는 '어떠한 선입견에 빠져 있지는 않았던 것 같다'며 객관성을 유지한 학자로 진단하고 있다.

더구나 오늘날의 엇박자는 다른 측면에도 찾을 수 있다. 한국고대사를 전공하는 사람 가운데 쓰에마스의 식민주의 역사학에 대한 관심은 가야사(伽倻史) 전공자 사이에 집중되어 있다. 반면에 한국에서 신라사(新羅史), 고구려사(高句麗史)를 연구하는 전공자 사이에서는 이와 다른 결을 찾을 수 있다. 고려시대 전공자인 장동익처럼 쓰에마스를 평가하고 있기 때문이다.

그러나 필자는 1960년대에도, 오늘날에도, 엇박자가 나는 이 현상에 의문이 든다. 어쩌면 쓰에마스를 비판한 시점, 한국고대사와 고려사라는 전

---

11) 최재석,「쓰에마스 야스카즈의 신라상고사론 비판」,『韓國學報』12-2, 서울 : 일지사, 1986, 190쪽.

12) 최재석,「쓰에마스 야스카즈의 일본상대사론 비판」,『韓國學報』14-4, 서울 : 일지사, 1988, 264쪽. 첨언하자면, 최재석은 한국의 가족사를 연구하던 사회학자였다. '한국형 사회학자'였던 그는 1982년 삼국사기의 진위논쟁을 계기로 한국사에 관심을 갖기 시작하였다. 그리고 삼국사기 초기 기록을 위조로 간주하는 인식은 식민주의사관이라 비판하였다. 그는 필자가 인용한 두 편의 논문을 발표할 즈음인 1987년경부터 "정말로 우리 고대사에 미치기 시작했다"고 스스로 고백할 정도였다. 이한우,『우리의 학맥과 학풍』, 서울 : 문예출판사, 1995, 189~190쪽.

13) 장동익,「쓰에마스 야스카즈 교수의 고려시대사연구와 그 성과」,『韓國史研究』169, 서울 : 한국사연구회, 2015, 283쪽.

공시대의 차이, 그리고 고대의 서로 다른 국가사에 집중하는 전문영역의 차이에서 오는 시선의 다름이라고 말할 수도 있을 것이다. 그런데 쓰에마스의 이름으로 연구한 글은 쓰에마스 한 사람의 업적이었다. 한 사람의 쓰에마스가 자신만의 연구방법으로 조선사를 연구했지, 여러 사람의 쓰에마스가 한 사람처럼 조선사를 연구하지 않았다. 그런데도 한국사 학계에서 식민주의 역사학에 대해 비판적 독해를 시작한 이래 쓰에마스에 관한 평가에서 지금까지도 엇박자가 나는 이유는 어디에 있을까.

2. 문제의식의 추동 : 식민주의가 빠진『末松保和朝鮮史著作集』의 해설

엇박자의 대상인 쓰에마스 야스카즈에 대해 일본의 후학들은 그의 저작을 모아『末松保和朝鮮史著作集』1~6권(吉川弘文館, 1995-1997)을 간행하였다. 쓰에마스는 한국 전근대사와 관련해 출중한 업적을 남기며 후학에게 많은 영향을 준 사람이다. 저작집은 당연한 결과라고 말할 수 있다. 저작집 각 권의 해설자와 해설 제목은 아래 〈표 1〉과 같다.[14]

〈표 1〉『末松保和朝鮮史著作集』의 해제 목록

권	필자	제목	비고
1	武田幸男	[解說] 末松保和先生のひとと學問	
2	武田幸男	[解說] 末松保和先生の新羅史研究と金石文	
3	武田幸男	[解說] 末松保和先生と好太王碑	
4	浜田耕策	[解說] 末松保和先生の古代東アジア史研究	
5	浜田耕策	[解說] 末松保和先生と高麗.朝鮮朝史の研究	
6	浜田耕策	[解說] 末松保和先生の朝鮮學文獻研究	

---

14) 여섯 권의 편집은 쓰에마스의 연구업적 가운데 조선사 부분을 추려, 그의 연구 특징이 선명하게 드러나는 신라사, 임나사 및 그와 연관되어 부각된 고구려사, 그리고 고대사에서 고려, 조선 왕조사로 연구가 확장되는 과정을 따라 맞추었다. 그리고 그의 특장인 사료와 관련해 한 권이 별도로 편집되었다.

여섯 편의 해설에서 보이는 공통점은, 쓰에마스가 경성에 와서 조선사편수회의 수사관보, 수사관, 경성제국대학의 조교수, 교수를 역임했다는 사실만을 나열하고 있지, 그가 근무했던 기관의 위상과 성격을 제시하고 분석하며 식민지 지배에 일조한 측면 내지는 이데올로그로서 어떤 역할을 수행했는지에 관해 제대로 언급하지 않았다는데 있다. 가령 제1권 해제의 경우 경성제대에 재직하는 12년 동안 "연습의 교재는 거의 일관되게 이씨조선의 것을 선택했지만, 마지막 강의에서는 조선과 일본 사이의 고대관계사를 선택하였다. 이것이 전후 간행된 저서 『임나흥망사』의 골격으로 되었다. 선생은 편수회와 경성제대를 합쳐 전후 18년간에 걸쳐 조선에서 조선사 연구와 교육에 전념하였다"고 소개하고 있다.[15] 그러나 저작집의 해설에는 연구와 교육에 전념한 쓰에마스의 성실함과 출중함을 소개하고 있을 뿐, 식민지 조선에서 영향력이 큰 역사학자로서 그의 교육과 연구가 제국과 식민지 사이의 위계 속에서 어떤 의미가 있는지 제대로 조명한 언급이 없다.

심지어 제4권의 해설자는 "『임나흥망사』가 명저의 평을 얻은" 이유로 "선생의 역사가 그 집필의 배경이기 때문이기도 할 것이다"고 밝히고 있다. 제2장에서 필자 나름대로 자세히 언급하겠지만, 하마다(浜田)가 말하는 집필배경이란 "『일본서기』를 사용하면서도 '황국사관'에" 빠지지 않았다는 사실을 가리킨다.[16] 그러면서 다음과 같은 언급도 빼놓지 않았다.

그러나 이러한 명저의 평이 있는 한편, 비판은 있다. 그 비판에는 안이한 것도 없지는 않다. 기왕의 비판에 편승한 것도 있다. 그 비판은 공통되게 선생이 '임나일본부'를 조선남부에 위치한 '대화조정'에 의한 '식민통치의 기관'을 구상

---

15) 武田幸男, 「[해설] 末松保和先生のひとと學問」, 末松保和, 『末松保和朝鮮史著作集 1 - 新羅の政治と社會 上』, 東京 : 吉川弘文館, 1995, 294쪽.
16) 쓰에마스가 일본 근대역사학의 황국사관에 대해 비판했다고 해서 일본 근대역사학의 식민주의가 소멸되었다고까지 단정할 수는 없다. 일본의 식민주의는 황국사관과 무관하게 존재할 수 있기 때문이다.

한 것, 조선에 대한 식민지 지배를 긍정한 것으로 간주한다. 그러나 선생은 '일본부'를 '安羅에 있는 여러 倭臣들'로 해석하고, '근대의 조선총독부와 같은 행정관청의 존재를 상상할 수 없다'(173쪽)고 명백하게 서술해 두고 있다.[17]

하마다는 '안이한' 접근의 사례로 일본이 통치하는 행정관청처럼 임나일본부를 간주한 견해를 들었다. 사실 전전의 일본 식민주의 역사학자 가운데 십중팔구는 황국사관이든 아니든 임나를 언급한 『大日本史』(1720), 『日本書紀』(1882)의 '임나고'를 근거로 '임나'에 일본부가 설치되었다든지, 가야 지역에 일본부라는 통치기관이 설치되어 한반도를 통제 또는 지배했다고 설명한다.[18] 하지만 쓰에마스는 임나일본부의 비유로 통감부나 조선총독부를 언급하는 주장에 반대하였다. 이는 쓰에마스의 정치적 판단이 앞선 주장이 아니라 정치한 실증에 따라 스스로 내린 결론이다. 그의 학문태도에서 보자면 매우 당연하고 자연스러운 접근과정이면서도, 정치에 휘둘리지 않았던 일면도 엿볼 수 있는 대목이다. 더구나 쓰에마스는 전후에 일본서기를 비판적으로 해독했다는 점에서도 이들과 확실히 달랐다.

그렇지만 쓰에마스가 일본의 제국주의 식민 통치를 떠받치는 지도기관에서 역사학자라는 간판을 달고 이민족의 지배를 역사적으로 정당화하는 이데올로그로 활동했다는 점을 간과해서는 안 된다. 그럼에도 여섯 편의 해설 어디에서도 식민지 지배를 위한 최전선의 이데올로그로 생활했던 삶의 흔적에 대해 어떠한 비교나 성찰이 없다. 해설자들은 일본으로 귀국한

---

17) 浜田耕策, 「[해설] 末松保和先生の古代東アジア史研究」, 末松保和, 『末松保和朝鮮史著作集 4 - 古代の日本と朝鮮』, 東京 : 吉川弘文館, 360쪽.

18) 신가영, 「'임나일본부' 연구와 식민주의 역사관」, 『역사비평』115, 서울 : 역사문제연구소, 2016.여름, 235쪽. 임나와 임나일본부에 관한 연구사는 여러 연구자가 정리했지만, 필자는 김태식, 「고대 한일관계 연구사 : 임나문제를 중심으로」, 『한국고대사연구』27, 서울 : 한국고대사학회, 2002 ; 이근우, 「일본학계의 한국고대사연구동향」, 『지역과 역사』13, 부산 : 부경역사연구소, 2003 ; 이연심, 「한일 양국의 '임나일본부'를 바라보는 시각 변화 추이」, 『한국민족문화』57, 부산 : 부산대학교 한국민족문화연구소, 2015를 참조하였다.

쓰에마스가 1945년 이전의 학술활동에 대해 사석에서라도 어떤 발언을 했는지, 식민지 조선 시절과 일본에서의 연구와 다른 점이 있다면 무엇인지, 아니면 일관된 논지를 가졌다면 왜 그랬는지를 소개하고 있지 않다. 오히려 식민지 시기 쓰에마스의 행적에 관해 건조한 소개와 상찬(賞讚)만 있다. 심지어 식민주의 역사학자로서의 제국의식을 확인할 수 있는 직접 자료인 『朝鮮史のしるべ』라는 대중서와 『朝鮮行政』에 연재한 '조선사'(1937.9~1939)는, 총동원제제를 구현하는 황국신민화정책에 호응한 글이었음에도 불구하고, 여섯 권의 자료집에서 선택적으로 배제되어 있다.[19] 비록 타케다는 저작집의 제3권 해설에서 두 개설의 존재 자체를 언급하고 있지만, 쓰에마스의 다른 글들에 대한 분석과 달리 그의 학술생애사에서 어떤 위치를 차지하는지 서술하지 않고 넘어갔다. 두 해설자에게 쓰에마스의 연구성과는 식민지 조선에서든 전후 일본에서든, 아니면 더 무미건조하게 말해 1945년 이전이든 이후든, 단지 연구 조건이 바뀐 결과물일 뿐이다. 그렇기 때문에 두 사람에게 쓰에마스는 연구환경이 크게 바뀌었음에도 '조선사'를 계속 연구해 왔던 성실하고 뛰어난 연구자일 뿐이다. 존재(末松)와 표상(글쓰기 행위)의 관계를 단절하는 접근법이 낳은 단적인 보기를 저작집의 해설들이 보여주고 있는 것이다.

존재로서 쓰에마스는 그 개인의 양심이 어떠하든 조선사편수회, 경성제국대학 사학과에서 식민지배를 역사적으로 정당화하는 식민주의 지배이데올로기를 연구와 자료의 측면에서 생산하는데 최선봉으로 수행하는 지도기관에 근무하였다. 여기에서 그는 보통의 일본인과 비교할 수 없는 우월한 지위를 갖고 있던 지배자의 한 사람으로서 지배이념의 추종자가 아니라

---

19) 이와 달리 쓰에마스는 전후에도 한국고중세사를 개설한 두 편의 글을 발표했는데, 『末松保和朝鮮史著作集』의 제3권에 수록되어 있다. 식민지 조선 시절에 발표된 두 개설은 '제2장 2절'에서 분석하겠으며, 전후에 발표된 두 글과 제3장에서 비교하겠다.

제조자였다. 특히 1937년 중일전쟁 이후 총동원체제하에서 자의든 타의든, 소극적이든 적극적이든, 쓰에마스는 조선총독부의 통치에 보조를 맞추며 조선역사의 과거와 현재, 그리고 미래를 말한 사람이었다. 이런 그의 존재성을 부정할 수는 없다.

그런데 쓰에마스가 일본의 패전으로 귀국한 이후 본인이나 후학들이 작성한 '年譜'를 보더라도, 그가 식민주의자로 활동한 이력에 관해 반성하는 발언을 했다고 누군가 회고를 남겨 놓았거나, 그 스스로 자신의 견해를 수정한 글을 발표했다는 기록도 없다. 그렇다고 귀국과 동시에 식민지 조선 시절의 그의 역사인식, 특히 식민주의 이데올로기의 제조자이자 추종자로서의 인식이 한 순간에 소멸했다고 말하기도 어렵다. 일본으로 돌아간 후 그의 식민주의 의식은 어찌되었을까. 재현? 잠복? 소멸? 변형? 어느 쪽일까. 한국사 학계의 일부 선학들과는 어느 지점에서 접점을 형성할 수 있었을까.

3. 연구 목적과 연구방법

이글은 쓰에마스라는 식민주의 역사학자의 학술생애사를 통해 식민주의 역사학이란 무엇이고 한국사 학계에서 그에 대한 태도를 둘러싸고 엇박자가 난 이유를 찾아보는데 목적이 있다.

필자는 연구목적을 달성하기 위해 제Ⅱ, Ⅲ장을 1945년 전후로 나누어 각각 살펴보겠다. 이때 1945년이란 시점에 장벽을 두지 않고 쓰에마스의 선택지점과 역사인식을 학술사의 측면에서 연속, 변용, 단절에 주목하겠다. 동시에 전전(戰前)의 식민지 조선과 전후(戰後) 일본에서의 제도화된 조건, 그리고 두 조건을 둘러싼 연구상황에 대해 비교하는 시선을 놓지 않겠다.[20] 비교를 통해 일본인 식민주의자로서 전전의 역사인식과 귀국 후 쓰

---

20) 필자와 다른 비교의 방법으로 쓰에마스의 학문을 분석한 선행연구도 있다. 井上直水는 임나문제와 광개토왕비문제를 둘러싸고 쓰에마스와 旗田巍의 인식과 학

에마스의 역사인식 사이에 이어짐과 간극을 찾아보겠다.[21]

쓰에마스의 역사인식을 확인할 때는 흔히들 접근하는 방법인 그의 글을 분석하는데 중점을 두지 않겠다. 전근대 시기를 전공하지 않은 필자로서는 예를 들어 가야사 전공자처럼 임나일본부를 분석할 능력이 없다. 사료에 근거해 매우 정치(精緻)한 실증을 시도해 온 쓰에마스의 연구방법 자체를 문제 삼을 수도 없다. 실증은 역사학의 기본이기 때문이다. 또한 실증적 연구방법에 은폐된 시각과 그 의도를 주목하고자 참고문헌을 비판하고, 이를 바탕으로 논쟁적인 재해석을 시도하는 경우도 있다. 『三國史記』 초기 기록의 모순을 부각시키며 그 내용의 역사성을 모두 부정하고 임나일본부를 강조한 쓰에마스의 견해를 비판한 경우가 여기에 해당될 것이다.[22] 하지만 필자에게는 이렇게 비판하는 접근조차 힘이 달린다.

대신에 쓰에마스란 사람의 존재 자체에 주목하고 모든 분석의 중심에 그것을 두면서 그의 생애를 역사주의에 입각하여 추적하겠다. 그가 역사학자로서 살아온 조건과 네트워크를 포함한 주변 환경을 파악하며 그의 선택지점, 특히 선택의 순간에 그가 취한 태도에 주목하겠다. 필자는 이러한 접근이 쓰에마스의 연구결과물들에 숨겨진 맥락을 드러낼 수 있는 방법, 곧 학

문태도를 비교하며 전후 일본의 조선고대사 연구의 특징을 도출하였다. 그에 따르면, 1970년대 중반경까지 일본에서 조선고대사 연구는 조선고대사의 독자적 맥락을 해명하는데 관심을 두기보다 일본고대사 연구에 대한 강한 관심으로 지탱되며 진전되었음이 특징이다(井上直水, 「前後日本の朝鮮古代史研究と末松保和 旗田巍」, 『朝鮮史研究會論文集』 48, 東京 : 朝鮮史研究會, 2010). 필자는 정상의 연구와 대척점에 서기보다 식민주의 역사학의 실체를 관점과 태도라는 측면에서 더 부각시키는데 그의 연구를 참조하겠다.

21) 필자는 후일에 이를 바탕으로 한국사 학계가 식민주의 역사학을 무엇이라고 규정해 왔는지를 시간의 흐름을 따라 유형화하며 비판적으로 분석해 보겠다. 내부의 식민성에 대한 전도된 의식, 달리 말하면 주체적인 전유과정까지를 규명하고 해체하는 작업을 동반하지 않고는 식민성에 대한 부담으로부터 탈출하기 쉽지 않기 때문이다.

22) 이부오, 「일제강점기 『삼국사기』 신라본기 초기기사 비판론에 대한 극복과정과 과제」, 『한국고대사연구』 61, 서울 : 한국고대사학회, 2011.

술사 연구의 한 방법이라고 생각한다.[23]

　존재와 태도에 주목하려는 또 다른 이유는, 실증된 내용만으로 평가하려는 한국사 학계의 접근법에 내재한 한계, 곧 실증과 존재의 관계를 고려하지 않는 분석 태도를 반복하지 않기 위해서이다. 더구나 쓰에마스가 실증에 충실한 연구를 했다고 인정하는데 머무는 그 순간 그의 모든 주장은 객관적이고 학문적이라는 자장(磁場) 안에 있게 된다. 그래서 정치적 중립의 외피를 쓴 학술담론으로 전환함으로써 그의 주장 자체의 학술 효과가 더욱 심도 있고 지속 가능하게 된다. 이에 따라 실증을 내세우며 한국사를 근대 지식화하는 과정에 내재한 쓰에마스의 제국의식(帝國意識) 또는 식민주의 의식(植民主義意識)을 주목하지 못함으로써 의도적이지 않더라도 비판의 칼날을 무디게 하거나 식민주의자와 피식민자의 경계를 무너뜨리는 평가를 할 우려가 있다.

　마지막으로 이상의 두 가지 방법을 적극 도입하며 쓰에마스의 임나일본부 연구를 들어 그의 한국사인식을 짚어보겠다. 임나일본부 연구는 그의 뛰어난 연구성과 가운데 하나이면서도 식민주의 역사학자라고 비판받는 주요한 주제이기 때문이다. 거기에다 임나일본부 연구는 그가 조선사를 연구한 초기부터 주목할 만한 성과를 제출한 주제일 뿐만 아니라, 꾸준히 다듬어 전후 일본에 돌아간 이후 처음 간행한 단행본의 주제이기도 하였다.

---

23) 학술사는 분석해야 할 대상과 관련한 특정한 연구성과 또는 작품에 직접적이고 전면적이며 적극 주목해야 하는 사학사, 문학사 등과 달리 거기에 간접적이고 부분적이며 소극적으로 시선을 주는 한편, 제도와 경제상황도 고려해야 한다. 뿐만 아니라 지적 상황과 연구자 네트워크를 적극 고려하고, 텍스트 당사자의 권위적 지위와 언동까지 포함해 분석하는 접근법을 취한다. 그래서 연구자 또는 작가를 텍스트처럼 간주할 수 있다. 이를 위해 대학사, 고등교육사, 학문정책사, 지식사회사의 측면도 '배경'의 차원을 넘어 분석의 매개이자 방법론 차원에서 적극 활용하여 특정 담론이나 학파 또는 개인의 학문을 분석하는 분야다. 자세한 내용은 신주백, 「학술사 연구하기」, 연세대학교 국학연구원 인문한국사업단 편, 『사회인문학백서』, 서울 : 새물결, 2018 참조.

귀국 후 첫 단행본인 『任那興亡史』(東京 : 大八州出版社, 1949)가 바로 그 책이다. 이 책은 논문 모음집이 아니라 하나의 서술체계를 세워 임나일본부에 관한 쓰에마스 자신의 생각을 종합 정리하였으므로 전전과 전후 생각의 변화를 확인하기에 가장 유용한 결과물이다.[24]

Ⅱ. 식민지 조선, 식민주의 역사학의 최전선에서

1. 식민주의를 생산한 역사기관에서의 중심 활동

1904년 후쿠오카현에서 태어난 쓰에마스는 22세 때인 1927년 동경대학 문학부를 졸업하고 조선사편수회(朝鮮史編修會)의 촉탁으로 식민지 조선에 왔다.[25] 조선과 인연도 없고, 조선사를 연구하겠다는 의지도 없던 그가 식민지 조선에 온 이유는 스승인 쿠로이타 가즈미(黑板勝美)의 사실상의 명령 때문이었다.

일본이 편수회를 조직한 이유는 "조선사료의 모집 및 편찬, 조선사 편수의 사업은 종래의 경험상 상당히 권위 있는 조직에서 그 완성을 도모할 필요가 있다"고 보았기 때문이다.[26] 일본은 '상당한 권위'를 가진 조직에서 『朝鮮史』를 편찬함으로써 "조선 자체의 진실", 곧 "내선인으로 하여금 완전

---

24) 쓰에마스는 80세가 되는 1985년 마지막 '논문'을 발표할 때까지 『任那興亡史』를 수정하지 않을 만큼 일관된 견해를 유지하였다. 학습원대학동양문화연구소, 「末松保和氏年譜」, 『學習院大學東洋文化研究所所藏資料紹介 - 末松保和資料』, 東京 : 學習院大學東洋文化研究所, 1977, 64쪽. 이 글에서 밝히는 쓰에마스의 행적은 기본적으로 「末松保和氏年譜」를 참조하였다.

25) 나이 계산은 8월 20일생인 점을 고려하였으므로 같은 년도여도 나이가 다를 수 있다.

26) 「朝鮮史編修会官制ヲ制定シ」, 『公文類聚・第四十九編・大正十四年・第八巻・官職門六・官制六(朝鮮総督府)』

한 이해와 배합에 달케" 할 의도였다. 이 사업은 "문화정치의 완벽을 기함에 불외"였다.[27] 조선사편수회는 조선인과 일본인의 '배합', 곧 1920년대 식민통치의 핵심 기조인 문화정치를 구체화하는 차원에서 추진된 기구로서 조선인의 저항의식을 약화시키고, 나아가 일본인화하는데 역사적 가치를 부여함으로써 식민자의 이익을 실현하고 이와 관련한 정책적 행동을 절대화하는 근거를 제공하는 기관이었다.

일본 제국 내에서 식민주의 이념을 생산하는 최고 기관에 근무한 쓰에마스는 이마니시 류(今西龍)를 보좌하며 『朝鮮史』의 '제1편 신라통일 이전'에 해당하는 제1권 조선사료, 제2권 일본사료, 그리고 '제2편 신라통일시대'를 1932년 3월에, 제1편 제3권 지나사료를 1933년 3월에 각각 간행하였다. 제3권의 간행을 준비하는 중인 1932년 7월에 책임자인 이마니시가 사망하여, 제3권의 마무리를 쓰에마스가 했다고 볼 수 있다. 쓰에마스는 간행 작업이 자신에게 미친 영향에 대해 다음과 같이 회고하였다.

'朝鮮史' 제1편의 세 권의 편수를 끝냈을 즈음에는 나의 머리 속에 신라 고구려 백제 3국시대가 약간 형태를 갖추고, 삼국과 일본과의 관계에 관해서도 내 나름대로의 모습이 두뇌에 그려졌다. 정확히 그즈음 黒板(黒板勝美-인용자)선생으로부터 선생이 주제한 『岩波講座 日本歷史』에 '일한관계'를 집필하도록 지시받았으므로 나는 명에 따라 붓을 들었고, 그것은 1933년 12월에 활자화되었다.[28]

박찬흥의 연구에 따르면 제1편 제1권에서는 편년이 가능한 거의 모든 사료를 망라하여 체계적으로 정리했지만 단군 관련 기사가 빠졌으며, 제2편에서는 일본 관련 기사를 많이 넣고 중국과의 우호 관계를 설명하는 내용이나 일본에 불리한 표현이 들어간 사료를 빼거나 축약하며 한국사의 타율

---

27) 「사설 조선사편수회의 의의」, 『매일신보』, 1925.6.13.
28) 末松保和, 「好太王碑と私」, 末松保和博士古稀記念會 編, 『古代東アジア史論集』 上, 東京 : 吉川弘文館, 1978, 6쪽.

성을 부각시켰다.[29] 제1권의 편집은 사료, 곧 역사지식을 재배치함으로써 식민주의 통치에 맞게 기억의 사회화 과정을 바꿀 수 있는 원천지식을 제공하려는 의도를 충실히 재현한 경우이다.

아무튼 『朝鮮史』 제1,2편의 작업에 참여한 경험은 그가 한국고대사와 관련한 광범위한 사료 정리, 특히 동북아시아 차원의 폭넓은 시야 속에서 사료를 통해 서로 비교할 수 있는 기회를 포착하고, 식민주의 연구자로서 새로운 출발점에 설 수 있는 유리한 기회였다. 고대사에 대한 시야와 사료라는 측면에서 당시까지 어느 누구도 도달하지 못한 사료 강독과 편집 경험이었다고 말할 수 있겠다.

쓰에마스의 특별한 경험과 능력을 중시해서였을까. 앞서 인용한 회고에도 나와 있듯이, 그의 지도교수인 쿠로이타 가츠미(黑板勝美)는 岩波書店이 기획한 대규모 기획시리즈인 '일본역사'의 필진으로 그가 참여할 수 있게 하였다. 쓰에마스는 「일한관계(日韓關係)」라는 제목에서 임나일본부 및 낙랑군의 역사를 정리하면서 한일관계를 분석하여 1933년 12월 출판물로 배포하였다. 그의 글과 함께 경성제국대학 사학과 교수로 조선사학 제1강좌 담당인 후지타 료우사쿠의 「朝鮮古代文化」(1934)도 『岩波講座 日本歷史』 제1권에 포함되어 1934년에 출판되었다.[30] 제1권 기획서에는 츠다 소우키치와 「國史の大觀」을 쓴 쿠로이타를 포함해 11명의 필진이 참가하였다. 쓰에마스가 이러한 기획에 참여한 사실은 그가 조선사 분야에서 매우 촉망받는 신진 연구자였다는 점을 반증한다. 달리 보면, 그가 28세 때인 1933년 4

---

29) 박찬흥, 「조선사' (조선사편수회 편)의 편찬체제와 성격 - 제1편 제1권(조선사료)을 중심으로」, 『사학연구』 99, 서울 : 한국사학회, 2010, '제Ⅲ장' ; 박찬흥, 「조선사' (조선사편수회 편) 제2편(신라통일시대)의 편찬 방식과 성격 -『삼국사기』「신라본기」와의 비교를 중심으로」, 『선사와 고대』 45, 서울 : 한국고대학회, 2015 참조.

30) 한국에서 쓰에마스의 「日韓關係」에 관한 글을 인용하는 논문들 가운데 어느 쪽을 참조했느냐에 따라 간행연도가 달라야 한다. 한국의 선행 연구에서는 둘의 간행 연도와 출판과정을 구별하지 않는 경우가 종종 있다. 필자는 둘 다 확인했다.

월부터 경성제국대학 문학부 강사가 되고, 이어 조교수로 발탁되는 과정은 우연이 아니었다. 조선사 연구자로서 더 성장할 수 있는 특별한 기회와 조건이 외부에서 의도적으로 주어졌다고 봐야 한다.

한국고대사와 관련한 자료의 편집을 끝낸 쓰에마스는 이나바 이와키치(稻葉岩吉)를 도와『朝鮮史』제5편 제10권(중기: 광해군~정조)을 1937년 3월에 간행하였다. 조선 왕조에 대한 이해로까지 관심의 폭을 넓힐 수 있는 기회를 만난 것이다. 이 사이 그는 30세 때인 1935년 4월 조선사편수회 수사관에 임명되었다. 곧 이어 6월에 경성제국대학 조교수로 임명됨과 동시에 편수회의 촉탁에 위촉되어 앞서 언급한『朝鮮史』간행에 계속 관여하였다.

쓰에마스 스스로 뒷날 이 기간의 경험을 회고할 때 "漢學塾",[31] 또는 "대학원에 입학한 것 같은 생활"[32]에 비유했던 데서 알 수 있듯이, 조선편수회에서의 편집 활동은 한국사 연구자로서 연구의 기초를 다지는 시기였다. 더구나 일본은 식민지에 파견나간 사람에게 특별한 경제 혜택까지 주었으므로 그는 안정된 경제생활을 영위할 수 있었다.[33] 요컨대 쓰에마스는 학자로서 첫 발을 내디딘 순간부터 매우 강력한 특권을 가진 식민주의 기관에서 특별한 경험을 축적한 사람이다. 피식민자 입장에서 보면, 쓰에마스는 조선인 어느 누구도 개인 차원에서조차 상상할 수도 없고 누릴 수도 없는 차별 있는 혜택을 보장받는 제도 속에서 학문을 시작할 수 있었다. 따라서 출발 시점에서부터 조선인 역사연구자와 차원이 다를 수밖에 없었다. 그러므로 필자가 보기에 차이를 민족성으로 이해하거나 차이를 내세워 차별

---

31) 「朝鮮史の研究と私」,『日本歷史』560, 東京 : 日本歷史學會, 1994, 27쪽.
32) 末松保和 외 3인 대담, 「朝鮮史編修會の事業」, 旗田巍 編,『シンポジウム 日本と 朝鮮』, 東京 : 勁草書房, 1969, 78쪽.
33) 쓰에마스는 1967년 좌담회 때 본국에서보다 50% 더 많은 '125엔'을 받은 데다, 관사료까지 있어 경제생활이 좋았다고 밝혔다(「座談會 研究生活の回顧 1 板本太郎 末松保和 兩先生の聞く」,『學習院史學』4, 東京 : 學習院大學, 1967, 97쪽).

을 정당화해서도 안 되며, 오히려 이런 차이 자체에 주목하고 그것을 식민주의로 철저히 파악할 필요가 있다.

쓰에마스에게 조선사편수회 시기는 학문권력의 중심에서 지식의 재편에 참여하여 지식권력까지 갖출 수 있는 학자로서의 기초를 튼튼히 구축한 기간이었다. 그 경향은 이후에도 약화되지 않고 강화되었다. 그는 34세 때인 1938년 11월 조선사학 제2강좌의 담임으로 명받았으며, 이듬해 5월 교수로 임명되었기 때문이다. 이로써 쓰에마스는 일본의 고등교육과 전문연구에서 제국대학(帝國大學), 그것도 제국 내에서 조선의 역사와 문화를 연구하는 최고의 대학에서 조선사를 책임지는 지위에 올랐다. 쓰에마스는 식민주의 역사학자로서 빛을 발할 수 있는 강력한 아우라를 새로 추가함으로써 학문적 권위와 사회적 지위를 더욱 높고 견고하게 할 수 있는 기회를 포착한 것이다.

1931년부터 1941년까지 경성제국대학 사학과에 개설된 102개 강의[34] 가운데 쓰에마스가 담당한 강의를 보면, 강사와 조교수 때는 주로 고대사나 고려 왕조, 사학사에 관한 강의를 담당하였다. 하지만 조선사 제2강좌를 담당한 이후부터는 대부분의 강의가 조선 왕조와 관련이 있었다. 특별히 예외인 경우라면 1945년 이후 쓰에마스의 행보와도 관련이 있어 주목해야 할 '上代·任那史' 강의가 1944년 일선관계사(日鮮關係史) 수업 때 있었다는 사실이다.[35] 쓰에마스는 12년 6개월 동안 경성제대에서 한국 근현대사를 제외한 조선의 전근대사 전반을 강의하였다. 당시까지 식민주의 역사학자

---

34) 102개의 강의명은 신주백,『한국 역사학의 기원』, 서울 : 휴머니스트, 2016, 146~151쪽 참조.

35) 귀국한 쓰에마스가 가장 먼저 간행한 단행본이『任那興亡史』였다는 사실은 우연이 아니다. 쓰에마스는 1944년 군에 가지 않고 "남은 소수의 병약한 학생을 상대로 임나사를 개설"하는 한편, 경성제국대학 "도서관에서 好太王碑의 탁본을 빌려 碑의 문자를 재검하기 시작하였다"고 당시를 회상하였다(末松保和,「好太王碑と私」, 末松保和博士古稀記念會 編,『古代東アジア史論集』上, 9쪽).

어느 누구도 경험하지 못한 폭넓은 시기와 다양한 주제를 강의함으로써 일본에 돌아간 쓰에마스가 전근대사 전반에 대해 발언할 수 있는 토대가 이때 구축되었다고 볼 수 있겠다.

사료 편집과 다양한 강의를 통해 쌓은 내공은 연구에서도 그대로 확인된다. 쓰에마스가 식민지 조선에서 활동하던 초기에 글을 집중 발표한 잡지는『靑丘學叢』이었다. 그 자신이 7인으로 구성된 잡지의 편집진 가운데 한 사람이었으며, 같은 쿠로이타(黑板) 계열이자 대학 선배인 나카무라 히데다카(中村榮孝)를 중심으로 한 편집활동을 보조하던 핵심 인사였다. 그는『靑丘學叢』의 간행에 필요한 실무의 중심자였을 뿐만 아니라 만선사를 주창하고 있던 이나바 이와키치(稲葉岩吉)(22편) 다음으로 많은 13편의 논문을『靑丘學叢』에 발표할 만큼 연구활동에도 적극적이었다.[36] 나카무라 히데다카(中村榮孝)도 13편이었으니 공동 2위였다. 발표한 시점을 보면 13편의 논문은 모두 1936년 8월까지 게재했고, 다룬 시기로 보면 고려 왕조 시기의 글이 3편이고, 나머지 10편 모두 한국고대사와 관련된 글이다.

쓰에마스는 경성제국대학 교수가 된지 1년이 지난 즈음인 1936년 11월과 12월부터 대부분의 논문을 경성제국대학의 출판물에 발표하였다. 이때까지 그렇게 집중 발표하던『靑丘學叢』에 논문 한편을 게재하지 않았을 정도다. 사학과의 교수가 된 신분 이동과 무관하지 않을 것이다. 더구나 이때부터 1943년까지 발표한 논문 18편 가운데 고대사 논문 6편을 포함해 7편을 제외하고, 11편이 고려와 조선 왕조에 관한 글이었다.[37] 7편의 논문 가운데「大邱地名語原考」(1943.3)까지를 포함해 6편은 신라사 논문이고 1편 만이 백제사 논문이었다. 한국 고대사를 신라사 중심으로 계속 연구했던 것이

---

36) 정상우,「朝鮮史'(조선사편수회 간행) 편찬 사업 전후 연구자들의 갈등 양상과 새로운 연구자의 등장」,『史學硏究』116, 서울 : 한국사학회, 2014, 184쪽.

37) 學習院大學東洋文化硏究所,「末松保和氏年譜」,『學習院大學東洋文化硏究所所藏資料紹介-末松保和資料』, 50~53쪽. '논문'으로 분류한 글만 계산하였다.

다. 그러는 한편에서 이전에 다루지 않았던 조선 왕조와 약간만 언급한 고려 왕조에 관해서도 연구했음을 확인할 수 있다. 이렇듯 경성제국대학의 교수로서 활발하게 전개한 그의 연구활동은 쓰에마스로 하여금 식민지 조선에서 학문권력과 함께 지식권력까지 획득해 가는 과정이기도 하였다.

지식권력의 획득은 다른 방면에서도 이어졌다. 편수회 시기와 대비되는 쓰에마스 교수의 활동 가운데 하나는 논문 이외의 글쓰기에서 이전까지 큰 비중을 차지하던 서평이 많이 줄었든 대신, 편서, 편간, 해제, 편찬, 색인이란 이름이 들어간 글쓰기가 매우 활발했다는 점이다. 역사연구의 기초라고 할 수 있는 사료 등의 정리와 간행만이 아니라 『大東輿地圖索引』(1936.3), 『新增東國輿地勝覽索引』(1937.3)과 『青丘學叢』의 마지막 30호(1939.10)에 수록된 「青丘學叢論文著者別索引」, 『朝鮮歷代實錄一覽』(1941)처럼 역사연구를 원만하고 폭넓게 할 수 있는 목록화 작업에도 몰두하였다. 그래서 "索引敎授"라는 별명도 얻었다.[38] 조선사에 관한 지식을 재구축하는 작업은 조선사편수회 등에 수집된 광범위한 자료만이 아니라 1928년부터 1930년 사이에 규장각 자료를 모두 이관 받은 경성제국대학 도서관이 있고,[39] 이를 자유롭게 직접 확인하고 열람할 수 있는 특권을 보장받았기에 가능하였다. 또한 제국대학을 제외하고 조선인이 안정된 연구와 학문 재생산이 가능할 수 있는 여건을 제도로 틀어막아버린 일본의 위계적이면서 차별 있는 고등교육제도의 혜택을 누린 결과이기도 하였다.[40]

본인이 의식했든 그렇지 않았든, 쓰에마스의 이러한 활동은 역사지식을

---

38) 世話人-乙, 「末松師抄(坤)」, 『响沫集』 4, 東京 : 响沫集刊行世話人, 1984, 110쪽.

39) 도서관에 이관된 총 161,561책 가운데 일반 동양도서로 분류된 20,648책을 제외하고 140,913책이 규장각 도서로 지정되었다. 서울대학교 규장각 한국학연구원 〈http://kyujanggak.snu.ac.kr/home/brd/BrdView.do?siteCd=KYU&menuId=283&postSeq =419&pageIndex=54〉 2017.8.25. 검색

40) 위계적이면서 비대칭한 고등교육의 구도 속에서 식민지 조선의 역사학계가 처한 정황은 신주백, 『한국 역사학의 기원』, 93~180쪽 참조.

체계화함으로서 조선에 관한 지식을 재배치하는데 큰 비중이 있었다. 피식
민자의 입장에서 볼 때 그의 지식 재배치 활동은 식민지 조선에서 그가 지
식권력자였으며, 학문이란 외피로 정치적 중립 내지는 객관성을 포장하여
식민지 지배 질서가 지속되도록 제국의 최전선에서 이념을 주조한 이데올
로그였음을 가리킨다.[41]

2. 식민주의 이데올로기의 선도적 생산과 조선사상

쓰에마스가 공공 업무의 하나로 불특정 다수의 대중을 향해 벌인 주요한
활동 가운데는 대중용 조선사 개설을 두 종류 집필한 점이 눈에 띈다. 하나
는 조선총독부가 주관하여 1936년 3월 조선총독부 문서과에서 발행한『朝
鮮史のしるべ』라는 대중서를 집필한 일이다(이하『길잡이』).[42] 다른 하나
는『조선행정(朝鮮行政)』에 1937년 9월부터 1939년 10월까지 모두 22회에
걸쳐 총설부터 한국병합까지 '조선사'를 연재한 활동이다. '조선사' 연재물
은『길잡이』를 간행한 후 얼마 있지 않아 시작한 연재활동의 결과물로,『길
잡이』를 수정 보완한 성격도 있다.

경성제국대학 조교수가 된지 얼마 되지 않은 시점에 대중을 상대로 벌인
쓰에마스의 글쓰기 활동은 매우 정치성을 띠고 있었다.

31세 때 집필한『길잡이』는 170쪽(2,3판은 172쪽)의 작은 분량이지만 '시
정(施政)', 달리 말하면 조선인에게 정치를 베푼 지 25주년 되는 때를 기념

---

41) 그래서였을까. 일본 정부는 1944년 4월 그에게 훈6등을 서훈(敍勳)하고 서보장(瑞
宝章), 더 구체적으로 말하면 서보단광장(瑞宝単光章)을 수여하였다. 서보장은 '공
공적인 업무에 다년간 노력했다고 인정되는 공로자에게 수여된다'는 상이었다. 그
의 서훈은 1927년 이래 16년 동안 일본의 조선 지배를 정당화하고 지속시키는 식
민주의 역사학자이자 조선인을 말살하는 이데올로그로서의 '공공적 업무'에 충실
했던 활동과도 무관하지 않았을 것이다.

42) 1939년 제3판이 발행되었다.

한다는 명분으로 25개의 주제를 설정한 조선총독부의 기획서이다. 말 그대로 쓰에마스의 전문성과 경성제국대학 교수라는 권위를 활용하여 총독부의 지배를 역사적으로 정당화한 시혜성 기획물인 것이다. 그래서 『길잡이』는 식민주의 역사학의 성과를 근대 지식으로 포장하여 일본 정부가 식민 지배를 순조롭게 착근하며 오랫동안 유지할 수 있게 일조한 근대적 학술담론서이다. 쓰에마스가 조선총독부의 기대치에 충실한 이데올로그였음을 보여주는 증명서이다.

'조선사' 연재물도 집필의 시점을 고려한다면 『길잡이』 못지않은 정치성을 내포한 또 다른 증명서이다. '조선사' 연재물은 쓰에마스가 33세 때인 1937년 9월부터 『朝鮮行政』에 연재되었다. 그 두 달 전인 7월에 일본은 중국 본토를 침략한 중일전쟁을 일으켰다. 이어 침략전쟁을 원만하게 추진하기 위해 모든 국가 시스템을 전쟁에 맞추는 총동원체제로 바꾸어 갔다. 식민지 조선도 예외가 아니어서 조선총독부는 1937년 9월 군수동원법(軍需動員法)을 실시하고 신사참배를 거부하는 일부 기독교계 학교를 폐교 처분했으며, 10월에 황국신민서사와 황국신민체조를 제정하였다. 이어 1938년 2월 육군특별지원병제도를 공포하고 3월에 황국신민교육을 본격화하는 제3차 조선교육령을 발표하였으며, 7월에도 국민정신총동원 조선연맹을 결성하였다. 따라서 쓰에마스의 '조선사' 연재물은 침략전쟁에 필요한 사람과 물자를 식민지 조선에서도 총동원하기 위해 체제를 급속히 갖추어가는 시점에 맞추어 매우 충실하게 호응한 선전물의 하나였다고 보기에 충분한 증거품이다.

간행의 시점을 둘러싼 정세를 들어 쓰에마스의 식민주의 이데올로그로서의 활동, 또는 침략전쟁에 호응한 활동의 근거를 말하려는 것이 아니다. 『길잡이』와 '조선사' 연재물의 내용을 보아도 이를 선명히 알 수 있다.

『길잡이』는 조선사의 기본 흐름을 기자조선과 위씨조선에서 시작되는 고조선시대 → 낙랑군시대 → 삼국시대 → 신라통일시대 → 고려시대 →

이조시대로 이어진다고 보았다.[43] 큰 틀에서 역사인식을 보여주는 시대구분만 보아도 낙랑군을 독립된 '시대'로 구분하고 있어 중국의 영향을 매우 크게 강조했음을 알 수 있다.[44] 그렇다면 쓰에마스는 그 영향을 어느 정도로 인식하였을까.

쓰에마스는 "고조선시대의 역사는 한민족(漢民族)의 소극적인 식민의 역사"이고, 낙랑군 시대는 "반도의 태반이 순전히 漢의 행정조직의 일부분으로 편입된 시대이므로 소극적 식민에 대한 적극적 식민이라 말해도" 될 정도로 "'한민족의 반도' 시대이다"고 규정하였다.[45] 또한 낙랑군의 남쪽인 한반도의 남부에 있는 "韓地"에 "韓人" 또는 "韓種族"이라는 토착종족이 살았다고 보았다.[46] 그가 보기에 한종족(韓種族)은 자연발생적 성장을 이룩하지 못하는 가운데 현격한 제도와 문물을 소유한 한민족과 접촉하고 지배를 받았으므로 "종족의 건전한 발전이 기대될 수 없었다". 그래서 "특히 나는 (쓰에마스는-인용자) 반도가 역사시대에 들어 제1보에서 가장 심각한 재해를 받았으므로 이후 全歷史時代의 진행에 내던져진 근본적 음영으로 될 수밖에 없는 것이다"고 보았다.[47] 한국사가 발전하지 못하고 정체한 근본 이유를 역사시대의 출발 때부터 중국대륙의 국가에 지배를 받았다는 데서 찾고 있는 것이다.

그러면서 쓰에마스는 『길잡이』의 끝부분에서 총독정치까지 기술하고, "반도의 역사는 한(漢)의 낙랑군 설치 이후를 헤아리더라도 2천년"에 이른다며 글의 마무리이자 총괄 차원에서 다음과 같은 내용을 언급하였다.

---

43) 末松保和, 『朝鮮史のしるべ』, 1~2쪽.
44) 도면회, 「조선총독부의 문화 정책과 한국사 구성체계 - '조선반도사'와 '조선사 길잡이'를 중심으로」, 『歷史學報』 222, 서울 : 역사학회, 2014, 88쪽.
45) 末松保和, 「朝鮮史(2) - 第2講 古朝鮮と樂浪郡」, 『朝鮮行政』 1-10, 京城 : 朝鮮行政學會, 1937.10, 11쪽.
46) 末松保和, 『朝鮮史のしるべ』, 15쪽.
47) 末松保和, 「朝鮮史(2) - 第2講 古朝鮮と樂浪郡」, 『朝鮮行政』 1-10, 18쪽.

그 사이(2천년-인용자) 추이는 실로 지극히 복잡하다. 특히 그 역사를 선명하
게 특징짓는 것은 북방 만주에 통일적 세력이 나타나고 부터는 만주와 支那本
部처럼, 남북대립의 형세를 좌우하는 힘이 저절로 半島에서 인정되었던 것이다.
그 중에서도 북방제국은 직접 영토를 반도에 접하고 있으므로 남하할 때 먼저
무력으로 반도의 향배를 묻는 일을 일상적으로 하였다. 반도가 입은 災禍의 가
장 직접적인 점은 이것이다.[48]

이처럼 쓰에마스는 중국대륙에서의 남북대결이 한반도에 그대로 반영되
었으며, 특히 만주의 정치세력으로부터 받은 재난이 직접적이었다며, 한국
사에서 중국대륙의 규정력이 결정적이었음을 강조한다. 그러면서 그는 중
국대륙으로부터 많은 문화를 수입했지만, 그곳의 정치상황에 따라 조선에
서 "순차적으로 (문화의-인용자) 모체를 바꾸어" 갔으므로 "한 가지 문화의
계속된 발전 전개는 곤란하였다"고 단정하며, 조선 고유 문화를 부정하고
중국에서 수입한 문화에 불과함을 강조하였다.[49]

그러나 쓰에마스는 한국병합으로 2천년동안 중국대륙에 예속되어 고유
의 문화도 없던 조선의 현실이 타개되었다고 보았다. 중국대륙으로부터의
예속에서 벗어나게 한 한국병합, 곧 일본에 편입된 사건이야말로 한국인이
'해방된 증거'로 보았다. 그래서 그에게 한국병합은 식민이 아닌 "확대된 일
본"이자 예속이 아닌 "해방된 조선"을 의미하였다. 이어진 총독정치는 "정
치의 힘의 위대함을"가져옴으로써 조선이 계속 해방될 수 있게 하였다.[50]

쓰에마스는 한국병합의 확대와 해방이란 두 가지 측면을 자각하고 "서로
어울려야 비로소 내선일여(內鮮一如)의 實이 完成되는 것이고, 그 자각이
彼我에 없는 한 한탄스러운 내선의 別稱은 消失되지 않을 것이다"고 내다
봤다.[51] 두 가지 측면을 철저히 자각하는 역사인식이야말로 '내선일여', 곧

---

48) 末松保和, 『朝鮮史のしるべ』, 154쪽.
49) 末松保和, 『朝鮮史のしるべ』, 155쪽.
50) 末松保和, 「朝鮮史(1) - 第1講 總說」, 『朝鮮行政』 1-9, 1937.9, 8쪽.
51) 末松保和, 「朝鮮史(1) - 第1講 總說」, 『朝鮮行政』 1-9, 7쪽.

1938년부터 조선총독부 총동원정책의 핵심 구호인 내선일체(內鮮一體)를
실질적으로 완성하는 지름길이었다. 달리 보면, 조선인에게 내선을 구분할
필요가 없는 단계는 민족의 소멸을 의미한다. 그러므로 쓰에마스는 경성제
국대학 사학과에 자리를 잡자마자 중국대륙의 영향에 예속된 한국사를 강
조하는 반대편에, 일본의 식민이 됨으로써 '해방된 조선'을 위치시켜 조선
민족의 말살에 역사적 정당성을 부여하는 식민주의 이데올로기를 주조하
는데 앞장선 식민주의 역사학자라 규정할 수 있다.

그렇다면 황국신민화 정책이 추진되던 시기에 쓰에마스는 일본사에서
조선사를 어떻게 위치 지웠을까. 해방된 조선의 역사를 일본사의 일부로
파악한 그의 주장에서 이를 확인해 보자.

> 병합까지의 조선사를 나는 본래의 조선사라 하고, 병합 후의 조선사는 우리
> 국사(일본사-인용자)의 일부, 바꾸어 말하면 우리 나라(일본-인용자)의 일지방사
> (一地方史)라고 생각한다. 그 의미에서 조선의 역사는 완결된 역사이다. 일본에
> 병합된 한국이야말로 조선사의 결론이다.[52]

이렇듯 쓰에마스에게 있어 조선사는 중국대륙에 예속된 역사였지만,
1910년 일본에 병합됨으로써 '해방된' 결론에 도달한 역사였다. 전자가 '본
래' 조선사라면, 후자는 일본의 한 '지방사'였다. 쓰에마스가 말하는 '본래의
조선사'는 대륙 중국에 있던 이민족의 국가에 지배를 받았던 역사, 곧 식민
과 피식민의 관계 속에서 볼 수 있는 역사라면, '지방사'로서 조선사는 이
관계사와 달리 일본 본토에 있는 지방의 역사처럼 그냥 일본사의 일부 역사
였다. 이때 중국대륙의 국가에 예속된 '본래의 조선사'에 해당하지 않는 유
일하게 예외의 역사는 임나일본부(任那日本府)가 있는 '任那 지방사'였다.

쓰에마스는 임나일본부가 "일본의 반도 영유 통치 기관"임에는 틀림없지

---

52) 末松保和, 「朝鮮史(1) - 第1講 總說」, 『朝鮮行政』 1-9, 2쪽.

만 "府라는 글자로부터 현재의 총독부를 연상"하거나 "一個의 政廳을 추구하는" 것으로 파악하는 인식을 "심하게 사실을 잘못 파악"한 주장이라고 비판하였다. 그가 보기에 임나일본부는 "大和朝廷이 파견한 統治의 官人이고, 極限으로 말하면 統治權 그 자체를 의미"하였다. 그리고 그 관인을 모두 모은 하나의 정청이 있었는지도 의문이라고 보았다.53) 그래서 쓰에마스는 임나일본부가 임나의 크고 작은 여러 나라에 각각 주재하며 일본 "朝廷의 지도에 기초하여 통치에 임"했다고 보았다.54)

요컨대 쓰에마스의 입장에서 임나의 임나일본부와 한족(韓族)의 관계는 지배와 피지배 관계였다. 하지만 한국사 학계에서 이해하는 이민족에 대한 지배-피지배 관계, 곧 식민과 피식민의 관계는 아니었다. 그는 당시 일본의 특정한 임지(任地)에 파견되어 천황의 말을 받들며 정치를 하는 관인과 지방민의 관계와 마찬가지의 지배와 피지배 관계로 임나일본부와 한족의 관계를 보았다. 한국사 학계의 비판과 쓰에마스의 주장에 핀트가 어긋난 부분은 이 지점이다.

아무튼 임나일본부가 있는 임나는 한종족의 국가로 남부조선에서 성립한 마한·진한·변한 가운데 변한이었다. 즉 마한에 백제가, 진한에 신라가 출현할 때 변한은 가락제국(駕洛諸國), 달리 말하면 임나로 존속하였다. 더 나아가 당시 한반도 남부는 일본의 "직할지역"인 임나, 그리고 일본과 "臣屬 관계를 맺고" 있는 신라와 백제라는 이중 구조의 공간이었다.55) 이러한 인식 구도에서 임나는 식민지 시기 일본의 통치 용어로 말하면 내지(內地)의 연장이며, 신라와 백제는 외지(外地)로 치부할 수 있다.56) 그래서 쓰에

53) 末松保和, 「朝鮮史(4) - 第4講 任那日本府と百濟」, 『朝鮮行政』 1-12, 1937. 12, 29~30쪽. 그래서 쓰에마스는 稻葉岩吉, 小田省吾가 말하는 통감부와 같은 통치기관, 今西龍가 말하는 임나국과 같은 통치기관에 동의하지 않았다.
54) 末松保和, 「朝鮮史(4) - 第4講 任那日本府と百濟」, 『朝鮮行政』 1-12, 30쪽.
55) 末松保和, 『朝鮮史のしるべ』, 29쪽.
56) 참고로 말하면, 昭和天皇은 大本營의 생각과 달리 식민지 조선을 내지의 연장(延

마스는 임나가 광개토왕과 싸운 시기로부터 170여년 동안을 고구려와 일본이라는 "남북세력의 대립항쟁시대"를 "고구려·일본의 2국 대립시대"로 정의하였다. 그는 흔히들 오늘날 한국사 학계에서 말하는 3국시대, 곧 "사실상의 삼국정립시대"는 임나가 멸망함으로써 2국 대립시대가 끝난 이후에 시작되었다고 보았다.[57] 이처럼 쓰에마스는 일본사의 일부이기도 한 임나사를 북방계통의 고구려사와 경쟁 구도를 형성한 시대사, 그리고 천황의 말을 정치로 집행하는 관인과 한족이 운명을 함께 한 지방사로 해석하였다. 때문에 저작집 해설자들의 주장처럼 쓰에마스를 황국사관론자가 아니라 하더라도 그가 식민주의자였다고 볼 수 있다.

쓰에마스가 임나사를 통해 드러내려는 역사를 조선인의 입장에서 보면 침략과 지배를 왜곡하고 은폐시키려는 서술이다. 그러한 관점과 태도는 임진왜란에 관한 다음과 같은 서술에서도 극명하게 드러난다.

> 외난도 정도와 경우에 따라서는 오히려 국력의 진전을 촉진하고, 민심의 침체를 깨트리며 覺醒再生에 밑천이 될 수 있다는 점, 많이 인정되지만, 당시 조선에게 7년 戰役은 이러한 자극으로는 너무 지나치게 강했다는 느낌이다. 그러나 또한 이것에 의해 반도의 정치 사회 각종 다양한 방면의 진로 방향이 개선되고 전환되었던 경우도 적지 않아, 이 戰役의 전체적인 史的意義는 금후 추구되어야 할 문제이다.[58]

長)으로 간주하였다.

57) 末松保和, 『朝鮮史のしるべ』, 31쪽. 같은 관점을 末松保和, 「朝鮮史(4) - 第4講 任那日本府と百濟」, 『朝鮮行政』 1-12, 32쪽에서도 확인할 수 있다.
   쓰에마스는 이보다 3년가량 앞서 발표한 「日韓關係」에서 임나일본부에 관해 짜임새 있는 정립을 시도하였다. 그런데 『길잡이』 때와 달리 任那諸國을 변한으로 "단언할 수 없다"고 보았다. 백제와 신라에 복속되지 않은 11개국이 '임나제국'을 형성하며 버티는 원동력을 "주로 일본세력에 의거"했던 데서 찾았다. 임나제국 가운데 "중심적 임나일본부가 있고, 임나의 각국에 일본의 宰를 두는 시스템이었다는 쓰에마스의 파악방식은 이때 확정되었다고 보아야 할 것이다. 末松保和, 「日韓關係」, 東京 : 岩波書店, 1933, 18~19쪽. 23쪽.
58) 末松保和, 『朝鮮史のしるべ』, 129쪽.

쓰에마스는 '조선사' 연재물에서도 "戰役의 전체적 해석에는 역사 시야를 높고 넓게 할 필요가" 있다고 주장하였다. 왜냐하면 조선사회에 일어난 "각종 변혁적 현상을 하나하나 파악"할 필요가 있는 한편, 조선인의 명에 대한 "감사 감은"이 지나치게 감정적으로 고조되어 있는 반면, 일본에 대한 "공포와 원한"이 "감정적으로 격화"되어 있어 "냉정한 파악을 저해"하고 있을 만큼 일선관계가 "曲說"되어 있기 때문이다. 그러면서 그는 "이조시대가 아니고 소화시대에 우리들은 이러한 주관적 감정적인 관점을 脫却하고 이 大事件의 再認識으로 나가야 한다"고 밝혔다.[59] 그는 7년전역을 오늘날 일본사에서도 사용하고 있는 "文祿・慶長의 役"라 하거나,[60] "'文祿・慶長의 役'이고 '壬辰・丁酉의 亂'이다"고 불렀다.[61]

그런데 낙랑군와 남부의 한종족, 그리고 고구려와 임나, 곧 남북구도로 보는 쓰에마스의 해석은 일본사의 맥락을 강조한 이마니시와 만선사를 주장한 이나바의 역사인식과도 다른 접근이었다. 앞서도 언급했지만 두 사람은 조선사편수회 시절이 '한학숙', '대학원'이었다고 쓰에마스 스스로 회고할 만큼 영향을 미친 사람이었다. 이마니시는 한종족의 나라인 기자조선과 대동강 유역의 지나민족의 나라인 위만조선을 조선사라고 말하면서도 기자조선이 3분화되어 백제, 가야, 신라로 이어진 한종족의 역사를 중심으로 조선의 개국사를 설명하였다.[62] 이나바는 '한종족'이란 용어 자체를 사용하지 않으면서 한반도 남부 일부에 '韓族'이 있었고 그 실세가 임나였지만, 조선의 개국은 대륙의 일부로서 시작되었다며 중국대륙 북부와의 연관성을 중심으로 조선상고사를 정리하였다.[63] 이에 비해 쓰에마스는 두 사람이 상대방의 의견에서 강조하지 않는 공간의 역사도 부각시키면서 '고구려・일

---

59) 末松保和, 「朝鮮史(18) - 第17講 外難・內訌時代」, 『朝鮮行政』 3-5, 1939.5, 136쪽.
60) 末松保和, 『朝鮮史のしるべ』, 121쪽.
61) 末松保和, 「朝鮮史(18) - 第17講 外難・內訌時代」, 『朝鮮行政』 3-5, 135쪽.
62) 今西竜, 『朝鮮史の栞』, 京城 : 近沢書店 1935, 65~76쪽. 97쪽.
63) 稲葉岩吉・矢野仁一, 『世界歴史大系 11 : 朝鮮満洲史』, 東京 : 平凡社, 1935, 5~6쪽. 40~54쪽.

본의 2국 대립시대'라고 역사상을 제시한 것이다.

그렇다고 쓰에마스가 두 사람의 견해를 적당히 섞었다고 볼 수도 없다. 그는 "반도문화의 2대 原素"로 "북방에서 고구려족과 남방에서 한족에 의해 대표되는" 문화, 곧 북방의 부여계문화와 "기원적으로는 다분히 남방계통의 요소를 지닌" "서부 일본의 고대 주민과 親緣關係가 강조"되는 한족문화로 구분하였다. 그러면서 두 문화는 삼국이 항쟁하는 과정에서 "집대성된 한족문화의 기초 위에 부여계의 고구려 문화의 융합"이 이루어졌으며, '신라통일시대'에 들어 그 융합이 숙성되었다는 관점을 취하였다.[64]

결국 쓰에마스는 한반도 남부에서 일본의 영향을 받은 한종족을 중심으로 하면서도 고구려의 역사까지를 넣어 조선상고사와 조선고대사를 설명함으로써 남부계통과 북부계통 어느 쪽의 역사도 무시하지 않았으며, 일본사의 일부로서도 해석 가능하게 역사구조를 만들어냈다. 이러한 인식 틀은 내선일체와 선만일여(鮮滿一如)가 동시에 강조되던 식민지 조선사회에서 유통될 수 있는 역사인식이라고 볼 수 있겠다.[65]

조선사에 관한 쓰에마스의 인식은 총동원정책이 강화되는 1940년대 들어 동원 논리에서도 그대로 나타난다. 그는 1944년『國民文學』이 주최한 '總力運動의 新構想'이란 주제의 좌담회에서 당시 조선총독부가 내세우고 있던 내선일체라는 표어가 수단을 나타내는 '과정적'인 표어이지 목적을 드

---

64) 末松保和,「朝鮮史(5) - 第5講 新羅の大勢四轉」,『朝鮮行政』2-2, 1938.2, 36쪽.
65) 선만일여는 조선총독으로 부임한 전 관동군사령관 南次郎가 1936년 10월에 열린 '朝鮮産業經濟調査會'에서 지도정신으로 제시하였다(江上征史,「鮮滿一如論」,『朝鮮』313, 1941.6, 5~6쪽). 南총독은 1938년 4월에 열린 도지사회의 때도 "우리 조선의 위치가 오른손에 내선일체, 왼손에 선만일여의 健을 握하고, 日滿 連鎖關係의 補強에 중요한 역할을 부여받은 소이를 충분하게 인식해야 한다"고 강조하였다(水野直樹 編,『朝鮮總督諭告・訓示集成』4, 東京 : 綠蔭書房, 2001, 192~193쪽). 참고로 말하면 내선일체와 선만일여는 모순된 구호이기도 하였다. 이에 대해서는 신주백,「만주인식과 파시즘 국가론」, 방기중 편,『일제하 지식인의 파시즘체제 인식과 대응』, 서울 : 혜안, 2005, '제2장' 참조.

러내는 표어는 아니라고 보았다. 때문에 일반 국민운동의 표어로서는 협소
하므로 일반 민중이 '神代復古'를 생각하기 쉬운 문자를 개발할 필요가 있
다고 제기하였다.[66] 좌담회 내용을 읽다보면 참석자들 가운데 여기에 의문
을 제기하는 사람은 없었다. 그만큼 쓰에마스의 주장이 먹히고 있었던 것
이다. 그래서 일까. 좌담회를 진행하던 기자는 좌담회의 맨 끝 마무리로 쓰
에마스에게 "神代로 돌아 가자라고 말씀하셨는데 神代의 天業翼賛에 관하
여" 말해 줄 것 요청한다. 이에 대해 그는 다음과 같이 답변한다.

> 그것은 결코 일본 開國史의 根源으로 돌아가자는 것이 아니고, 동시에 조선
> 의 역사적 출발점으로 돌아가는 것이라고 생각합니다. 그것은 一天萬民의 原理,
> 一天萬民의 思想이 아닐까 생각합니다…… 나는 지금의 一天萬民 思想으로 돌
> 아가자는 것이 思想運動의 根源이 된다고 생각합니다. 그것은 더구나 하나의
> 이론이 아니며, 일본 및 조선의 神代 歷史를 따라 根底가 있는 思想原理다고 생
> 각하고 있습니다.[67]

이처럼 천황제를 절대적으로 지지하는 가운데 일천만민(一天萬民), 곧
천황 아래 모든 사람이 평등하다는 이상을 실현한 신대(神代), 곧 임나에
관인을 파견한 야마토조정이 성립했다고도 말해지는 진무천왕부터의 시대
에 추구한 이상으로 돌아가자는 쓰에마스에게 내선일체는 수단이자 과정
적 표어일 수밖에 없었다. 신대를 관통한 사상원리의 역사적 근거를 찾자
는 그의 주장은 내선이 동일한 근원이고, 조선도 내지의 연장이라는 역사
관이 전제되어 있다. 1944년 시점에서 그의 임나사가 내포한 정치적 함의
는 바로 여기에 있다. 따라서 1944년의 시점에 쓰에마스는 철저한 내선일
체주의자이자 동화주의자였고, 민족말살론자였다.

쓰에마스가 이처럼 황국신민화 이데올로기를 역사적으로 정당화하고 있

---

66) 「座談會 總力運動의 新構想」, 『國民文學』 4-12, 京城 : 人文社, 1944.12, 9쪽. 조선
　　인 유광렬을 비롯해 6명이 참가한 좌담회였다.
67) 「座談會 總力運動의 新構想」, 『國民文學』 4-12, 24쪽.

던 그 해, 곧 1944년에 그는 지금까지 해 오지 않았던 주제의 강좌를 사학과에 개설하였다. 사실 쓰에마스는 1939년부터 조선 왕조와 관련한 강의를 하거나 '小華外史'(1941), '經國大典'(1942,43)을 강독하였다. 그런데 앞서 '제1절'에서도 언급했듯이 1944년 4월 개설 과목의 하나로 일선관계사에서 '上代·任那史'를 강의하였다. 시간상의 흐름을 볼 때 강의 중에 정리된 내용이나 그때의 상상력이 좌담회 상에서 그대로 이어졌을 가능성이 매우 높았다고 볼 수 있겠다.

그렇다면 쓰에마스는 국민총력운동에 새로운 이념지표를 제시하기 위해 일부러 상대사(上代史)와 임나사(任那史) 강좌를 개설한 것일까. 그렇지는 않을 가능성이 있다. 그렇다면 쓰에마스는 1940년대 들어 조선사개설이란 강의를 제외하면 고대사 강의를 개설하지 않았는데, 왜 그 시점에 상대사와 임나사 강의를 개설하였을까. 임나에 관한 글이라고는 1937년 12월『朝鮮行政』1-12에 수록한「任那日本府と百濟」이후에는 없었기 때문에 더욱 궁금할 수밖에 없다. 학습원대학 교수로 오랜 기간 재직한 코마다 코우타(児玉幸多)의 아래와 같은 회고는 그 궁금증의 한 가닥을 풀어줄 수 있는 정보를 알려준다.

　　종전 조금 전부터 大八洲出版株式會社에서 '大八洲史書' 간행의 기획이 있었다. 이 서점은 전쟁 중 (1943년-인용자) 정부의 諸企業 통합정책에 따라 동경의 吉川弘文館과 京都의 柳原書店이 합체하여 만들었다. 이 '大八洲史書'는 弘文館側 기획으로 黑板선생이 감수하는 입장에 있었으므로 黑板선생의 영향에 있는 사람은 모두 동원되었다. 丸山二郎상은 원래부터이지만, 岩生成一 坂本太郎 小野武夫 羽仁五郎 林健太郎 등 많은 사람이 집필하였다. 나도 그 준마들의 꼬리(驥尾)에 붙어 제1집으로『江戸時代の農民生活』(나중에 근세농민생활사로 개제)를 썼지만, 末松상은 제2집에서 '임나흥망사'를 저술하였다. 이것이 名著로 오늘에 이르기까지 높은 평가를 얻고 있는 것은 周知한 대로이다. 이제까지 末松상의 일은 거의 조선에서 발표되었으므로 그 업적에 접하는 사람은 소수였지만, 여기에서 처음으로 널리 그 학식이 알려지게 되었다.[68]

위의 인용문에 따르면, 쓰에마스는 1933년『岩波講座 日本歷史』제1권의 기획에 참여했을 때와 마찬가지로 자신을 조선사편수회에 취직시킨 스승 쿠로이타 가츠미(黑板勝美)의 영향권에서 움직였다. 쓰에마스는 쿠로이타가 감수하는 기획시리즈의 하나로 임나사를 쓰기 위한 준비 차원에서 1944년 4월부터 강좌를 개설했을 개연성이 높다. 그래서 다음처럼 상상해 볼 수도 있다. 만약 일본의 통치가 계속되었다면, 쓰에마스가 집필한 임나사는 신대의 이상을 복원하는 내용 또는 문제의식의 밑바탕을 황국사관의 소지자들에게 제공하는 성과로 활용되었을 여지도 있다.[69]

Ⅲ. 전후 일본에서 더욱 확장된 연구와 내재된 제국의식

1. 제도와 내용에서 신속한 학문 거점 구축과 제국의식의 단절 및 지속

일본은 1945년 8월 패전하였다. 연합국의 전후방침에 따라 일본제국주의는 조선의 통치에서 손을 떼야 했다. 쓰에마스에게 일본의 패전은 식민주의 역사학의 이데올로그로서 활동할 수 있는 절대적으로 유리한 조건이 본인의 의지와 무관하게 일거에 사라지는 말 그대로 급변사태였다. 그러므로 쓰에마스는 임나사에 관한 집필 기획을 밀어붙일 수 없었다.

---

68) 児玉幸多,「末松さんのことども」,『响沫集』4, 4~5쪽. 쓰에마스의 책이 제2집이었다는 児玉의 기억은 부정확할 수 있겠다. 일본 국회도서관에서 大八洲史書를 검색하면, 斎藤忠,『上代における大陸文化の影響』(京都 : 大八洲出版, 1947)이 제2집으로 나온다. 다만, 필자는 국회도서관에서 원본을 확인하지는 못했고, 인터넷 검색으로만 확인하였다.
  참고로 말하자면, 1943년 11월에 창립된 大八洲出版株式会社는 「出版事業令(1943.2)」에 따라 柳原書店을 중심으로 15개 또는 16개 회사가 합동한 회사였다. 전시에 기업을 정비한다는 취지로 이루어진 조치였다.
69) 당시 쓰에마스 스스로도 그 점을 의식했을 수도 있다.

쓰에마스는 41세 때인 1945년 11월 20일 귀국 열차를 타고 경성을 출발하였다. 자신이 갖고 있는 책 가운데 조선어 책은 진단학회(震檀學會)에, 오래되지 않은 책은 경성제대를 졸업하고 잡지 편집을 하는 사람에게 주었으므로 휴대하고 귀국한 책은 고려사 관계 뿐이었다.[70]

그는 귀국 후 시카타 히로시(四方博)와 함께 생계 때문에 척무성의 외곽단체인 일선협회(日鮮協會)에서 촉탁으로 있으면서 잔무를 정리하며 1년여를 보냈다. 협회가 해산된 즈음 학습원에 차장으로 와 있던 후와 타케오(不破武夫) 교수가 그를 찾았고,[71] 경성제대 법문학부장을 역임했고 학습원장으로 재직중이던 아베 요시시게(安倍能成)의 "知遇를 입어" 북해도의 어느 대학으로 갈 계획을 취소하고 1947년 3월 학습원의 교수로 취직하였다.[72] 귀국했지만 학문적 기반은 차치하고 사회적 기반이 취약한 곳에서 그가 삶의 반전을 이룩하는 데는 식민지 시절의 경성제국대학 네트워크가 결정적으로 작용한 것이다.

이로써 귀국한 쓰에마스의 연구활동에 큰 전환점이 마련되었다. 일본의 중심인 도쿄에 있는 대학, 그것도 황실과 관계가 깊은 대학에 취업했기 때문이다. 식민주의 이데올로그로서 활동한 경력은 쓰에마스가 학습원에 취직하는데 도움이 되었으면 되었지 방해되지는 않았을 것이다.

사회 신분과 지위, 그리고 경제력을 안정된 제도로 보장받은 쓰에마스는 전후의 첫 논문으로 1948년 2월부터 4월 사이에 「古代朝鮮諸國の開國傳說と國姓に就て1~3」을 발표하고, 연이어 같은 해 8월에 「任那問題の結末」을

---

70) 「座談會 研究生活の回顧 1 板本太郎 末松保和 兩先生の聞く」, 『學習院史學』 4, 103쪽.
71) 児玉幸多, 「末松さんのことども」, 『响沫集』 4, 4쪽. 不破가 회의 도중 "쓰에마스군은 어디에 있는가"라고 질문한 일을 계기로 그의 소재를 파악하기 시작했다고 한다. 不破武夫(1899-1947)는 법학자로서 동경제국대학 법학부를 졸업하고 1929년 경성제국대학의 조교수와 교수로 재직하다 1939년 큐슈제국대학 교수로 갔다. 그 대학에서 법문학부장으로 근무하던 중 학습원으로 옮겼다.
72) 末松保和, 「自序にかへて」, 『末松保和朝鮮史著作集 1 - 新羅の政治と社會 上』, 15쪽.

발표하였다.[73] 이를 바탕으로 1949년 2월『任那興亡史』란 제목의 두 번째 개인 연구서를 간행하였다. 첫 연구서(『近世に於ける北方問題の進展』)가 나온지 21년만이었다.『任那興亡史』의 발행은 쓰에마스가 도쿄라는 일본의 중심지에서 지명도를 높이며 학자로서의 기반을 다지는데 큰 전환점이었다.

『任那興亡史』는 1944년 경성제국대학 사학과의 전공 수업 때 축적한 내용을 바탕으로 체계 있게 단행본을 구상하는데 도움이 되었을 것이다. 武田가 쓰에마스의 말을 인용하며 언급한 내용에 따르면, 강의도 연습도 뒤섞어 진행하는 형태로 한 학기 동안 "임나의 역사를 말하고" 귀국한 후에 "그 말을 종이에 쓴 것"이『任那興亡史』였다.[74] 물론 쓰에마스는 이와 조금 다른 회고를 한 적도 있다. 일본에 귀국한 이후 경성에 거주했던 "20년간"의 연구를 정리하고 새로운 분야로 들어가고 싶었는데 마침 大八洲史書의 편간을 주재하고 있던 마루야마 지로우의 추천에 따라『任那興亡史』를 쓰게 되었다고 회고하였기 때문이다.[75]

그런데 타케다와 쓰에마스의 언급에서는 공통되게 앞서 제2장의 말미에서 인용한 코다마의 진술과 달리, 쓰에마스 개인의 결정으로 강의를 하고 책을 썼다고 언급하였다. 물론 타케다의 말도 쓰에마스에게서 들은 내용을 옮긴 언급일 것이다. 그리고 이유를 알 수 없지만 쿠로이타와의 연관성도 말하지 않았다. 어느 쪽의 진술이 더 진실에 부합할지 모르겠지만, 코다마의 진술은 쓰에마스가 임나사에 관한 책을 집필하고 그 준비의 일환으로 강의를 해야 할 동기를 납득할 수 있는 회고이다. 이에 비해 타케다와 쓰에마스의 언급은 집필로 구체화하는 단계에 들어가는 시점 즈음에 일본이 패전하고 홀연히 귀국해야 하는 현실에서 잠정 중지되었다 되살아난 그 기획

---

73) 末松保和,「古代朝鮮諸國の開國傳說と國姓に就て1~3」,『歷史』1-2,3,4, 東京 : 史学社, 1948.2~4; 末松保和,「任那問題の結末」,『歷史』1-7, 東京 : 史学社, 1948.8
74) 武田幸男,「[解說] 末松保和先生のひとと學問」, 末松保和,『末松保和朝鮮史著作集 1 - 新羅の政治と社會 上』, 309쪽.
75) 末松保和,「自序にかへて」,『末松保和朝鮮史著作集 1 - 新羅の政治と社會 上』, 15쪽.

을 구체화해야 하는 과정을 반영한 회고일 가능성이 높다.

그럼에도 경성제국대학 사학과의 제1강좌를 책임지고 있었는데, 그 강의를 쓰에마스가 담당하게 된 점은 납득하기 쉽지 않다. 어떤 이유에서든 자신을 사학과 교수로 뽑아준 후지타 료우사쿠(藤田亮策)의 양해를 얻을만한 무엇인가가 있었음이 전제되지 않으면 이해하기 어려운 결정이다. 또 출판을 기획한 도 출판사들까지 통폐합 당한 상황, 그리고 연합국에 밀리고 있던 전시라는 상황을 고려한 기획일 수밖에 없었을 것이다.

그렇다면 임나사에 관한 애초 기획은 총동원체제에 부응하여 제국사의 시야 속에서 지방사로서 조선사를 학문적으로 구현한 측면이 있을 수밖에 없었다면, 패전으로 끝난 시점인 전후에 간행된 『任那興亡史』는 이와 얼마나 다를까. 1944년 시점에 쓰에마스의 생각을 알 수 없는 현실에서 지금 그나마 비교할 수 있는 자료는 『길잡이』와 '조선사' 연재물일 것이다.

식민지 시절 두 편의 개설에서 언급한 내용과 달리, 『任那興亡史』에서는 임나의 형성에서부터 멸망까지를 '고구려 · 일본의 2국 대립시대'라고 명시적으로 정의하지 않았다. 그러니 '남북항쟁의 형세'라는 용어도 '절'의 제목으로까지 나왔던 두 편의 개설원고와 달리, 본문의 문장에서조차 사용하지 않았다. 물론 쓰에마스는 고구려군과 일본군 사이의 대립을 고구려군의 '침략에' '항쟁'한 임나의 역사라는 관점에서 흥망사를 분석하였다. 하지만 그것을 '시대로' 규정하지 않았고, 남북대결 구도를 전면에 내세우며 부각시키지 않았다.

쓰에마스는 임나에 대해 "지역의 총명"이자 "광대한 기구 가운데 일부분"이라고 정의하였다. 임나가 성립할 당시 쓰에마스가 말하는 지역이란 "韓地"의 중심인 임나가라(任那加羅)에 기원하고 백제와 신라에 들어가지 않은 모든 한국을 포함하는 공간이었다. 그가 말하는 광대한 기구란 야마토 조정이 "직접 지배"하는 체제와 임나의 외곽에 "附庸"하는 백제와 신라를 "간접 지배"하는 이중체제가 "三者合一"하는 구도를 가리킨다. 식민지 시기의 생각을 지리적 공간과 정치적 기구로 선명하게 구분하고 깔끔하게 정의

한 것이다. 그러면서도 쓰에마스는 "弁韓에 우리 나라(일본-인용자)의 세력 강고"한 임나가 있었다고 1936년의 『길잡이』에서 언급했고, 1937년 12월에 간행된 '조선사' 연재물에서 "직접 세력범위"로 하는 임나라고 언급한데 반해,[76] 『任那興亡史』에서 "일본의 直接支配地=任那의 地"라 하여 직접 '지배' 를 분명하게 명시하였다.[77]

가야사를 전공한 여러 연구들이 지적하듯이 『任那興亡史』는 그동안의 임나사를 종합하며 체계화하였다. 그런 가운데서도 위에서 살펴본 내용 과 『길잡이』 및 '조선사' 연재물과의 임나사에 관한 내용을 비교할 때, 그의 임나사에서는 신대의 일부로서 임나를 보던 시각에서 '일본'의 직접 '지배 지'로서 임나를 보는 시각으로 달라진 뉘앙스를 발견할 수 있다. 달리 말하 면 조선사의 결말로서 병합해야 할 조선이자, 중국 대륙 정권으로부터 해 방해야 할 조선의 역사적 근거로 임나를 바라보는 시각에서, 일본이 지배 한 공간의 임나로 시각이 바뀐 것이다. 이는 1944년 12월 『國民文學』 좌담 회 때의 역사관, 곧 내선일체주의자, 동화주의자, 민족말살론자로서의 논지 를 조용히 거두었음을 의미한다. 제국의 해체와 식민지 조선의 독립이란 현실을 인정할 수밖에 없는 결과일 것이다.

그러면서도 쓰에마스는 실증을 내세운 전문학술서라는 형식을 빌려 한 반도 남부지역에 있었던 정치집단 사이의 세력관계에 대해 설정한 구도와 설명을 그대로 유지하였다. 그는 객관적 사실이라는 입장에서 일본이 임나 를 '지배'했다고 자신의 시각을 내세움으로서 이민족에의 예속성을 분명히 하고 있다. 쓰에마스는 '지배'를 강조함으로써 전전 때와 달리 임나가 신대

---

76) 末松保和, 『朝鮮史のしるべ』, 20쪽 ; 末松保和, 「朝鮮史(4) - 第4講 任那日本府と 百濟」, 『朝鮮行政』 1-12, 30쪽.
77) 末松保和, 『任那興亡史』, 東京 : 吉川弘文館, 1977, 69~70쪽. 245~261쪽. 쓰에마스 는 이 책에서 조선총독부와 같은 행정관청을 상상할 수 없으며, 任那日本府의 '부'는 문장의 체제상 부가된 것에 불과하다고 보았다(末松保和, 『任那興亡史』, 259쪽). 그래서 이 책에서는 임나일본부라는 용어가 등장하지 않는다.

의 사상원리의 역사적 근거를 제공해 줄 공간이 아니었다고 무의식중에 스스로 고백하고 있는 것이다. 한편에서는 실증이란 이름으로 자신에게 식민주의 의식이 남아 있음을 무의식중에 공공연하게 말하고 있는 것이다. 그는 자신의 제국의식을 완전히 버리지 못하였다.

아무튼 위에서 보았듯이 쓰에마스는 학문적으로 타향이나 마찬가지인 도쿄에서 귀환한지 3,4년만에 학자로서의 제도 기반과 학술적 존재감을 빠르게 구축하였다. 그는 45세 때인 1951년 1월「新羅史の新研究」라는 제목의 박사학위청구논문을 동경대학에 제출했고, 이듬 해 5월 문학박사 학위를 수여받았다. 임나의 성립부터 멸망, 그리고 임나에 미친 영향까지 일관된 체계로 구성한『任那興亡史』와 달리, 박사학위청구논문은 그 스스로 '논문'으로 분류한 1945년 이전의 글들을 모아 구성하였다. 가령 '第2篇 新羅上古世系考'는 1938년 3월에, '第6篇 新羅六部考'는 1936년 11월에 각각 '京城帝國大學文學會論纂' 제7집과 제5집에 수록한 논문이고, '第8篇 梁書新羅傳考'는 1936년 8월『靑丘學叢』25호에 발표한 논문이었다. '第1篇 新羅三代考' 만이 전후인 1949년 5월『史學雜誌』57-5에 발표한 논문이다.

쓰에마스에 따르면 '三代考'를 발표함으로서 기존에 발표한 논문을 그 아래에 순차로 배치하여 박사학위청구논문를 제출할 수 있었다.[78]『任那興亡史』를 출간한 직후 3개월 만에 '삼대고'를 발표하고, 다시 그로부터 1년만에 학위논문을 통과할 수 있는 밀어붙임은, 그가 1945년 이전까지의 연구를 또 한 차례 정리하고자 했던 의지를 간접적으로나마 느낄 수 있게 한다. 그는 매우 부지런한 연구자였음을 여기에서도 확인할 수 있다.

다른 한편에서 볼 때, 우리는 연구서의 구성방식이 달랐다 하더라도 패전 직후, 곧 귀국 직후에 민첩하고 수준 높은 일련의 성과를 발표하는 과정을 쓰에마스 개인의 성실함과 학습원대학의 교수라는 제도에 안착한 과정

---

78) 末松保和,「自序にかへて」,『末松保和朝鮮史著作集 1 - 新羅の政治と社會 上』, 15쪽.

에만 주목해서는 안 된다. 오히려 제국의 유산과 연관이 깊은 학문과 지식
생산의 자원(resources)을 일본이 독점했던 구조적 후과에도 주목해야 한다.
결국 식민주의 최전선에서 이데올로그로 활약할 당시에 획득한 식민주의 역
사학의 유산이란 시선도 투영하고, 연속된 제국성에도 주목할 필요가 있다.

비슷한 사례는 쓰에마스와 함께 조선사편수회에서 활동한 이병도(李丙
燾)에게서도 확인된다. 이병도는 1951년 11월 「고려시대의 연구: 특히 지리
도참사상을 중심으로」라는 제목의 박사학위논문을 서울대에 제출하여 이
듬해 4월 대한민국의 첫 문학박사 학위자가 되었다. 원래 이 논문은 그가
식민지하에서 동경대학 박사학위논문으로 준비하던 글이었는데, 일본의
패전으로 한국이 독립하자 1948년 『고려시대의 연구』(을유문화사)라는 제
목으로 출판한 책을 수정 보완한 결과물이다.[79] 식민자든 피식민자든 식민
주의 역사학의 핵심 기관에 근무한 사람이 1945년 이후 새로운 국가 질서
를 만드는 과정에서 먼저 중심을 향하며 한 발짝이라도 앞서서 성장하고 있
었던 것이다. 따라서 이병도가 비록 피식민자였지만, 역사연구에서 개인의
탁월한 선도성, 선진성으로 포장된 채 식민주의 유산으로 받았던 세례가
1945년 이후에도 계속될 여지가 있다는 시선을 거두어서는 안 된다.

이러한 시선이 필요함은 위에서 언급한 『任那興亡史』와 박사학위청구논
문을 출판한 『新羅史の諸問題』(1954)의 한 가지 공통된 특징에서도 확인된
다. 쓰에마스는 두 저서의 시작 부분에서 '第1章 任那史の硏究の回顧, '自
序にかへて-新羅史硏究の回顧, 곧 회상하는 형식을 통해 연구사를 정리하
였다. 하지만 두 저서의 회고에는 1945년 이전의 연구 경향을 식민지 지배
라는 역사적 사실, 또는 제국의 식민주의 이데올로기 제조기관에 근무한
환경과 연관시켜 분석한 언급이 없다.[80] 반대로 말하면 식민주의와 단절한

---

79) 신주백, 『한국 역사학의 기원』, 296쪽.
80) 1978년에 발표한 「好太王碑と私」에서도 마찬가지 서술태도를 확인할 수 있다(末松保
和, 「好太王碑と私」, 末松保和博士古稀記念會 編, 『古代東アジア史論集』 上 수록).

태도가 읽혀지지 않는다. 그래서 식민지 지배자 시절과 제국 해체 후 일본
이란 격차를 연구에 어떻게 반영했는지에 대한 고민을 그의 회고에서는 발
견할 수 없다. 오히려 쓰에마스는 학술연구를 내세워 식민주의 내지는 제
국성을 드러내지 않고 제국주의 시기의 영향을 드러낸 것이다. 그것이 가
능했던 이유 가운데 하나가 정치한 실증이란 연구방법이다.[81]

  그렇다고 필자는 쓰에마스가 귀국한 이후에도 일본의 식민지 지배를 절
대 긍정했다고 보지 않는다. 이는 1950년 한국전쟁이 발발한 직후인 9월에
발표한 「朝鮮の歷史と民族」이란 7쪽짜리에서 시사받을 수 있다. 짧은 글이
지만 고대부터 당시까지 조선사를 개관하며 『길잡이』의 관점을 그대로 노
출하고 있는데, 식민지 지배에 대해 다음과 같이 언급하였다.

  병합 이후 총독정치 시대는 또한 오로지 일본의 식민지로서 개발 경영되고,
  그 방향은 同化主義였기 때문에 원래부터 그곳에서는 조선민족의 민족적 성장
  의 여지 등이 발견될 수 없었다.[82]

  쓰에마스는 일본의 식민지 지배가 조선인이 성장할 수 있는 길을 가로막
았다는 부정적 측면을 인정하였다. 다만, 문맥만을 보면, '동화주의'라는 지
배전략 때문에 조선인의 '민족적 성장'이 가로막혔다는 의미일 뿐, 독립 자
체를 가로막았기 때문에 조선인이 성장할 수 없었다는 의미는 아니다. 식
민지 조선시절의 언행을 볼 때 그는 조선독립론자가 아니었다. 위의 문장
을 놓고 볼 때 식민지 지배 자체를 부정하지도 않았다. 좀 더 확장해서 해
석해 보면 동화주의가 조선인이 조선계 일본인으로 성장할 수 있는 길을

81) 「任那史の研究の回顧」에서 이해할 수 없는 쓰에마스의 태도가 하나 있다. 그는
    식민지 시절 일본어로 발표된 이홍직, 백남운의 글을 언급했으면서도, 조선어 잡
    지인 『震檀學會』에서 임나일본부가 "倭의 商館"이라고 말한 이병도의 주장을 전
    혀 인용하지 않았다(이병도, 「삼한문제의 신고찰(6) - 진국급삼한고」, 『진단학보』
    7, 경성 : 진단학회, 1937, 113쪽).
82) 末松保和, 「朝鮮の歷史と民族」, 『読売評論』 2-9, 東京 : 読売新聞社, 1950.9, 48쪽.

가로막았다는 뜻도 되고, 정치적 맥락에서 말하자면 식민지 조선의 자치주의를 지지한 일본인과 비슷한 태도였다.

쓰에마스는 한국전쟁이란 참혹한 현실에 놓인 조선에서 역사와 문화를 18년간 연구한 사람으로서 관심과 동정심을 갖고 있었고, 한국의 옛 친구를 걱정하였다.[83] 쓰에마스에게 있어 조선에 대한 애정의 지점은 여기였다. 그 지점은 방향일 수도 있고, 한계점일 수도 있으며, 최고점일 수도 있겠다.

2. 교외 활동의 확장 속에서 만선사(滿鮮史) 지식체계의 잔존과 제국의식의 지속

연구를 안정적으로 지속할 기본 바탕을 구축한 쓰에마스는 1950년 4월 자신의 모교인 동경대학 동양사학과에서 강의를 시작하였다. 학습원대학에서의 강의가 상대적으로 한국 통사나 시대사를 개설한 성격이 농후한 강의였다면, 동경대학에서의 강의는 특정한 내용에 대한 집중이었다. 첫 강의인 '新羅史硏究'와 두 번째 강의인 '樂浪郡時代史'(1951)는 자신의 박사학위논문을 다듬는데 매우 유용한 기회였을 것이다. 쓰에마스는 박사학위논문을 취득한 이듬해부터 고려 왕조의 역사에 관한 강의에 집중하고자 '麗末鮮初の諸問題'(1952)를 개설하였다. 당시 그는 이와 관련하여 "3년째의 강의는 내가 귀국 당시 예정했던 고려사 공부에 실마리를 열어주었다. 나는 당분간 고려시대 연구를 진행"하겠다고 의지를 피력하였다.[84] 실제 이후 쓰에마스는 동경대학에서 '朝鮮史籍解題'(1954), '高麗時代の諸問題'(1956), '朝鮮史演習(『高麗史』)'(1957)을 개설하였다. 그는 식민지 시기에도 신라사 중심의 고대사와 조선 왕조에 관한 연구에 집중했었는데, 고대사와 관련해

83) 末松保和, 「朝鮮の歷史と民族」, 『読売評論』 2-9, 42쪽. 48쪽.; 末松保和, 「戰後八年」, 『花郎』 1-2, 武藏野 : 花郎俱樂部, 1953.10(朝鮮語版 『花郎』 3-3, 서울 : 화랑사, 1953.5), 19쪽.
84) 末松保和, 「戰後八年」, 『花郎』 1-2, 19쪽.

두 권의 연구서를 제출한 이후부터는 상대적으로 취약했던 고려사에 관한 연구에 집중하기 시작했음을 알 수 있다. 경성제국대학 시절과 마찬가지로 동경대학에서 매주 2시간씩 실시한 사료강독(史料講讀) 중심의 강의는 쓰에마스의 연구를 확대 심화시키는 기회의 공간이었다.

쓰에마스가 연구 영역을 확장하려는 차원에서 내적인 자기준비를 새롭게 시도하기 시작한 그즈음, 대외 활동을 더 폭넓게 펼칠 수 있는 새로운 기회도 생겼다. 그는 1951년 일본을 대표하는 동양학 전문도서관인 동양문고(東洋文庫)의 연구원으로 의촉되었다. 이러한 조건도 작용했겠지만, 그는 하버드대학 연경연구소의 자금을 지원받아 박사학위논문을『新羅史の諸問題』(1954.11)란 이름의 36번째 동양문고논총으로 500권 간행하였다.

1952년 5월에는 학습원대학 동양문화연구소(學習院大學 東洋文化研究所)가 설치되자 연구소 일을 실질적으로 주도하는 주사(主事)가 되었다. 쓰에마스는 동양문화연구소에서 한국사 연구의 기초 중의 기초인『李朝實錄』보급판의 제1책을 1953년 6월에 영인(影印)한 이래 1967년까지 제56책을 간행하는데 핵심이었다. 그 사이 1960년 10월『高麗史節要』, 1964년 1월『三國遺事』에 해설을 붙여 편간하였다. 동양문화연구소는 조선사 관련 활동에 집중한 쓰에마스에게 가히 도드라지게 뛰어난 존재감을 드러낼 수 있는 광장이자 거점이었다.[85]

새로운 활동공간이란 측면에서 보면 동양문고, 동양문화연구소, 동방학연구일본위원회라는 세 조직에서 벌인 활동보다 더 큰 기회가 쓰에마스에게 찾아왔다. 그가 박사학위청구논문을 제출한 해인 1950년 10월에 결성된 조선학회(朝鮮學會)가 바로 그 조직이다. 쓰에마스는 두 달 뒤인 10월에 동경지부를 결성했고, 이듬해 1월에 학습원대학에서 동경지부 제1회 예회를

---

85) 이런 인연 때문이었는지 모르겠지만, 쓰에마스는 1957년 10월 '東方學研究日本委員會' 위원으로 위촉되어 1974년까지 활동하였다. 동방학연구일본위원회에 대해서는 파악하지 못하였다.

열고 '李朝の法典の源流について'라는 주제로 강연하였다. 이때부터 1968
년까지 1955년과 1965년 두 해를 제외하고는 매년 학회에서 논문을 발표하
거나『朝鮮學報』에 글을 게재하였다. 그는 조선학회를 통해 자신의 조선사
연구를 널리 알리는 한편, 과거 식민지 시절에 맺었던 네트워크를 복원하
고 유지했으며, 이를 기반으로 재일코리안 또는 한국의 연구자와도 교류하
는 등 학교 바깥으로 활동공간을 넓힐 수 있었다.

　　전문성을 갖춘 쓰에마스의 왕성한 대외 활동은 일본의 지식사회에서 하
타다 타카시(旗田巍)와 함께 조선사 연구를 대표하는 사람으로 지목받게 하
였다. 그는 일본을 대표하는 출판사의 하나인 山川出版社에서 세계 각국의
역사를 기획할 때 한국고대사와 고려사를 집필하였다.86) 한국사는 제1편
선사시대, 제2편 몽골리아, 제3편 만주, 제4편 조선, 부편 티벳으로 구성된
12번째 기획서인『世界各國史XII - 北アジア史』(1956)에 포함되었다. 이 책
은 만주사를 중국사의 일부가 아니라 분리시켜 '북아시아'의 역사에 한국사
와 함께 편제하였다. 또한 쓰에마스는 1957년 誠文堂新光社에서 기획한 세
계사 시리즈인『世界史大系 8 : 東アジアII - 朝鮮半島の推移と日本』에서
조선 왕조부터 한국병합까지를 집필하였다.87)

　　쓰에마스는 1959년 '國際歷史學會 日本國內委員會'가 기획한『日本にお
ける歷史學の發達と現象(日本史, 東洋史, 西洋史)』(東京大學出版會, 1959)
에서 한국사 전체의 연구 동향을 소개하였다. 이 책은 제1부 일본사, 제2부
동양사, 제3부 서양사로 나뉘었고, 제2부의 동양사는 제1장 중국, 제2장 조
선ㆍ만주, 제3장 북아시아(몽고 시베리아), 제4장 중앙아시아ㆍ티벳, 제5장
동남아시아, 제6장 인도, 제7장 서아시아, 제8장 고고학으로 구성되어 있
다. '제2장 조선ㆍ만주'에서는 중국사와 분리시킨 만주사와 한국사 연구동

---

86) 旗田巍는 한국사의 조선 왕조부터 한국전쟁을 말하는 '동란'과 남북한의 대치까
　　지를 집필하였다.
87) 旗田巍가 고려 왕조의 역사를 집필하였다.

향을 소개하는 집필자를 따로따로 두었다.

위의 세 기획 가운데 山川出版社와 국제역사학회 일본국내위원회(國際歷史學會 日本國內委員會)가 기획한 공통사항을 우선 주목할 필요가 있다. 만주사를 중국사에서 분리한 채, 한국사와 짝을 이루어 배치했기 때문이다. 쓰에마스가 참가한 그룹은 독립한 조선의 역사를 만선사에서 분리시켜 독립된 역사단위로 볼 수밖에 없다는 현실을 받아들였지만, 만선사(滿鮮史)의 일부인 만주사(滿洲史)와 분리된 완전히 별도의 역사단위로서 조선사를 자리매김할 역사인식을 갖추지 못하였다. 중국사의 일부로서 만주사를 포함시키려고도 하지 않았다. 굳이 언급하자면 전전(戰前)의 만선사 인식과의 연속이 아닌 변용이라고 말할 수 있겠다. 그렇다고 단절이라고까지 말하기는 어렵다. 이는 1959년 봄경까지도 일본 역사학계 주류의 역사인식이었음은 무라야마 마사오(村山正雄)의 다음과 같은 일화에서 확인할 수 있다.

　　1959년 봄, 나는 동경대학 사학회의 의뢰로 전년도의 회고와 전망 집필을 의뢰받았다.
　　이제까지 사학잡지의 이 부분은 막연하게 戰前의 범주를 답습하여 '滿鮮史'라 호칭하고 분류하고 있었지만, 나는 당시 연구실의 조수를 하고 있던 石橋秀雄氏와 상의하여 同氏가 만주 부분을 집필하고, 나는 조선사를 분담하기로 하였다.[88]

어찌되었든 쓰에마스를 포함해 일본의 주류 역사학계는 조선사와 만주사를 짝으로 놓고 사고하려는 일본 제국만의 지식체계인 만선사의 흔적을 전후 14년이 되었는데도 여전히 유지한 것이다. 제국주의 시절의 식민주의 의식을 기반으로 한 제국의식(帝國意識)을 그대로 드러낸 경우라고 말할 수 있겠다.[89]

---

88) 村山正雄,「朝鮮史硏究會の回顧と展望」,『朝鮮史硏究會報』7, 東京 : 朝鮮史硏究會, 1963.11, 15쪽. 朝鮮史硏究會 編,『復刻 朝鮮史硏究會會報』1號(創刊號(1959年)~25號(1970年), 東京 : 綠蔭書房, 2009를 참조하였다.
89) 가령 稻葉가 조선사를 집필한『世界歷史大系 11 - 內鮮滿洲史』(東京 : 平凡社,

쓰에마스의 식민주의 역사인식이 1950년대 후반까지도 계속되었음은 구성방식만이 아니라 역사서술에서도 여실히 확인할 수 있다. 『北アジア史』에서 쓰에마스는 조선반도의 역사가 토착 선주민에 의해 시작되지 않고 금속문화를 가지고 온 중국인에 의해 시작되었다며, 유사시대를 기씨조선국 → 위씨조선국 → 한사군 → 낙랑군에 이르는 시기라 하여 '조선문화사의 제1장'이라 규정하였다.[90] 그러면서 낙랑군이 존재하던 4백년간의 역사를 "낙랑군시대"라 명명하여,[91] 1936년에 간행한 『길잡이』 때의 역사인식을 그대로 노출하였다. 쓰에마스가 보기에, 313년 고구려에 의해 낙랑군이 망하고, 대방군도 남부의 여러 한국에 의해 망했지만, 한반도에서의 역사는 바로 삼국시대로 나아가지 못하였다. 남부에서 백제와 신라가 세력을 확장하는 가운데 "임나(伽羅諸國)라는 一團의 나라, 내지는 지역이 있었기 때문이다. 그래서 실정은 이 임나의 지배는 일본의 수중에 놓이고 백제는 임나를 경유하여 일본과 연결되었다. 그에 대해 신라는 선진국 고구려와 연결, 대세는 고구려와 일본, 남북 2대 세력의 대립 형세가 되었다".[92] 이처럼 "왜국 세력의 일신은 반도의 대세에서 보면 북방의 고구려와 남방의 왜국과, 남북2대 세력의 대립시대를 출현"시켰고,[93] 이후 백제와 신라가 성장하며 임나가 562년 멸망하면서 "문자 대로 3국 대립시대가 도래하였다".[94] 낙랑군 시대라는 역사인식과 마찬가지로 '남북대립시대'라는 시대규정을 설정한 점 또한 『길잡이』 때의 역사인식을 그대로 부활시킨 것이다.[95]

1935)가 보기이다. 이 책은 만선관계사 차원에서 기획된 것이 아니라 조선사와 중국사에서 독립시킨 역사단위로서 만주사를 각각 집필하게 기획되었다.

90) 末松保和, 「朝鮮(古朝鮮~王氏高麗朝)」, 江上波夫 編, 『世界各國史 12 - 北アジア史』, 東京 : 山川出版社, 1956, 255쪽.

91) 末松保和, 『末松保和朝鮮史著作集 3 - 高句麗と朝鮮古代史』, 227쪽. 『世界各國史 12 - 北アジア史』의 부분인데, 필자가 저작집에서 확인했기에 이렇게 각주를 달았다.

92) 江上波夫 編, 『世界各國史 12 - 北アジア史』, 261쪽.

93) 江上波夫 編, 『世界各國史 12 - 北アジア史』, 268쪽.

94) 江上波夫 編, 『世界各國史 12 - 北アジア史』, 261쪽.

95) 뭐라 딱히 해명할 수 없지만, 1956년의 시점에 경성제국대학 시절의 역사관을 노

물론 바뀐 부분도 있기는 있었다. '문록(文祿)·경장(慶長)의 역(役)'이나 '임진(壬辰)·정유(丁酉)의 난(亂)'으로 표현했던『길잡이』나 '조선사' 연재물 때와 달리,『世界史大系 8 : 東アジアⅡ - 朝鮮半島の推移と日本』에서는 1592년 일본군이 돌연 "침입"하여 일어난 사건으로 임진왜란을 규정하고 일본군을 "침입군"이라 호칭하였다. 뿐만 아니라 왜란으로 조선전기에 축적된 물질과 문화재 대부분이 파괴되거나 소실되고, "정치 사회 경제의 무형의 규범이 또한 치명적으로 파괴되었다"면서 "이것을 임진·정유의 왜란이라 한다"고 기술하였다.[96] 임진왜란이 조선사회에 미친 영향을 어떻게 해서든 긍정적으로 표현하려 했던 식민지 시절과 확연히 다른 기술이다. 이는 한국병합 이후 일본과 조선이 함께 해야 할 사이라는 역사상의 논거를 제시해야 하는 전전(戰前)과 굳이 그럴 필요가 없는 전후(戰後)란 현실의 격차와 깊은 연관이 있다. 여기에는 조선인과 일본인은 이민족이라는 관점이 투영될 수밖에 없다. 임나사 서술과도 연관시켜보면, 이민족의 역사에 개입한 일본이라는 의식이 뚜렷하게 강해질수록 임나사에 대한 서술에서도 일본의 지배가 더욱 선명해 지고, 대화조정의 위상을 더 높게 보일 수 있게 된다.

『길잡이』때의 역사인식을 다시 드러낸 쓰에마스는 1960,70년대 들어서도 임나문제에 관한 해석에 대해 자신의 견해를 그대로 유지하였다. 그는 1956년에 간행된『世界各國史Ⅻ - 北アジア史』책이 1973년에 마지막으로 간행될 때도 견해를 수정하지 않았다.[97] 물론 1960년대를 경과하며 임나사에 관한 생각을 수정하려고도 했지만『任那興亡史』(吉川弘文館)의 증정5판

출고하고,『任那興亡史』증정재판본(1956.9)에서『朝鮮史のしるべ』가 자신의 책임을 밝힌 시기가 비슷하다는 점이 눈에 띈다. 주지하듯이, 일본의 자민당 독주체제가 구축되는 해가 1955년이어서 이후 일본 정치구조를 55년체제라고 말한다. 우연일지, 혹시나 어떤 연관성이 있을지는 차후에 규명하겠다.

96) 末松保和,「李朝時代の朝鮮」, 三上次男 外 編,『世界史大系 8 : 東アジアⅡ - 朝鮮半島の推移と日本』, 東京 : 誠文堂新光社, 1957, 351쪽.

97) 吉川弘文館이 세계 각국사의 하나로 독립시켜 조선사를 간행한 때는 武田幸男가 편집 책임을 맡아 간행한 1985년이었다(『世界各國史 17 - 朝鮮史』).

본(1971.10)도 결국 바꾸지 않았다.[98] 사실상 최종본이라고 말할 수 있는 제6쇄본(1977.7)에서도 자신의 견해를 바꾸지 않았다. 오히려 제6쇄본에서는 '朝鮮史のしるべ(昭和11年)=朝鮮總督府'라고 표기하여 발행소도 새롭게 명확히 밝혔다. 이는 최소한 임나사에 관한 한 쓰에마스 자신이 일본제국주의 시절인 1936년 때의 생각을 1970년대 후반에도 그대로 유지하고 있다는 의미로도 해석할 수 있다.

3. 식민주의를 반성하는 흐름 속에서도 변화지 않는 태도와 역사인식

이처럼 견고한 쓰에마스의 태도는 그가 게을러서가 아니었다. 쓰에마스는 1953년 7월 고대사 연구를 더욱 튼실하게 하고자 일본서기연구회에 참가하여 조선 관계 기사를 검토했으며, 1958년 재일조선인 학생이 주로 참가한 '實錄の会'를 결성하여 매월 1회씩 『이조실록(李朝實錄)』을 윤독하였다. 그 해 동경대학에서의 강의도 고려사 대신에 '성종실록'을 교재로 하는 조선사연습을 개설했으며, 여름에는 이달헌(李達憲)에게서 한국어를 다시 배웠다.[99] 이를 바탕으로 1959년도 동경대학 강의에서는 경성제국대학 시절 자신의 제자로 북한 역사학계를 이끌고 있던 김석형(金錫亨), 박시형(朴時亨)의 논문을 강독했고, 이듬해 1960년 3월에는 김석형의 책을 이달헌과

---

98) 이 책은 쓰에마스가 본문의 내용을 특별히 수정하지 않았지만, 본문에서 언급한 내용을 포함해 몇 가지 변화가 있었다. 이를 정리하면, 처음 1949년판에는 '大八洲史書'라는 총서의 하나로 발간되었고, 재판에서는 부도(附図)를 수정하고 색인을 붙였으며 영문개요를 수록하였다. 영문개요는 1952년판에 '硏究論文抄録誌'라는 이름으로 게재된 것이었다. 증정5판(1971.10)에서는 '제5판のあとがき'가 있다. 후기의 내용을 읽어보면 원고를 수정하는 문제를 놓고 고민한 흔적이 있지만 결국에는 두 세 곳의 오식(誤植)을 수정하는 정도에 그쳤음을 스스로 밝히고 있다.

99) 쓰에마스는 조선사편수회 시절 그의 상관이었던 나카무라 히데다카(中村榮孝)조차 인정할 정도로 식민지 시절에도 한국어를 배운 매우 드문 일본인이었다 (世話人-乙, 「末松師抄(坤)」, 『响沫集』 4, 110쪽).

함께 번역하여 자신이 근무하는 동양문화연구소에서 『朝鮮封建時代農民の 階級構成』이란 제목으로 출판하였다. 쓰에마스는 북한의 연구동향에만 신경 을 곤두세우지 않았다. 한국의 진단학회가 간행한 이병도(李丙燾)의 『韓國史 古代篇·年表 1』에 대한 서평을 『朝鮮學報』 15호에 게재하였다. 이처럼 쓰에 마스는 자신이 새롭게 연구해야 할 분야를 적극 개척하는 한편, 식민지 시절 에도 그랬지만 새로운 성과를 찾아 성실하게 검토하는 유형의 연구자였다.

그래서 쓰에마스는 당시 시점에서 한국, 일본, 북한, 중국의 한국사 연구 자 가운데 거의 유일하게 한국사와 관련한 전체 연구동향과 자료 현황을 속속들이 파악하고 있는 사람이었다고 말할 수 있겠다. 이는 비록 미간행 원고이지만 1960년 200자 원고지 80쪽 분량으로 작성한 '朝鮮史入門'이란 글을 통해서도 확인할 수 있다.[100] 여기에는 고대부터 당시까지 시대별로 한국사에 관한 기본 사료와 간단한 해제('제1장 主たる史籍·史料'), 통사, 법제사, 사회경제사, 대외관계사, 금석·미술·건축, 사상·종교·민속, 잡지, 서목·서지(제2장 저서 논문)로 분류한 목록과 간단한 설명이 있다. 이때 참 조한 성과를 보면 일본만이 아니라 한국과 북한의 출판물까지 망라하였다.

그렇다고 그가 매우 성실하면서도 완고한 연구자였다고만 말할 수 없다. 1960년대 김석형의 분국론(分國論)을 계기로 임나문제에 관한 일본학계의 새로운 움직임이 있을 때도 쓰에마스는 '침묵'하였다.

하지만 1970년대 들어 광개토왕비(廣開土王碑)에 관한 미즈타니 테이지 로(水谷悌二郎)의 글과 탁본이 주목을 받는 한편, 광개토왕비문이 위조되 었다고 이진희(李進熙)가 주장하는 가운데 광개토왕비의 탁본들과 이를 둘 러싼 새로운 해석들로 일본의 고대사학계가 들썩이자, 비록 광개토왕비의 내용 전체에 대한 자신만의 체계를 갖춘 이해가 부족했다고는 하지만 쓰에 마스는 임나문제를 둘러싼 논란 때와 달랐다. 그는 여러 논자의 주장에 대 해 고령에 큰 수술까지 했음에도 실증의 측면에서 자신의 의견을 꾸준히

---

100) 학습원대학 동양문화연구소에 소장된 '末松保和資料'이다.

개진하였다.[101] 73세 때인 1977년 「水谷悌二郎著'好太王碑考'解說」을 발표한 이래 「好太王碑と私」(1978), 「好太王碑文研究の落穗」(1979), 76세 때인 1981년 「好太王碑文研究の流れ」를 발표할 때까지 매우 놀라운 집념과 집중력을 보였다.[102] 미즈타니 테이지로의 견해를 수용하는 태도를 취한 쓰에마스의 자세는 일본근대사 연구자인 나카츠카 아키라(中塚明)의 견해에 대해서도 마찬가지였다. 나카츠카가 「近代日本史學史における朝鮮問題 - とくに'廣開土王碑'をめぐて」(『思想』561, 1971)에서 근대일본의 조선 침략사와 연결 지어 광개토왕비를 해석한 점에 대해 "비문 연구의 새로운 시야의 전개를 알리는 것이었다"고 평가할 정도로 열린 태도를 보인 적도 있다.[103]

이처럼 침묵과 반응이란 쓰에마스의 현격한 태도의 차이는 어디에서 기인할까. 앞에서도 몇 차례 확인할 수 있었듯이, 엄밀한 사료 비판에 기초하여 연구를 진행한다는 그의 일관된 연구태도에 기인한다.[104] 쓰에마스 스스로도 새로운 자료인 경우 가능한 한 실물과 실태를 직접 눈으로 재확인하는 "즉물주의(卽物主義)의 중요성을 잊어서는 안 된다"고 할 만큼 자신에게 엄격하였다.[105]

그런데 쓰에마스의 침묵과 반응이란 태도의 간극에는 또 다른 맥락이 개입되어 있었다. 하타다와 쓰에마스의 자세를 대비하며 논지를 전개한 이노

---

101) 쓰에마스는 水谷悌二郎의 견해가 "비문연구의 흐름을 확 바꾸었다"도 평가한 반면에, 이진희의 주장(『廣開土王陵碑の研究』, 東京 : 吉川弘文館, 1972)에 대해서는 소극적이고 부정적이었다(武田幸男, 「[해설] 末松保和先生と好太王碑」, 末松保和, 『末松保和朝鮮史著作集 3 - 高句麗と朝鮮古代史』, 312~314쪽).

102) 武田幸男, 「末松保和と廣開土王碑」, 『廣開土王碑との對話』, 東京 : 白帝社, 2007, 69~271쪽. 네 번째 논문과 비슷한 내용의 글이 1980년 영문으로 발행된 적이 있었다.

103) 末松保和, 「好太王碑と私」, 末松保和博士古稀記念會 編, 『古代東アジア史論集』 上, 26~27쪽.

104) 井上直水, 「前後日本の朝鮮古代史研究と末松保和 旗田巍」, 『朝鮮史研究會論文集』 48, 48쪽.

105) 末松保和, 「好太王碑と私」, 末松保和博士古稀記念會 編, 『古代東アジア史論集』 上, 29쪽.

우에의 연구에 따르면, 하타다(旗田)가 실증의 측면과 함께 근대일본의 대
외침략에 대해 매우 비판하는 입장을 드러내는 한편에서 조선인의 주체적
움직임의 역사에 주목했다면, 현재로서는 근대일본의 대외침략을 비판하
는 글을 찾을 수 없는 가운데 쓰에마스는 오로지 실증이었다.[106]

그럼에도 그의 선택과 태도를 실증만으로 설명할 수 있을까. 일본의 대
외침략과 조선사에 대한 그의 태도는 하타다와 같았을까. 이에 대해 판단
하는 방법의 하나는 현실에서 진행되고 있는 역사인식을 둘러싼 갈등을 대
하는 쓰에마스의 태도, 그리고 갈등을 풀어가려는 그의 해법에 주목하는데
있다. 하타다와 쓰에마스의 선택을 동일선상에서 비교할 수 있는 상황이
1960년대 일본의 조선사 학계에서 조성된 때가 있었으므로 그 출발선인 조
선사연구회(朝鮮史研究會)의 결성부터 살펴보자.

쓰에마스와 하타다는 1959년 1월 결성된 조선사연구회의 世話人 4인방
이었다. 연구회 출범의 핵심 인사 가운데 한 사람으로 쓰에마스가 참가했
다는 사실은, 그가 앞서도 인용한 1956년과 1959년의 기획에서도 확인되는
만선사 지식체계를 벗어나고 있었음을 시사한다. 앞서도 인용한 무라야마
마사오(村山正雄)는 이와 연관 지어 조선사연구회의 발족이 갖는 의미를
다음과 같이 밝혔다. 특히 앞서 언급했던 '만선사'의 흔적이 남아 있던 도교
대학 중심의 일본사 학계의 흐름과 대비하면 아래 인용문을 더욱 선명하게
인식할 수 있을 것이다.

> 이 연구회의 발족이 상술의 사학잡지의 전후 최초의 시도, 만선의 분리, 조선
> 사 항목의 독립과 때를 같이한 것, 당초부터 조선사 항목을 내세웠던 역사학연
> 구의 일부문으로 간주한 점은 주목해야 할 사상이다.[107]

---

106) 井上直水, 「前後日本の朝鮮古代史研究と末松保和 旗田巍」, 『朝鮮史研究會論文
集』48, 48쪽.
107) 村山正雄, 「朝鮮史研究會の回顧と展望」, 『朝鮮史研究會報』7, 15쪽.

쓰에마스는 조선사연구회의 예회에도 참가하여 발표를 듣기도 하고, 본인이 직접 논문(61.1, 62.2, 65.1)도 발표하였다. 연구회의 전국대회를 준비하는 준비위원으로 참여하거나 회보(6호, 63.7)에 글도 썼다. 그래서 박종근(朴宗根)은 하타다 타카시(旗田巍), 미카미 츠기오(三上次男)와 함께 쓰에마스가 연구회의 "실질적인 부회장"이라고 말할 정도였다.108) 그렇다고 쓰에마스는 조선학회에서의 활동을 등한시하지도 않았다. 그는 조선사연구회가 결성되던 해인 1959년 10월 조선학회 부회장이자 동경 지부장으로도 위촉되어 조선학회에서도 더욱 중심에 서게 되었다. 쓰에마스는 1959,60년의 시점에서 조선사연구회와 조선학회에서 동시에 핵심 구성원으로 활동할 수 있는 거의 유일무이한 조선사 연구자였다. 경계에 서 있는 존재였던 것이다.

그런데 1960년 10월과 1961년 10월에 제5,6차 한일회담이 열렸다. 일본의 진보 지식인들은 박정희 친미군사정권을 지원하는 회담이라며 반대하였다. 행동으로까지 반대하는 활동은 1961년 11월에 설립된 일본조선연구소가 실제 중심이었고, 하타다(旗田)은 연구소의 부이사장이 되었다.109) 언제부터 언제까지인지 모르겠지만 쓰에마스는 1966년 7월의 시점에 일본조선연구소의 고문(顧問)이었다.110) 일본조선연구소에서 두 사람의 포지션을 단순 비교하면, 하타다가 활동을 전제하는 직책을 맡았다면, 쓰에마스는 직접 행동에서 거리를 두어도 되는 위치에 있었다고 추론할 수 있을 것이다. 달리 표현하면, 하타다가 쓰에마스보다 더 적극 행동하고 정치적 태도

---

108) 박종근,「朝鮮史研究發展のためにー研究會.關係組織紹介 (2) : 朝鮮史研究會」,『歷史評論』158, 東京 : 歷史科學協議會, 1963, 21쪽.

109) 창립 경과는 日本朝鮮硏究所,「日本朝鮮硏究所設立の經過」,『朝鮮硏究月報』1, 東京 : 日本朝鮮硏究所, 1962 참조. 연구소에 관한 한국의 연구는 장미현,「1960년대 일본조선연구소의 '식민사상' 제기와 '고도성장체제' 비판」,『역사문제연구』 27, 서울 : 역사문제연구소, 2012 참조.

110) 일본조선연구소에서 번역한 북한의『조선문화사』가 출간되는 일을 기념하는 좌담회에 참여한 쓰에마스에 대해 "顧問(學習院大學 敎授)"라고 소개하고 있다 (『朝鮮硏究』52, 1966.7, 3쪽).

도 분명히 드러냈다고 추론할 수 있을 것이다.

그런데 한일회담반대운동 참가자들의 식민주의 인식은 매우 취약하였다.111) 이에 연구소는 '連續 シンポジウム 日本における朝鮮研究の蓄積を いかに繼承するか'를 기획하고 기관지『朝鮮研究月報』에 1962년 6월부터 1964년 10월까지 총 10회를 연재하였다. 이때의 기획을 보완하여 출간한 책이『シンポジウム 日本と朝鮮』(勁草書房, 1969)이었다. 연구소에서 어떤 역사적 사실을 어떻게 접근하여 식민사관을 극복해야 하는지 고민하던 사람들 가운데 조선사연구회의 회원인 와타나베 마나부(渡部學), 미야타 세츠코(宮田節子), 카지무라 히데키(梶村秀樹)도 열심히 활동하였다.112)

하타다을 비롯해 이들의 고민과 활동은 조선사연구회에도 영향을 미쳤다. 그리하여 예회에서 식민사관을 비판하는 글이 발표되기 시작하였다. 이를 〈표 2〉로 정리하면 아래와 같다.

〈표 2〉 1960년대 전반기 조선사연구회 例會 때 발표된 식민사관에 관한 글

발표자	제목	일시
旗田巍	'日鮮同祖論'批判	52회 例會 1963.6.15
鹿野政直	福沢諭吉の朝鮮觀	55회 例會 1964.1.18
旗田巍	滿鮮史の虛像-日本の東洋史學の朝鮮觀	60회 例會 1964.4.18
江原正昭	津田左右吉 著 '滿鮮史研究第2卷'	64회 例會 1964.8

비고 :『朝鮮史研究會會報總目錄 索引』에서 작성하였다.
　　　旗田巍는 1963년 12월 현재 일본조선연구소의 부이사장 겸 소장이었다.

현재로서는 이들 예회에 쓰에마스가 참석했는지 여부를 확인할 길이 없

---

111) 이 시기를 전후로 7년간 연구소에 활동한 樋口雄一도 마찬가지로 회고하였다 (히구치 유이치,「일본조선연구소와 한일조약 반대운동」, 김광열 번역·공저,『일본 시민의 역사반성 운동』, 서울 : 선인, 2013, 60쪽).

112) 신주백,「관점과 태도로서 '내재적 발전'의 형성과 1960년대 동북아시아의 지적 네트워크」,『한국사연구』164, 341~351쪽.

다. 그의 의사와 무관하게 식민주의 역사학을 비판하는 논의가 심화되는 과정에서 연구회 회원은 새로운 문제의식을 가졌던 것 같다. "'타율적'인 '정체'론이 지배"하는 조선인식에 대한 비판과 함께 "조선사의 '자주적'인 '발전'"에 주목해야 한다는 논의가 이즈음 연구회 내에 사실상 정착했기 때문이다.113) 그래서 1965년 11월 제4회 조선사연구회 전국대회의 주제도 "조선사상의 신형성"을 모색한다는 취지에서 "조선사회의 역사적 발전"이었다.114)

연구회가 이렇게 변해가는 모습에 대해 쓰에마스는 어떤 심정이었을까. 그는 당시의 심정을 밝히는 글을 쓴 적이 없다. 그럼에도 그의 움직임에 주목되는 변화가 나타난 시점도 이즈음이었다. 예회에서 쓰에마스의 발표는 1965년 1월이 마지막이었다.115) 비록 이후 발행되는 연구회의 논문집은 물론 회보에도 그의 글이 없지만, 쓰에마스는 1965년 12월에 열린 제3회 조선사연구회 전국대회에서 폐회사를 했고, 1966년 6월 제1회『朝鮮史入門』執筆者打合せ會에서 '古代史の諸問題'라는 주제의 집필자로 확정되었다.116) 여전히 조선사연구회의 중요한 학술 관련 행사에는 그가 참가했던 것이다.

하지만 1966년 11월에 출판된『朝鮮史入門』에 그의 글이 없다. 대신에 이노우에 히데오(井上秀雄)가 쓴 '前近代 III 古朝鮮·辰国·任那·三国'라는 글이 있다. 6월의 제1차 회의 때 결정사항과 책의 목차를 비교해 보니, 쓰에마스가 담당한 주제만 필자가 바뀌었다. 그해 8월에 위궤양으로 큐슈대학에서 수술을 받은 여파가 컸을 것이다.

그런데 1967년 '歷史手帳'에서부터 조선사연구회 전국대회에 관한 메모가 없다. 이전까지만 해도 '歷史手帳'에는 조선학회와 조선사연구회의 전국대회가 열리는 날짜에 항상 관련된 기록이 있었다. 예회에 관한 메모는 언제부터인지 모르겠지만 이 이전부터 없었다. 반면에 1967년 '歷史手帳'에서

---

113) 武田幸男, 「問題提起 朝鮮史像の新形成」, 『朝鮮史研究會會報』13, 1966.10, 1쪽.
114) 武田幸男, 「第4回大會の經過と反省」, 『朝鮮史研究會會報』15, 1967.1, 14쪽.
115) 조선사연구회 제68회 월례발표에서 발표한 글의 제목은 「朝鮮餠の話」였다.
116) 『朝鮮史研究會報』9호(64.9), 10쪽; 12호(66.7), 18쪽.

는 조선학회와 관련한 메모를 여러 곳에서 찾을 수 있다. 그는 1967년 10월 조선학회 전국대회에서 「世宗朝という時代」라는 제목의 글을 발표하였고, 1968년 1월에 간행된 『朝鮮學報』 46호에 이를 수록하였다. 그래서 쓰에마스가 조선사연구회를 탈퇴하지는 않았지만 관여하는 활동을 접음으로써 연구회와 거리두기를 시작했다고 볼 여지는 충분하다.

쓰에마스의 선택에 일본조선연구소와 조선사연구회의 특정한 활동경향도 영향을 미쳤을 가능성이 있다. 조선사연구회를 주도하는 사람들은 일본조선연구소에서도 적극 활동했기 때문이다. 거기에다 이들은 일본에서 한반도 문제에 관심을 가진 진보 인사 가운데 좌파적인 성향의 일본인이 대부분이었다고 말할 수 있을 것이다. 그들은 한일회담반대운동에서 행동으로 의사를 표시하면서도 일본근대사 속에서 조선사와 식민지 지배를 자리매김할 필요가 있다고 주장하였다. 맞는 지적이고 이후 일본근대사 연구에 큰 영향을 끼친 주장이기도 하다. 또 다른 한편에서 그들은 연구소에서 반한(反韓) 태도를 취하면서도 북한과의 교류에 적극적이었고, 북한 및 중국과의 연대를 호소하였다. 연구소에서는 북한에서 발행한 『조선민주주의공화국의 수산업 1·2』, 『최근 조선의 공동농장』, 『조선문화사』, 『북한 외교자료집』, 『김옥균연구』 등을 간행했고, 당시 조총련 소속의 조선사 연구자였던 박경식 등과도 보조를 맞추며 한일회담반대운동을 벌였다.[117] 결국 조선사연구회를 주도한 관련자들이 한일회담반대운동에 적극 행동으로 나서고, 1960년대 중반경을 지나며 급속히 친북 성향의 역사인식으로 경도되는 과정을 직접 목격한 체험이 쓰에마스의 선택에 어떤 영향을 주었을 것이다.

쓰에마스의 체험은 한일간 과거사 청산, 내지는 역사화해의 방식에서 다른 생각을 갖고 있는 역사관과 맞물리며 그의 선택을 더욱 재촉했을 것이

---

117) 히구치 유이치, 「일본조선연구소와 한일조약 반대운동」, 김광열 번역·공저, 『일본 시민의 역사반성 운동』, 62~63쪽. 67쪽.

다. 쓰에마스는 1975년 3월 학습원대학에서 퇴직하였다. 71세 때인 그해 12월에 국제기독교대학 비상근강사로 의촉되어 1976년까지 강의하였다. 그가 강의를 위해 1975년 12월부터 작성한 노트 가운데 하나가 '朝鮮史(一)의 (1) I.C.U.'이다. 노트라고 하지만 메모장 크기여서 주요 내용을 명조식으로 작성한 경우가 대부분이었다. 그 노트에 다음과 같은 내용이 있다.

> (결론) - 朝鮮人の怨恨 (悔恨)
>   竝行線(永久)
>   - 日本人の反省と負債
>   勝負はてたの將棋の駒
>   "吳越同舟"   戰國 : 吳王夫差
>   ×
>   越王句踐
> 過去の清算 ← 過去の確認
> ↓ 平等の研究參加資格[118]

이를 해석해 보면, 쓰에마스는 한일간의 화해가 영원히 평행선을 달릴지 모른다고 생각하였다. 그에게 있어 과거사 청산은 연구에 참가할 수 있는 자격을 평등하게 하여 과거의 역사를 확인하는 작업을 꾸준히 벌이는 방식이었다. 이는 조선사연구회를 주도하는 사람들의 행동적인 움직임과 일본의 침략사에 대한 비판의 수위가 시간이 갈수록 높아지고 깊어지며 친북한 성향의 역사관을 노출하는 흐름, 그리고 일본의 과거사를 정면에서 비판하는 태도와 명백히 다른 입장이었다.[119] 쓰에마스에게 있어 정치한 논증은 단순히 실증만능을 말하는 것이 아니라 과거청산의 방법이기도 하였다. 그

---

118) 『朝鮮史(一)の(1) I.C.U.』, 1975.12, 12~13쪽. 소장처 번호 : 11(箱番號)-7(親)-1(枝).
119) 그렇다고 그가 사람들과의 왕래를 완전히 단절했다는 뜻은 아니다. 그의 歷史手帳에 보면 1968년 1월 10일 신국주, 1970년 8월 20일과 27일 박종근과 만나는 약속이 있음을 기록하고 있다.

사례를 굳이 들자면, 그를 포함해 일본의 주류 일본사 학계가 만선사 체계를 버린 경우가 하나의 보기가 될 수 있을 것이다.

그의 방법은 당대의 현실과 거리를 두고, 자신의 과거를 방문하여 다시 기억하고 식민주의를 생산한 이론과 정신의 메커니즘을 따져 보는 실증을 거부하는 접근이다. 그래서 1960,70년대 그의 글에서 일본의 조선침략을 비판하는 문제의식을 드러내며 자신의 실증, 또는 학문하는 태도와 연결시킨 글을 찾기 어렵다.[120] 자신의 동학(同學)들이 현실과 교감하며 직접 행동으로 이것을 따져 물으려고 하는 움직임과 거리두기를 하였다.

그래서였을까. 쓰에마스 개인이 작성한 연보나, 후학이 작성한 연보 어디에도 일본조선연구소에서의 활동을 소개하지 않았으며 고문이었다는 단순한 언급조차 나오지 않는다. 그것은 이 모든 연보를 망라하여 현재까지 가장 풍부하게 정리되어 있다고 볼 수 있는 동양문화연구소의 '末松保和氏 年譜'에서도 마찬가지다. 조선사편수회의 촉탁으로 근무했던 경력과 한국을 방문한 경험(1973.9~10)을 기술하고 있지만 일본조선연구소와 관련한 일체의 내용은 나오지 않는다.

그렇다고 그를 수구적 역사학자라고 볼 수 없다. 자신이 끝까지 적극 몸담았던 조선학회(朝鮮學會)가 "결코 진보적이지 않고" "보수적"이지만, "그 보수를 반성하면서 새로운 방향을 스스로" 찾아 가는 "이 분위기가 학회를

---

120) 쓰에마스와 대비될 수 있는 하타다 타카시(旗田巍)는 북한에서 분국론이 제기되었을 때 "일본 근대 역사학이 성립했던 것은 바로 일본의 조선침략의 시기이고, 그것은 일본 역사학에 깊은 傷跡을 남기고 있음을 부정할 수 없다"고 말하고, 그것이 전후 역사학에도 꼬리처럼 이어지고 있다는 문제의식을 드러내며 일본학계의 전통적 견해를 검토할 필요성을 제기하였다(「朝鮮民主主義人民共和國における古代日朝關係史の研究」, 『歷史學研究』284, 東京 : 歷史學研究會, 1964, 50쪽). 中塚明도 청일전쟁 전후에 형성된 광개토왕릉비의 비문, 특히 임나에 대한 해석에 대해 1970년까지 근본 비판을 하지 않고 정설처럼 수용하고 있다고 지적하고, 근대 일본사학사를 "근본적으로 재검토"할 필요가 있다고 주장하였다(「近代日本史學史における朝鮮問題」, 『思想』561, 東京 : 岩波書店, 1971, 78~79쪽).

단순히 보수 일점으로 끝나지 않게 하고, 오랜 동안 발전시키는 이유이지 않을까"라는 관점을 갖고 있었기 때문이다.[121] 쓰에마스가 현실에 안주하지 않고 무엇인가 새로운 연구에 몰두하며 꾸준히 학문활동을 벌이는 행동 패턴을 평생 지속한 이유의 하나도 이 때문이었다고 볼 수 있다.

그래서 조선사연구회를 출입하지 않던 즈음인 1967년부터 1974년까지 쓰에마스는 '논문'으로 분류할만한 글을 발표한 적이 없지만, 1967년 10월 『李朝實錄』56책을 완간한 이후부터『朝鮮研究文獻目錄 單行書篇 上·中·下』(1970), 『朝鮮研究文獻目錄 單行書篇·編著者名索引』(1970), 『朝鮮研究文獻目錄 論文記事篇 (I)(II)(III)』(1972)을 간행하고, 『東文選』, 『經國大典』, 『續大典』 등 '학동총서 4-9, 11, 12' 시리즈를 간행하였다.[122] 이 기간 쓰에마스의 중심 활동공간은 조선학회와 더불어 동양문화연구소였다고 말해도 지나치지 않다. 후학은 연구소에서의 사료 간행 활동을 두고 "정혼(精魂)을 기울인" 활동이며 "사료에 대한 진지한 태도가 유감없이" 드러낸 활동이라고 평가하였다.[123] 당시까지 쓰에마스처럼 조선사의 사료를 정리하는 활동을 왕성하게 벌인 한국사 연구자가 없었던 현실을 고려할 때, 그의 꾸준한 움직임은 경성제국대학 교수 시절부터 50여 년 동안 지속해 온 매우 독보적인 활동이었다고 볼 수 있겠다.

---

121) 末松保和, 「25年をかえりみて(第27回[朝鮮學會]大會記念)(座談會)」, 『朝鮮學報』 83, 天理 : 朝鮮學會, 1977, 217쪽.
122) '학동총서'는 이미 『세종실록지리지』(1957), 『고려사절요』(1960), 『삼국유사』(1964), 『삼국사기』(1964)를 간행하였다. 자료를 '총서'로 기획하는 활동은 경성제국대학 때 '규장각총서 1-9'를 발간한 경험의 연속이라고 볼 수 있겠다.
123) 中尾美知子, 「末松保和先生を偲んで」, 『東洋文化研究所所報』 20, 東京 : 學習院大學東洋文化研究所, 1992.8, 6쪽.

Ⅳ. 식민주의 역사학을 바라보는 두 측면 : 실증, 존재와 태도

이 글은 일본의 식민주의 역사학(자)에 대해 한국사 학계 내부에서 상반된 태도가 오랫동안 함께 공존해 온 이유 찾기에서 출발하였다. 한국사 학계에서 오랫동안 엇박자를 낸 일본인 조선사 연구자로는 쓰에마스 야스카즈가 있다. 한국고대사에 관한 그의 연구는 한국사 학계가 지금까지 주목할 정도다. 그래서 이 글은 대표적인 식민주의 역사학자인 쓰에마스의 어떤 측면이 한국사 학계에서 오랫동안 엇박자를 낼 수 있게 했는지를 해명하는데 목적을 두었다. 필자는 연구목적을 달성하기 위해 1945년을 전후로 나누어 쓰에마스가 어떤 조선사 연구자인지를 학술생애사의 측면에서 접근하였다.

조선사 학자로서 쓰에마스의 학술생애사를 굳이 압축한다면, 그는 조선사에 관한 폭넓은 연구 뿐 아니라 방대한 분량의 자료집을 간행하고 다양한 목록을 만들었으며, 번역과 서평까지 게을리 하지 않은 매우 성실하고 역량 있는 역사학자였다. 그는 식민지에 파견된 제국의 관학자라는 우월한 특권적 지위를 보장받았으므로 학문권력과 지식권력을 가진 식민주의 이데올로그로서 왕성한 연구활동을 전개하였다. 식민지 지배가 끝나가고 있던 전시동원체제기에 쓰에마스는 동화주의의 역사적 근거를 제시하는 학자로서의 모습도 보여주기 시작하였다. 그러다 일본이 패전하여 식민지를 상실함에 따라 귀국할 수밖에 없었다.

일본에서 쓰에마스는 온건한 보수 역사학자라는 위치를 끝까지 유지하면서도 보수적인 조선학회와 진보적인 조선사 연구회 양쪽 모두에서 활동하는 한편, 학습원대학 동양문화연구소를 거점으로 매우 다양한 학술활동을 수행하면서도 한국 고대사에 관해 자신이 실증한 견해를 고수하였다. 그는 학술활동 기간 동안 대한제국을 식민지화한 일본의 행위를 공개적으로 옹호하는 역사이념을 생산하지 않았다. 그렇다고 식민지 시절 매우 특권적 지위를 보장받으며 식민주의 이데올로기를 생산하는데 앞장 선 자신의 연구와 활동을 성찰하는 글을 발표한 적도 없었다. 연구를 기초로 인식을 전환하여 과거를 청산한다는 입장이었다.

쓰에마스의 성실한 학술 활동을 상징하는 첫 연구서는 『任那興亡史』(1949)였다. 처음 식민지 조선에서 역사이데올로그로 활동하던 때 쓰에마스에게 임나는 일본의 한 지방으로 본국의 조정과 이해를 함께하는 일본의 한 지방과 같은 곳이자 내지가 연장된 곳이었다. 그에게 임나는 다른 민족을 지배하는 공간, 곧 식민과 피식민의 관계가 관철되는 곳이 아니었다. 총동원체제 시기에는 신대를 관통한 사상원리의 역사적 근거를 찾을 수 있는 곳이었다. 하지만 일본이 패전한 후 귀국한 쓰에마스는 이러한 주장을 전혀 내세우지 않으면서 정치한 실증으로 임나사를 구성하였다. 실증 자체의 설명은 이전보다 더 종합적이었다. 그래서 그의 임나사 연구는 일본의 학술공간에서 쓰에마스란 학자의 존재감을 보장한 성과물이었다.

쓰에마스는 임나를 식민과 피식민의 공간, 달리 말하면 일본이 이 민족을 지배한 공간으로 간주하였다. 일본사의 맥락이 담겨있는 시대사의 의미를 소거시키고, 대신에 조선사의 맥락에서 접근하며 지배(식민)과 피지배(피식민)의 관계사 속에서 임나사를 보려하였다. 정치한 실증을 내세우며 그 전환을 소리내지 않게 진행하였다. 집으로 치자면 지붕과 기둥은 조용히 걷어 냈으면서도 주택의 지반과 수입한 벽돌은 그대로 둔 격이었다. 그래서 그의 연구는 실증이란 이름으로 한국사의 예속성을 드러낸 결과물이었다고 말할 수 있다.

실증을 전면에 내세운 쓰에마스는 자신의 실증에 오류가 있다고 보지 않았으므로 임나에 관한 생각을 죽을 때까지 바꾸지 않았다. 실증 연구를 통해 과거의 인식을 바꾸면서 한일간의 과거를 청산하자는 입장이었던 그로서는 당연한 태도였다.

이것이 가능했던 이유는 무엇일까. 쓰에마스는 조선사편수회 시절부터 제국의 특권적 제도에 의해 뒷받침 받으며 가야, 신라, 백제, 고구려라는 역사단위를 뛰어 넘는 다양한 자료를 섭렵하고, 선도적이면서도 뛰어난 업적을 남겼으며, 그리고 학문적 성실성에 바탕을 둔 학문 방법으로서 정치한 문헌고증을 내세웠다. 이 세 가지가 가능했던 이유일 것이다.

여기에 하나를 더 추가해야 한다. 쓰에마스는 식민주의 지배이념을 만드는 기구에서 핵심 역사이데올로그로서 활동했지만, 자신의 식민주의 역사인식을 연구 결과물에 직설적이거나 노골적으로 드러낸 학술활동을 벌인 경우가 거의 없었다. 그는 자기 나름의 정치한 실증력을 바탕으로 꾸준히 학술활동을 벌인데 비해 정치적 성격이 농후한 대내외 활동에 노출된 적도 거의 없었다. 게다가 한국사 학계는 『朝鮮史のしるべ』(1936)와 『朝鮮行政』에 연재한 '조선사'(1937.9~1939), 『國民文學』(1944)에 실린 글을 거의 주목하지 않았다. 일본의 조선사 학계의 일부에서도 이 글의 존재를 알면서도 정면으로 분석하려 들지 않았다. 그의 학술활동이 갖는 정치성을 규명하고, 전전과 전후에 걸쳐 변화된 그의 역사관을 후학들의 무지와 회피로 추적하지 않은 것이다. 때문에 식민지 지배를 옹호하거나 침략전쟁을 정당화하는 그의 발언을 찾기가 쉽지 않다.

한국사 학계에서 쓰에마스에 대해 엇박자를 낸 이유가 여기에 있다. 위의 네 가지로 덮어진 쓰에마스의 존재조건, 달리 말하면 조선인이 볼 때 회복 불가능하게 기울어진 운동장인 식민지 조선에서 그는 부당하게 특권화한 권력을 누린 성실한 식민주의자였다. 그런데도 해방 후 선행연구들은 일본의 조선지배가 순조롭게 자리를 잡고 장기적으로 지배를 지속할 수 있게 하는 역사이데올로기를 주조하고 유포한 기구에서 쓰에마스가 핵심 멤버이자 선도적으로 활동하는 존재였다는 또 다른 객관을 무시하였다. 한국사 학계는 중립적일 수 없는 식민지라는 과거를 주목하고 기억하면서 억압과 지배의 이론과 정신의 구조를 철저히 따져 물어야만 식민주의 역사학을 극복할 수 있다는 점을 간과해 왔다. 그래서 한국사 학계는 식민주의 역사학이란 역사인식 뿐만 아니라 식민주의에 대한 태도로 구성되어 있음을 사실상 배제해 왔다. 그러므로 실증 속에 잔존한 식민주의 의식에 주목할 수 없었다. 내재한 제국의식, 또는 잔존한 식민주의 의식을 무의식중에라도 품고 있는 입장에서는 하나하나의 실증을 엮어 더 크고 넓게 역사상을 드러내려는 역사관의 특정한 부분을 드러내지 않거나 거리를 두면 되었다.

결국 역사연구의 기본으로서 실증이 아니라 그 이상의 어떤 의미를 실증에 부여하고 거기에만 주목하면 쓰에마스는 성실하고 출중한 조선사 연구자였다. 하지만 태도와 조건까지 주목하면 그는 전후에도 제국의식(帝國意識)을 내장한 식민주의 역사학자(植民主義 歷史學者)였다. 한국사 학계는 지금까지 전자의 측면에 주목하여 그를 평가하고 교류하는 경우가 많았다. 하지만 후자의 측면을 무시하고 전자의 측면에 방점을 두는 경우는 실증 대 실증으로 식민주의 역사학을 비판하고 극복하는 방안을 찾을수록 실증에 가려진 숨은 진실을 제대로 드러낼 수 없었다. 오히려 실증경쟁만을 지향하면 고대사와 고려사 연구의 거리감, 또는 고구려사와 가야사 연구의 장벽처럼, 학문의 고립성을 정당화해주고 제국의 이해를 반영하는 식민주의 역사학이 얼마나 뛰어난 학문인가를 증명해 주는 '위대한 역설'에 빠지는 경향도 있었다.

◆ 출전보완 : 『동방학지』 183, 2018

참고문헌

1. 사료

『동아일보』『매일신보』『조선행정』

朝鮮史研究會 編, 『復刻 朝鮮史研究會會報』 1號(創刊號(1959年)~25號(1970年), 東京
： 綠蔭書房, 2009
水野直樹 編, 『朝鮮總督諭告・訓示集成』 4, 東京 ： 綠蔭書房, 2001.

學習院大學東洋文化硏究所 所藏 末松保和資料
　歴史手帳, 1962, 1963, 1964, 1965, 1967, 1968, 1969, 1970.
　『朝鮮史(一)の(1) I.C.U.』, 1975.12, 12~13쪽. 소장처 번호 ： 11(箱番號)-7(親)-1(枝).
　學習院大學東洋文化硏究所, 「末松保和氏年譜」, 『學習院大學東洋文化硏究所所藏
　　資料紹介 - 末松保和資料』, 東京 ： 學習院大學東洋文化硏究所, 1977.

末松保和, 『末松保和朝鮮史著作集』 1~6, 東京 ： 吉川弘文館, 1995.

末松保和, 「日韓關係」, 東京 ： 岩波書店, 1933.
末松保和, 『朝鮮史のしるべ』, 京城 ： 朝鮮總督府, 1936.
末松保和, 「朝鮮史1~22」, 『朝鮮行政』, 京城 ： 朝鮮總督府, 1937.9~1939.
末松保和, 「古代朝鮮諸國の開國傳說と國姓に就て1~3」, 『歴史』 1-2,3,4, 東京 ： 史学社,
　　1948.2~4.
末松保和, 「任那問題の結末」, 『歴史』 1-7, 東京 ： 史学社, 1948.8.
末松保和, 「朝鮮の歴史と民族」, 『読売評論』 2-9, 東京 ： 読売新聞社, 1950.
末松保和, 「朝鮮(古朝鮮~王氏高麗朝)」, 江上波夫 編, 『世界各國史 12 - 北アジア史』,
　　東京 ： 山川出版社, 1956.
末松保和, 「李朝時代の朝鮮」, 三上次男 外 編, 『世界史大系 8 ： 東アジアII - 朝鮮

半島の推移と日本』, 東京 : 誠文堂新光社, 1957.

末松保和, 「戰後八年」, 『花郎』 1-2, 武藏野 : 花郎俱樂部, 1953.10(朝鮮語版 『花郎』 3-3,
　　　서울 : 화랑사, 1953.

末松保和, 「好太王碑と私」, 末松保和博士古稀記念會 編, 『古代東アジア史論集』 上,
　　　東京 : 吉川弘文館, 1978.

末松保和, 『任那興亡史』, 1949(東京 : 大八州出版社, 第1版), 1956(東京 : 吉川弘文
　　　館, 增訂再版), 1961(東京 : 吉川弘文館, 增訂3版), 1965(東京 : 吉川弘文館,
　　　增訂4版), 1971(東京 : 吉川弘文館, 增訂5版), 1977(東京 : 吉川弘文館, 第6刷).

「座談會 總力運動의 新構想」, 『國民文學』 4-12, 京城 : 人文社, 1944.

「座談會 研究生活の回顧 1 板本太郎 末松保和 兩先生の聞く」, 『學習院史學』 4, 東
　　　京 : 學習院大學, 1967.

「座談會 朝鮮史編修會の事業」, 旗田巍 編, 『シンポジウム 日本と朝鮮』, 東京 : 勁
　　　草書房, 1969.

「座談會 25年をかえりみて(第27回[朝鮮學會]大會記念)」, 『朝鮮學報』 83, 天理 : 朝鮮
　　　學會, 1977.

「座談會 朝鮮史の研究と私」, 『日本歷史』 560, 東京 : 日本歷史學會, 1994.

2. 단행본

신주백, 『한국 역사학의 기원』, 서울 : 휴머니스트, 2016.

이한우, 『우리의 학맥과 학풍』, 서울 : 문예출판사, 1995.

今西竜, 『朝鮮史の栞』, 京城 : 近沢書店, 1935.

稲葉岩吉 · 矢野仁一, 『世界歷史大系 11 : 朝鮮滿洲史』, 東京 : 平凡社, 1935.

斎藤忠, 『上代における大陸文化の影響』, 京都 : 大八洲出版, 1947.

3. 논문

김용섭, 「일제관학자들의 한국사관 - 일본인은 한국사를 어떻게 보아 왔는가?」, 『사상계』 117, 서울 : 사상계사, 1963.

금태식, 「고대 한일관계 연구사 : 임나문제를 중심으로」, 『한국고대사연구』 27, 서울 : 한국고대사학회, 2002.

박종근, 「朝鮮史研究發展のために一研究會.關係組織紹介(2) : 朝鮮史研究會」, 『역사평론』 158, 동경 : 역사과학협의회, 1963.

박찬흥, 「'조선사' (조선사편수회 편)의 편찬체제와 성격 - 제1편 제1권(조선사료)을 중심으로」, 『사학연구』 99, 서울 : 한국사학회, 2010.

박찬흥, 「'조선사' (조선사편수회 편) 제2편(신라통일시대)의 편찬 방식과 성격 -「삼국사기」「신라본기」와의 비교를 중심으로」, 『선사와 고대』 45, 서울 : 한국고대학회, 2015.

신가영, 「'임나일본부' 연구와 식민주의 역사관」, 『역사비평』 115, 서울 : 역사문제연구소, 2016.

신주백, 「만주인식과 파시즘 국가론」, 방기중 편, 『일제하 지식인의 파시즘체제 인식과 대응』, 서울 : 혜안, 2005.

신주백, 「관점과 태도로서 '내재적 발전'의 형성과 1960년대 동북아시아의 지적 네트워크」, 『한국사연구』 164, 서울 : 한국사연구회, 2014.

신주백, 「1960년대 '근대화론'의 학계 유입과 한국사연구 - '근대화'를 주제로 내세운 학술기획을 중심으로」, 『사학연구』 125, 서울 :한국사학회, 2017.

신주백, 「학술사 연구하기」, 연세대학교 국학연구원 인문한국사업단 편, 『사회인문학백서』, 서울 : 새물결, 2018.

이기백, 「서론」, 『국사신론』, 서울 : 태성사, 1961.

이근우, 「일본학계의 한국고대사 연구동향」, 『지역과 역사』 13, 부산 : 부경역사연구소, 2003.

이병도, 「삼한문제의 신고찰(6) - 진국급삼한고」, 『진단학보』 7, 경성 : 진단학회, 1937.

이부오, 「일제강점기 『삼국사기』 신라본기 초기기사 비판론에 대한 극복과정과 과제」, 『한국고대사연구』 61, 서울 : 한국고대사학회, 2011.

이연심, 「한일 양국의 '임나일본부'를 바라보는 시각 변화 추이」, 『한국민족문화』 57, 부산 : 부산대학교 한국민족문화연구소, 2015.

일본조선연구소, 「日本朝鮮研究所設立の經過」, 『朝鮮研究月報』 1, 동경 : 일본조선 연구소, 1962

장동익, 「末松保和敎授의 高麗時代史硏究와 그 成果」, 『韓國史硏究』 169, 서울 : 韓國史硏究會, 2015, 1995.

장미현, 「1960년대 일본조선연구소의 '식민사상' 제기와 '고도성장체제' 비판」, 『역사문제연구』 27, 서울 : 역사문제연구소, 2012.

전해종, 「서평 : A Short history of Korea: 편자 Center for east asian cultural studies (Tokyo, 1964) pp. 84 + ⅹⅹⅷ 해외배부 담당 east-west center press, Honolulu, 日語版原著 '朝鮮史のしるべ'(朝鮮總督府, 1936年刊, 執筆者 末松保和)」, 『歷史學報』 33, 서울 : 역사학회, 1967

정상우, 「조선사'(조선사편수회 간행) 편찬 사업 전후 연구자들의 갈등 양상과 새로운 연구자의 등장」, 『史學硏究』 116, 서울 : 한국사학회, 2014.

崔在錫, 「末松保和의 新羅上古史論 批判」, 『韓國學報』 12-2, 서울 : 一志社, 1986.

崔在錫, 「末松保和의 日本上代史論 批判」, 『韓國學報』 14-4, 서울 : 一志社, 1988.

히구치 유이치, 「일본조선연구소와 한일조약 반대운동」, 김광열 번역·공저, 『일본 시민의 역사반성 운동』, 서울 : 선인, 2013.

江上征史, 「鮮滿一如論」, 『朝鮮』 313, 京城 : 朝鮮總督府, 1941.

旗田巍, 「朝鮮民主主義人民共和國における古代日朝關係史の硏究」, 『歷史學硏究』 284, 東京 : 歷史學硏究會, 1964.

武田幸南, 「末松保和と廣開土王碑」, 『廣開土王碑との對話』, 東京 : 白帝社, 2007.

武田幸南, 「末松保和と廣開土王碑」, 『廣開土王碑との對話』, 東京 : 白帝社, 2007.

兒玉幸多, 「末松さんのことども」, 『呴沫集』 4, 東京 : 呴沫集刊行世話人, 1984.

中尾美知子, 「末松保和先生を偲んで」, 『東洋文化研究所所報』 20, 東京 : 學習院大學東洋文化研究所, 1992.

井上直水, 「前後日本の朝鮮古代史研究と末松保和 旗田巍」, 『朝鮮史研究會論文集』 48, 東京 : 朝鮮史研究會, 2010.

中塚明, 「近代日本史學史における朝鮮問題」, 『思想』 561, 東京 : 岩波書店, 1971.

4부

법학 연구와 경성제대

식민지 조선에서 법학의 위상과 경성제국대학

장 신

I. 머리말

1920년대 초 조선총독부는 조선에서 경성제국대학(이하 '경성제대'로 줄임)의 설립을 추진하면서 조선인의 높은 교육열을 그 이유 중의 하나로 들었다. 1910년대 조선총독부의 교육정책은 조선인에게 고등교육은 물론이고 중등교육조차 충분한 기회를 주지 못하였다. 이 때문에 학업에 뜻을 둔 조선인 청년들은 일본이나 중국, 또는 미국으로 유학을 가게 되고, 그들은 대개 '배일'의 성향을 띠게 된다고 총독부 당국자는 인식하였다. 특히 총독부는 유학생의 대부분이 법학 계열을 전공한 뒤 불온한 인물로 된다면서 법문학부의 설립을 강력히 주장하였다.[1]

그런데 조선에는 이미 경성법학전문학교(이하 '경성법전'으로 줄임)[2]와 보성전문학교(이하 '보성전문'으로 줄임)[3]에서 법학을 가르치고 있었다. 두

---

1) 정준영, 『경성제국대학과 식민지 헤게모니』, 서울대학교 사회학과 박사학위논문, 2009, 99쪽, 111쪽.
2) 金曉娟, 「일제하 경성법학전문학교의 교육과 학생」, 한양대 사학과 석사학위논문, 2011.

학교의 정원만으로 중등학교의 졸업생을 다 받아들이기 어려웠던 사정도 있지만 보다 높은 수준의 법학 교육을 받으려는 열망도 적지 않았다. 경성제대 법문학부의 설립은 후자의 욕구를 조선 내에서 소화함으로써 '제국의 반항아'를 줄여보자는 의도였다. 경성제대는 고위 관료 양성기관의 역할을 수행하면서 어느 정도 그 목적을 달성하였다.[4] 반면에 전혀 의도하지 않았던 새로운 불만 세력을 길러내었다. 곧 대학을 통해 학문을 연마하려는 학자의 출현이었다.

1930년대 초 경성제대의 졸업생이 배출되고, 문화운동으로서 조선학운동이 제기되면서 조선에는 예전에 볼 수 없던 학술·연구가 주요한 관심사로 떠올랐다. 문학과 역사학을 비롯해 법학도 예외는 아니었다. 그렇지만 법학자로 생존하기는 어려웠다. 학자는 있되 직업으로서 연구를 뒷받침할 기관이 부재한 까닭이다. 경성제대는 조선인을 교수로 뽑지 않았다. 전문학교는 실무에 필요한 법학을 가르치는 기관이어서 연구는 교수 개인의 몫이었다. 이 무렵 보성전문과 연희전문학교가 종합대학의 꿈을 안고 변화를 추진하였다. 학문으로서 법학의 가능성을 모색하면서 경성제대와 경쟁할 수 있는 기반을 다지고자 하였다.

이 글의 제1장은 조선총독부가 들어선 뒤 경성법전, 보성전문 법과 등 일제하 전문학교의 법학 교육목표와 실상을 취업현황으로 분석하였다. 교

---

3) 일제시기 보성전문학교 법과를 다룬 연구는 다음과 같다. 具秉朔, 「法學敎育 및 研究論著에 관한 研究 - 公法分野」, 『近代西歐學文의 收容과 普專』, 高麗大學校, 1986 ; 金亨培, 「普專의 法學敎育과 韓國의 近代化」, 같은 책 ; 李允榮, 「普成專門 學校의 法學·經商學 敎科課程에 대한 硏究」 같은 책 ; 고려대학교법과대학, 『고려대학교 법과대학 학술사』, 고려대학교출판부, 2011.

4) 경성제대 법학과의 성격에 대해서는 다음 논문을 참조. 通堂あゆみ, 「京城帝國大學法文學部の再檢討 - 組織·人事·學生動向を中心に」, 『史學雜誌』 제117편 제2호, 2008 ; 通堂あゆみ, 「植民地朝鮮出身者の官界進出 - 京城帝國大學法文學部を中心に」, 松田利彦·やまだあつし 編, 『日本の朝鮮·台湾支配と植民地官僚』, 思文閣出版, 2009.

육기관의 입장과 당시 사회에서 법학을 바라보는 견해를 비교함으로써 일
제시기 법학의 사회적 위상에 접근할 수 있을 것이다.[5]

　제2장은 법학교육에 큰 영향을 끼칠 수 있는 요소로 고등시험을 다룬다. 개
인 뿐만 아니라 학교의 서열을 높이는 합격자의 수를 늘리기 위해 각 학교는
어떤 식으로 대응하는가를 경성제대를 비롯한 경성법전과 보성전문의 커리큘
럼 변화에 초점을 맞추어 분석을 하였다. 이를 통해 일제시기 법학이 관료양
성을 위한 실용 지식으로 기능했다는 종래의 견해를 재확인하고자 한다.

　제3장은 연구보다 교육이 우선되는 조선의 현실에서 진행된 법학 연구와
또 그 시도를 살펴보았다. 특히 규모와 영향력에서는 비교를 할 수 없지만 조
선인 학자의 재생산 문제를 놓고 보성전문을 경성제대와 다른 곳에 구축된
진지로 설정하였다. 이 장에서 학문으로서 법학의 가능성을 검토하는데, 이것
은 해방 후 법학의 재편에 어떠한 영향을 미치는가를 아울러 고려하였다.

Ⅱ. 전문학교에서 법학교육의 목표와 실상

　조선총독부는 1911년 10월 10일 칙령 제251호「경성전수학교관제」와 칙
령 제257호 「법학교 등 폐지의 건」을 공포하여 법학교를 폐지하고 경성전
수학교를 세웠다. 뒤이어 공포된 1911년 10월 20일 조선총독부령 제115호
「경성전수학교규정」의 제1조는 학교의 설립 목적을 "조선인 남자에 법률
및 경제에 관한 지식을 가르치고 公私의 업무에 종사하는 자의 양성"이라 밝
혔다.[6] 이것은 그 전신으로서 "근대적 재판소에서 전문적 사법실무를 담당할
자격을 갖춘 사법관을 '속성'으로 양성"하려던 법관양성소나 "법관이 될 만한

---

　5) 경성법전과 보성전문 외에 경성제대와 연희전문 등에서 이루어진 법학교육을 개관
　　한 연구로 다음 책의 제9장 '日帝時代의 韓國法學'이 있다. 崔鍾庫, 『韓國法學史』,
　　博英社, 1990, 429~463쪽.
　6) 『朝鮮總督府官報』 1911년 10월 16일, 1911년 10월 20일 호외.

자를 양성"하려던 법학교의 설립목적과 달랐다.[7] 판검사와 변호사를 양성하는 기관에서 '공사의 업무에 종사하는 자'의 양성기관으로 바뀐 것이다.

학교의 명칭과 설립 목적이 바뀐 까닭은, 1910년 10월 1일에 공포된 제령 제6호 「조선총독부 판사 및 검사의 임용에 관한 건」과 제령 제7호 「조선총독부재판소 직원의 임용에 관한 건」의 규정 때문이었다. 제령 제6호는 조선총독부 판검사의 신규 임용자격을 "재판소구성법에 의한 판검사 또는 사법관시보의 자격이 있는 자 중에서 임용"하며, 제령 제7호 제1조는 "제국대학, 관립전문학교 또는 조선총독이 지정한 학교에서 3학년 이상 법률학과를 배우고 졸업한 조선인은 문관고등시험위원의 전형을 거쳐 특별히 조선총독부 판사나 검사에 임용할 수 있다"고 규정하였다.

학력주의에 기반을 둔 일본의 사법관 임용제도가 적용되면서 예전처럼 법학교 졸업만으로 법관으로 임용될 수 없었다. 이에 조선총독부는 학교명을 바꾸는데 그치지 않고 교육방침의 변경을 꾀하였다. 경성전수학교는 법률과 정치 외에 당시 일본의 고등상업학교처럼 사회전반에 걸쳐 '유용한 인물'을 양성하겠다는 목표를 세웠다.[8] '유용한 인물'은 '公私의 업무에 종사하는 자'인데, 기존의 법관이 아니라 일반 행정관리나 은행원, 회사원이었다. 고등상업학교와 비슷해지기 위해서 경성전수학교는 법률과목을 줄이고 상업학과 재정학을 추가하여 학교의 성격을 변화시키고자 하였다.[9]

학무국장은 법률로 공포된 '법학교 폐지'를 문자 그대로 해석하지 말 것을 당부하였다. 법학 지식은 관공리가 되려는 조선인에게 여전히 필요하기 때문에 학교 명칭이나 교육 내용을 일부 변경하더라도 법학교육은 계속된다는 것이었다.[10] 은행원이나 회사원도 양성하지만 종래처럼 관공리 지망

---

7) 朴秉濠, 「韓國法學教育의 起源 - 法官養成所制度와 京城帝大」, 『考試界』 4월호, 1995.4, 87쪽, 92쪽.
8) 『매일신보』 1911년 9월 24일 2면, "法學校의 方針"; 『京城新報』 1911년 9월 24일 2면, "法學校の將來".
9) 『京城新報』 1911년 10월 26일 2면, "法學校廢止は唯名義のみ".

생에게 필요한 법률 교육을 소홀히 하지 않겠다는 발언이었다. 재학 중인 생도들의 동요를 막기 위해 학교 이름만 바뀔 뿐 직원은 물론 생도의 소속에도 변함이 없다고 강조하는 것도 잊지 않았다.[11]

학무국장의 약속은 빈말이 아니었다. 앞서 본 제령 제7호의 "조선총독이 지정한 학교"가 어디인지 정확히 알 수 없지만 최소한 경성전수학교는 그에 포함되었다. 경성전수학교 출신으로 1910년대에 조선총독부 사법관으로 임용된 사람은 22명이었고, 나머지는 메이지대(明治大) 등 일본 사립학교의 법학과 졸업자들이었다. 이들은 모두 재판소서기로 근무하다가 문관고등시험위원의 전형을 거쳐 판검사로 특별임용되었다.[12] 졸업과 동시에 법관으로 임용되지 않았지만 경성전수학교는 일본의 관립전문학교와 동등한 대우를 받았다고 할 수 있다.[13]

한편 1905년 4월에 사립 보성전문은 "근대적 국가운영에 필요한 모든 분야를 망라한 전문적 지도자 육성"을 목표로 설립되었다. 창립 당시 법률, 이재, 농학, 상학, 공학 등 5개의 학과를 둔 종합 고등교육기관을 구상했지만 학생 모집의 어려움으로 법률과 이재의 두 학과로 출범하였다. 보성전문은 고종의 내탕금을 바탕으로 이용익이 설립하고 운영하였다. 1907년 헤이

---

10) 『京城新報』 1911년 10월 1일 2면, "關屋學務局長談".
11) 『京城新報』 1911년 10월 26일 2면, "法學校廢止は唯名義のみ".
12) 전병무, 『조선총독부 조선인사법관』, 역사공간, 2012, 133쪽.
13) 조선총독부령 제62호로 공포된 「조선변호사시험규칙」(1911년 5월 29일)은 실제로 한 번도 시행되지 않았지만, 여기에서도 경성전수학교의 위상을 엿볼 수 있다. 同令 제3조의 "조선인으로서 시험을 받을 자는 만 20세 이상 남자로서 법률전문학교에서 3학년 이상 법률학과를 수료한 자"의 자격을 필요로 하였다. 특별임용의 규정을 적용하면 경성전수학교는 여기에서 언급된 "법률전문학교"에 해당되었다. 또 1913년 여름에 경기도 주최로 열린 부군서기강습회에서도 朝鮮總督府農林學校, 工業傳習所, 朝鮮總督府醫院附屬醫學講習所 등과 함께 경성전수학교를 법률에 근거해 법제경제를 가르치는 전문학교로 분류하였다. 朝鮮總督府道書記 伊藤英一, 「敎育ノ狀況」, 『朝鮮總督府京畿道府郡鮮人書記講習會講演集』 朝鮮總督府京畿道, 1913, 88쪽.

그밀사사건으로 고종이 퇴위하고, 일본의 황실재정 압박으로 정부의 보조금
이 줄어들면서 보성전문의 재정난이 시작되었다. 경영난으로 통감부의 보성
전문 관립화가 시도되고, 강사를 중심으로 한 유지회(維持會)와 이용익의 손
자인 교주 이종호 사이에 경영권을 둘러싼 분쟁이 벌어지기도 하였다.[14]

재정난을 겪던 보성전문은 1910년 12월에 경영권을 천도교에 넘겼다. 천
도교는 경영을 안정시키고 1914년에 새 교사(校舍)를 신축하는 등 면모를
새롭게 하였다. 하지만 1915년에 조선총독부의 「전문학교규칙」이 시행되
면서 '전문'을 뗀 보성법률상업학교로 격하되었다. 「전문학교규칙」 제7조의
"본회에 의해 설치하는 전문학교가 아니면 전문학교라 칭할 수 없다"에 따
른 것이었다. 종래 보성전문은 1911년 11월에 공포된 「사립학교규칙」의 통
제를 받으면서도 전문교육을 담당했으나, 조선총독부는 「전문학교규칙」으
로 사립 고등교육기관의 소멸을 꾀하였다.[15] 설립 목적의 달성 이전에 학
교 생존이 중요해졌다.

이렇게 사립 고등교육기관을 억압하면서 조선총독부는 1916년 4월 1일
칙령 제26호 「조선총독부전문학교관제」를 공포하여 경성전수학교를 경성
의학전문학교, 경성공업전문학교와 함께 조선총독부전문학교로 규정하였
다. 경성전수학교는 명칭과 조직을 경성법률전문학교로 바꿀 계획도 세웠
지만[16] 실행에 옮기지는 않았다. 교수과목과 교수방법, 교수진의 변동도
없었다.[17] 단 목적에서 대상을 "조선인 남자"에 한정하던 문구가 빠졌는데,
조선에 일본인이 다닐 전문학교가 부족한 상황에서 일본인과 조선인의 공
학을 염두에 둔 까닭이었다.[18]

---

14) 배항섭, 「高宗과 普成專門學校의 창립 및 초기운영」, 『史叢』 제59호, 2004 참고.
15) 高麗大學校六十年史編纂委員會 編, 『六十年誌』, 高麗大學校出版部, 1965, 93~95쪽,
   104~108쪽.
16) 『매일신보』 1915년 3월 25일 2면, "私立學校規則 發布에 對ᄒᆞ야"
17) 『매일신보』 1917년 1월 1일 2면, "專門敎育의 一年 - 官制變更而已".
18) 김호연, 앞의 논문, 12쪽.

조선총독부는 전문학교관제와 함께 같은 날에 「경성전수학교규정」도 공포하였다. 이 규정의 제1조에 6개호의 강령이 있다. 1호에 교육목적을 "법률경제에 관한 전문교육을 하는 바로서 공사의 업무에 종사하는 자를 양성"함이라 명기하여, 기존의 '지식'을 '전문교육'으로 바꾸었다. 5호에는 전수학교의 생도들이 장래 "관청 또는 은행, 회사 등의 직무에 종사"할 것이라는 문장을 넣어, '공사의 업무'를 분명히 하였다. 2호에서는 법률을 배우는 목적을 "항상 권리를 존중하는 동시에 의무를 완전히 하는 덕성을 기르되 특히 國憲을 중히 하고 국법에 복종함이 중요한 까닭을 철저케" 하는 데 두었다. 교수들은 가르칠 때 생도들이 "實利實效의 여하에 착안하고 空論에 빠짐이 없게" 하며, 무엇보다 "조선인이 신체, 생명, 재산 등에 관하여 헌법상 安固한 보장을 얻음은 전연 新政의 혜택인 事와 또 국법상의 의무를 尊守할 까닭을 理會케 함을 要"함을 알게 하였다.[19] 곧 법학교육을 통해 일본의 한국병합의 의미를 깨달아 현실을 바르게 인식하여, 권리 주장보다 의무를 중시하며 실리를 추구하는 관리나 회사원 등을 양성하려는 것이었다.

1922년 2월 6일 칙령 제19호로 일본과 동일한 교육주의와 제도를 취한다는 제2차 조선교육령이 공포되었다. 이에 따라 조선에서는 기존의 「전문학교규칙」을 폐지하고, 일본의 「전문학교령」에 맞추어 1922년 3월 7일 조선총독부령 제21호로 「공사립전문학교규정」이 제정되었다. 이러한 변화는 경성전수학교에도 영향을 가져와서 1922년 4월 1일자로 교명이 경성법학전문학교로 개정되었다.[20]

---

19) 『매일신보』 1916년 4월 8일 1면, "社說 京城專修學校".
20) 같은 날 공포된 조선총독부령 제49호 「경성법학전문학교규정」에는 예전과 달리 학교의 교육목적인 강령이 없다. 제국의 표준에 맞추면서 따로 밝히지 않았지만 은행원이나 회사원도 양성하는 교육에서 법률에 능통한 관공리를 키우는 쪽으로 목적이 달라졌다. 그 예로서 1911년부터 3년 동안 18시간을 교수하던 실무연습이 2시간의 연습으로 대체되었다. 실무연습의 내용은 "公用文, 商用文, 簿記, 계산, 통계 기타"등으로서 은행·회사에서 필요한 기능도 포함되었지만 두 시간으로 다 배우기에는 부족하다. 행정관청에서 반드시 필요한 공용문 작성에 우선적으로 할

1910년대에 조선에서 법학 전문교육을 받았던 두 학교의 졸업생은 재학 당시 학교의 위상도 달랐지만 진로도 같지 않았다. 법관 양성을 목적으로 하다가 공사의 업무에 종사하는 자, 다시 법률을 전공한 관공리의 배출로 바뀌었던 경성전수학교(경성법전)의 졸업생들은 실제로 어떤 직종으로 진출하였는가?

> 졸업싱 취직상황을 듯건디 팔십칠인 즁에 판수 십명, 검수 일명, 직판쇼 서긔와 밋 통역싱 삼십삼인, 도부군 셔긔 십륙명, 경부 급 경찰셔 통역싱 륙명, 직판쇼 판임관견습 오명, 은힝셔긔 삼명, 디방금융죠합 사무원 일명, 미취직자 급 가업종사쟈가 십이명이라더라.[21]
> 대정오년도 졸업생의 취직현황은 오십륙인 중 재판소서기 및 통역생 이인, 도부군서기 이십이인, 경부 삼인, 재판소 판임관견습 팔인이오 미취직자가 이십이인이더라.[22]

위 인용문은 1916년과 1917년도 졸업자의 취업현황을 보여주는데, 판검사도 일부 있지만 대개 재판소 서기 및 통역생, 도·부·군 서기가 대부분이다. 학무 당국이 정책적으로 추진했던 은행과 금융조합으로 나간 이도 있으나 소수에 그쳤다. 졸업생의 취직은 "학교에서 소기를 쥬선"하여 이루어졌다.[23]

〈표 1〉에서[24] 보듯이 경성전수학교 졸업생 하면 으레 재판소 서기를 떠올렸고, 재판소 서기는 이후 신분의 상승에도 유리했다. 재판소 서기를 거쳐 판검사로 특별임용되거나 다시 변호사로 개업하는 경우가 적지 않았다.

애했을 것이다. 또 전수학교 시절 경제학 11시간은 경제원론 8시간과 재정학 2시간으로 줄었다. 그 외에 3시간의 상업학을 새로이 배치했지만 선택과목이었다.
21) 『매일신보』 1916년 3월 21일 3면, "學校設施後에 新記錄".
22) 『매일신보』 1917년 1월 1일 2면, "專門敎育의 一年 - 官制變更而已".
23) 『매일신보』 1917년 2월 7일 2면, "學校歷訪(一)" ; 『매일신보』 1917년 3월 21일 3면, "總督과 有譽先生이 一堂에 會ᄒᆞ야"
24) 경성법전 졸업생의 취업현황을 다룬 '일람'으로 1936년 이후 시기의 것도 있지만, 1925년판과 기준이 달라서 1925년판과 1936년판을 조사하였다. 또 1931년 이후 취업현황이 남아있지 않은 보성전문과 비교를 위한 까닭도 있다.

경성법전으로 출범한 이후에는 주로 도·부·군의 속관으로 취업하는 경우가 더 많아졌다. 1920년대 이후 재판소 서기가 판검사로 되기는 어려워졌지만, 일정한 근속기간을 채우면 행정관청의 판임관들은 군수 등 고등관으로 승진하는 일이 가능해졌다. 곧 경성전수학교나 그 뒤를 이은 경성법전의 입학은 대개 조선총독부의 하급 사법·행정 관료가 되는 것을 의미하였다.

〈표 1〉 경성전수학교와 경성법학전문학교 졸업생의 진로

	전 경성전수학교 (1912~1916)		경성전수학교 (1917~1922)		경성법학전문학교 (1923~1936)		계	
	1925	1936	1925	1936	1925	1936	1925	1936
판사	10	3	19	19	-	7	29	29
검사	4	1	4	2	-	1	8	4
재판소서기 겸 통역생	22	3	93	28	22	151	137	182
행정관청	18	10	17	7	13	195	48	212
경찰관서	5	2	4	1	1	32	10	35
교원	-	-	2	2	-	1	2	3
변호사	17	25	5	26	-	16	22	67
은행·회사원	9	4	33	18	9	54	51	76
금융조합	-	1	-	2	-	40	-	45
신문기자	-	-	-	-	-	2	-	2
만주국관리	-	-	-	2	-	19	-	21
유학	2	-	9	-	5	11	16	11
家事從業	46	70	23	86	26	158	95	214
사망	10	24	8	24	1	29	19	77
계	143		217		77	716	437	1,076

출전 : 京城法學專門學校, 『京城法學專門學校一覽(大正十四年一月)』 1925, 93~94쪽
　　　京城法學專門學校, 『京城法學專門學校一覽(昭和十一年十月)』 1936.
비고 : 1925 - 1925년 1월 현재, 1936 - 1936년 10월 현재

보성전문은 설립 당시의 학칙에서 "내외국 법률 및 실업학 등의 원리원칙을 참고 교수하야 일반 學員의 전문학업을 양성함"이라고 밝혔다. 한말 보성전문의 법학과 졸업생은 주로 판검사, 재판소 서기, 변호사로 나서고

간혹 경찰관으로 진출하는 경우도 있었다. 특별히 성적이 우수한 졸업생은 모교에 강사로 채용되었다. 그러다가 1908년 사립학교령의 발포를 전후하여 사립학교가 단속의 대상이 되면서부터 관리 등용에 제약을 받았다. 곧 특히 판검사를 임용할 때 법관양성소 졸업생을 우선하는 등 관립과 사립의 차별이 두드러졌다.[25]

보성전문의 1910년 이전 졸업생 중에서 판검사로 등용된 사람은 10명, 판검사에서 변호사로 된 사람이 10명, 시험에 합격하여 변호사로 등록한 사람이 4명이었다. 이에 비해 1910년 이후 졸업생으로서 판검사로 등용되거나, 판검사에서 변호사로 된 사람은 아무도 없었다. 오직 시험으로 변호사가 된 사람만 5명이 있었다.[26]

〈표 2〉의 보성전문 1~9회 졸업생 중 관공리·공직으로 정리된 85명의 내역을 보면 행정관청이 51명, 재판소 서기 19명, 경찰관 13명, 기타 2명이다. 또 은행원 중에는 금융조합 이사와 서기가 10명이다. 변호사·공증 항목은 변호사 2명, 공증인사무소 2명, 사법대서업 2명 등이다. 법학 전공자들의 진로와 어울리지 않는 듯한 농목업과 상공광업의 비중이 적지 않다. 자영업자도 있었다. 졸업생이 적음에도 신문잡지 기자와 교원의 수가 배 이상으로 많은 것은 사립학교의 특징이라 할 수 있다. 전체의 40%에 육박하는 미상은 연락이 되지 않거나 뚜렷한 직업을 가지지 못한 경우일 것이다.

〈표 2〉 1907~1931년 보성전문학교 법과 졸업생의 진로[27]

	졸업 1~3회 1907~1910	졸업 4~8회 1911~1915	졸업 9~15회 1916~1922	전문 1~2회 1923~1924	전문 1~9회 1923~1931
관공리, 공직	16	17	15	8	85
변호사, 공증	12	5	-	3	6
회사원	-	2	1	4	11

25) 高麗大學校六十年史編纂委員會 編, 『六十年誌』, 高麗大學校出版部, 1965, 84쪽.
26) 法務局人事係, 「明治四十三年勅令第七號第一條二依ル法律學校指定二關スル件(1926. 3.29)」, 『自昭和二年至同五年 機密書類』(국가기록원 소장) 67면

신문잡지기자	-	5	5	-	4
은행원	5	3	7	5	14
교원	3	7	7	3	4
상공광업	8	13	14	1	19
농목업	6	24	9	-	13
유학	-	-	7	2	3
금융업 (貸金業)	1	2	-	-	-
미상	31	59	33	26	103
사망	15	7	7	-	6
계	97	144	105	52	269

출전 : 普成專門學校,『普成專門學校一覽』1925 ; 普成專門學校校友會,『普專校友會報
辛未號』1931, 부록 83~101쪽.

〈표 3〉에서는 관립과 사립 두 전문학교의 취업 상황을 백분비로 비교하
였다. 경성법전은 1936년까지 졸업한 716명을, 보성전문은 1931년까지 졸업
한 269명을 대상으로 하였다. 조사항목이 서로 다르기 때문에 원데이터가
있는 보성전문을 경성법전에 맞추었다.

〈표 3〉 경성법전과 보성전문 법과의 진로 비교

단위(%)

	판·검사	재판소서기	행정관청	경찰관서	교원	법률실무
경성법전	1.1	21.1	29.9	4.5	0.1	2.2
보성전문	0.0	7.1	19.7	4.8	1.5	2.2
	은행· 회사원	금융조합	기자	유학	家事從業	사망
경성법전	7.5	5.6	0.3	1.5	22.1	4.1
보성전문	5.8	3.7	1.5	1.1	50.2	2.2

비고 : 법전의 만주국 관리는 행정관청, 보전의 농목업, 상공광업, 기타는 가사종업으로
처리. 법률실무에서 법전은 변호사를, 보전은 변호사와 공증·대서인 포함.

---

27) 〈표 2〉는 서로 다른 두 자료를 토대로 작성하였다. 표에서 전문 1~2회까지는
1925년판『普成專門學校一覽』을 인용하였고, 전문 1~9회는『普專校友會報 辛未
號』에 게재된 졸업생의 현황을 필자가 엑셀로 입력·정리하여 뽑은 결과다. 후
자를 전자의 분류기준에 맞췄다.

일단 가사종업을 제외하면,[28] 1920년대 이후 법학을 전공하러 전문학교에 진학한다는 의미는, 졸업 후에 조선총독부의 관리가 되겠다는 말에 다름 아니었다. 특히 경성법전은 취업자 절반의 직장이 조선총독부와 그 소속관서였다. 경성법전에 비할 바는 아니지만 보성전문 졸업생의 최대 취직처도 조선총독부와 그에 관련된 기관이었다. 두 학교 모두 일반 행정을 선호하였고, 경성법전은 경성전수학교 시절의 전통과 동문들이 많은 재판소를 많이 선호하였다. 법학을 전공하면 판검사나 변호사가 어렵지 않게 될 수 있었던 시대는 지났음으로 그 직업의 비중은 매우 낮았다.

Ⅲ. 고등시험과 법학 교육

1. 학교 서열과 고등시험

법학도들은 졸업하면 대개 관청에 취직하였다. 제국대학이든 전문학교든 졸업장이 특정한 분야의 자격증을 대신하였으므로 추천을 받을 수만 있다면 취직을 할 수 있었다. 판임관이나 재판소 서기처럼 중등학교만 졸업해도 지원할 수 있는 자격도 있지만 상급학교에 진학할 경우 그 폭이 더 넓어졌다. 1927년 보성전문은 학생의 추가모집 광고에서 졸업생에게 조선총독부 판검사 임용자격, 중등교원 자격, 판임문관 자격을 부여한다는 내용을 넣었다.[29] 경성법전도 학교를 소개할 때 조선인관리의 특별임용에 관한 건, 조선인을 조선총독부 판사 및 검사에 임용하는 건, 사립학교 교원 등의 자격에 관한 규정 등을 열거하였다.[30] 법령을 제시했지만 보성전문 광고와

---

28) 보성전문의 家事從業은 농목업 4.8%, 상공광업 7.1%, 미상 38.3%으로 구성되었다.
29) 고려대학교 100년사 편찬위원회, 『고려대학교100년사 Ⅰ』, 고려대학교출판부, 2005, 299쪽.

같은 내용이었다. 이것은 경성제대 졸업생에게도 동일하게 적용되었다.

　이상은 학교의 설립 목적에 맞게 편성된 교과과정을 충실히 이행하는 데서 오는 혜택이었다. 졸업생 중에는 판임관이나 은행원 이상의 사회적 지위와 명예, 수입 등을 바라는 이도 있었다. 입신출세를 바라는 법학도에게 최고의 영예는 고등시험(또는 고등문관시험) 합격이었고, 변호사를 선발하는 조선변호사시험도 꽤 매력적이었다.

　고등시험 합격은 그들을 배출한 학교의 명예도 높였다. 1925,6년에 경성법전 졸업생 4명이 고등시험 사법과에 합격하자, 학교 당국자는 "동경에 가서 뎨국대학 출신자들과 억개를 겨누고" 합격하였으므로 경성법전의 내용이 충실함을 증명하는 것이라 자랑하였다.[31] 졸업생들도 고등시험 합격으로 인해 경성법전이 "뎨대법과(帝大法科) 출신과 실력이 갓다"고 좋아하였다.[32] 경성제대의 1회 졸업생이며 공부를 곧잘 하는 것으로 소문났던 유진오도 신설학교의 위상을 높이기 위해 은연중에 고등시험에 응시하라는 압력을 받았다. 유진오의 회고인데 학교 관계자들이 이 말을 그에게만 했을 리 없다.

　　그들(경성제대 교수 또는 관계자 - 인용자)의 논리는 이러하다. 고문(高文)이 대단하다는 것은 아니지만 그래도 어느 대학을 평가할 때에는 우선 그 대학에 고문 합격자가 몇 명이나 나왔나를 보는 것이 상식인데 경성제대는 새로 생긴 학교라서 남들이 아직 그 우열을 판단하지 못하고 있으니 경성제대에서는 하루 바삐 고문 합격자를 많이 낼 필요가 있다. 그러니 응시하면 꼭 합격되리라고 모두들 보고 있는 당신 같은 사람이 꼭 응시해서 합격해 주어야 하겠다. - 이러한 줄거리였다.[33]

30) 京城法學專門學校, 『京城法學專門學校一覽(大正十四年一月)』1925, 16~18쪽.
31) 『동아일보』1927년 1월 18일 2면, "法專出身의 四君 高文試驗에 合格".
32) 『조선일보』1927년 1월 19일 2면, "法專卒業生 高文試合格".
33) 俞鎭午, 『젊음이 깃 칠 때』, 徽文出版社, 1978, 101쪽.

경성제대는 1931년에 장후영이 재학 중에 고등시험 사법과에 합격하였다. 이 일은 경성제대 설립 이래 최초로서 일본인, 조선인을 막론하고 동료들이 놀라고 부러워하였다고 한다.[34] 이때만 해도 고등시험을 치르는 게 떳떳치 못하다는 분위기였으나 6~8회 졸업생이 다수 시험에 합격하던 1930년대 중반부터는 드러내놓고 고등시험의 전선으로 뛰어들었다.[35]

〈표 4〉는 경성법전이 자랑하고, 경성제대도 바라던 고등시험 합격자를 현재 볼 수 있는 자료를 중심으로 출신학교별로 정리하였다. 사법과와 행정과 모두 도쿄제대(東京帝大)가 압도적이며, 교토제대(京都帝大)가 그 뒤를 이었다. 경성제대는 도호쿠제대(東北帝大), 큐슈제대(九州帝大)와 엎치락뒤치락 거리고 있었다. 사립대학 중에는 주오대(中央大)가 도쿄제대 다음으로 모든 제국대학들을 따돌렸고, 니혼대(日本大)는 교토제대의 레벨이었다. 간사이대(關西大)와 메이지대(明治大)도 도호쿠제대와 경성제대보다 높은 서열에 있었다. 대체로 경성제대는 안정적인 10위권이었다. 합격자 수는 적었지만 경성법전도 일본의 유수한 대학·전문학교들을 제치고 15위권 안에 있었다.

〈표 4〉 1936~1939년간 문관고등시험 합격자 출신학교별 조사

학교	1936년			1937년			1938년			1939년		
	사법	행정	계	사법	행정	계	사법	행정	계	사법	행정	계
東京帝大	113	136	249	88	96	184	74	147	221	63	120	183
中央大	49	8	57	44	9	53	52	6	58	53	11	64
京都帝大	34	5	39	19	6	25	21	15	36	23	24	47
日本大	23	6	29	19	1	20	27	5	32	24	6	30
關西大	14	0	14	16	1	17	12	1	13	15	2	17
明治大	6	1	7	9	2	11	12	1	13	14	3	17
東北帝大	11	4	15	6	1	7	8	3	11	8	4	12
京城帝大	2	3	5	10	6	16	2	4	6	8	4	12

34) 金甲洙, 『法窓三十年』, 법정출판사, 1970, 25쪽.
35) 李忠雨, 『京城帝國大學』, 多樂園, 1980, 217쪽.

九州帝大	5	4	9	11	1	12	0	1	1	8	2	10
早稻田大	14	1	15	6	0	6	4	2	6	12	1	13
立命館大	4	2	6	5	0	5	6	0	6	7	0	7
法政大	3	0	3	3	0	3	2	0	2	2	0	2
京城法專	0	0	0	2	0	2	0	2	2	1	1	2
臺北帝大	0	2	2	1	0	1	0	0	0	1	0	1
慶應義塾	1	0	1	1	0	1	1	0	1	1	0	1
同志社大	0	0	0	1	1	2	0	0	0	0	0	0
上智大	0	1	1	1	0	1	0	0	0	0	0	0
高等學校	1	0	1	1	0	1	0	0	0	1	1	2
高等商業	2	3	5	1	3	4	1	2	3	0	3	3
高等農林	0	1	1	1	0	1	1	0	1	0	0	0
北海道帝	0	0	0	0	2	2	0	1	1	0	0	0
東京商大	0	5	5	0	1	1	0	1	1	1	5	6
豫備試驗	16	9	25	13	12	25	19	5	24	11	22	33
專修大	3	0	3	0	0	0	1	0	1	0	0	0
文理科大	0	0	0	0	0	0	0	0	0	0	2	2
外國語校	0	0	0	0	1	1	0	1	0	0	1	1
水産講習	0	0	0	1	0	1	0	0	0	0	2	2
高等師範	0	0	0	0	0	0	0	1	1	0	0	0
橫濱專門	0	1	1	0	0	0	0	0	0	2	0	2
高等工業	0	0	0	0	1	1	0	0	0	0	0	0
普成專門	0	0	0	0	0	0	0	0	0	0	0	0
기타36)	1	2	3	0	0	0	1	0	1	0	0	0
합계	302	194	496	259	144	403	245	197	442	255	214	469

출전 : 「最近三ケ年高等試驗合格者出身校別調」, 『受驗界』 제20권 제5호, 1939.5, 56~57쪽.
     ; 最近三ケ年高等試驗合格者出身校別調」, 『受驗界』 제21권 제5호, 1940.5, 54~55쪽.

〈표 5〉는 1939년과 1940년 고등시험 지원자와 합격자를 토대로 합격률을
낸 것이다. 10명 이상이 응시하는 대학만 조사하였다. 1939년의 경우 행정
과 응시자 2,559명 중 214명이 합격하여 8.4%의 합격률을, 사법과에서는 응

36) 기타는 위 표에 수록된 학교와 工業大學, 立敎大學, 拓植大學, 駒澤大學, 國學院
   大學, 關西學院, 高等蠶絲學校, 官立商船學校, 日本大學專門學校, 橫濱商業專門
   學校, 靑山學院, 明治學院, 東北學院, 西南學院, 二松學舍專門學校, 哈爾賓學院,
   東亞東文書院 등을 제외한 것이다. 표에 수록되지 못한 학교들은 4년간 한 사람
   의 합격자도 내지 못하였다.

시자 2,678명 중 255명이 합격하여 9.5%의 합격률을 보였다. 1940년에는 행정과 응시자 2,564명 중 238명이 합격하여 9.3%, 사법과에 2,552명이 응시하여 248명이 합격하여 9.7%의 합격률이 나왔다. 고등시험의 합격률은 보통 9% 내외라 하여도 무방할 듯하다.

매년 많은 합격자를 낸 학교의 공통점은 지원자도 많다는 점이다. 1천 명이 지원하는 도쿄제대나 주오대, 5백명 내외의 교토제대와 니혼대가 대표적이다. 이밖에 메이지대와 간사이대도 지원자가 2백명을 넘고, 와세다대도 매번 1백명 이상이다. 경성제대와 서열 다툼을 벌이던 도호쿠제대는 경성제대의 두 배를 넘고, 큐슈제대도 경성제대보다 많이 응시하였다.

하지만 합격률로 따지면 상황이 바뀐다. 도쿄상과대학(東京商科大學)이 단연 수위를 달리고, 그 뒤에 도쿄제대가 있다. 경성제대는 3,4위권이다. 사립명문 주오대와 니혼대는 지원자가 많은 만큼 불합격자도 많아서 합격률이 평균 이하를 밑돌고 있다. 들쑥날쑥하지만 경성법전의 경우 1940년에 5위권에 들기도 하였다.

〈표 5〉 1939년 고등시험 지원자, 합격자 현황과 합격률

학교명	행정과			사법과			합계		
	지원	합격	합격률	지원	합격	합격률	지원	합격	합격률
東京帝大	797	120	15.1	308	63	20.5	1,105	183	16.6
京都帝大	233	24	10.3	188	23	12.2	421	47	11.2
九州帝大	58	2	3.4	45	8	17.8	103	10	9.7
京城帝大	46	4	8.9	31	8	25.8	77	12	15.6
東北帝大	96	4	4.2	74	8	10.8	170	12	7.1
臺北帝大	11	0	0.0	2	1	50.0	13	1	7.7
東京商科	25	5	20.0	10	1	10.0	35	6	17.1
中央大學	296	11	3.7	717	53	7.4	1,013	64	6.3
日本大學	191	6	3.1	331	24	7.3	522	30	5.7
早稻田大	65	1	1.5	121	12	9.9	186	13	7.0
慶應大學	8	0	0.0	16	1	6.2	24	1	4.2
明治大學	76	3	3.9	179	14	7.8	255	17	6.7

法政大學	24	0	0.0	64	2	3.1	88	2	2.3
專修大學	31	0	0.0	27	0	0.0	58	0	0.0
關西大學	55	2	3.6	192	15	7.8	247	17	6.9
立命館大	19	0	0.0	72	7	9.7	91	7	7.7
京城法專	6	1	1.7	30	1	3.3	36	2	5.6
橫濱專門	10	0	0.0	13	2	15.4	23	2	8.7
普成專門	1	0	0.0	10	0	0.0	11	0	0.0
東京帝大	746	152	20.4	272	55	20.2	1,018	207	20.3
京都帝大	233	18	7.7	145	13	9.0	378	31	8.2
九州帝大	53	6	11.3	37	2	5.4	90	8	8.9
京城帝大	53	9	17.0	27	5	18.5	80	14	17.5
東北帝大	77	4	5.2	71	14	19.7	148	18	12.2
臺北帝大	13	1	7.7	2	0	0.0	15	1	6.7
東京商科	39	11	28.2	7	1	14.3	46	12	26.1
中央大學	370	15	4.1	796	67	8.4	1,166	82	7.0
日本大學	189	6	3.2	309	29	9.4	498	35	7.0
早稻田大	54	0	0.0	105	9	8.6	159	9	5.7
慶應大學	5	0	0.0	9	0	0.0	14	0	0.0
明治大學	79	1	1.3	158	8	5.1	237	9	3.8
法政大學	37	1	2.7	48	1	2.1	85	2	2.4
專修大學	33	0	0.0	44	1	2.3	77	1	1.3
關西大學	45	0	0.0	170	13	7.6	215	13	6.0
立命館大	26	0	0.0	75	9	12.0	101	9	8.9
京城法專	11	1	9.0	37	4	10.8	48	5	10.4
橫濱法專	8	0	0.0	9	0	0.0	17	0	0.0
普成專門	3	0	0.0	11	0	0.0	14	0	0.0

출전 : XYZ, 「高等試驗志願者合格者の學歷はどうなつてあるか」, 『受驗界』 제21권 제1호, 1940.1, 62~67쪽 ; XYZ, 「昭和十五年度高等試驗合格者の學歷別分布狀況を觀る」, 『受驗界』 제22권 제1호, 1941.1, 28~33쪽.

고등시험은 본시험과 예비시험으로 나뉘는데 1918년 1월 7일 칙령 제7호 「고등시험령」 제8조의 "고등학교, 대학 예과 또는 문부대신이 이와 동등 이 상으로 인정하는 학교를 졸업한 자는 예비시험을 면제한다"고[37] 규정하였 다. 이에 따라 경성제대는 설립과 함께 예비시험을 치르지 않아도 되었다.

---

37) 『朝鮮總督府官報』 1918년 1월 22일.

1918년 2월 28일 문부성령 제3호의 제2조 4호는 '고등학교 동등 인정 학교'를 정하였는데, 경성법전은 1924년 5월 22일 문부성고시 제290호에 조선총독부전문학교가 포함되면서 면제대상으로 되었다. 보성전문은 1929년 6월 18일 문부성고시 제280호로 1925년 3월 이후의 법과 본과 졸업자와 1930년 3월 이후의 상과 본과 졸업자들이 고등시험 예비시험을 면제받았다.[38] 보성전문은 합격자도 내지 않은 상태였지만 이 결정만으로도 "조선에서 사립 전문학교로 고등예비의 자격지정을 받은 것은 처음 있는 사실로 동교의 장래가 매우 주목"되었다.[39]

합격만 하면 개인뿐 아니라 학교의 위상도 높일 수 있는 고등시험에 대해서 조선의 각 학교는 어떻게 대응하였을까. 고등시험령은 1918년에 제정되어 1929년에 크게 개정되었다. 〈표 6〉에서 보듯이 1918년 행정과의 필수과목은 6, 선택과목은 4과목 중에 하나를 선택하여 모두 7과목을 치렀다. 사법과는 필수과목 7, 선택과목 셋 중에서 하나를 선택하여 8과목이었다. 1929년에는 행정과의 필수과목을 넷으로 줄이고, 선택과목의 폭을 넓혀 20과목 중 3과목을 선택하게 하였다. 사법과도 필수과목을 둘 줄여 5과목으로 하고, 15개의 선택과목 중에서 둘을 선택하도록 개정하였다. 1941년에는 전체적으로 시험과목을 줄이는 대신에 국사를 필수과목으로 정하였다.

〈표 6〉 고등시험 행정과 사법과의 시험과목과 변천

과목	고등시험 행정과			고등시험 사법과		
	1918	1929	1941	1918	1929	1941
憲法	●	●	●	●	●	●
行政法	●	●	●	◎	◎	◎
民法	●	●	●/◎	●	●	●
刑法	●	◎	◎	●	●	●

38) 『朝鮮總督府官報』 1929년 7월 20일.
39) 『조선일보』 1929년 3월 5일 석간 2면, "普專法科出身에 高文豫備試驗免除"

商法	◎	◎	◎	●	●	●/◎
民事訴訟法	◎	◎	◎	●	●/◎	●/◎
刑事訴訟法	◎	◎	◎	●	●/◎	●/◎
國際公法	●	◎	●/◎	◎	◎	
國際私法		◎	◎	●		
破産法					◎	◎
經濟學	●	●	●	◎	◎	◎
哲學槪論		◎	◎		◎	◎
倫理學		◎				
論理學		◎				
心理學		◎				
社會學		◎			◎	
政治學		◎	◎			
國史		◎	●		◎	●
政治史		◎				
外交史			◎			
經濟史		◎				
經濟地理			◎			
國文 및 漢文		◎			◎	
財政學	◎	◎	◎			
經濟政策			◎			
農業政策		◎				
商業政策		◎				
工業政策		◎				
社會政策		◎			◎	
刑事政策					◎	◎
外國語			●/◎			

출전 : 『朝鮮總督府官報』 1918.1.22, 1929.4.2; 『官報』(內閣印刷局), 1941.1.6.
비고 : ● 필수과목, ◎ 선택과목, ●/◎ 1929는 2과목 중 택1, 1941은 3과목 중 택2

　1929년 3월의 고등시험령 개정의 의미는, 시대의 요구에 맞지 않게 법률학에 편중된, 곧 고등시험의 법률만능주의를 타파하여 널리 인재를 등용하려는 것이었다.[40] 법률만능주의 비판은 일찍부터 제기되었다. 내각은 1925

40) 日本公務員制度史研究會 編著, 『官吏・公務員制度の變遷』, 第一法規出版株式會社, 1990, 220~221쪽.

년부터 행정조사회를 구성하여 고등시험령의 개정방안을 논의하였다. 개정안은 1926년 9월 7일 일본 각의를 통과하여 추밀원에 상주되었다. 개정안의 제출 이유를 보면, 고등시험이 법과만능으로 순 법리적 과목만 필수과목으로 삼고 선택과목이 한 과목에 불과하다는 것이었다. 따라서 개정안의 요점은 순 법리적 과목을 감소하고 각 부문의 학과를 선택과목 범위로 망라하여 두세 과목을 선택하는 것이었다. 철학, 논리학, 심리학 등의 기초과학을 추가하여 형식논리에 몰리는 폐해를 타파하려는 것도 주목할 현상이었다. 이에 따라 행정과 사법과의 필수과목을 모두 네 과목으로 줄였다. 개정안은 문과, 이과, 공과, 농과 등의 졸업자도 쉽게 수험할 수 있도록 선택과목을 여섯류(類)로 나누었다. 그리고 각류에 3,4과목을 배치하고 한 류당 한 과목으로 제한하여 총 세 과목을 선택하도록 하였다.[41] 아래 〈표 7〉은 내각이 추밀원에 제출한 시험과목의 개정안이다.

〈표 7〉 내각의 고등시험령 시험과목 개정안

<table>
<tr><th colspan="2"></th><th>행정과</th><th>사법과</th></tr>
<tr><td colspan="2">필수</td><td>헌법 행정법 민법 경제원론</td><td>헌법 민법 상법 형법
소송법(형사와 민사 중 택1)</td></tr>
<tr><td rowspan="6">선
택</td><td>제1류</td><td>철학개론 윤리학 심리학
사회학 정치학</td><td>철학개론 윤리학 심리학 사회학</td></tr>
<tr><td>제2류</td><td>정치사 경제사 법제사</td><td>정치사 경제사 법제사</td></tr>
<tr><td>제3류</td><td>상법 형법 국제공법</td><td>행정법 파산법 국제공법 국제사법</td></tr>
<tr><td>제4류</td><td>민사소송법 형사소송법</td><td>경제원론 형사정책</td></tr>
<tr><td>제5류</td><td>재정학 농업정책 상업정책
공업정책 사회정책</td><td></td></tr>
<tr><td>제6류</td><td>수학 농학 임학 축산학 수산학
물리공학 구조공학 응용화학
상업학 위생학</td><td></td></tr>
</table>

---

41) 『매일신보』 1926년 9월 9일 1면, "改正高等試驗令 形式論理傾向을 排하고 選擇科目範圍擴張"; 『매일신보』 1926년 9월 10일 1면, "高等試驗改正案 法萬主義를 一掃"

내각은 위 개정안을 대정 16년, 곧 1927년 1월 1일부터 시행하는 것으로 계획하였지만,[42] 원안대로 통과되지 못하고 1929년부터 시행되었다. 법률만능주의를 타파하기 위해 필수과목을 줄이고 선택과목을 확대하는 요점은 통과되어 제1류에서 제5류까지 선택과목으로 반영되었다. 농학과 이공학부 졸업생에 문호를 개방한 제6류는 부결되었다. 곧 1929년 개정안의 행정·사법과의 선택과목은 제2류의 법제사와 제6류를 제외한 제1류부터 제5류까지를 풀어놓은 것이었다.

2. 고등시험과 커리큘럼

앞서 본대로 고등시험 응시과목의 변화는 1925년부터 예견되었고, 1926년 말에는 구체적 방향까지 알 수 있었다. 시험과목의 변화는 고등시험 응시자에게 매우 중요한 사안이었고, 그 변화에 따라 수강과목을 정하는 것은 당연한 수순이었다. 고등시험의 사회적 위상이나 합격자수에 따른 대학의 '서열'을 볼 때, 학교를 빛낼 수 있는 고등시험 응시자에게 어떠한 편의를 봐주었을까.

이 물음에 대해 쯔도 아유미는 의미있는 연구를 내놓았는데, 요지는 대략 다음과 같다. 경성제대는 개교 당시 '동양문화, 조선 연구의 권위'를 건학이념으로 삼았지만 법문학부 법학과는 반드시 이를 따르지는 않았다. 법과계열 설치 이유로 언급되지도 않았던 고등시험을 강하게 의식하고, 교육과정에 반영하였다. 초기에는 고등시험을 보려는 학생들의 요청으로 판검사 또는 고등시험 합격 경험을 가진 비아카데미 계열 출신 교수들이 개인적으로 수험지도에 응하였지만, 1935년에 학부규정을 바꾸면서 대학조직으로 수험지도를 행하는 체제로 바꾸었다.[43]

---

42) 「樞密院文書 樞密院上奏撤回書類 七(1928.8.29)」, 『樞密院會議文書』(일본 국립공문서관 소장).

〈표 8〉경성제대 법문학부 법률학과·법학과의 교육과정

학과목	학과목의 改廢 및 단위					
	1926	1927	1930	1935		
				제1류	제2류	제3류
憲法	1	1		1	1	1
行政法	(2)	×				
行政法 總論	-	1				
行政法 各論	-	1				
行政法 第一部(總論)	-	-		(1)	1	(1)
行政法 第二部(各論)	-	-				
民法	5	×				
民法 總則		1				
民法 物權法(擔保物權法 제외)		1				
民法 債權法總論(擔保物權法 포함)		1				
民法 債權法各論		1				
民法 親族法·相續法		1				
民法 第一部(總則)	-	-		1	1	1
民法 第二部(物權法)	-	-				
民法 第三部(債權法總論)	-	-			1	
民法 第四部(債權法各論)	-	-		1	(1)	1
民法 第五部(親族法, 相續法)	-	-		(1)	(1)	(1)
商法	2	×		1	(1)	
商法 總則, 會社法, 商行爲法	-	1				
商法 手形法, 保險法, 海商法	-	1				
商法 第一部(總則, 商行爲法)	-	-			-	1
商法 第二部(會社法)	-	-			-	
商法 第三部(手形法, 小切手法)	-	-			-	1
商法 第四部(保險法, 海商法)	-	-			-	(1)
刑法	1	×		1	1	(1)
刑法 總論	-	1				
刑法 各論	-	1				
刑法 第一部(總論)	-	-			-	

---

43) 通堂あゆみ, 「京城帝國大學法文學部の再檢討 - 組織·人事·學生動向を中心に」, 『史學雜誌』 제117편 제2호, 2008.

科目						
刑法 第二部(各論)	-	-			-	
民事訴訟法(破産法 포함)	2	×	×	1		
民事訴訟法 總則, 第一審訴訟手續上訴	-	1	×			
民事訴訟法 總則, 第一審訴訟手續, 再審, 上訴, 催促手續	-	-	1			
民事訴訟法 强制執行特別手續	-	1	×			
民事訴訟法 强制執行法	-	-	1			
民事訴訟法 破産法	-	1	1			
民事訴訟法 第一部(總則, 判決手續)	-	-			-	
民事訴訟法 第二部(執行, 執行保全手續)	-	-			-	
破産法	-	-		(1)	-	
刑事訴訟法	1	1	1		-	
國際公法	2	×	2	(1)	1	(1)
國際公法 平時國際公法	-	1	×			
國際公法 戰時國際公法	-	1	×			
國際公法 第一部(平時法)	-	-			-	
國際公法 第二部(戰時法)	-	-			-	
國際私法	1	1		(1)	(1)	(1)
社會法	-	-		(1)	(1)	(1)
羅馬法	1	1			(1)	
羅馬法 第一部(私法)	-	-		1	-	
羅馬法 第二部(公法)	-	-		(1)	-	
法理學	(1)	1	1	(1)		(1)
法制史	(2)	×				
法制史 東洋法制史	-	1				
法制史 西洋法制史	-	1				
東洋法制史	-	-		(1)	(1)	(1)
西洋法制史	-	-		(1)	(1)	(1)
政治學	-	1		(1)	1	1
政治學史	-	1			(1)	(1)
政治史	-	1			1	(1)
外交史	-	1			1	(1)
經濟學	(3)	1			-	
經濟原論	-	-		1	1	1
經濟政策	-	1			(1)	1
經濟政策 第一部(農業政策)	-	-		(1)	1	1

經濟政策 第二部(商工定策)	-	-			
經濟學史	-	-		-	(1)
經濟史	-	-		-	1
貨幣金融論 第一部(貨幣論)	-	-	(1)	(1)	1(1)
貨幣金融論 第二部(金融論)	-	-			
財政學	-	1	(1)	1	1
統計學	-	1	(1)	1	1
社會政策	-	-		1	1
法醫學	-	1	(1)	-	
外國語學	1	필수		-	
철학과, 사학과, 문학과에 속한 과목	(2)	필수		-	
강독연습			1	1	1
연습	-	-	1	1(1)	1(1)
특수강의	-	-			
이수 단위				27단위	

출전 : 『朝鮮總督府官報』 1926.4.23, 1927.4.4, 1930.4.21, 1935.1.30.
비고 : -는 미개설과목, ×는 폐강과목(이하 모든 표가 동일함)

〈표 8〉에서 보듯이 1926년 개설 이래 법문학부 법학과의 교육과정은 몇 차례 바뀌었다. 1927년의 개정은 법률학과와 정치학과의 통합에 따른 결과 였고, 1930년에는 민사소송법의 과목명 등 일부의 개정이 있었다. 1935년에 는 법학과 내에서 제1류, 제2류, 제3류로 나누었다. 제3류는 경제학 전공이 며, 제1류와 제2류에서 지정한 필수와 선택과목을 이수하면 최저한도의 사 법과 또는 행정과 고등시험을 대비할 수 있다는게 쓰도의 주장이다.[44]

1935년의 학제개편을 살펴보면, 법학 과목 자체의 증감은 없이 과목명을 조정하였다. 예를 들면 '행정법 각론'을 행정법 제2부(각론)으로, '법제사 동 양법제사'를 '동양법제사' 등으로 고쳤다. 그 외의 과목에서도 '경제학'이 '경 제원론'으로 바뀌었다. 신설된 과목은 사회법, 경제학사, 경제사, 화폐금융 론 제1·2부, 사회정책 등이다. 종래의 경제정책 과목은 경제정책 제1부(농

---

44) 通堂あゆみ(2008), 앞의 논문, 73쪽.

업정책)과 제2부(상공정책)으로 나뉘었다. 공통 선택과목인 사회법을 제외하면 모두 제3류, 곧 경제학 전공의 필수와 선택과목이다. 이 중에서 고등시험 과목은 경제사와 사회정책이며, 경제정책 제1부와 제2부는 행정과의 농업정책, 상업정책, 공업정책에 해당한다.

사법과와 행정과에 해당하는 제1류와 제2류로만 보면, 1927년에 비해 고등시험을 대비해 새로 추가된 과목은 없다. 오히려 법률만능을 타파하려는 대안으로 제시되었던 철학개론, 윤리학, 논리학, 심리학, 사회학 등과 국사, 국문 및 한문, 형사정책을 찾아볼 수 없다. 더욱이 1927년 교육과정에는 철학·문학·사학 등 문과 계열의 수업을 필수로 하여 개정 고등시험령의 취지를 잘 살릴 수 있었는데, 1935년 학제개편 때는 이마저 제외하였다.

따라서 1935년의 학제개편은 제1류와 제2류보다는 제3류에 주목해야 한다. 보통 경제학 또는 상과에서도 민법과 상법을 필수로 하지만 헌법이나 행정법, 법제사 등을 가르치지 않는다. 이외에 제3류는 정치학과 정치사를 각각 필수와 선택과목으로 하였는데, 두 과목 모두 행정과의 선택과목이었다. 당시 도쿄제대와 교토제대의 경제학과나 도쿄상과대의 고등시험 행정과 응시와 합격은 웬만한 대학보다 높았다. 하지만 이것을 '고시법학'의 제도화로 보기에는 여전히 기초과목의 미비가 마음에 걸린다. 오히려 드러내지는 않았지만 경성제대가 도쿄제대 경제학과를 모델로 하여 유능한 경제관료의 양성을 목표로 한 것은 아니었을까.

경성법전은 1922년에 전문학교로 출발하여 1925년과 1937년, 1940년 등 세 차례에 걸쳐 학과목을 개편하였다. 경성법전은 고등시험 예비시험을 면제받은 다음 해인 1925년에 사법과에서 첫 합격자를 내고, 다시 1926년에 3명의 사법과 합격자를 추가하였다. 이후 한동안 뜸하다가 1934년과 1935년에 김홍식이 사법·행정 양과에 합격하였고, 1938년부터 합격자를 본격적으로 배출하였다. 응시자는 계속 있었겠지만 눈에 띌만큼 합격자가 나오는 상황이 아니었으므로 학교 차원에서 응시자를 배려할 형편이 아니었다.

무엇보다 경성제대처럼 학생이 수강할 과목을 선택할 수 있지 않고, 정해진 과목을 이수해야만 했다. 과목별로 배워야할 학년·학기가 정해져 있었기 때문에 재학 중에는 고등시험 응시에 필요한 법률과목을 다 공부할 수조차 없었다. 〈표 9〉에서 보듯이 경성법전의 학과목 중에서 법률과목을 제외한 고등시험 과목은 경제원론, 경제정책, 재정학뿐이었다. 게다가 1916년의 훈령이지만 "행정법은 (중략-인용자) 특히 조선에서 행하는 행정법규를 詳述함을 要"한다는[45] 표현에도 있듯이 행정법을 비롯해 경성법전의 법학교육은 조선의 특수성을 반영하고 있었다. 조선에서 일할 관리나 은행원, 회사원에게 필요한 법학으로 고등시험을 준비할 수는 없었다.[46]

다만 1937년의 개편에서 주목할 점은 「手形法, 小切手法」[47]이다. 일부 과목의 수업시수 변동 외에 유일하게 신설된 과목이다. 이것은 조선변호사시험에 응시하는 재학생과 졸업생들을 위한 대응이었다. 1921년 12월에 공포된 「조선변호사시험규칙」의 필기시험은 헌법, 민법, 상법, 형법, 민사소송법, 형사소송법, 국제사법, 경제학의 8과목이었다. 구술시험은 민법, 상법, 형법, 민사소송법, 형사소송법 중에서 세 과목 이상이었다.[48] 10년 이상 변함이 없던 필기시험과목은 1934년에 수형법과 소절수법이 추가되었다.[49] 1922년에 발간된 경성법전 『校友會報』에 조선변호사시험문제를 한번 게재한[50] 뒤로 처음 있는 반응이었다.

---

45) 조선총독부훈령 제15호로서 「경성전수학교의 교수에 주의를 요하는 사항」을 경성전수학교장 이름으로 냈다. 『朝鮮總督府官報』 1916년 4월 1일.
46) 전병무의 연구에 따르면 경성법전 출신의 조선인 사법과 합격자는 최소한 27명이었다. 전병무, 「일제시기 朝鮮人 司法官僚의 형성과정 - 문관고등시험 사법과 합격자를 중심으로」, 『한국근현대사연구』 46, 2008, 162쪽 ; 전병무(2012), 앞의 책, 350~361쪽.
47) 手形法과 小切手法의 현재 법률용어는 각각 어음법과 수표법이다.
48) 『朝鮮總督府官報』 1921년 12월 2일.
49) 『朝鮮總督府官報』 1934년 1월 30일.
50) 「雜錄」, 『校友會報』 제4호, 京城法學專門學校校友會, 1922, 부록 4쪽.

〈표 9〉 경성법학전문학교의 학과목 개폐 및 수업시수

	학과목의 改廢 및 時數					
	1911	1916	1922	1925	1937	1940
修身	3	3	3	3	3	3
日本學	-	-	-	-	-	4
國語51)	5	8	8	8	8	7
英語	-	-	8	10 52)	10	5
支那語	-	-	-	-	-	3 53)
獨逸語	-	-	-	-	-	3
法學通論	4	4	2	2	2	×
憲法 及 行政法	6	7	×	×	×	×
憲法	-	-	2	2	2	2
行政法	-	-	4	×	×	×
行政法 第一部(總論)	-	-	-	2	2	3
行政法 第二部(朝鮮行政法規)	-	-	-	3	3	3
民法	16	16	21	×	×	×
民法 第一部(總則)	-	-	-	4	4	4
民法 第二部(物權)	-	-	-	3	3	3
民法 第三部(債權總論)	-	-	-	3	3	3
民法 第四部(債權各論)	-	-	-	3	3	3
民法 第五部(親族相續)	-	-	-	4	4	2
商法	8	8	9	×	×	×
商法 第一部(總則會社)	-	-	-	4	×	×
商法 第二部(商行爲, 手形, 海商)	-	-	-	4	×	×
商法 第一部(總則·商行爲)	-	-	-	-	2	2
商法 第二部(會社)	-	-	-	-	3	3
商法 第三部(保險·海商)	-	-	-	-	3	2
手形法, 小切手法	-	-	-	-	2	2
破産法	-	-	1	1	1	×
强制執行法 及 破産法	-	-	-	-	-	2
刑法	5	5	7	×	×	×
刑法 第一部(總論)	-	-	-	3	3	3
刑法 第二部(各論)	-	-	-	3	3	3
民事訴訟法	6	6	7	×	×	×
民事訴訟法 第一部(第一編)	-	-	-	3	2	2

民事訴訟法 第二部(第二編以下)54)	-	-	-	4	4	2
刑事訴訟法	2	2	3	3	3	3
國際法	-	2	3	×	×	×
國際公法	2	×	-	3	3	3
國際私法	2	×	-	2	2	2
經濟	10	×	×	×	×	×
經濟學	-	11	8	×	×	×
經濟原論	-	-	-	4	4	4
經濟政策	-	-	-	3	3	3
財政學	-	-	2	2	2	2
商業(商業學·簿記→會計學)55)	-	-	(3)56)	3	4	4
實務演習	18	18	×	×	×	×
演習	-	-	2	×57)	×	×
體操	6	6	6	6	958)	×
體操 及 武道	-	-	-	-	-	6
敎鍊	-	-	-	-	-	6
계		96	96(3)	89	91	90

출전 : 『朝鮮總督府官報』 1911.10.20, 1916.4.1, 1922.4.1, 1925.4.7, 1937.3.27, 1940.5.23.

보성전문은 1928년에 고등문관 예비시험 면제 신청을 하였다. 당시 문부

---

51) 경성법학전문학교규정 제정 때부터 국어(일본어)를 常用하는 자에게 국어 대신에 조선어를 課할 수 있다고 규정하였다. 1938년 4월 1일부터 '국어를 상용하는 자' 대신에 '生徒의 情況에 따라서'로 고쳤다(『朝鮮總督府官報』 1938년 4월 1일). 1940년 개정 때에는 이 조항이 삭제되었다.

52) 1924년 6월 15일부터 시수가 늘었다. 『朝鮮總督府官報』 1924년 6월 14일.

53) 1938년 5월 21일부터 영어의 3시수를 줄여 지나어에 붙였다. 『朝鮮總督府官報』 1938년 5월 21일.

54) 1940년 5월 13일부터 민사소송법(제이편 이하)를 민사소송법(上訴手續)으로 고쳤다.

55) 1928년 6월 18일부터 종래의 '상업학'을 상업(상업학 · 부기)로 고치고, 수업시수 3을 4로 개정하였다. 또 1937년 4월 1일부터 상업(상업학 · 회계학)으로 고쳤다. 『朝鮮總督府官報』 1928년 6월 18일, 1937년 3월 27일.

56) 선택과목.

57) 제2학년과 3학년에 연습을 課할 수 있다.

58) 1928년 9월 13일부터 매 학년 2시간이 3시간으로 늘었다. 이에 따라 총 수업시수도 97로 늘었다. 체조시간의 증가는 다른 전문학교에도 적용되었다. 『朝鮮總督府官報』 1928년 9월 13일.

성은 법과에는 바로 자격을 인정하였지만 상과에게는 학과목에 약간의 수
정을 해야 지정할 방침이라고 보성전문에 통보하였다. 이에 보성전문은 상
과의 학칙을 변경하여 1930년부터 적용하는 조건으로 예비시험을 면제받
았다.[59] 이것을 계기로 보성전문이 고등시험 자체를 의식했다고 보기는 어
렵다. 예비시험 면제라는 자격이 주는 학교의 위상 제고에 더 큰 목적이 있
었다. 사실상 보성전문은 1920년대 초반부터 사회학, 사회정책, 철학개론,
논리학 등을 가르쳤지만, 이 과목들은 1929년에야 고등시험 선택과목으로
되었다. 교양교육의 강화라는 분석이 적절한 듯하다.[60]

　보성전문 출신이 언제부터 고등시험에 응시했는지는 알 수가 없다. 1939
년에 11명(행정과 1, 사법과 10), 1940년에 14명(행정과 3, 사법과 11)이 고
등시험에 도전하였다는 기록이 남아있다.[61] 1939년 6월말 현재 학생회 공
제부가 조사한 보전학생생활조사통계표를 보면, 재학생이 구독하는 잡지
에『受驗界』를 발견할 수 있다. 이것은 고등시험 등에 관한 정보를 제공하
는 권위 있는 월간 수험잡지였는데 1939년 당시 조선에서는 일본인 712명,
조선인 467명 등 모두 1,179명의 독자가 있었다.[62] 보전에서는 법과 9명, 상
과 1명 등 총 10명만이 구독하였다.[63] 보성전문의 고등시험 합격자는 1940
년 이후에야 나올 정도였다.[64] 고등시험을 대하는 학생들의 관심이 이 정
도에 머물렀기 때문에 학교도 이에 대한 지원을 크게 고려할 필요가 없었

59)『조선일보』1929년 3월 5일 석간 2면, "普專法科出身에 高文豫備試驗免除"
60) 고려대학교 100년사 편찬위원회 편, 앞의 책, 305~306쪽.
61) XYZ,「高等試驗志願者合格者の學歷はどうなつてあるか」,『受驗界』제21권 제1
　　호1, 1940.1, 62~67쪽 ; XYZ,「昭和十五年度高等試驗合格者の學歷別分布狀況を觀
　　る」,『受驗界』제22권 제1호, 1941.1, 28~33쪽.
62) 이외 조선인들은 월간『受驗と準備』를 1,152명이, 순간『受驗旬報』를 864명이 구
　　독하였다. 朝鮮總督府警務局圖書課,『昭和十四年中に於ける朝鮮出版警察槪要』
　　1940, 137~147쪽.
63) 고려대학교 100년사 편찬위원회 편, 앞의 책, 565쪽.
64) 현재까지 확인된 합격자는 사법과의 金容晋(1941년 합격), 李熙鳳(1941), 沈鉉尙
　　(1942), 白翔起(1943) 등 4명이다. 전병무(2010), 앞의 책, 355~360쪽.

을 것이다. 오히려 1930년대 보성전문은 다른 꿈을 꾸고 있었다.

Ⅳ. 법학 연구의 두 축

경성법전과 보성전문은 법학교육에 초점을 둔 전문학교였다. 전문 법학 지식을 가지고 행정관청이나 은행, 회사에서 유능하게 일하는 하급관리와 사무원을 양성하는 게 주요한 목표였다. 따라서 교수의 역할도 실무에 필요한 법률 지식을 가르치고, 직장을 알선하는 일이었다. 교수의 학문적 능력에 관계없이 연구는 개인적으로 해결해야 하는 문제였다.

경성법전의 경우 교수로 재직한 인물은 모두 25명이고, 이 중에서 14명이 법학 전공이었다. 도쿄제대 출신이 6명, 교토제대 출신이 5명, 큐슈제대와 경성제대가 각 1명, 미상 1명이었다. 이 중 도쿄제대 출신의 하나무라(花村美樹)와 마쓰오카(松岡修太郞)는 1926년에 경성제대 법문학부로 옮겨 각각 형법·형사소송법 제1강좌와 헌법·행정법 제1강좌를 담당하였다. 관료 재직 경력이 교수보다 많거나 고등시험에 합격한 교수도 있었다. 강사들은 대개 현직 법조인으로 민사소송법, 형사소송법, 파산법 등의 절차법을 강의하였다. 유일한 조선인 교수였던 김명수는 1919년 3월부터 1923년 3월까지만 4년간 근무하였고, 전 시기에 걸쳐 조선인 강사도 두 명에 불과하였다.[65]

법과와 상과가 설치되었던 보성전문의 경우 경성법전보다 사정이 더 좋지 못했다. 보성전문은 1922년 4월 재단법인 사립보성전문학교 설립 후 이어진 재단 분규와 재정난으로 학교 시설투자와 교수 충원에 힘을 쏟을 수 없었다.[66]

---

65) 김호연, 앞의 논문, 20~21쪽, 59~62쪽 ; 정근식·정진성·박명규·정준영·조정우·김미정, 『식민권력과 근대지식 : 경성제국대학 연구』, 서울대학교출판문화원, 2011, 354쪽.

1926년 1월 현재 전임교원(교수)는 6명이었다. 그 중에 법학을 담당한 교수는 와타나베(渡邊勝美, 京都帝大 법학과 졸), 니시무라(西村定義, 東京帝大 法學科 졸), 정해인(鄭海仁, 法政大學 법학과 졸) 3인뿐이었다. 교수진의 대부분은 겸임교원으로서 고등법원 판사 타다(多田吉種, 京都帝大 법학과 졸)와 노무라(野村調太郎, 東京法學院 법률과 졸), 경성지방법원 판사 미야모토(宮元藏藏, 東京帝大 법학과 졸)와 김시두(金時斗, 京都帝大 법학과 졸), 변호사 김용무(金用茂, 中央大學 전문부 법률과 졸)와 이승우(李升雨, 中央大學 전문부 법률과 졸), 그리고 최태영(崔泰永, 明治大學 영법과 졸)과 김준연(金俊淵, 東京帝大 법학과 졸), 이범승(李範昇, 경도제대 독법과 졸) 등이었다.[67] 1930년 4월 현재에도 법과 교수는 형법·민법·형사소송법의 와타나베, 민법의 옥선진(玉璿珍), 상법과 법학통론을 맡은 최태영 3인이었다. 그 외 경성제대와 경성법전 교수, 판검사와 변호사 등으로 구성된 다수의 강사들이 나머지 법학수업을 맡았다.[68]

일본의 제국대학과 유명한 사립대학에서 법학을 전공하였지만, 몇 되지 않은 교수들은 보직을 나눠맡고 학생지도와 취직알선까지 나서야 했으므로 연구에 쏟을 여력이 없었다.[69] 진로를 모색하면서 외부에서 바라본 유진오의 고민이 보성전문의 열악한 현실을 잘 보여준다.

---

66) 고려대학교 100년사 편찬위원회 편, 앞의 책, 276~294쪽 참조.

67) 法務局人事係, 「明治四十三年勅令第七號第一條ニ依ル法律學校指定ニ關スル件(1926. 3.29.)」『自昭和二年至同五年 機密書類』(국가기록원 소장), 65면. 보성전문학교에서 총독에게 신청서를 제출한 때는 1926년 1월이었다.

68) 고려대학교 100년사 편찬위원회 편, 앞의 책, 302~303쪽.

69) "보성전문에서 재직하는 동안 강의 말고 어려운 임무 두 가지가 있었다. 하나는 졸업생들 취직시키는 일이고, 하나는 국내외로 학생들을 인솔해 나가는 것이었다. 취직을 위해서는 보성전문 교수 김영주, 홍성하, 나 세 사람이 나서서 일을 했는데 이 때문에 고관들, 친일파들과도 친분이 오갔고 13도의 도청과 큰 회사, 재판소 등을 드나들 때 여러 사람이 열심히 일해 주었다." 최태영,『최태영 회고록 - 인간 단군을 찾아서』, 학고재, 2000, 94쪽.

연희전문이니 보성전문이니 하는 것이 없는 것은 아니었으나 그 두 학교에는 갈 수도 없고 가기도 싫었다. 연전이니 보전이니 하는 곳에 갈 수 없었다는 말은 이 두 학교에는 법학 관계 교수의 자리가 모두 합해야 5, 6석밖에 되지 않는데다가 그때만 해도 우리나라에서는 일본이나 구미 유학을 하고 돌아온 사람이라야 훌륭한 것으로 아는 풍조가 심해서 국산(國産) 제1호인 경성제대 출신을 받아 줄 것 같지가 않았기 때문이요, 가기 싫었다는 말은 그 당시에는 이 두 학교는 말이 전문학교지 도서관이나 연구실 등의 시설이 전혀 돼 있지 않아서 〈교수〉라는 칭호만 얻기 위해서라면 몰라도 학문연구의 목적이라면 갈 곳이 못되는 것으로 생각되었기 때문이다.[70]

조선에서 법학 연구를 할 기반이 마련되어 있지 않은 상태에서 경성제대의 출범은 학문으로서의 법학을 생각해볼 계기가 되었다. 경성법전의 두 교수가 경성제대로 옮긴 것도 직급이나 호봉, 사회적 신분의 상승뿐 아니라 본격적으로 연구 활동을 벌일 무대가 마련되었기 때문이었을 것이다. 게다가 경성제대에게는 "조선과 동양문화 연구의 권위"가 된다는 뚜렷한 목표가 있었다. 법문학부에 주어진 학술연구 과제는 "조선의 정치, 법률, 경제 및 역사, 언어, 문학, 사상, 신앙, 풍속에 이르기까지 고대 이래 조선 전반에 대한 현실분석을 요청"하는 것이었다.[71]

법학과의 교수들은 경성제대 개교 때부터 법학회를 설립하고, 1928년에 조선경제연구소를 부설하였다. 4년 뒤 법문학회가 창립되자 법학부는 법문학회 제1부로 되었다. 제1부는 법률, 정치, 경제에 관한 諸學의 연구, 조선의 사회제도, 사회사업 조사를 목적으로 하여 매월 연구회를 열고, 매년 논문집을 간행하고, 외국문헌의 번역 등의 사업을 하기로 정하였다. 1934년에는 법문학회 제1부와 제2부를 승계한 법학회와 문학회가 학회로 독립하였다. 법학회는 매달 연구회를 개최하였는데, 이외에도 국제법, 외교사연구실을 중심으로 조직된 국제관계조사회, 민사판례연구회, 법률연구회 등

---

70) 俞鎭午, 『젊음이 깃 칠 때』, 徽文出版社, 1978, 105쪽.
71) 정선이, 『경성제국대학연구』, 문음사, 2002, 112쪽.

이 활동하였다. 이상의 연구조직들은 1928년 11월부터 1944년 11월까지 모두 25책의 論集, 전 7책의 法學會叢刊, 4권의 법학회번역총서를 발간하였다.[72] 강좌에 기반한 교수들의 개인연구도 활발하였다.[73] 경성제대의 법학 교수들은 연구를 主로 삼고 교육을 부차적으로 여겼다는 졸업생의 회고도 있다.[74]

하지만 이러한 성과들은 경성제대 내에서 재생산으로 이루어지지 못했다. 유진오, 박문규, 최용달, 이강국 같은 우수한 인재가 있었지만 경성제대는 이들을 학교 안으로 품지 못했다. 연구실의 1, 2년짜리 조수를 허락했지만, 교수가 되는 길을 원천적으로 차단했다. 법문학부 최초의 조선인 교수로 추천받았던 유진오조차 법문학부의 강사자리를 얻지 못하고, 예과 강사에 머물렀다. 대학측의 완고한 방침에 좌절한 많은 문·사·철 전공자들이 학교 안팎에서 기회를 모색하다가 결국은 밖에서 새로운 활로를 찾고 있었다.[75]

장래를 고민하던 유진오는 예전에 무시했던 보성전문에서 활로를 찾았다. 1932년 3월 김성수는 보성전문을 인수하여 6월부터 교장으로 활동하였다. 김성수는 보성전문을 인수할 때 언론과 인터뷰하면서 "전문교육은 다른 교육들과 달라서 학생들을 잘 가르침은 물론이거니와 학자들을 배출케 하는 의미에서 선생들의 연구할 만한 기관을 맨들고 또는 기회를 주도록 하여야 합니다"[76]라고 말하였다. 전문교육의 목적을 교육과 연구 두 방면에 두

---

72) 田川孝三,「京城帝國大學法文學部と朝鮮文化」,『紺碧遙かに』, 1974, 142~149쪽.

73) 田川孝三, 위의 책, 158~159쪽 ; 정근식·정진성·박명규·정준영·조정우·김미정, 앞의 책, 397~411쪽.

74) 경성제대 법문학부 출신의 朱宰璜은 "경성제대 법학교수들은 연구가 主였고 가르치는 것은 副였다. 연구실에 매일 밤 11시까지 연구하면서 강의는 4월 1일부터 시작해야 하는데 '5월 1일' 개강함'이라고 써붙이는 교수도 있고, 학교에는 나와 있으면서도 '휴강'하는 교수도 있었다."고 회고하였다. 최종고,「서울法大의 初期史(1945~1953)」,『法學』제34권 제2호, 서울대학교, 1993, 151쪽.

75) 정종현,「신남철과 '대학' 제도의 안과 밖 : 식민지 '학지(學知)'의 연속과 비연속」,『한국어문학연구』제54호, 2010.

76)『동아일보』1932년 3월 29일 2면, "評議會開催 幹部總改善."

고, 특히 학자를 배출할 수 있는 연구기관과 기회의 필요성을 강조하였다.

엄밀히 말하면 김성수의 발언은 기능에 중점을 둔 전문교육에 맞지 않았다. 유럽일주를 끝낸 지 얼마 되지 않았던 그의 머리 속에는 종합대학이 있었다. 유광렬과 인터뷰하면서 스치듯이 했던 말 "모든 것은 발전되어 나가는 것이니 누가 그 장래를 예측하겟습니까 이 학교가 朝鮮民立大學이 될는지 어찌 알겟습니까".77) 조선민립대학의 꿈이 김성수의 본심이었다.

이것은 유진오도 마찬가지였다. 대학으로 승격되기 이전이라도 보전을 실질적으로 대학의 성격을 가지게 하는 것, 그것은 보전을 단순한 교육기관을 넘어서서 연구기관의 기능까지 갖게 하는 것이었다. 그래서 유진오는 김성수에게서 보성전문 교수를 제안 받았을 때, 세 가지의 전제조건을 달았다. 첫째 도서관을 지을 것, 둘째 교수 한사람 앞에 하나씩 개별 연구실을 만들 것, 셋째 교수들의 연구논집을 낼 것을 제의하였다. 이미 도서관 건립 계획을 구상하던 김성수는 이 조건을 흔쾌히 수용하였다.78)

1932년부터 1934년까지 보성전문은 젊고 유능한 학자들을 교수와 강사로 영입하였다. 도쿄상과대학을 졸업하고 강사로 있던 김광진은 1932년 4월에 전임강사로 임용되어 상업학을 담임하였다. 미국 유학을 마치고 돌아온 오천석은 영어와 심리학을 맡았다. 와세다대를 졸업하고 중앙학교 교장으로 있던 현상윤도 윤리를 맡았다. 경성제대 법문학부를 졸업한 최용달은 상법과 국제법을 담당하고, 유진오는 전임강사로 헌법, 행정법, 국제공법 등을 가르쳤다. 독일 예나대학 철학박사 안호상은 철학 및 독일어 강사로, 중국 남개대학을 졸업한 김관제는 중국어 강사로 부임하였다. 박극채는 교토제대 경제학부를 졸업하고 상업경제 강사로 취임하였다.79)

새 교수진의 부임과 더불어 커리큘럼의 개편도 이루어졌다. 1937년 일람

---

77) 柳光烈, 「普專論」, 『東方評論』 제1권 제2호, 1932.5, 7쪽.
78) 俞鎭午, 「片片夜話 32 - 日記와 쇠고랑」, 『동아일보』 1974년 4월 8일 5면.
79) 『普專校友會報』 제2호, 1934, 53쪽.

속의 커리큘럼은 그 이전에 변경된 것이다. 기본 과목의 시수조정 외에 새롭게 8과목이 신설되었다. 곧 제2외국어, 행정학, 신탁법, 산업법, 문명사, 법리학, 법제사, 영법강독 등이었다. 경성법전에서는 찾아볼 수 없고 경성제대 법학과에서만 볼 수 있었던 과목도 있다. 유진오는 자신이 맡은 영법강독을 전문학교에서 보통 볼 수 없는 것으로서 신설 목적이 연구기능 강화에 있음을 숨기지 않았다.[80] 1935년 6월에 착공한 도서관은 1937년 9월에 준공되어 1938년 현재 3만여권의 장서를 갖추게 되었다.[81]

〈표 10〉 보성전문학교 법과의 학과목 개폐와 수업시수

	법률상업	1921신청	1925일람	1931	1937	1942
修身	3	3	3	3	3	3
國語	12	6	×	2	2	2
朝鮮語漢文	-	-	-	3	3	×
英語	-	-	7	10	12	12
支那語	-	-	-	-	-	4
日本學	-	-	-	-	-	3
國史	-	-	-	-	-	2
法學通論	2	3	2	1	1	1
憲法	2	2	2	2	3	2
行政法	4	5	4	4	4	3
刑法	4	6	6	6	6	6
民法	15	20	19	18	17	18
商法	8	10	10	12	11	9
刑事訴訟法	2	3	3	3	3	3
民事訴訟法	7	7	8	8	7	7
破産法	1	1	1	1	2	2
國際法	7	6	×	×	×	×
國際公法	-	-	4	3	3	3
國際私法	-	-	1	2	2	(2)
經濟學	4	×	3	3	3	3

80) 俞鎭午, 「片片夜話 32 - 日記와 쇠고랑」, 『동아일보』 1974년 4월 8일 5면.
81) 고려대학교 100년사 편찬위원회 편, 앞의 책, 428~433쪽.

經濟法	-	4	×	×	×	×
擬律硏究	-	11	×	×	×	×
財政學	-	-	2	2	2	2
社會學	-	-	2	2	(2)	(2)
社會政策	-	-	2	2	(2)	(2)
哲學槪論	-	-	1	1	2	2
心理學	-	-	-	2	2	2
論理學	-	-	1	1	2	2
簿記	2	×	×	×	(2)	(2)
統計와 實務	1	×	×	×	×	×
實務	-	-	5	5	4	2
體操	-	3	3	3	3	6
제2외국어	-	-	-	-	(6)	
行政學	-	-	-	-	(2)	(2)
信託法	-	-	-	-	(2)	(2)
産業法	-	-	-	-	(2)	(2)
文明史	-	-	-	-	(2)	×
法理學	-	-	-	-	(2)	(2)
法制史	-	-	-	-	(2)	(2)
英法講讀	-	-	-	-	(4)	(2)
계	74	90	90	89	108	

출전 : 고려대학교100년사편찬위원회, 『고려대학교100년사 Ⅰ』, 고려대학교출판부, 2005, 236, 304, 306, 440, 443, 541~542쪽.
비고 : 1921신청은 재단법인 신청서류. 1925일람과 1931은 1925년판 『普成專門學校一覽』 과 『普專校友會報 辛未號』에 수록된 것.

'연구대학'의 한 조건이었던 연구논집의 발간은 1934년에 『보전연구논집』 이 나오면서 이루어졌다. 경성제대 법학과는 연구논집 외에도 다양한 성과를 쏟아냈지만 경성법전이나 보성전문은 교수들의 연구논문집이 없었다. 교우회가 발행하는 잡지에 교수들의 글 한두 편을 싣는 게 고작이었다. 표지에 '硏究年報'를 넣어 매년 나올 것을 예고하였다. 연구논집의 성격은 김성수가 쓴 창간사에 잘 드러나있다.

　　한 社會의 盛衰와 한 民族의 隆替는 그 社會 그 民族의 文化의 向上과 學問의 發達 如何에 繫在하고, 文化向上 學問發達의 如何는 優秀한 學者의 多寡와

研究機關의 完否에 關係함은 多言을 不俟하는 바이다. 그럼으로 一社會 一民族
의 隆盛을 期하랴면 學者의 輩出을 爲하야 硏究機關의 完成을 爲하야 모든 努
力과 施設을 하지 안이하면 안이 된다.

高等敎育機關으로서의 專門學校는 그 目的이 專門學術을 學修하는 靑年學徒
를 敎授指導함에 在한 것은 勿論이어니와 學問의 蘊奧를 硏鑽하는 學者의 硏究
機關이 되고 學問의 淵叢으로서 社會敎化의 中心機關이 되어야할 重大한 使命
을 가젓슴을 이저서는 안이 되고, 이 使命을 達하기 爲하야 可及의 努力을 하여
야 한다.

우리 普成專門學校는 아직 微力이고 不備한 點이 一二에 止치 안이하나, 自
體의 使命을 達行하려 하는 努力의 一端으로서 硏究發表機關으로 每年 一回의
論文集을 發刊하기로 하니, 此로 因하야 本校 關係諸彦의 學問硏究에 一助가
되고 社會文化에 多少의 貢獻이 有하게 된다면 實로 榮幸이라 한다.[82]

요약하면 민족과 사회의 성쇠는 문화향상과 학문발달에 있는데, 이 둘은
우수한 학자와 연구기관에 좌우된다. 전문교육의 목표가 전문학술을 배우
는 청년을 가르치는 것은 물론이고 학문 연구하는 학자의 연구기관도 되어
야 한다. 이를 위해서는 모든 노력을 다해야 하는데, 보성전문이 미력하지만
연구발표기관으로 매년 1회의 논문집을 발간하겠다는 각오를 밝히고 있다.

법학 연구에서 경성제대의 영향력이 절대적인 상황에서 보성전문의 노
력과 현실을 어떻게 평가할 수 있을까. 진지의 구축. 원래 해방을 염두에
두고 학제를 개편한 것은 아니지만, 경성제대가 조선인을 배제함으로써 자
연스럽게 보성전문은 조선인 연구자의 진지가 되었다.[83] 보성전문 법학의
뿌리는 일본에 연원을 두었지만 세계 각국의 유학생을 받아들임으로써 새
로운 법학의 가능성을 꿈꾸었다. 하지만 보성전문의 준비와 노력은 채 10
년도 지나지 않아 전쟁에 묻혀 버렸다. 누구에게도 기회를 제공하지 못한

---

82) 金性洙, 「創刊辭」, 『普專學會論集』 제1집, 1934, 1쪽.
83) 유진오의 회고에 따르면 해방 당시에 "한국인 법학교수라고는 六, 七명의 보성전
문학교 교수, 각 一명 정도의 연희 · 혜화 및 명륜전문학교의 교수"가 있을 뿐이
었다고 한다. 俞鎭午, 『젊음이 깃 칠 때』, 徽文出版社, 1978, 419~420쪽.

경성제대보다는 나았지만 이제 투자를 시작한 보성전문의 인력으로서는 해방을 제대로 맞을 수 없었다.

V. 맺음말

일제의 한국강점 이전에 한국인에게 법관양성소나 보성전문학교의 입학은 졸업과 동시에 법관이 되는 것을 의미하였다. 1910년 10월부터 일본의 재판소구성법을 조선에 적용하면서, 과거처럼 바로 법관으로 가는 길은 사라졌다. 총독부는 법학교육기관을 법관 대신에 하급 행정관료와 은행·회사원을 양성하는 곳으로 만들려고 하였다. 정도의 차이는 있지만 그 기획은 대체로 성공하였다. 조선인에게 경성법전과 보성전문 법과는 중등졸업자보다 하급 행정관리로 쉽게 진출할 수 있는 길이었다. 근대 행정을 뒷받침하는 근대 법률지식의 습득은 꽉 차인 수업을 제대로 들어야 이수할 수 있었다. 다른 삶을 모색하지 않는 한 예정된 코스를 따라가는 것도 벅찼다. 이것은 교수에게도 마찬가지였다.

고시는 1920년대 중반에 주목을 끌기 시작해 1930년대 중반부터 폭발적 반응을 보였다. 누가 개인적으로 공부해서 합격증서를 받으면 좋겠지만 경성법전과 보성전문은 학교 차원에서 고등시험을 지원할 여력이 없었다. 기회는 경성제대에 많았다. 조선·동양문화의 권위가 되어야 할 교수와 학생의 일부가 고등시험에 정신을 빼앗겼다. 제국대학 내에서 학교의 위상을 높이고, 개인의 입신양명을 보장하는 것이기에 경성제대의 재학생과 졸업생은 열심히 응시하였다. 그 노력 덕이었는지 1935년의 법문학부규정의 개정은 고등시험을 보려는 학생들에게 선택의 폭을 넓혔다.

고시 열풍에도 불구하고 법학과의 한쪽에서는 연구에 여념 없었다. 경성법전에서 옮긴 교수뿐 아니라 일본의 제국대학에 승선할 기회를 잃고 조선에 건너온 이들에게도 기회였다. 교수들은 대학 설립 때부터 연구에 박차를 가하여 많은 논문집과 사료집, 번역집을 간행하였다. 연구실을 두어 제자 양성도 게을리하지 않았다. 그러나 아무리 뛰어나도 조선인을 동료로 인정하지 못했다. 문학, 사학, 철학의 젊은 연구자들은 한쪽 발을 모교에 걸쳐두고, 다른 발을 언론을 통해 새로운 학술공간을 개척해 나갔다.

유진오와 최용달 등 경성제대 출신의 젊은 법학 연구자는 김성수에게 인수되어 '민립대학'의 꿈을 꾸던 보성전문에서 새 활로를 찾았다. 김성수는 보성전문을 교육과 연구기능을 다하는 대학으로 설정하고, 특히 새로 영입한 신진학자들과 함께 그동안 보성전문에 없었던 연구 기능을 만드는데 많은 투자를 하였다. 도서관 신축, 연구논집 발간, 학자양성의 첫걸음이 될 커리큘럼의 개편 등이 이루어졌다. 보성전문의 이러한 시도는 법학 연구와 교육의 새로운 가능성을 열었다. 하지만 경성제대에 비하면 여전히 미약했고, 전쟁과 이어진 해방은 그 가능성을 흔들어 놓았다.

◆ 초출 : (향토서울) 제85호(서울특별시 시사 편찬위원회, 2013년 10월)에
        실린 (일제 하 조선에서 법학의 교육과 연구)의 제목을 수정하였음

참고문헌

1. 사료

『朝鮮總督府官報』.

『每日申報』, 『東亞日報』, 『朝鮮日報』, 『京城日報』, 『京城新報』.

『東方評論』, 『受驗界』.

『普專學會論集』, 『普專校友會報 辛未號』.

『校友會報』(京城法學專門學校校友會).

『自昭和二年至同五年 機密書類』(국가기록원 소장).

『樞密院會議文書』(일본 국립공문서관 소장).

京城法學專門學校, 『京城法學專門學校一覽』(1925년판, 1936년판).

普成專門學校, 『普成專門學校一覽』, 1925.

朝鮮總督府警務局圖書課, 『昭和十四年中に於ける朝鮮出版警察概要』, 1940.

金甲洙, 『法窓三十年』, 법정출판사, 1970.

俞鎭午, 『젊음이 깃 칠 때』, 徽文出版社, 1978.

李忠雨, 『京城帝國大學』, 多樂園, 1980.

최태영, 『최태영 회고록 - 인간 단군을 찾아서』 학고재, 2000.

2. 단행본

고려대학교 100년사 편찬위원회, 『고려대학교100년사 Ⅰ』, 고려대학교출판부, 2005.

고려대학교법과대학, 『고려대학교 법과대학 학술사』, 고려대학교출판부, 2011.

高麗大學校六十年史編纂委員會 編, 『六十年誌』, 高麗大學校出版部, 1965.

전병무, 『조선총독부 조선인사법관』, 역사공간, 2012.

정선이,『경성제국대학연구』, 문음사, 2002.

정준영,『경성제국대학과 식민지 헤게모니』 서울대학교 사회학과 박사학위논문, 2009.

정근식·정진성·박명규·정준영·조정우·김미정,『식민권력과 근대지식 : 경성제 국대학 연구』 서울대학교출판문화원, 2011.

崔鍾庫,『韓國法學史』, 博英社, 1990.

日本公務員制度史研究會 編著,『官吏·公務員制度の變遷』第一法規出版株式會社, 1990.

3. 논문

具秉朔,「法學敎育 및 硏究論著에 관한 硏究 - 公法分野」,『近代西歐學文의 收容과 普專』, 高麗大學校, 1986.

金亨培,「普專의 法學敎育과 韓國의 近代化」,『近代西歐學文의 收容과 普專』, 高麗 大學校, 1986.

金嶠娟,「일제하 경성법학전문학교의 교육과 학생」 한양대 사학과 석사학위논문, 2011.

朴秉濠,「韓國法學敎育의 起源 - 法官養成所制度와 京城帝大-」,『考試界』4월호, 1995.4.

배항섭,「高宗과 普成專門學校의 창립 및 초기운영」,『史叢』제59호.

李允榮,「普成專門學校의 法學·經商學 敎科課程에 대한 硏究」,『近代西歐學文의 收容과 普專』, 高麗大學校, 1986.

전병무,「일제시기 朝鮮人 司法官僚의 형성과정 - 문관고등시험 사법과 합격자를 중심으로」,『한국근현대사연구』제46호, 2008.

정종현,「신남철과 '대학' 제도의 안과 밖 : 식민지 '학지(學知)'의 연속과 비연속」, 『한국어문학연구』제54호, 2010.

최종고,「서울法大의 初期史(1945~1953)」,『法學』제34권 제2호, 서울대학교, 1993.

通堂あゆみ,「京城帝國大學法文學部の再檢討 - 組織·人事·學生動向を中心に」, 『史學雜誌』제117편 제2호, 2008.

通堂あゆみ,「植民地朝鮮出身者の官界進出 - 京城帝國大學法文學部を中心に」, 松田利彦·やまだあつし 編,『日本の朝鮮·台湾支配と植民地官僚』, 思文閣出版, 2009.

통제경제 속의 주식회사법

경성제대 니시하라 간이치의 상법학이 처한 딜레마

Ⅰ. 들어가며 : 식민지의 상법 – 회사법

식민지의 대학임에도 불구하고 일본본국의 제국대학처럼 경성제국대학
도 '대학의 자치'를 내걸었고, 또 조선 사회와 단절된 이 '비지형(飛地型)' 대
학에서 그 구성원들은 교양주의와 인문주의를 만끽하고 있었다.[1] 하지만
1929년 세계대공황과 1931년 만주사변 등 1930년을 전후한 세계사적 사건
은 제국일본을 점차 군국주의의 길로 인도하였는데, 그 과정에서 '식민지-
제국' 대학으로서 아슬아슬한 균형을 유지하고 있던 경성제국대학도 현실
정치의 압력을 크게 받게 되었다.

중일전쟁 이후 전쟁체제가 심화되어감에 따라, 조선인 지식인·유력자
들이 전쟁과 제국에의 협력을 강요받은 것처럼, 재조일본인(在朝日本人)들
의 한 축을 차지하고 있던 경성제국대학의 교수들은 자발적 혹은 반(半)자

---

1) 정근식·박명규·정진성·정준영·조정우·김미정,『식민권력과 근대지식—경성
   제국대학 연구』, 서울대학교출판문화원, 2011, 22~29쪽; 정준영, 「식민지 제국대
   학의 존재방식—경성제대와 식민지의 '대학자치론」,『역사문제연구』통권 26호,
   2011, 9~43쪽.

발적으로 제국의 전쟁 수행에 참여하게 되었다. 교수들의 전쟁 참여는 교수 개인 수준을 넘어 경성제국대학 차원에서도 진행되었다. 그 대표적 사례로, 경성제국대학에서는 '만몽문화연구회(滿蒙文化硏究會)'를 조직하여 만주-내몽고 지역에 대한 조사연구를 실시하고, 그 성과를 강연회를 통해 대중화함으로써 제국일본의 판도 확대를 학술적으로 뒷받침하려 하였다.2) 이러한 경성제국대학의 '전환' 과정은 기존 조직을 개편하는 방식으로 이루어졌다. 예를 들면 다도(茶道)를 즐기기 위해 시작했던 모임이 '녹기연맹(綠旗聯盟)'이라는 식민지 파시즘의 대표 선전집단이 되었고, 또 위의 만몽문화연구회는 바로 경성제국대학의 등산부(登山部)를 모태로 한 것이었다.3)

경성제국대학(이하 '경성제대'로 약칭)의 이러한 움직임은 각 교수들의 연구 활동에도 영향을 끼쳤다. 잘 알려져 있듯이, 경제학자인 스즈키 다케오(鈴木武雄)는 조선총독부의 '일선만(日鮮滿) 블록경제' 구상을 이론적으로 뒷받침하고자 동분서주하였고,4) 일본본국 지배블록의 일원이었던 법학자 오다카 토모(尾高朝雄)도 군국주의 시대 국가이론의 법리를 정초하고자 자신의 연구역량을 집중시키고 있었다.5) 식민지 인민과는 절연된 채, 하이클래스 식민자(colonizer)로서 총독부 고위 관료들과 어깨를 나란히 하면서 또 항상 학계의 중심인 도쿄제대의 연구동향에 촉각을 곤두세우면서, 높은

---

2) '만몽문화연구회'는 전쟁이 격화되어감에 따라 '대륙자원과학연구소'라는 연구소 수준의 조직으로까지 확대·승격되었다.
3) 1931년 만주사변, 1937년 중일전쟁 등 제국일본의 전쟁 수행에 대한 경성제국대학의 '전환'에 대해서는 정준영의 논문을 참조할 것. 정준영, 「군기(軍旗)와 과학: 만주사변 이후 경성제국대학의 방향전환」, 만주학회, 『만주연구』 제20집. 2015.
4) 송병권, 「1940년대 스즈키 다케오의 식민지조선 정치경제 인식」, 『民族文化硏究』 제37호, 2002.
5) 오다카 토모의 경성제대 시절에 관한 논의는 이시카와 겐지의 논문을 참조할 것. 石川健治, 「コスモス―京城学派工法学派の光芒」, 酒井哲哉編, 『「帝国」日本の学知, 第1巻「帝国」編成の系譜』, 岩波書店, 2006.

봉급에다 별다른 제약 없이 연구의 자유를 만끽하던 이 경성제대의 교수들
이 공황과 전쟁이라는 비상상황 속에서 마침내 학문의 사회적 유용성을 입
증해야만 하는 상황에 처하게 된 것이었다.

　이 글에서 다루고자 하는 경성제대 법문학부의 상법학 교수 니시하라 간
이치(西原寬一)도 이러한 전환기의 한 가운데 있던 인물이다. 니시하라의
연구 활동에 주목하는 것은 먼저, 식민지 사회의 지식 엘리트로서 니시하
라 교수가 바로 자본주의 경제체제의 핵심 제도인 회사기업에 관한 법률을
연구했다는 점에 착안하여, 식민지 조선에서 회사기업이라는 경제조직을
둘러싼 법적 문제가 어떻게 논의되었는지를 엿볼 수 있기를 기대하기 때문
이다. 그리고 그를 주목해야 할 또 하나의 이유는 1930년대 제국일본의 체
제 재편의 핵심 과제 중 하나였던 통제경제(統制經濟)의 구축에 대해 상당
한 분량의 논의를 전개했다는 점이다.[6]

　니시하라는 자유주의적인 주식회사론을 자신의 상법이론의 핵심으로 했
지만, 전시체제 하에서는 시장경제에 대한 국가개입을 요체로 하는 통제경
제론을 적극적으로 소개 · 분석하기도 하였다. 즉 '자본주의의 꽃'으로서 자
유-자본주의 경제체제의 물적 · 이데올로기적 지주(支柱)인 주식회사와 반
(反)자유-자본주의를 주창하며 국가의 시장개입을 구상했던 통제경제, 이
두 가지 상반된 지향의 제도를 니시하라는 동시에 다루고 있었던 것이다.
이와 더불어 이 글에서 식별해 보고자 하는 것은 니시하라가 무엇보다 식
민지 조선의 제국대학인 경성제대의 교수라는 점에 주목하여, 일본본국과
만주국과는 다른 스탠스를 취하고 있던 조선의 경제 제도에 대해서는 그가
어떠한 입장을 갖고 있었는지 하는 점이다.

---

6) 니시하라는 1940년부터 『조선행정』에 경제통제법에 관한 글을 11차례에 걸쳐 연
　재하였으며, 『법률시보』 『경성제국대학법학회논집』에도 그에 대한 논문을 게재하
　는 등 전시경제(戰時經濟)의 법적 근거와 운용에 대한 자신의 학문적 의견을 적극
　적으로 개진하였다.

Ⅱ. 이법지역(異法地域)으로서의 식민지

제국일본과 식민지 조선의 법제에 관해서는 최근 상당한 연구성과가 축적되고 있는 것으로 보인다. 그 중 본국과 식민지 간의 법적 차이를 어떻게 해소하려 했는지에 대해 초점을 맞추는 논의가 활발히 진행되고 있다. 즉 이법(異法) 지역으로서의 식민지 통치의 법적 구조는 어떠하며, 본국과 식민지 간의 이원적 · 차별적 구조를 그대로 존치할 것인가, 아니면 '내지연장주의'에 입각하여 장차 본국의 법역(法域)으로 통합할 것인가 하는 것은 당시에 일본 정계 · 학계에서도 정치적이고도 논쟁적인 문제였는데, 이를 분석함으로써 제국일본 및 그것의 식민지 통치가 갖는 특질을 볼 수 있다는 전략의 연구들이라 하겠다.

이러한 문제의식과 연구전략 상 식민지 민법은 무엇보다 우선적으로 해명해야 할 과제였다고 하겠다. 「조선민사령」에 대한 연구, 그리고 이를 뒷받침하기 위해 시행된 '구관조사(舊慣調査)'에 대해 학계의 관심이 집중된 것은 당연한 일이라 할 수 있을 것이다.[7] 그리고 조선총독의 독자적 입법권한인 '제령(制令)'도 특히 한국학자들의 관심을 끈 식민지 법제이다.[8] 조선민사령과 조선총독의 제령에 대한 연구들은 공히 조선에서 시행된 법률이 '내지(內地)'의 것과는 다르다는 데 착안한 것이다. 그런데 최근 연구들은 식민지 법령과 본국 법령을 통합하려 한 시도에 주목하여, 본국법과 식민지법의 관계는 실정법상의 뚜렷한 차이에도 불구하고 복잡한 중층 구조

---

7) 朴賢洙, 「日帝의 朝鮮調査에 관한 硏究」, 서울대학교 인류학과 박사학위논문, 1993; 최석영, 「일제의 구관(舊慣)조사와 식민정책」, 『비교민속학』 제14집, 1997; 鄭肯植, 『韓國近代法史攷』, 박영사, 2002; 이승일, 『조선총독부 법제 정책: 일제의 식민통치와 조선민사령』, 역사비평사, 2008; 허영란, 「식민지 구관조사의 목적과 실태: '시장조사'를 중심으로」, 『史學硏究』 제86호, 2007; 이대화, 「조선구관제도 조사사업개요」, 『한국민족운동사연구』 제66집, 2011.

8) 김창록, 「制令에 관한 연구」, 『法史學硏究』 제26호, 2002

를 갖고 있었으며, 그로 인해 해소하기 어려운 딜레마에 처해 있었다는 점을 지적하고 있다. 대만의 '6·3법'이나 '공통법(共通法)'의 모색에서 식민지 제국 일본이 처한 법제도의 곤란을 찾아 볼 수 있으며, 이를 통해 제국의 식민통치가 갖는 자기모순을 드러내 보여주고 있다.[9]

이 글에서 다루는 식민지 회사법도 그러한데, 우선 조선의 '회사령(會社令)'에 대한 연구들은 그 입법 자체가 민족 차별이라는 점을 폭로한 바 있다. 회사령은 기업 설립과 사업에 대한 조선총독의 '인허가'를 규정한 법률로, 조선총독이 조선의 경제계에 대한 전권을 쥐게 되는 법적 근거가 되었고, 총독은 이 회사령을 활용하여 조선인 민족 기업 설립 신청을 인가하지 않음으로써 민족자본의 형성을 봉쇄했다는 설명이다.[10] 일본학계에서는 이 견해에 부분적으로 동의하면서도 총독의 인허가 범위는 조선인 기업에 한정되지 않고 일본인 기업에도 강하게 적용되었다는 점을 실증하면서, 이 법률은 (결과적으로 그러했지만) 민족 차별을 애초부터 목적한 것으로는 보기 어렵다고 주장하였다.[11] 이 두 견해는 회사령의 타겟에 대한 해석에서는 차이가 있지만 총독부가 조선 경제 전체에 대한 권력을 강화하기 위해 본국의 법령과는 별개로 차별적인 식민지 법령을 제정했다는 데 대해서는 공통된 견해를 보인다.

그런데 문제는 회사령의 폐지는 어떻게 설명할 수 있는가하는 점이다. 회사령은 그 악명에도 불구하고 1920년 폐지되고 「조선민사령」에 의해 일본의 상법 회사편의 규정이 조선의 회사 설립과 운영에 대한 법령으로서

---

9) 浅野豊美,『帝国日本の植民地法制─法域統合と帝国秩序』, 名古屋大学出版会, 2008; 전영욱, 「한국병합 직후 일본 육군 및 제국의회의 '제국통합' 인식과 그 충돌의 의미 : 제27회 제국의회의 制令權과 재조일본인 논의를 중심으로」, 『아세아연구』 제57권 제2호, 2014; 소현숙, 『이혼 법정에 선 식민지 조선 여성들─근대적 이혼 제도의 도입과 젠더』, 역사비평사, 2017; 이정선, 『동화와 배제─일제의 동화정책 과 내선결혼』, 역사비평사, 2017.
10) 孫禎睦, 「會社令研究」, 『韓國史研究』 45호, 1984.
11) 小林英夫 編, 『植民地への企業進出 : 朝鮮會社令の分析』, 柏書房, 1994.

사실상 거의 그대로 시행되게 되었다.[12] 그렇다면 회사에 대한 민족별 차별은 철폐된 것으로 봐야 할 것인가 하는 점이다. 즉 회사령이 철폐된 1920년대부터의 식민지 회사법에 대한 추가적인 연구는 더 이상 불필요한 것이 되어 버리며, 또 회사령이 10년 남짓한 기간만 시행되고 폐지된 과도적·임시적 조치였다는 주장 앞에서 회사령에 대한 기존 연구들은 더 이상 식민지 경제지배의 문제로 연결되지 못하고 단지 1910년대 연구의 일부로 제한될 수밖에 없을 것이다.

이 글이 경성제대에서 상법을 전공했던 니시하라 간이치의 회사법 연구에 주목하는 것은 그가 회사령이 폐지된 1920년대에 조선에 건너와서 상법을 연구한 회사법 전문가라는 점이다. 즉 '회사령 이후의 회사법'이 식민지에서 어떻게 전개되었고 또 어떻게 논의되었는지를 니시하라의 입론을 통해 검토해 보고자 하는 것이다.

Ⅲ. 경성제국대학의 상법 강좌와 회사법

니시하라 간이치는 1928년 경성제국대학에 부임하여 조선으로 건너왔다. 1926년 식민지 최고 학부로 개교[13]한 경성제국대학은 법문학부와 의학부, 두 개 학부로 출범하였다. 법문학부(法文學部)는 문학·역사·철학의 인문학과 경제학·정치학·사회학·심리학 등의 사회과학, 그리고 법학 등 문과계를 포괄한 '학부'였는데, 그 중심에는 법학이 있었다. 경성제대 법학과에는 법학 관련 강좌는 물론이고 경제학과 정치학 관련 강좌가 포함되어

---

12) '회사령'의 핵심 조항은 조선 내에서 회사의 설립은 조선총독의 인허가에 따른다는 것이었는데, 이 조항은 1918년 삭제되어 회사령의 인허가주의는 사실상 이 때 이미 철폐되었다.

13) 일본본국의 구제(舊制) 고등학교 과정에 준한 경성제대의 예과는 1924년에 개교하였다.

있어 지금 현대 한국의 법과대학과는 다소 성격이 달랐다고 하겠다. 굳이 말하자면 경성제대 법문학부는 문사철(文史哲)의 문학부와 법정경(法政經) 의 법학부로 나눌 수 있을 것이다. 그런데 경성제대의 기본 제도는 학과제 가 아니라 강좌제로, 연구·교육은 각 강좌의 독립성을 기초로 운용되었다 는 점을 인식하지 않으면 안 된다.

제국대학의 각 강좌는 칙령으로 그 설치와 운용이 규정되고 강좌의 담임 교수는 친임관으로 고등문관시험에 합격한 고위관료에 맞먹는 법적 지위 를 보장받았다. 강좌 담임교수는 법령으로 보장된 강좌의 운영권과 예산권 을 쥐고 자신의 강좌를 자율적으로 운영하는 막강한 권한을 가진 존재였 다. 각 강좌는 교수-조교수-조수 체제를 기본 모델로 하였는데, 특히 의학 부의 경우 1명의 강좌 담임교수, 2-3명의 조교수, 각각의 조수라는 위계구 조를 각 교실을 중심으로 구성하고 있었다.[14] 경성제대의 법문학부의 경우 의학이나 자연과학과 같은 연구실·실험실 체제를 갖출 필요도 없었고 그 럴 여건도 아니었기 때문에, 각 강좌는 담임교수 1명만으로 운영되거나 혹 은 그에 더해 조교수 1명이 배치되는 형태였다. 예를 들면, 경성제대의 사 회학 강좌는 아키바 다카시(秋葉隆)가 담임교수로 부임한 후 종전 때까지 강좌를 지키고 있었는데, 1942년에 농촌사회학 전공의 스즈키 에이타로(鈴 木栄太郎)가 조교수로 부임하여 1교수-1조교수 체제를 갖추게 되었다. 다 른 예로, 이 글에서 다룰 상법 제2강좌의 니시하라 간이치처럼 조교수로서 강좌담임을 맡다가 나중에 교수로 승진하는 경우도 찾아볼 수 있고, 때로 는 강좌는 개설되었는데 담임교수가 발령 나지 않는 경우도 있다.[15]

---

14) 제국대학의 강좌제에 관해서는 정근식 외, 2011, 앞의 책, 309~314쪽을 참조할 것.
15) 조선어학조선문학 제1강좌가 그러한데, 다카하시 도루가 1939년 4월 퇴임 한 후 강좌담임교수가 발령나지 않은 채 종전이 되었다. 해당 강좌에는 다카하시 그 자 신이 '강사촉탁'으로 곧바로 임명되었는데, 그가 경성제대 퇴임 후에도 조선에 계 속 있으면서 활동을 한 것으로 볼 때, 이 강좌는 다카하시가 실질적으로 계속 운 영하였던 것으로 보인다.

경성제국대학 법문학부에는 경제학 관련 강좌(경제학, 재정학, 통계학), 정치학 관련 강좌(정치학정치사, 국제공법, 국제사법, 외교사), 그리고 법학 관련 강좌가 설치되었다. 법학 강좌에는 헌법행정법, 형법형사소송법, 민법민사소송법, 상법, 법리학, 법제사, 로마법 강좌가 있었다. 각 강좌는 강좌의 사정에 따라 제1강좌, 제2강좌 등으로 세분화되기도 했는데, 민법민사소송법강좌는 제1강좌에서부터 제4강좌까지 4개 강좌가 설치되었고, 헌법행정법 · 형법형사소송법 · 상법 강좌는 제1 · 제2의 2개 강좌가 설치되었다. 나머지 법리학 · 법제사 · 로마법 강좌는 1개 강좌씩만 설치되었다.

상법 강좌의 경우 경성제대가 개교한 1926년에 '상법 강좌'가 설치되었고 이듬해인 1927년 다케이 키요시(竹井廉, 1888년생)가 강좌 담임교수로 부임하였다. 그 다음 해인 1928년에는 상법 강좌는 제1강좌와 제2강좌로 증설되었다. 이 상법 제2강좌에 니시하라 간이치가 부임하였다. 이로써 경성제대의 상법 강좌는 해상법(海商法) 전공한 다케이의 제1강좌와 회사법(會社法) 전공한 니시하라의 제2강좌로 갖춰졌다. 이 다케이-니시하라의 상법 강좌는 교수의 퇴임이나 신규임용 없이 1945년 종전으로 경성제대가 폐교될 때까지 그대로 유지되었다.

니시하라는 1899년 세토나이카이(瀬戸内海)에 면한 시고쿠(四国)의 '香川県'에서 태어나 제8고등학교를 졸업하고 동경제국대학 법학부에 입학하여 1926년 졸업하였다. 동경제대에서는 일본 상법학의 대가인 다나카 코타로(田中敬太郎)로부터 사사를 받았다. 학부 재학 중에 고등문관시험에 합격하여 졸업과 동시에 대장성(大藏省)에 들어가 은행국의 시보로 2년 남짓 근무하였다.[16] 하지만 학자가 되기를 희망했던 니시하라는 대장성을 그만두고 다나카 교수의 주선으로 1928년 7월 19일 경성제국대학 법문학부 조

---

16) 그는 경성제대에 부임하기 직전인 1927년 『은행법해설』이라는 제목으로 은행의 설립과 운영에 관한 법령을 해설한 단행본을 펴냈다. 대장성에서의 경험이 반영된 것이라 볼 수 있겠다.

교수이자 상법 제2강좌의 담임교수로 부임하여 조선으로 건너왔다.[17] 사실 니시하라는 다나카와 연배 차이가 크지 않아 스승-제자 관계라기보다는 선후배 관계에 더 가까웠다고 하겠다. 그럼에도 니시하라는 다나카에 대해 줄곧 존경심을 표했고, 다나카가 경성제대 개교 기념식에 초청되어 조선으로 건너 올 때 직접 수원역까지 마중 나가 준(準)스승에 예를 다하기도 하였다.[18] 하지만 상법에 대한 이론적 입장은 두 사람이 상이하였다(이에 대해서는 후술하겠다).

경성제대에 부임한 지 2년 만인 1930년 니시하라는 다른 경성제대 교수들이 그러했듯 '재외연구원' 자격으로 유럽 유학을 떠났다. 그는 독일어권으로 갔는데 주된 연구는 스위스 바젤 대학의 상법학자인 칼 비란트 (Wieland, Carl Albert) 밑에서 진행하였다. 비란트는 독일계 상법에 있어 '기업주체론'의 입장에 서 있던 대표적 인물 중 하나였다.[19] 그는 상법의 대상은 '商' 혹은 '상행위'가 아니라 그 행위주체인 기업조직이라고 주장하였다. 이는 기업에 대한 법적 규제 문제를 고민하고 있던 니시하라에게 큰 영향을 미쳐 그의 중심 이론으로 자리 잡았다. 니시하라의 상법이론은 '상법기업법'으로 요약되는데, 상법의 대상은 '기업 그 자체'이며, 그렇기 때문에 회사법이 상법의 중심이라는 입장이었다. 그 중에서도 현대 경제조직의 대표로서 경제는 물론 정치·사회에도 압도적 영향력을 행사하고 있는 주식회

---

17) 니시하라는 학문에 대한 뜻을 제8고등학교의 옛 스승에게 피력하였고, 마침 동경의 제1고등학교로 전근해 와 있던 스승은 개인적으로 친분이 두텁던 동경제대의 다나카 교수에게 니시하라의 거취를 상의하였다. 다나카는 니시하라에게 상법을 전공하는 조건으로 추천을 해주겠다고 하였고, 이에 니시하라는 대장성 은행국에서 업무를 보면서 상법-회사법에 대해 꽤나 흥미를 느낀 바도 있어 크게 고민하지 않고 수용했다고 한다.

18) 西原寬一, 『書斎とその周辺 : 一商法学者の随想』, 大阪: 大阪市立大学法学会, 1982.

19) 칼 비란트에 대한 간략한 소개는 鄭熙喆, 『商法(Ⅰ) 總則·商行爲法 編』, 博英社, 단기4292, 39~41쪽을 참조할 것.

사에 관한 법률, 즉 주식회사법이 상법의 핵심이라 보았다. 상법학사에서의 '행위론-조직론'의 대립에 있어 니시하라는 조직론 쪽에 서 있었고, 이는 그의 일관된 이론적 입장이었다.

하지만 그는 식민지 경제가 펼쳐지는 현장 속에 있었고, 또 그와 동시에 '경제통제법'이 확대강화되어 가는 것을 직접 경험하였다. 이하에서는 니시하라의 논의를 상법-회사법 이론의 전개 속에서 경제통제법의 관계 설정 문제 및 식민지법의 처리 문제를 축으로 하여 분석해 보도록 하겠다.

IV. 자유주의 상법 이론의 체계화
: 주식회사의 법적 규제 문제

1932년 스위스 유학에서 돌아 온 후 니시하라는 경성제국대학 주최로 경성부 사회관에서 열린 강연회에서 「주식회사의 병리적 증상과 그 법적 광정(匡正)」이라는 제목의 발표를 하였다. 이 발표는 수정보완되어 『(朝鮮)司法協會雜誌』에 수록되어 있기 때문에 그 내용을 확인할 수 있는데, 이 글에서 니시하라는 주식회사에 대한 법적 규제의 필요성과 그 법리적 근거에 대해 설명하였다. 그는 일본경제를 파탄으로 몰고 갔던 1927년 '금융공황'의 경험을 사례로 들면서, 금융공황의 원인 중 하나가 주식회사가 갖는 속성 그 자체와 그것을 규제하는 법적 제도의 불비(不備)에 있다고 주장하였다.[20]

여기서 니시하라가 강조하여 환기시킨 것은 은행도 주식회사라는 점이었다. (현대 한국에서도 그러한데, 은행을 이른바 '금융기관'이라 하여 그 명칭에서 주식회사를 슬쩍 가려버리지만) 은행 역시 여타 제조업 · 유통업 기업처럼 주식으로 자본금을 형성하고 금융이라는 상품을 매매하는 것을

---

20) 西原寬一, 「株式會社に於ける病理的現狀と其の法的匡正」, 『司法協會雜誌』 第12卷2號, 1933.

사업으로 하는 주식회사이며, 이 주식회사로서의 은행이 갖는 기본적인 특징이 금융공황의 주요 원인으로 작용했다는 것이다. 수익 창출을 통해 이윤의 극대화를 추구하며, 이를 위해 가능한 모든 방법을 동원한다는 점에서 은행도 일반 주식회사와 다를 바 없다는 것이다.

니시하라는 이러한 기업의 영리추구행위는 때때로 사회적 공공성에 반하는데, 스즈키상점(鈴木商店)에 대한 대만은행의 불법대출을 바로 그러한 사례로 보고 있다.[21] 식민지 '중앙은행'인 대만은행도 이러하기 때문에 민간 기업들에 대한 규제는 불가피한 것으로, 이는 국가의 법률에 의해 행해져야 하며 회사법의 존재이유도 여기에 있다고 설명하였다. 그는 이 금융스캔들은 '관치금융'이 표면적 원인이긴 하지만 주식회사라는 영리추구 조직에 내재한 특징에 그 근본적 원인이 있다는 점을 인식해야 한다고 역설한 것이다. 경성제대 교수로 부임하기 전 대장성 은행국의 관료로서 은행법규와 관리의 실무를 담당했고, 그 경험을 가지고 『은행법개론』(1927)을 저술했던 그의 경력이 고스란히 묻어나는 지점이라 하겠다.

하지만 여기서 니시하라가 막 시작된 통제경제의 시대를 선취하여 말한 것은 아니었다. 그는 이윤추구라는 상거래의 속성을 인정하되, 이것이 경제질서와 공공성을 해치지 않도록 하는 수준에서 일정한 규제를 해야 한다는 입장이었다. 상법의 존재 이유는 바로 이에 있고, 이 규제의 법리적 근거를 마련하는 것이야말로 경제사회의 안정성을 도모하는 방법이라는 것

---

21) 일본이 조선은행(朝鮮銀行)과 더불어 설치했던 또 하나의 식민지 국립은행으로 대만은행(臺灣銀行)이 있었다. 조선은행과 대만은행은 발권기능을 갖고 있었다는 점에서 중앙은행이면서 외환거래와 해외금융을 한다는 점에서는 해외은행이기도 하였고, 또 일반예금과 대출까지도 했다는 점에서 겸업은행이기도 하였다. 대만은행은 대출 영업을 하는 와중에서 '남방' 일대에서 대규모 무역업을 하고 있던 '스즈키상점'과 유착관계를 맺게 되었다. 자금난에 빠진 스즈키상점을 돕기 위해 대만은행은 불법대출을 감행하다 은행 자체가 위기에 몰렸고, 이 국립은행의 부실이 알려지자 일본의 금융계가 크게 흔들리게 되었다. 이는 1927년 소위 '금융공황'의 한 요인으로 작용하였다.

이었다. 즉 그는 자유주의 법학이론의 틀 속에서 상법의 발전 논리를 수용한 것이지, 결코 反기업주의 혹은 反자본주의적 주장을 전개한 것은 아니었다. 그가 구성하려 한 것은 자본주의적 경제질서의 법적 구축이었고, 이를 위해 막강한 영향력을 행사하는 대규모 기업조직인 주식회사에 대한 치밀한 법망을 체계화하는 것이었다.

니시하라는 상법의 대상을 '商' 혹은 '商行爲'로 설정하는 상법학의 '행위론'은 급속히 발흥하고 있던 주식회사의 시대에는 적합하지 않은 법리라 보았다. 그는 상법이 유럽 중세도시의 길드에서 길드 내부의 행위 규율을 부과하는 것으로 발달하여, 점차 그 법역을 길드 간의 관계로까지 확장하고 더 나아가 길드와 그 외부 간의 행동규범으로까지 나아갔다고 설명하면서, 이 길드 시대와 그 후 상업자본주의 시대에는 상행위를 규제하는 법률로서 상법이 적합한 것이었다고 하였다.[22] 하지만 경제의 급속한 발전과 그 규모의 확대로 출현한 주식회사의 시대에는 '행위'만을 법적으로 규제하는 것은 그 실효성에서나 법적 논리에 있어서나 많은 난점을 야기한다고 보았다.

상법학의 행위론에서는 '商'이 무엇인지를 둘러싸고 두 가지 개념이 존재했는데, 하나는 '商人'이고 다른 하나는 '商行爲'였다. 상인과 상행위의 개념 규정은 논쟁적인 문제였는데, 니시하라와 같은 상법학의 조직론자들에게는 '상인이 하는 것이 상행위'라고 한다면 개념 논리 상 非상인은 상행위를 하지 않는 존재가 되어 버리고, 또 마찬가지로 상인이 하는 非상행위도 상법에서 다루기 어렵게 되어 버리는 것으로 보였다. 니시하라는 주식회사는 거대 기업조직으로 그 조직 내부에도 상인과 非상인이 존재하며, 또 주식회사는 소비대중이라는 非상인과의 거래 관계를 일상적으로 맺기 때문에 상인-상행위 중심의 상법은 주식회사 시대에는 유효성이 떨어진다고 주장

---

22) 西原寛一, 「商法の發展と非商人の地位―特に企業に関連して(1)」, 『法學協會雜誌』 第51卷5號, 1933, 23~30쪽.

하였다.[23] 그는 유학 시절의 스승이었던 칼 비란트의 논의를 이어받아 상법의 대상은 그 주체인 기업조직을 규율하는 것이 되어야 한다고 보았다. 그래서 나중에 니시하라는 상법 하에 회사편이 있어서는 안 되고 상법은 곧 회사법이 되어야 한다고 주장했다.[24] 이는 전후(戰後)까지도 니시하라가 견지한 그의 일관된 입장으로, 상법은 곧 회사법이라는 의미로 '상법회사법'이라는 명칭으로 정리되었다.[25] 이미 전세가 기울었던 1943년 단독저서로 펴낸 『일본상법학 제1권』은 그의 상법회사법 이론의 집대성이었다.[26]

주식회사법 중심의 상법학의 구축이라는 니시하라의 연구목표가 스위스 유학시절에 돌연 등장한 것은 아니었다. 유럽으로 가기 전에 경성제대의 『법문학회논집』 제3책에 실은 「주식회사법 범위 내의 특수법규의 연구」(1930)는 경제행위의 급속한 변화를 어떻게 법으로 대처할 수 있는가 하는 문제를 검토한 것이다. 여기서 니시하라는 상법 행위론에 대한 의문을 표명한다.[27]

자본주의 시장경제에서 기업들은 이윤을 추구하기 위해 자본에서나 노동에서나 가능한 모든 방법을 강구하고 때로는 새로운 방식을 창안하기도 하는데, 기설의 회사법으로는 이 변화의 속도에 따라가지 못하는 경우가 언제나 발생한다. 이는 상법이 갖는 맹점이며, 이 맹점은 곧 법적 허점이 되어 행위자들이 자신의 이윤을 위해 경제질서를 교란할 수 있는 여지를 주게 된다는 것이다. 니시하라는 이렇게 새로운 행위방식이 등장할 경우

---

23) 西原寬一, 1933, 위의 글, 2~5쪽.
24) 西原寬一, 「經濟事情の變遷と商行爲法體系の反省」, 『京城帝國大學法學會論集』 第30冊1號, 1942, 33쪽.
25) 西原寬一, 「商法槪念としての企業」, 我妻榮・鈴木竹雄 編, 『田中先生還曆記念 商法の基本問題』, 有斐閣, 1952.
26) 西原寬一, 『日本商法論 第1卷』, 東京: 日本評論社, 1943. 1950년에 이 제1권의 개정판이 이와나미서점에서 간행되었지만 2권은 간행되지 않았다.
27) 西原寬一, 「株式會社法の範圍內に於ける特別法規の硏究」, 『京城帝國大學法文學會第1部論集 第3冊―私法を中心として』, 1930, 3~9쪽.

일본에서는 '특수법규'로 대응해 왔고, 특히 경제관련 법령은 각각의 개별 사안에 대해 별도로 각각의 법적 근거를 마련한 특별법이 단행법의 형식으로 다수 제정되었다고 설명하였다. 그는 새로운 현상에 대응하여 마련된 이 특별법이 기존 상법을 변화시키고 그에 따라 새로운 상법이 정립된다고 해석하였다. 상법은 일반법과 특수법의 正-反-合이라는 변증법적 발달 단계를 통해 발전해 왔다는 것이 니시하라의 '법사관(法史觀)'이었다고 하겠다. 니시하라가 보기에 일본 상법에 필요한 것은 '合'의 과정, 다시 말해 일반법과 특수법을 체계적으로 통합시키는 법적 논리였다. 그가 스위스로 가서 비란트에게 배운 것은 이 통합을 위한 법리로서의 상법 조직론이었다.

식민지 제국대학인 경성제대의 회사법 교수라는 그의 위치 상, 조선의 경제 관련 법령, 특히 「회사령」의 문제를 어떻게 다루었는지 궁금한 것은 당연하지만, 그러나 니시하라는 회사령에 대해 별다른 언급을 하지 않았다. 이는 그가 이미 회사령이 폐지되어 「조선민사령」에 의해 일본 회사법이 조선에 거의 '그대로 의용(依用)'되고 있던 시기에 조선에 왔던 것도 하나의 이유로 볼 수 있을 것이다. 하지만 그가 회사령에 대해 논의하지 않는 것은 그의 회사법 이론의 체계에 보다 근본적인 이유가 있는 것으로 봐야 할 것이다. 니시하라의 입론에서 조선 특유의 회사령은 과도적인 것으로, 경제의 발달·진전에 따라 당연히 폐기수순을 밟아야 하는 특수법규의 하나일 뿐이었던 것이다.

회사법의 발전단계로 말하면, 니시하라는 회사법은 '특허주의(特許主義) → 면허주의(免許主義) → 준칙주의(準則主義)'의 세 단계로 발전해 왔다는 학설에 동의한다.[28] 그는 경제의 발전과 확대에 따라 국가가 법인격을 부여하는 특허주의나 행정명령에 의해 회사의 설립이나 영업의 면허를 교부

---

28) 독일 상법학에서는 특허주의를 면허주의의 일부로 보고 '면허주의-준칙주의'의 2단계로 나누어 보기도 했다. 특허주의와 면허주의가 별개의 것으로 볼 것인지 동일한 것인지에 대해서는 지금도 상법학계에서 의견이 엇갈리고 있다.

하는 면허주의는 복잡다단한 경제의 법적 문제에 대해 대처할 수 없기 때문에, 준칙주의로 이행하는 것은 당연한 귀결이라 보았다. 특허주의와 면허주의는 고도자본주의 이전 단계에서 국가가 특정한 정치적 목적을 달성하기 위해서나 혹은 경제의 발전을 주도하기 위해 사용된 방식인데, 경제의 행위와 조직이 복잡화·고도화되면 더 이상 지속될 수 없다는 것이다. 국가의 행정이 수많은 기업의 설립과 다양한 영업활동을 일일이 심사하여 인가를 할 수 없는 이상, 준칙주의에 의거한 체계적 규제로 전환하는 것은 역사적 사실이자 필연이라는 것이다.[29]

이렇게 볼 때 니시하라에게 있어 조선의 '회사령'은 준칙주의로 이행하기 이전의 낮은 조선의 경제발전 단계를 반영한 면허주의 법령에 해당되는 것이었다. 실제로 회사령은 1918년에 이미 그 핵심인 '인허가주의'가 일부 개정되었고[30] 1920년에 철폐되었기 때문에 니시하라의 입장에서는 특수법규에 대한 자신의 논지를 확인해 주는 하나의 사례에 불과한 것으로, 굳이 되짚어 분석해 볼 문제 지점을 찾지 못했을 것이다.

니시하라의 이러한 접근방식은 다른 식민지 법령에 있어서도 계속 유지된다. 식민지 특수법규의 대표격인 조선총독의 '제령'(회사령도 제령이었지만)에 대해서도 각별한 관심을 기울이지 않았다. 일본 본국의 특수법규들을 다루면서 조선의 '제령'과 대만의 '율령'은 각주 하나에 "추후 별도로 논의해 볼 생각이다"라고만 해 두었을 뿐 본문에서 다루지 않았으며,[31] 그 후 논문에서도 제령과 율령에 대해 분석을 한 바가 없다. 제령은 조선총독의 독자적 입법권으로 법 형식상 대단히 강력한 법령이라 해야 할 것인데, 사실 제정되어 실제 시행된 제령 중 대다수는 경제 관련 법령이었다. 조선의

---

29) 西原寬一, 1930, 앞의 글, 169~173쪽.
30) 1918년 회사령 개정은 1917년 동척법 개정, 1918년 조선식산은행 설립 등 일본-조선-만주의 금융연계망 구축과정과 맞물려 있기 때문에 함께 연동하여 분석해야 할 것으로 본다. 이에 대해서는 후고에서 검토해 보고자 한다.
31) 西原寬一, 1930. 앞의 글.

이 제령들은 일본에서 단행-특별법으로 시행된 경제법령들에 접두어로 '조선'만 붙여 그대로 제정·시행된 것이 많았다. 따라서 회사령이 그러했듯이, 니시하라의 회사법 연구에 있어 조선의 제령이 본국의 특수법령들과 다른 특질이 있는지는 시야에 들어오지 않았다고 하겠다. 그가 규명하고자 했던 것은 특수법을 일반법으로 통합시키고 또 이를 위해 일반법으로서의 상법을 회사법으로 재편하는 문제였기 때문이다.

V. 국가와 시장의 교착 : 통제경제의 발흥과 주식회사법

니시하라가 회사법에 대한 독자적인 입론을 세워가는 동안 통제경제가 점차 모습을 갖추기 시작하였다. 그가 스위스를 떠난 이듬해인 1933년 나치스는 독일정권을 장악하고, 자본주의 시장경제에 대한 국가의 개입주의를 노골적으로 천명하였다. 일본은 1931년에 「중요산업통제법」을 발동했고, 만주국은 시장주의 세력의 저항이라는 변수가 통제된 실험장으로서, '만주경제개발5개년계획'의 이름으로 통제경제의 구축을 시도하기 시작하였다. 관동군은 기존 재벌을 배제하고 특정 산업 부문을 하나의 특정 기업이 독점 경영하는 '일업일사주의(一業一社主義)' 방식으로 만주국의 중화학공업화를 추진하였다. 카르텔을 조직하거나 통제조합·통제회사를 만드는 번잡스런 과정을 소거하고 애초부터 국가가 보장한 독점을 통해 특정의 회사가 자기 산업 부문을 전면 장악하는 방식을 창출했던 것이다. 이 통제경제를 기조로 한 '일만블록경제'의 구축에 대해 조선총독부는 중요산업통제법의 조선 적용을 '조선경제의 특수성'을 내세워 일단 유보하는 방식으로 대응하였다.

회사법을 연구하는 니시하라에게 있어서 이러한 급격한 사회체제의 변화는 당혹스러우면서도 도전적인 과제였을 것이다. 자신의 입장을 부정하는 현실이 눈앞에서 그것도 세계사적 스케일로 진행되고 있었기 때문이다. 경제통제법은 특수법규가 예외적인 것이 아니라 통상적인 것으로, 특수법이 일반법을 압도하여 상례화되는 것임을 직감했을 것이다. 경제통제법은 자유 영리활동과 법적 규제의 밸런스를 통한 사회경제질서의 안정이라는 자유주의 회사법의 목표를 넘어서 버릴 가능성이 있었다.

니시하라는 일본과 만주국의 경제통제법에 대해 섣불리 논의하지 않는 대신, 일본 상법-회사법의 母法인 독일의 회사법제와 그 사상으로 눈을 돌렸다.[32] 독일어에 능통하고 바젤대학에서 독일상법을 연구했던 니시하라는 바로 나치스 회사법의 사상에 대한 분석을 통해 딜레마의 해결책을 모색하고자 했던 것이다. 그는 국가사회주의를 표방한 나치스의 대표적인 '사회정책' 중 하나였던 생명보험제도를 먼저 검토하고,[33] 곧이어 나치스의 주식회사법 사상에 대한 연구를 진행하였다.[34] 그는 나치스의 독일 주식회사법 개정을 '정치과 경제법의 문제'로 이해하고, 이를 독일의 특수사정에 기인한 것이라 설명하였다. 하지만 일본은 독일과 경제 사정이 다르기 때문에 독일과 같은 경제에 대한 국가 '간섭주의'는 적용되기 어렵다고 보았다. 일본에 필요한 것은 경제공황을 불러온 주식회사 제도의 불충분함을 더욱 보완하는 일이라는 것이 니시하라의 입장이었다.

그가 나치스 주식회사법을 연구하면서 보다 관심을 기울인 것은 당시 진행되고 있던 '상법 개정'이었다. 일본 상법은 메이지 연간에 근대 상법으로 확립된 후 근 25년 동안 거의 개정되지 않았다. 니시하라가 특수법규 문제

---

32) 이 문제는 다른 상법-회사법 학자들도 크게 관심을 기울인 것이었다. 1930년대 일본 법학에서는 나치스의 경제통제법과 주식회사법에 대한 연구가 쏟아졌다. 더 나아가 주식회사의 무제한적 영업활동의 자유를 보장했던 혁명기 프랑스의 회사법과 독일의 舊상법에 대한 연구도 진전되었다.

33) 西原寬一, 「ナチスの生命保險制度觀」, 『司法協會雜誌』 第30卷6號, 1934.

34) 西原寬一, 「株式會社法に於けるナチス思想」(1)~(3), 『法學協會雜誌』 第54卷 第8·9·10號, 1936.

에서 설명했듯이, 현행 상법에서 다루기 어려운 문제들은 단행-특별법을 통해 법제화해 왔기 때문이다. 하지만 경제규모의 확대와 복잡화로 더 이상 단행-특별법만으로는 어려움이 컸기 때문에 일본의 학계와 재계에서는 법 개정을 계속 요구하였다. 이는 니시하라의 정-반-합의 법 발달사관과 맞아 떨어지는 일이었다. 1936년 마침내 상법 개정안이 제정됨에 따라 니시하라는 이에 대한 논의를 당연히 활발히 전개하였다. 물론 니시하라만이 아니라 상법개정에 대해서는 많은 학자들이 해설을 하고 의견을 달았는데, 무엇보다 니시하라는 법 조문이 조밀화된 것을 가장 높게 평가하였다. 준칙주의 법제화를 통한 주식회사의 제어라는 그의 목표가 현실화되었기 때문이다. 이 개정상법은 제국의회가 유산되는 바람에 1938년에야 시행령이 공포되어 실시되었다. 니시하라는 이 개정상법에 대한 해설을 1940년 『조선행정』에 연재하였고, 그와 동시에 일본의 법학 연구총서라 할 수 있는 〈신법학논집〉의 상법총칙 편을 집필하였다.

이 1940년은 '상법회사법' 이론을 정초한 책인 『상법총칙(商法總則)』을 내놓은 해이자, 『조선행정』에 또 하나의 해설문인 「시국의 진전과 경제통제법의 현상」을 연재하기 시작한 해이다. 그의 법이론 속에서 결합하기 어려운 두 주제가 병렬적으로 공존했던 시기라 하겠다. 1937년에 조선에서도 중요산업통제법이 마침내 적용되었고 「국가총동원법」도 1938년 시행된 이상, 더 이상 니시하라가 이를 회피할 수는 없었다. 『조선행정』에 니시하라는 경제학자 스즈키 다케오, 사회정책학자 모리타니(森田克己)와 함께 「시국경제특집」을 연재하기 시작하였다. 스즈키는 전시경제론을, 모리타니는 전시사회정책론을, 니시하라는 전시입법론을 각각 분담하여 10-12회에 걸쳐 기고하였다.

그런데 식민지 학계에서 상법-회사법의 권위자로서 단지 국가의 '차출'에 응했을 따름이었는지, 니시하라는 이 글에서 경제통제법령들에 대한 해설을 나열할 뿐 자신만의 특별한 해석을 가하지는 않았다. 그는 일본의 각 경제통제법을 소개한 후 그 말미에 상응하는 조선의 경제통제법을 2-3줄 정도로 덧붙여 두고 있는 것이다. 물론『조선행정』이 전문적인 학술저널이 아니라 법에 관심 있는 조선의 일반 독자를 대상으로 한 잡지라는 점, 또 일본과 조선의 경제통제법은 대부분 동일했다는 점에서 이러한 설명 방식도 수긍할 수 있으나, 그 스스로 밝혀 둔 바와 같이 일부 법령의 경우 양 지역 간 차이가 나기도 했었다. 하지만 니시하라는 곳곳에 '차이가 있다'라고만 적어두었을 뿐 그 차이의 원인과 내용, 그리고 법적 효과에 대해서는 더 이상 설명하지 않았다.

니시하라에게 더 중요했던 것은 식민지법의 문제 보다는 경제통제법이 그의 자유주의 회사법의 근간을 허문다는 점에 있었다. 그렇기 때문에 경제통제법에 대한 니시하라의 저술들은 단지 '시국경제론(時局經濟論)'에 그칠 수 없었다. 중심연구 주제인 상법체계 구축 작업과는 관계없이 '시국에 발맞춰' 한 별도의 활동이라 하기에는 경제통제법은 그의 법이론과 직접 닿아 있는 문제를 제기했기 때문이다. 나치스 주식회사론으로 우회했던 니시하라는 1942년 입장 변화를 보이는 논문「경제사정의 변천과 상행위법체계의 반성」을『경성제국대학 법학회잡지』에 기고하였다.[35]

이 '반성'에서 그는 상법의 행위론에 대한 자신의 비판을 명확히 하는데, 그런데 조직론의 정합성을 자유주의 시장경제 체제에서가 아니라 통제경제 체제에서 찾고 있다. 군수물자의 효율적 생산을 위해 그 생산조직인 기업을 통제하는 것이 통제경제 체제의 핵심과제이기 때문에 기업을 상법의 대상으로 여기는 상법 조직론의 법리야말로 통제경제 시대에 적합한 이론이라는 것이다. 이 점에서 니시하라의 입론은 '전환'되기 시작하였다.

1944년 마침내 니시하라는 "국가총력전의 격화로 … 신속히 전력증강을 실현하기 위해서는 … 강력하고 간소한 기업법을 시행하여 기업이 그 본래

---

35) 西原寬一,「經濟事情の變遷と商行爲法體系の反省」,『京城帝國大學法學會論集』
　　第30册1號, 1942, 31~33쪽.

의 목적[증산—필자]을 달성하는 데 있어 장애를 최소화하는 일이 절대로 필요하다"고 하며, 회사를 주목표로 하는 전시비상조치의 실시를 옹호한다. 통제경제에 있어 기업의 목적은 영리추구에 있는 것이 아니라 생산에 있었다. 통제경제 이론가들은 기업의 속성을 '영리성'과 '생산성'으로 나누고, 생산성이 기업의 목적임을 입증하고자 하였다. 니시하라는 이를 수용하여 생산이라는 목적을 달성하기 위해서는 무분별한 영리추구에서 발생하는 문제점을 제어하기 위해 고안된 회사법의 법적 장치들은 불필요하다고 주장한 것이다. 그는 1942년 「전시민사특별법」은 여전히 일반적인 것에 약간의 전시특례를 인정한 것이고, 1943년의 「군수회사법」이야말로 "정통파 회사법이론에 대한 전회(轉回)를 의미"하는 "획기적 입법"이라 평가하였다. 이 법은 증산에 장애가 되는 평시의 복잡한 수속은 가능한 한 제거하는 법이었다.[36]

　"회사 수속의 간소화를 꾀하고, 전통적인 회사법 발전 경향을 정지 또는 전회했다"는 점에서 일본과 독일의 전시 특별법은 상통하는 것이었다.[37] 전시 특별 회사법은 법조문의 체계적 조밀화를 통해 준칙주의에 기초해 주식회사의 '폭주 가능성'을 사전에 차단하는 것을 목적으로 한 회사법의 목적에 반하는 것이었다. 특별법은 주주총회, 사채발행 등 회사법이 엄격히 규정한 복잡한 조문들을 '간소화'라는 이름으로 무력화시키는 법령이었다. 국가의 전쟁 수행에 필요한 물자를 생산하도록 하기 위해서는 준칙주의의 번잡함은 제거되어야만 했던 것이다. 니시하라는 특별입법에 의한 회사 정관의 자동적 정지도 승인한다. 그 이전에 니시하라는 주식회사법을 정교히 체계화하여 회사 정관의 까다로운 법적 요건을 법제화하는 데 무척 노력을 기울였음에도 말이다. 즉 그 스스로 자신이 애써 만들고자 한 회사 정관에

---

36) 西原寬一, 「會社法戰時特例に關する日獨立法」, 『京城帝國大學法學會論集』 第25 冊 第1號, 1944, 95쪽.
37) 西原寬一, 1944, 위의 글, 95~96쪽.

관한 조밀한 조문들이 특별법에 의해 간단히 무시·정지되는 것을 인정해 버렸던 것이다.

VI. 나오며 : 감춰진 식민지 경험과 송환

경성제대의 상법 교수 니시하라 간이치가 학자로서의 커리어를 야심차게 쌓아 가고 있던 1930년대는 크게는 국가와 자본주의의 관계 설정이라는 세계사적 과제가, 좁게는 '조직혁명의 패러독스'라는 문제가 부상하고 있던 시기였다. 1920년대에 모습을 갖춘 미국식 주식회사-법인기업은 19세기 영국식 가족기업의 한계를 극복한 조직혁명의 혁신적 성과였다. 알프레드 챈들러가 극찬했던 미국식 주식회사 제도는 거래비용의 내부화와 수직 계열화를 통해 개별 기업의 이윤을 극대화하는 데 성공하였다. 하지만 생산에서나 금융에서나 극도로 그 규모가 확대된 대기업으로서의 주식회사의 출현은 자본주의 경제체제의 거시경제적 불안정성, 즉 불황과 공황의 가능성과 위험성을 더욱 높이게 되었다.

그럼에도 자유-자본주의 체제의 법적 구조를 대체할 새로운 경제 질서는 마련되지 못하고 있었다. 니시하라가 안고 있던 딜레마는 19세기식 자유주의가 직면하고 있던 이 난관의 일부였다. 니시하라는 국가의 정책적·정치적 개입이라는 뉴딜식 사고를 애써 외면하면서 주식회사의 폭주 가능성을 어떻게든 법적 절차를 정교히 구축하여 차단하려 노력하였다. 그가 스위스 유학에서 돌아온 1932년 「주식회사의 병리적 증상과 그 법적 광정」이라는 대중 강연을 하고 또 1936년에 입안된 상법 개정안에 그토록 열정을 쏟은 것은 국가와 경제의 관계에 대한 그의 일관된 자유주의적 입장에서 비롯된 것이었다.

하지만 제국일본의 전시통제경제 구축과 그에 따른 법구조의 변화는 니시하라의 전환 혹은 변신을 강제하였다. 1930년대까지 그는 한편으로는 '상법회사법' 이론을 계속 체계화하고, 다른 한편으로는 나치스 회사법 사상을 탐구하면서 경제통제법의 대두를 회피해 왔었다. 경제통제법을 승인하면 지금까지 진행해 온 자신의 상법 이론을 부정해야 하는 딜레마에 처해 있었던 것이다. 하지만 1937년 조선에서도 「중요산업통제법」이 적용되고, 1940년 말에 이르면 전시특별입법이 쏟아졌다. 일본과 독일의 상황을 통제경제가 유보된 식민지 조선에서 학자적 자세로 지켜보고 있던 니시하라였지만 이제 더 이상 피할 수 있는 공간은 없었다. 그는 주식회사의 위험성을 법적 절차를 통해 제어하는 논리를 개발하는 대신, 국가가 비상조치를 통해 직접 차단하는 것을 인정함으로써 파시즘의 통제경제 체제를 승인해 버렸다. '법적 정당성'의 자리에 '국가의 권력'을 둔 것이었다.

　식민지 제국대학의 교수였지만 니시하라는 초기에 갖고 있던 식민지의 문제성·특수성에 대한 관심은 한켠에 젖혀둔 채 분과학문의 보편적인 주제에 천착하고 있었고, 그러다가 본인의 의지와 관계없이 1930년대라는 세계사적 전환기와 맞닥뜨린 인물이다. 그에게 식민지 경험이 감춰져 있는 것은 어쩌면 당연한 일로, 사실 경성제대 교수들이 대체로 그런 존재들이었다. '패전'을 직감하고 또 그 이후 벌어질 사태를 눈치 채고 본국으로 '도망38)갔던 법리학 강좌의 오다카 토모와 달리 니시하라가 제국일본의 패전을 조선의 경성(京城)에서 맞은 것은 식민지의 현실과 대면하지 않았기 때문일 지도 모르겠다. 불안에 떨며 사태를 관찰하던 니시하라 가족의 집에 4인조 강도가 들었는데, 강도를 피해 도망치다가 니시하라는 2층에서 떨어져 허리에 부상을 입었다고 한다. 다행인지 불행인지, 그 덕에 그는 부산행 환자수송특별열차에 가족을 데리고 탑승할 수 있었다. 열차의 환자침상에

---

38) 오다카 토모는 1944년 본국의 동경제국대학으로 자리를 옮겼는데, 이에 대해서 당시 조선인 학생들은 "도망갔다"고 표현했다고 한다(당시 학생이었던 故 裵龍光 교수의 증언).

누워 니시하라는 "임나일본부의 멸망"을 중얼거렸다.[39]

본국 송환 후 오사카상과대학(후에 오사카시립대학)의 교수로 간 니시하라는 '기업 개념'의 이론화를 통해 상법회사법의 체계화에 노력했지만 일본 상법학계에서 주도권을 가지지는 못하였다. 이에 반해 그가 비판했던 다나카 코타로는 문부대신이 되어 전후 일본 고등교육의 자유주의적 재편을 주도하는 등 일본 정계·학계에서 승승장구했다. 그런데 학문 내적으로는 니시하라의 상법기업법이 다나타의 행위론적 상법학인 '상적 색채론(商的色彩論)'을 압도하여 현대 일본 상법은 니시하라가 주장한 대로 회사법으로 전환되었다. 현대 상법은 총칙의 일부 내용을 제외하고는 모두 회사에 관한 법률들로 구성되어 있는 것이다. 니시하라가 식민지에서 구축한 상법 이론이 본국으로 환류하여 전후 일본의 상법 체계 재편의 초석으로 작용한 셈이다.

그리고 식민지에 대한 니시하라의 무관심에도 불구하고 해방 후 한국의 상법은 거의 최근까지도 일본 상법의 변화와 불가분의 관계를 맺고 있었다. 또 그의 경성제대 조선인 학생들은 해방 후 한국과 북한에서 중요한 역할을 하였다. 가령 니시하라의 세미나를 주도한 홍진기는 학생 때 쓴 논문으로 회사법에 관한 일본 학계의 논쟁에 직접 참여하기도 하였고, 최용달은 니시하라의 학설에 직접적으로 영향을 받아 상법의 대상은 곧 회사임을 주장하는 연구 논문을 법학 잡지에 게재하기도 하였다. 해방 후 홍진기는 대한민국 법률제정위원, 내무부장관, 한일협정대표 등을 역임하였고, 후에 삼성가(三星家)의 혼맥을 맺고 『중앙일보』를 창간하는 등 한국의 지배 엘리트로서 입지를 굳혔다. 북한으로 간 최용달은 조선민주주의인민공화국 헌법을 기초하였다. 이 식민지 학지(學知)의 계승과 비판의 문제는 별도의 논고로 검토해 볼 것이다. 니시하라의 상법회사법과 식민지 법의 관계는

---

39) 니시하라 자신이 회고록에 기록해 둔 내용이다. 西原寬一, 『書齋とその周辺 : 一商法学者の随想』, 大阪市立大学法学会, 1982.

해방 후 한국의 상법, 전후 일본의 상법의 전개 과정을 분석하는 과정이 동 반되어야만 보다 명확히 드러날 수 있을 것으로 본다.

◆ 초출 : 조정우, 「통제경제 속의 주식회사법─경성제대 니시하라 간이치의 상법학이 처한 딜레마」, 『한림일본학』 제32집, 2018.05.

참고문헌

1. 니시하라 간이치의 주요 저작

西原寬一, 『銀行法解說』東京: 日本評論社, 1927.

西原寬一, 「株式會社法の範圍內に於ける特別法規の研究」, 『京城帝國大學法文學會第1部論集 第3冊―私法を中心として』, 1930.

西原寬一, 「株式會社に於ける病理的現狀と其の法的匡正」, 『司法協會雜誌』 第12卷2號, 1933a.

西原寬一, 「商法の發展と非商人の地位―特に企業に関連して」(1)(2), 『法學協會雜誌』 第51卷5・6號, 1933b.

西原寬一, 「瑞西の夏」, 『朝鮮公論』 第21卷8號(通卷245號), 1933c.

西原寬一, 「運送補助者の過失と其の責任の負擔者」, 『司法協會雜誌』第12卷6號, 1933d.

西原寬一, 「ナチスの生命保險制度觀」, 『司法協會雜誌』 第30卷6號, 1934.

西原寬一, 「經濟的需要と商事判例」, 『京城帝國大學法文學會論集 第8冊―判例と理論』, 1935.

西原寬一, 「商法改正法案管見」, 『法律時報』 第8卷5號, 1936a.

西原寬一. 「株式會社法に於けるナチス思想」(1)~(3), 『法學協會雜誌』 第54卷 第8・9・10號, 1936b.

西原寬一, 『經濟的需要と商事判例』, 有斐閣, 1938.

西原寬一, 「改正商法槪說」(1)~(5), 『朝鮮行政』 8・9・10・11・12月號, 1940a.

西原寬一, 『商法總則』新法學論集 17卷, 日本評論社, 1940b.

西原寬一, 「時局の進展と經濟統制法の現狀」(1)~(11), 『朝鮮行政』 40年 9・10・11月號, 41年 2・4・5・6・8・9・11・12月號., 1940・41a.

西原寬一, 「國策會社立法の發展と最近の立法」, 『法律時報』 第30卷5號(通卷137號), 1941b.

西原寬一, 「經濟事情の變遷と商行爲法體系の反省」, 『京城帝國大學法學會論集』 第30冊1號, 1942a..

西原寬一, 『手形交換法論』, 岩波書店, 1942b.

西原寬一, 『日本商法論 第1卷』, 日本評論社, 1943.

西原寬一, 「會社法戰時特例に關する日獨立法」, 『京城帝國大學法學會論集』 第25册 第1號, 1944.

西原寬一, 「企業の經濟的意義」, 『經濟學雜誌』第15卷5·6號, 1951.

西原寬一, 「商法槪念としての企業」, 我妻榮·鈴木竹雄 編, 『田中先生還曆記念 商法 の基本問題』, 有斐閣, 1952a.

西原寬一, 「商行爲法改正の基本問題」, 日本私法學會, 『私法』第4號, 1952b.

西原寬一, 『商法學』岩波全書 155, 岩波書店, 1952c.

西原寬一, 『近代的商法の成立と發展』法律學體系 85, 日本評論新社, 1953.

西原寬一 外, 『改正株式會社法の問題點』ジュリスト選書, 有斐閣., 1955.

西原寬一, 「商法における自由」, 『自由の法理: 尾高朝雄敎授追悼論文集』, 有斐閣, 1963.

西原寬一, 『書斎とその周辺 : 一商法学者の随想』, 大阪: 大阪市立大学法学会, 1982.

2. 연구문헌

김창록, 「制令에 관한 연구」, 『法史學硏究』제26호, 2002.

朴賢洙, 「日帝의 朝鮮調査에 관한 硏究」, 서울대학교 인류학과 박사학위논문, 1993.

소현숙, 『이혼 법정에 선 식민지 조선 여성들―근대적 이혼제도의 도입과 젠더』, 역사비평사, 2017.

孫禎睦, 「會社令硏究」, 『韓國史硏究』45호, 1984.

송병권, 「1940년대 스즈키 다케오의 식민지조선 정치경제 인식」, 『民族文化硏究』 제37호, 2002.

이대화, 「조선구관제도조사사업개요」, 『한국민족운동사연구』제66집, 2011.

이승일, 『조선총독부 법제 정책: 일제의 식민통치와 조선민사령』, 역사비평사, 2008.

이정선, 『동화와 배제―일제의 동화정책과 내선결혼』, 역사비평사, 2017.

임홍근 편저, 『한국 상법전 50년사』, 법문사, 2013.

전영욱, 「한국병합 직후 일본 육군 및 제국의회의 '제국통합' 인식과 그 충돌의 의

미 : 제27회 제국의회의 制令權과 재조일본인 논의를 중심으로」, 『아세아연구』 제57권 제2호, 2014.

정근식·정진성·박명규·정준영·조정우·김미정, 『식민권력과 근대지식: 경성제국대학연구』, 서울대학교출판문화원, 2011.

鄭肯植, 『韓國近代法史攷』, 박영사, 2002.

정준영, 「군기(軍旗)와 과학: 만주사변 이후 경성제국대학의 방향전환」, 만주학회, 『만주연구』 제20집, 2015.

정준영, 「식민지 제국대학의 존재방식─경성제대와 식민지의 '대학자치론'」, 『역사문제연구』 통권 26호, 2011,

鄭熙喆, 『商法(Ⅰ) 總則·商行爲法 編』, 博英社, 檀紀4292(1959).

최석영, 「일제의 구관(舊慣)조사와 식민정책」, 『비교민속학』 제14집, 1997.

허영란, 「식민지 구관조사의 목적과 실태: '시장조사'를 중심으로」, 『史學硏究』 제86호, 2007.

小林英夫 編, 『植民地への企業進出 : 朝鮮會社令の分析』, 東京 : 柏書房, 1994.

石川健治, 「コスモス─京城学派工法学派の光芒」, 酒井哲哉編, 『「帝国」日本の学知, 第1卷「帝国」編成の系譜』, 岩波書店, 2006.

浅野豊美, 『帝国日本の植民地法制─法域統合と帝国秩序』, 名古屋大学出版会, 2008.

찾아보기

저자소개(가나다 순)

◆ 신주백
　연세대 국학연구원 HK연구교수
　전공 및 관심분야 : 한국근현대사

◆ 윤해동
　한양대 비교역사문화연구소 교수
　전공 및 관심분야 : 한국근현대사, 동아시아사, 메타역사학

◆ 이용범
　성균관대학교 동아시아학술원 박사과정 수료
　전공 및 관심분야 : 한국근대문학, 근대 한국학의 형성과정과 동아시아

◆ 장신
　한국교원대학교 한국근대교육사연구센터 특별연구원
　전공 및 관심분야 : 한국근대사

◆ 정상우
　한림대학교 인문대학 사학과 조교수
　전공 및 관심분야 : 한국근대사, 한국과 일본의 근대 사학사, 역사교육

◆ 정준영
　서울대학교 규장각한국학연구원 조교수
　전공 및 관심분야 : 역사사회학, 지식사회사

◆ 조정우

경남대학교 사회학과 조교수

전공 및 관심분야 : 역사사회학, 기업사, 이민사

◆ 허지향

일본 학술진흥회 외국인특별연구원, 도쿄대학 인문사회계연구과 특별연구원.

전공 및 관심분야 : 근대사